신심명을 통한

성경과 도마복음의
새로운 풀이

신심명을 통한 성경과 도마복음의 새로운 풀이

초 판 1쇄 2019년 05월 09일
개정판 1쇄 2021년 09월 30일

지은이 구자만
펴낸이 류종렬

펴낸곳 미다스북스
총괄실장 명상완
책임편집 이다경
책임진행 김가영, 신은서, 임종익, 박유진

등록 2001년 3월 21일 제2001-000040호
주소 서울시 마포구 양화로 133 서교타워 711호
전화 02) 322-7802~3
팩스 02) 6007-1845
블로그 http://blog.naver.com/midasbooks
전자주소 midasbooks@hanmail.net
페이스북 https://www.facebook.com/midasbooks425

ISBN 978-89-6637-968-2 03230

값 23,000원

신심명을 통한

성경과 도마복음의
새로운 풀이

구자만 지음

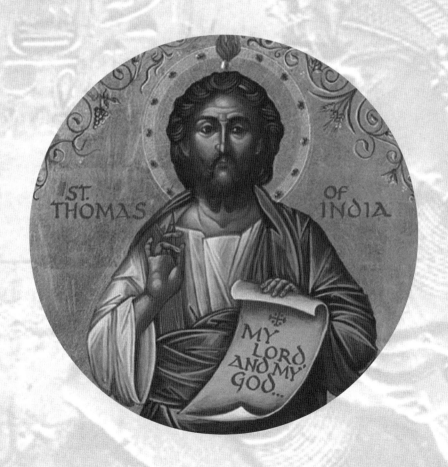

미다스북스

추천사

「신심명(信心銘)」은 중국 선종(禪宗)의 삼조(三祖) 승찬대사(僧璨大師)께서 후학들에게 간곡히 일러준 '반드시 명심'해야 할 법문입니다. 그러기에 많은 스님들과 불자(佛子)님들이 번역도 하였고 읽기도 하는 책입니다.

「신심명」은 짧은 글 속에 부처님의 가르침을 잘 드러내었고 특히 첫 구절 "지도무난(至道無難) 유혐간택(唯嫌揀擇) 단막증애(但莫憎愛) 통연명백(洞然明白)"은 모든 고등 종교의 가르침입니다.

『신심명을 통한 성경과 도마복음의 새로운 풀이』는 절집에서만 통할 줄 알았던 「신심명」을 장로님께서 성경과 도마복음에 비추어 깊은 안목으로 새롭게 해설하신 저술입니다.

책을 읽으면서 그동안 옹색하게 보았던 성경(聖經)에 대한 안목도 열리고 불경에 대한 신심도 일어나는 것입니다.

이 한 권의 책으로 성경과 불경을 함께 읽는 것이며 결국은 '하나(One)의 진리'며 '하나(One)의 생명'임을 깨닫습니다. 일상에서 다반사가 된 미워함과 사랑함[憎愛] 옳고 그름[揀擇]을 잠시 내려놓고 '하나(One)의 진리' 속으로 들어가 행복하고자 하는 이들에게 일독을 권합니다.

한라산 항파두리 자락에서
무주선원 비구(比丘) 본연(本然) 합장

추천사

　승찬대사의 「신심명」과 성경 그리고 도마복음이 저자의 손길을 통해 하나의 책으로 만난 일은 더 없이 신기하고 반가운 일이다. 승찬대사가 40이 넘은 나이에 스승 혜가(慧可) 스님을 만났고, 도마 사도 역시 가장 늦게 예수의 부활을 목격했듯이 저자 또한 만학(晩學)의 꿈을 통해 이 책을 내놓았기 때문이다. 더구나 한국 보수 교단의 장로였던 그의 이력은 이 책이 탄생하기까지의 산통(産痛)이 얼마나 심했을지 쉽게 가늠이 되기에 더 없이 고맙다.

　모든 종교의 경전(經典)은 하나의 길이다. 그 길은 진리와 잇닿아 있고 자유를 선물한다. 저자를 만나본 사람들은 알 것이다. 그가 이 책을 쓴 목적이 현학적(衒學的)인 지식을 나열하는 우쭐함에 있지 않고, 진리를 만나 누리는 자로서 부는 자유의 휘파람을 단지 글로 새긴 것임을 말이다.
　한스 큉(Hans Küng)이 지적했듯이 종교 간의 평화가 이루어지지 않으면 세계의 평화는 요원하다. 더 이상 반목과 대립과 정쟁으로는 인류의 평화는 보장되지 않는다. 친목과 양립과 상생(相生)의 길이 훨씬 평화와 가깝다. 하여 저자가 시도한 동서양 경전(經典)의 만남은 세계 평화의 주춧돌로 손색이 없다.

진리는 소수의 전유물이거나 특정 종교에 가두어둘 수 없다. 진리는 공기와 같아서 편재(遍在)하고 편만(遍滿)하다. 하지만 입과 코를 막은 자가 공기를 마시지 못하듯 진리에 귀와 마음을 닫으면 진리는 없는 것과 마찬가지다. 「신심명」과 도마복음은 1500년이 훨씬 넘은 책들이다. 그 책들에 마음을 열어 귀를 쫑긋 세우는 일은 바울이 말한 어린아이의 일이 아닌 어른의 일이다. 이제 젖을 먹는 어린아이를 넘어 단단한 음식을 먹는 어른의 세계로 가고자 하는 이들에게 이 책을 마음을 모아 추천하는 바이다.

지금여기교회 장용기 목사

저자 서문

　기독교인이며 동양인인 나의 학문적 관심 분야는 서양과 동양의 '비교종교와 영성(靈性: One)'의 영역이다. 특히 기독교와 불교의 공통점과 차이점에 대한 관심으로 인해 이 분야를 계속 공부하면서, 그간 성철(性徹) 스님의 심오한 불교사상에 깊은 관심을 가지고 배워가고 있었다. 그를 통해 진리의 보고(寶庫)라고 알려졌으며, 선(禪)불교의 '궁극적 경지'(無心)를 설명한 신비로운 경전인 「신심명」을 접하게 되었다. 영적인 '不二의 진리'(One)를 강조하는 이 책을 깊이 읽어 나가면서 나 자신이 잘 알고 있는 '성경의 구절'들과 예수의 신비적인 순수한 어록(語錄)으로 20세기 인류사에 있어서 하나님의 최대 축복 중의 하나로 알려진 '도마복음의 구절'들이 계속하여 연상(聯想)되었다.

　서로의 같은 의미를 연결해 가면서 메모를 계속하던 과정에 나누어질 수 없는 '不可分의 진리'는 '하나(One)로써 보편적이라는 것'과 불교에서의 가르침인 「신심명」의 내용과 기독교에서 예수의 영적인 가르침이 본질적으로 유사한 '不二의 진리'(One)라는 사실을 알고 놀라지 않을 수 없었다. 마침내 「신심명」을 통하여 성경과 도마복음에 숨겨진 '하나(One)인 진리'

를 잘 이해하게 되었다. 이러한 신비한 '不二의 진리'(One)의 영성(靈性)을 공유하고자 하는 간절한 마음이 이 책을 쓰게 된 동기(動機)이다.

「신심명」은 중국 선종(禪宗)의 제3대 조사(祖師)인 승찬대사가 선(禪)과 불교의 근본인 중도(中道)사상'의 요체를 사언절구(四言絶句)의 게송(偈頌)으로 지은 깨달음의 노래를 詩文으로 남겨놓은 글이다. 간단한 글이지만 팔만대장경의 심오한 불법(佛法)과 천칠백 공안(公案)의 격외도리(格外道理) 전체가 이 글 속에 포함되어 있다고 평하고 있다. 책의 내용은 언어와 지적인 분별에서 벗어나 모든 차별이 사라진 "하나(One)인 진리"(롬 1:20)를 설명하며 '인간의 본성'을 향해야 신심(信心)을 키울 수 있다는 것이다.

이처럼 「신심명」은 상대 개념인 '음과 양'(陰陽), '나와 남'(自他), '미워함과 사랑함'(憎愛), '옳고 그름'(是非) 등의 분별과 집착을 벗어난 '연기법(緣起法)²과 불이법(不二法)인 중도(中道)사상'을 잘 나타내고 있다. 이러한 하나(One)인 동양의 비이원론적(非二元論的)인 세계관은 우주의 법칙 그대로 가장 궁극적인 동시에 보편적이고 본질적인 진리이며, 현대 물리학 특히 양자물리학과 서로 통(通)하는 합리적인 과학이다. 이러한 '不二의 진리'로 우리는 '내면의 어둠'(ego)을 물리치는 자기실현(自己實現, One)이 가능하다.

예수의 제자인 도마가 기록한 매우 영적인 도마복음(The Secret Sayings of Jesus)은 3세기까지 초대교회에서 성경으로 사용되었으나 정치적으로 소각당할 위험한 시기에 수도원의 수도사들에 의하여 항아리에 담겨 모래 속에 숨겨졌다. 1600년간 이집트의 나그함마디(Nag Hammadi)에 파묻혀 있다가 성령의 오묘한 역사로 1945년에 한 농부에 의해 발견된 예수의 은밀하며, 신비로운 가르침의 원본(original)이다. 이러한 문서(요 21:25, 빌립복음, 마리아복음 등)들은 로마의 태양신을 섬기는 콘스탄티누스(Constantinus) 황제가 그의 왕권을 약화시킨다는 이유로 파기 처분하라는 박해를 피하기 위하여 숨겨진 책들이다.

20세기 가장 중요한 고고학적(考古學的)인 발견으로 기독교계와 학계에 강한 충격을 주고 있는 '도마복음'은 믿음을 넘어서 내면에 있는 "神性의 깨달음"(막 8:17) 즉 '하나(One)인 진리'를 강조하고 있다. 초기 교회 당국의 영향을 전혀 받지 않았으며 또한 역자(譯者)들에 의하여 조금도 가감(加減)이 되지 않았다. 동양의 성인(聖人)들의 사상 특히 부처의 말씀과 일치하는 점이 많으며, '아인슈타인(Einstein)의 상대성 이론'과도 맥을 같이하는 '不二인 진리'(One)의 말씀이다. 따라서 오늘날 종교 간의 갈등이 커지고 있는 이 시점에서 '기독교와 불교의 공통점'(One)을 보여주는 '도마복음'은 인류 전체를 향하신 '하나님의 보편적인 구원'의 역사(役事)를 전체적으로 이해할 수 있는 소중한 경전(經典)이다.

전체(All)를 보지 못하는 희랍의 철학에 영향을 받은 기독교의 교리는 끝없이 뜨거운 사막만 계속되는 건조한 사막문화와 기계론적 세계관에 의해 '이것이냐 저것이냐'(either-or)로 서로 나누는 서구의 배타주의적인 방식의 틀 아래서 형성되었다.

이렇게 분리를 강조하는 서구의 '상대적이며, 이원성(二元性)인 세계관'은 육체와 영혼의 분리는 적절하지 않다고 보는 "현대 물리학과 동일하게 주장하는 동양의 사상' 이원론적 세계관인 기독교는 비이원론적인 '현대 물리학과 동일하게 주장하는 동양의 사상'[3] 즉 無, 空, 氣, 禪 등의 비이원성(非二元性)인 '이것도 저것도'(both-and)의 병존주의 세계관"(One)과는 다르다. 물론 서구 사상의 흐름 안에서도 동양적인 일원론적인 사유가 존재한다. 그러나 서구의 이원론적 철학이 기독교 신학 형성에 절대적 영향을 미치게 되었다는 점을 간과할 수 없다.

오늘날 기독교가 쇠퇴하고 있는 것은 나누어질 수 없는 진리와 현대 과학이 증명하고 있는 "하나(One)인 진리"(갈 3:20)를 외면하고, '서구적 사유'(二元論)의 성경 해석으로 시대의 자연스러운 흐름을 외면한 것이 원인이 아닐까? 즉 절대적인 진리(성경)를 상대적인 교리로 제한해버림으로써 무조건적인 긍정과 무조건적인 부정이라는 양극단을 피하는 일원론(一元論: One)의 신비주의를 간과(看過)한 것 때문이 아닐까? 이러한 이유로 상대차원을 넘는 절대차원(진리)을 깨달아 자유와 평안을 누리지 못하게 된 것은 아닐까?

루터(Luther)가 "본질로 돌아가자"고 말한 것처럼 지금의 세계 흐름은 초종교적 영성시대가 열리고 있다. 불안이 가득 찬 현대 사회는 믿음을 넘어 '不二의 진리'(One)를 바로 알고, 성공과 실패, 삶과 죽음 등을 초월함으로 진정한 자유와 평안을 누리는 거듭남이 요청된다(요 8:32). 이러한 거듭남(覺)은 예수의 말씀을 不二인 동양적 문화로 잘 이해함으로써 새로운 가치와 의미를 가지는 "새사람"(true Self, 엡 4:24)이 되게 하며, 이원론적인 분별시비를 초월한 자타일체(自他一切)의 사랑과 용서가 넘치게 한다.

전체(All)를 보는 거듭남(覺)이 우리의 가치관을 변화시킬 수 있는 것은 우주가 光明이 충만한 '조화로운 神의 덩어리'이며, '하나(One)의 생명'인 神性(佛性)뿐임을 알게 되기 때문이다(막 12:32). 우리의 감각과 지성이 지배하는 상대성을 초월하는 '하나(One)의 진리(生命)'인 神性(true Self)의 자각은 "진리(One)에 눈을 뜨게 하여"(눅 10:23), 인격의 완성을 이루게 한다. 따라서 우리 모두는 자아중심에서 실재중심으로 변화되어 고통과 문제들을 완전히 해결하고 진정한 평화로부터 오는 행복한 삶을 누릴 수 있다.

기독교와 불교의 목적은 "일시적인 목숨(ego)을 소멸하여 거듭남(깨달음)으로 영원한 생명(true Self)을 회복한다는 것"(마 16:25) 즉 '겉사람'(ego)의 자기중심적 인생관에서 벗어나서 속사람(true Self)을 되찾아 신비적으로 하나님(佛)과 하나(One)가 되는 것이다(見性成佛, 요 17:21). 이러한 경지는 "내면의 눈"(靈眼, 눅 10:23)이 열리므로 사물의 본바탕을 보게 된다는 것이다. 이렇게 청결한 마음으로 거듭나게(覺)되면 온갖 현상이 하나님(佛) 아닌 것이 없어서 항상 자유로운 희열의 삶을 누리게 된다(法喜禪悅: 마 5:8). 따라서 모든 종교의 가르침은 결국 하나(One)이며, 나누어질 수 없는 하나(One)의 진리가 시대와 문화에 따라 각기 다르게 표현되고 있는 것이다.

기독교의 "어디에나 계시는 무소부재(無所不在)한 하나님"(행 17:28)과 "우주에 충만한 부처님"(佛身充滿於法界)은 '이원론적 사유'를 초월한 동일한 '궁극적 실재인 진리'(One)이다. 즉 하나(One)의 뿌리에서 나온 본질적인 동일성인 '不二의 진리'는 서로가 신앙을 더욱 풍요롭게 하는 계기로 삼는 '성숙한 종교로 변화되는 길"로 인도한다. 또한 서로가 '영적인 종교 체험'(One)을 통하여 대화를 활발하게 나눌 때 갈등이 해소되고 이 땅에 사랑과 자비가 넘치는 보편적이며, '하나(One)의 영적인 삶'인 천국(涅槃)이 성취된다.

서구적인 사고방식은 종교나 과학이나 이원론(dualism)적이고 분석적(分析的)이다. 이러한 문화에 영향을 받은 기독교의 교리는 보편적이며, 포괄적인 '하나(One)의 진리' 개념을 벗어나 있다. 즉 선과 악은 서로 갈등 대립하며, 악마(사탄)를 악과 파괴 원리로 일치시킴으로 '절대적인 하나님'(One)을 상대화시키는 오류를 범하고 있는 것이다. 이러한 분리와 이원론적 해석은 전체성인 '하나(One)의 진리'를 간과하고, 유한한 문자에 사로잡혀 '時空 안의 이원론적이며, 상대적인 한계 상황'(ego)을 벗어나지 못하는 것이다.

기독교가 세계종교로 부흥이 되기 위해서는 먼저 이분법적 사고인 율법적이며, 기복적인 종교를 벗어나 무한한 '영성의 신비'를 회복하여야 한다. 즉 서로 분리하는 서구적 사유의 한계를 벗어나 모든 것을 '하나(One)인 진리(生命)'로 보는 동양의 합리적이고 과학적인 세계관이 요청된다. 따라서 오늘날 영성의 시대를 맞이하여 진리를 위한 '보편적인 기독교'의 재 부흥을 위하여 동양적 사유 구조인 불교의「신심명」을 참조하여 성경을 전체적이며, 영적인 '하나(One)인 진리'로 새롭게 풀이하고자 한다(요 17:21).

이 책은 신앙생활을 하는 중에 '나는 누구이며, 어디서 와서 어디로 가는가?'를 자각하여 올바른 인생관과 가치관을 정립하고자 하는 자, '목회자들의 이해가 되지 않는 설교와 인격 등으로 인하여 교회에 '안 나가는 자'(가나안 신자), 열린 마음으로 불교를 비롯한 타종교와의 대화를 통하여 '보편적인 진리'(엡 4:6)에 대한 이해로 정의와 평화를 추구하는 자, 이원성(二元性) 시대의 산물인 '서구 신학'을 벗어나 현대 과학 시대와 초종교적 영성 시대의 산물인 일원성(一元性)의 '아시아신학과 과정신학 등'에 관심을 가진 자, 영적인 갈급함으로 '육신의 눈'(ego)이 아닌 영원한 "영적인 눈"(靈眼, 마 6:22)을 뜨고자 하는 자, 앎과 믿음의 조화로운 통일과 스스로 '神性(true Self)의 깨달음'으로 영성(靈性)을 더욱 풍성하게 하고자 하는 자, '좁은 문'(衆妙之門)인 '하나(One)인 진리'를 깨달아 '지금 여기'서 하나님 나라의 기쁨을 누리고자 하는 자(눅 17:21), 영혼을 정화시킴으로써 높은 수준의 내적 성숙을 이루고자 하는 자, 여러 가지의 문제 특히 '악과 고통'

(ego)을 치유하고 죽음의 두려움을 넘어 '영생의 구원'(One)을 추구하고자 하는 자 등을 위한 것이다.

이 책이 대다수의 기독교인들로부터 오해와 비판을 받을 것임을 충분히 예상하고 있지만, 하나님으로부터 나에게 주어진 사명이라 여기면서 책임감으로 난관(難關)을 극복하고자 한다. 예수께서 말씀하신 "비판을 받지 아니하려거든 비판하지 말라"(마 7:1)는 구절에 힘입어 '하나'(One)의 진리'인 '동양의 일원론적(一元論的)인 사유'를 통한 성경과 도마복음의 영적인 해석을 위하여 최선을 다하였다. 이러한 용기는 '하나님의 놀라운 은총'으로 매일 새벽의 묵상을 통해 '영적인 눈'(One)을 깨울 수 있었고, 많은 경전과 문헌을 숙독(熟讀)함으로써 신비로운 영적 지식의 성장에 도움을 받을 수 있었기에 가능한 일이었다.

不二의 진리는 "보아도 보지 못하며 들어도 듣지 못하는"(마 13:13) 즉 모양이 없는 전체(One)이며, 時空을 초월하기에 지각을 넘어 깨달음을 통하여만 알 수가 있는 우주적이며 보편적(One)인 것이다. 따라서 "문자적인 부분이 아니라 영적인 전체(One)를 보는 open mind"(고후 3:6)와, 장미를 보더라도 아름다운 꽃은 보지 않고 가시만 세면서 이단(異端)으로 비판하는 "편견이 없기를 바란다"(딤전 5:21). 내용에서 오묘한 진리(One)의 해석과 표현에 오류가 있다면 나의 능력 부족에 기인함이니 널리 양해를 부탁한다.

많은 법문(法門)을 통하여 기독교와 불교는 '하나(One)인 진리'로 서로가 통(通)할 수 있다고 주장한 통(通)종교론자인 故 청화(淸華) 큰스님과 '천지우주는 오직 하나(One)의 진리(生命)'라는 주제를 바탕으로 오랫동안 활발한 토론으로 나의 이원론적인 사유를 벗어나게 한 불교학자인 김동수 친구에게 감사한다. 성경의 원어(原語)로 문제점을 지적해준 前 원어(原語)신학원의 전장욱 간사와 과거 기독교인이였지만 지금은 '불교과학 아카데미'의 원장으로써 내용의 문제점을 지적해준 친구 김성구 박사에게 고마움을 전한다. 흔쾌히 추천서를 보내준 무주선원의 본연 스님과 지금여기 교회의 장용기 목사님에게 감사한다.

시대를 너무나 앞서감으로 많은 비판을 받고 있는 남편의 '미래의 동양신학'(One)을 이해하며 따뜻한 사랑과 기도로 내조한 아내 주미순 권사와 매월(每月)의 정기적인 독서 토론을 통하여 아버지에게 진리에 대한 지혜를 풍성하게 한 사랑하는 네 자녀 부부에게 고마움을 전한다. 이렇게 가족과 친구들과의 토론의 기회가 있었기에 '우물 안의 개구리'와 같은 나의 독선(獨善)이 사라지게 된 것이다. 어려운 환경 속에서 난해(難解)한 경전의 해석을 잘 마무리 짓게 한 것은 성령의 인도하심과 하나님의 은총이기에 찬양과 감사를 드린다.

목차

1. 지도무난 유혐간택

지도무난(至道無難) 지극한 道는 어렵지 않으니
유혐간택(唯嫌揀擇) 다만 가려서 선택하지만 말라.

2. 단막증애 통연명백

단막증애(但莫憎愛) 미워하거나 사랑하지만 않으면
통연명백(洞然明白) 막힘없이 밝고 분명하리라.

3. 호리유차 천지현격

호리유차(毫釐有差) 털끝만큼이라도 구별하게 되면
천지현격(天地懸隔) 하늘과 땅은 한없이 벌어진다.

4. 욕득현전 막존순역

욕득현전(欲得現前) 진리를 보고픈 마음이 있으면
막존순역(莫存順逆) 따라가지도 말고 등지지도 말라.

5. 위순상쟁 시위심병

위순상쟁(違順相爭) 어긋남과 따라감으로 서로 다투는 것
시위심병(是爲心病) 이것이 마음의 병이다.

6. 불식현지 도로염정

불식현지(不識玄旨) 현묘한 뜻을 알지 못하고
도로염정(徒勞念靜) 공연히 생각만 고요히 하려 애쓴다.

1

지도무난 유혐간택

至道無難 唯嫌揀擇

"지극한 道는 어렵지 않으니 다만 가려서 선택하지만 말라."

–

　"하나(One)인 道"(롬 1:20)[5]는 '이것이냐 저것이냐'(ego)식의 악과 선의 흑백 논리로 분별하고 집착함으로써 자꾸만 헤아린다는 것이 아니다(마 5:45). 간택(揀擇)이란 취하고, 버리는 것을 말함이니, 취하고, 버리는 마음이 있으면 '영원한 道'(One)는 양변에 떨어져 마침내 '不二의 바른 견해'(One)를 모른다는 것이다. 그러므로 "움직임과 쉼으로 간택하는 마음을 버릴 때 '궁극적 실재(One)' '궁극적 실재'(One)[6]인 道가 된다"(도마복음 50)는 '대자유의 선언'이다.

　일체 모두가 변해가는 과정에 있을 뿐 고정된 실체가 없으며(諸行無常), 실체가 없는 그림자를 두고 '옳다 그르다고 분별하는 것'(ego)은 어리석은 일이다. 우리는 '이원성인 분별과 비판'(ego)을 버리고(마 7:1), 조화를 이루어 無爲的인 마음으로 '흐름과 하나'(One)가 되어야 한다. 따라서 우주만유의 본체인 佛心을 깨달은 "성자(聖者)들은 모든 것을 다만 가려서 선택하지 않는 '하나(One)의 진리'로 봄으로서 범부(凡夫)들과 차별이 된다."

"어떤 여자가 열 드라크마가 있는데 하나를 잃으면 등불을 켜고 집을 쓸며 찾아내기까지 부지런히 찾지 아니하겠느냐 또 찾아낸즉 벗과 이웃을 불러 모으고 말하되 나와 함께 즐기자 잃은 드라크마를 찾아내었노라 하리라 내가 너희에게 이르노니 이와 같이 죄인 한 사람이 회개하면 하나님의 사자들 앞에 기쁨이 되느니라"(눅 15:8-10)

'동전 하나'(不二의 진리)를 잃었던 여자는 그것을 찾고자 헌신적인 노력을 하였다. 그동안 거품과 같은 '일시적인 어둠'(육체의 '나')에 가려서 도저히 찾을 수 없었던 영적인 光明의 드라크마(속사람, true Self)를 겨우 찾았기에 '다양성 속의 통합성'(진리)의 성취를 이웃과 더불어 기뻐하고 있다. 왜냐하면 그녀는 '보아도 보지 못하며 … 깨닫지 못하는'(마 13:13) 어두운 삶에서 빛의 진리를, 또한 변화하는 이원성의 파도와 같은 '망상의 차원'에서 바다와 같은 본래의 마음인 '하나(One)의 진리'(神性)[8]를 찾았기 때문이다(막 12:32).

그녀가 벗과 이웃을 불러 모으고 함께 즐기자고 한 것은 '겉사람의 간택심'(揀擇心, ego)이 사라지고 '속사람의 하나(One)된 삶'을 누릴 수 있기 때문이다. 이러한 '나의 것', '내'가 있다는 거짓된 믿음이 사라지고, 神性(佛性, true Self)[9]으로 '거듭나는 것'은 이 전과 전혀 다른 '새로운 영적 세상의 시작'(계 21:1-2)이다. 따라서 '잃은 드라크마를 찾은 여인'의 비유는 이원성인 ego에 의하여 숨겨져 있던 전체로서의 하나(神性)인 不二의 진리를 찾게 되어 이웃과 더불어 사랑이 넘치는 기쁨을 함께 나누는 것을 나타내고 있다.

"예수께서 길에 나가실새 한 사람이 달려와서 꿇어 앉아 묻자오되 선한 선생님이여 내가 무엇을 하여야 영생을 얻으리이까…네가 계명을 아나니 살인하지 말라…그가 여짜오되 선생님이여 이것은 내가 어려서부터 다 지켰나이다. 예수께서 그를 보시고 사랑하사 이르시되 네게 아직도 한 가지 부족한 것이 있으니 가서 네게 있는 것을 다 팔아 가난한 자들에게 주라 그리하면 하늘에서 보화가 네게 있으리라 그리고 와서 나를 따르라 하시니 그 사람은 재물이 많은 고로 이 말씀으로 인하여 슬픈 기색을 띠고 근심하며 가니라"(막 10:17-22).

'영생을 얻은 자'(true Self)는 진리에 대한 어리석음(ego)을 십자가에 못 박고, 깨달음으로 그리스도와 함께 다시 살아난 사람이다(大死一番 絕後蘇生, 골 3:1-3). '다 팔아라'는 것은 단순히 소유하고 있는 물질이 아니라 빛과 어둠, 영(靈)과 물질[10]을 나누는 서구의 이원적인 사유를 버리고 동양적인 비이원성을 자각하라는 것이다. 하늘의 보화(神性, 佛性)는 "하나의 진리"(Christ, 골 3:11)로서 기독교와 불교에서 공통되는 궁극의 목표이다.

구원은 취하고 버리는 분별(ego)을 제거하고(假我), 하나(One)의 경지인 '실재중심, 본성중심'(眞我)으로 변환되어, 참된 자유와 해방이 실현되는 내면적 개인의 영적 상태이다(롬 8:2). 본래 이 세상은 더 이상 테두리나 표면의 한계가 없는 진리 자체인 하나님으로 가득 찬 세계라 할 수 있다(無量無邊). 따라서 혜능대사는 "선과 악은 본성에서는 구별이 없다"고 하였고, 예수는 "자연의 모든 것은 서로 하나로 얽혀 있다"(마리아복음 7:5)고 하였다.

진리에 대하여 예수는 "사람이 만일 온 천하를 얻고도 제 목숨(神性, 眞我)을 잃으면 무엇이 유익하리요"(마 16:26)라고 하였으며, 인도의 성자(聖者)인 상까라는 "참으로 이 세상에서 자기의 본성(神性)을 회복하는 것보다 뛰어난 일은 없다"고 하였다. 예수는 "내가 세상에 화평을 주려고 온 줄로 생각하지 말라. 화평이 아니요 검을 주러 왔노라"(마 10:34)고 말씀하심으로 無知의 주관에서 벗어나, '하나의 진리'(神性)를 자각해야 함을 강조하셨다.

  예수는 말씀하셨다. **"여러 날을 보낸 나이를 먹은 자도 태어난 지 7일이 된 갓난아기에게 생명의 자리가 어디 있는가 물어보기를 주저하지 말지니, 그리하면 그는 살 수 있으리라"**(도마복음 4:1).

  나이 먹은 자가 물어볼 7일이 된 갓난아이는 죄가 없는 '생명의 자리'(One)이다. 따라서 예수가 인류의 죄를 대신하여 죽었다는 대속의 교리는 의미를 상실한다. 우리가 찾아야 할 '생명의 자리'(One)는 '종교의 독단적인 교리'(分別智)가 아닌 無 집착으로 자신의 神性이 드러나는 경지이다. 갓난아이와 같은 무아(無我)의 자리는 자타일여(自他一如)의 사랑으로 살면서 生命(神性)을 이 세상에 현현(顯現)시키는 모든 종교의 핵심이다(요일 4:8). 따라서 老子는 "성인(聖人)이란 갓난아이때의 마음을 가진 자"라고 설명하였다.

  갓난아기는 지극한 道인 '둘이 아닌 하나'(One)의 진리(천국)를 나타낸다. '나는 육체다'라는 거짓 믿음과 이원적 사유의 분별(ego)이 사라지고 영원한 神性(靈)인 '하나님의 성품만 남은 자'(true Self)이다. 하나님의 성품이란 우리의 겉사람(分別智)은 낡아지나 우리의 속사람(true Self)은 날로 새로워지며(고후 4:16), 전체인 하나(One)로 모든 그리스도인의 내면에 형성된 새사람(true Self)으로 거듭난 자이다(요 17:21). 이러한 大人(true Self)을 맹자(孟子)는 갓난아이때의 순수한 마음(One)을 잃지 않는 사람이라고 하였다.

  '진리(神性)와 하나 된 자'는 예수의 "비판하지 말라"(마 7:1)는 말씀대로

'옳고 틀리다, 生과 死'로 가려서 선택하지 않는다. 왜냐하면 진리(法)는 상대의 대상이 없기 때문이다(『유마경』). 거짓 자아(집착)를 버리고, 참 자아(神性, true Self)인 순수한 갓난아기의 성품을 되찾아 "내일을 염려하지 않는 無爲의 길"(마 6:34)을 가는 자는 구원을 얻게 된다(마 8:35). '삶을 있는 그대로 받아들이는 자'(無爲)는 무슨 일에나 마음을 열고 죽음도 순수하게 받아들이는 자(One)이며, 자유자재(自由自在)¹¹한 행복을 누리는 각자(覺者)이다.

2

단막증애 통연명백

但莫憎愛 洞然明白

"미워하거나 사랑하지만 않으면 막힘없이 밝고 분명하리라."

—

미워하거나 사랑하는 '이원성의 마음'(ego)만 없으면 물질은 없고 마음(One)뿐인 것이 환하게 밝아진다(萬法唯心). 무엇을 가리고 나누고 받아들이고 배척하고 하는 이 모든 것이 하나(One)인 道를 떠난 ego에서 이루어지는 것이다. 진리인 부처는 타자(他者)인 창조신(創造神)이 아니므로 우리 한 사람 한 사람이 '부처와 하나(One)'[12]가 되는 것이 참된 법화경(法華經)의 정신이다. 따라서 道(천국)는 "무슨 의도를 따로 품지 않는다"(常無欲, 마 5:3).

우리가 집착이 사라진 "마땅히 머무는 바 없이 그 마음을 내야하는 것"(應無所住 而生其心,『金剛經』)은 죄와 복이 실상의 자리에서는 없지만, 경계에 끄달려 가는 중생의 입장에서는 있기 때문이다. 그러므로 육조 혜능(六祖 慧能)대사는 "선도 생각하지 말고, 악도 생가하지 말라(不思善 不思惡)"고 하였다. 우리는 일체 존재가 다 본래 空이라는 도리를 깨달은 지혜로 생사(生死), 선악을 초월하여 영원한 행복의 열반(涅槃)을 성취해야 한다(般若波羅蜜).

예수는 "진실로 너희에게 이르노니 너희가 돌이켜 어린 아이들과 같이 되지 아니하면 결단코 천국에 들어가지 못하리라"(마 18:3)고 말씀하셨다.

너와 나, 좋음과 싫음 등과 같이 사물을 구분하여 보는 분리의식의 죄가 없는 '어린아이와 같이 순수한 자'가 천국에 들어간다. 하나님(천국)은 바깥 세계에 있는 객관적 존재가 아니기에, '모든 것을 놓아버림'(放下着)으로 어린아이와 같이 분별이 사라질 때 내면에서 체험할 수 있다. 성경의 "간음한 여자만 남았더라"(요 8:9)의 구절은 스스로 돌아보아 이원성(고발하는 자들)이 사라질 때 정죄가 없는 침묵 속에 진리가 나타남을 비유하고 있다.

"세상이 '그(One)'를 알지 못하였다는 것"(요 1:10)은 어린아이같이 하나(One)의 도리인 진리를 알지 못하고, 조화의 본질(사랑, 감사 등)에서 분리됨으로 고통을 당한다는 것이다. 예수는 '부조화(ego)의 고통'(미움, 불평, 슬픔 등)에 대하여 "하나님(One)이 짝지어 주신 것을 사람이 나누지 못할지니라"(마 19:6)고 말씀하셨고, 노자는 道(One)의 성품을 "숨을 오로지 하여 부드러워지되 젖먹이처럼 할 수 있겠느냐?"(『道德經』 10장)고 하였다.

바울이 "그리스도를 옷 입어라"(롬 13:14)고 하듯이 우리는 미워하거나(憎) 사랑하는(愛) 분별(ego)의 옷을 벗어버리고 순수한 어린아이처럼 하나(One)의 神性인 그리스도를 옷 입어야 한다. 일체의 분별의 망상에서 벗어남이 바로 언어와 생각으로 파악되지 않는 열반(천국)에 들어가는 것이다(『대승기신론』). 그러므로 탄허 스님은 천국과 지옥으로부터 대자유를 얻어서 천국과 지옥의 경계가 무너질 때 비로소 진정한 천국(One)이 도래한다고 하였다.

예수는 "네 눈이 너를 범죄하게 하거든 빼어 내버리라. 한 눈으로 영생에 들어가는 것이 두 눈을 가지고 지옥 불에 던져지는 것보다 나으니라"(마 18:9)**고 말씀하셨다.**

이에 대한 일반적인 해석은 '만일 손이나 발이 범죄 하도록 하거든 찍어 내버리라'는 교훈이라 한다. 이러한 윤리 도덕은 시대와 상황에 따라 변하는 '상대적인 것'(ego)이며, 절대적인 진리(One)가 아니다. 그러므로 '두 눈'인 선악, 주객의 이원성(ego)을 제거하고, 천지우주에는 '일원론적(一元論的) 사유'[13]인 영원한 神性(靈, true Self)뿐이라는 것을 깨달아야 한다는 것(마 12:32) 즉 '한 눈'(One, 눅 10:23)을 설명하고 있다(打成一片).

모든 존재가 오직 '하나의 진리, 하나의 생명 그리고 하나의 道理'(One)라는 형이상학적인 일원론적 진리관은 여러 종교에서도 가르치고 있다. 불교는 "우주 만법은 하나로 돌아간다"(萬法歸一), 유교는 "오로지 한결같이 하여 중용(中庸)의 道를 지킨다"(精一執中), 道教는 "하나를 얻을 것 같으면 만사는 끝난다"(得一而萬事畢)고 가르친다. 이와 같이 하나의 진리를 바로 알아버리면 모든 것이 화로에 한 줌 눈이 녹듯이 다 풀린다(紅爐一點雪).

고통과 악을 가져오는 '두 눈'은 ego에 의한 이원성의 상대적인 이 세상을 가르치고 있으며, 영생(無生의 生)에 들어가는 '한 눈'(only one eye)은 "보는 것을 보는 눈"(눅 10:23) 즉 時空이 끊어진 자리인 영안(靈眼)을 의미한다. 이와 같이 좋음과 싫음의 집착(ego)이 없을 때 '마음의 눈'은 맑게 빛나고 명료성을 가지며 자유롭게 된다. 마찬가지로 장자(莊子)도 "좋아하고 싫어하는 것은 마음의 올바름을 잃은 것"(好惡者, 德之失)이라 하였다.

예수는 "너희가 어느 마을이든지 그곳을 지나갈 때 그곳 사람들이 너희를 받아들이면 그들이 너희 앞에 차려주는 것을 먹고 그들 중 병든 자가 있으면 그들을 치료하라"(도마복음 14:2)고 말씀하셨다.

우리가 '앞에 차려주는 것을 먹는 것'은 입으로 들어가는 것이 더럽히는 것이 아니라 나오는 것이 더럽히기 때문이다. '병든 자가 있으면 치료하라'는 것은 유무, 주객으로 나누는 '이원적 사유의 병'(ego)을 진리(One)로 치료하라는 것이며, 우리는 '마음의 병'(ego)을 고쳐서 더 높은 영적 수준인 본래의 상태인 神性(One)을 회복하여야 한다. 불교는 어떻게 마음을 잘 다스려 고통의 원인인 마음의 병(ego)을 치료할 것인가를 가르쳐주고 있다.

우주란 하나(One)의 거대한 심령이며, 또한 하나(One)의 생명 덩어리이라고 할 수 있다. 우리 마음과 우주의 심령은 본질상 하나(One)이므로 집착하는 참자아의 그림자인 '마음의 병'(分別智)이 치료되면 자유자재의 능력을 발휘하게 된다. 따라서 '미워하거나, 사랑하는' 집착(ego)이 소멸되면 모든 고통과 근심도 사라지게 되며, 또한 일어나는 모든 일을 진리인 밝은 마음으로 하나님(One)에게 맡길 때 '참된 자유와 기쁨'을 누리게 된다.

예수는 말씀하셨다. "묵은 포도주를 마시면서 곧(immediately) 새 포도주를 갈망하는 사람은 없다. 새 포도주를 낡은 가죽부대에 넣는 자가 없나니, 그렇게 하면 새 포도주가 가죽부대를 터뜨리게 되리라. 묵은 포도주를 새 가죽부대에 넣는 자가 없나니, 그렇게 하면 포도주가 상할 것임이라. 낡은 천 조각으로 새 옷에 붙이는 자가 없나니, 그렇게 하면 그것이 새 옷을 찢으리라"(도마복음 47:3).

예수가 말씀하신 묵은 포도주, 낡은 가죽부대, 낡은 천 조각은 진리(One)를 거부하는 이원성(ego)의 비유이다. 바리새인들이 마시는 묵은 포도주(율법) 등의 선과 악, '창조주와 피조물'[14]로 나누는 이원성(ego)은 새 포도주, 새 가죽부대, 새 옷인 하나(One)의 진리와 서로 배타적이다. 사랑과 미움, 치욕과 명예의 이원적 분별심과 집착(ego)만 없으면 밝고 분명한 진리(One)가 된다. 따라서 不二의 경계에서 모든 정토(淨土)가 나타나는 것이다(『圓覺經』).

선과 악, 고(苦)와 낙(樂)의 이원적 대립되는 두 가지에서 선택을 한다면 진리(천국)를 상실하게 된다. 그러나 본질적으로 아름다운 조화로서 상보(相補)하는 것으로 볼 때 진보와 발전을 기대할 수 있으며, 세상에 악이 있음은 선으로 이끄는 작용을 한다. '미움과 사랑, 괴로움과 즐거움 등의 이원성은 마음의 분별(ego)에 의한 것'(『대승기신론』)이므로, 무분별심(One)은 "영원한 즐거움이 자신의 존재 전체에 밀려오는 것을 느끼게 한다"(現法樂住).

현실 이대로가 모든 고통과 죄악이 사라진 오직 하나(One)인 참된 세계이며 무차별적인 우주의 실상인 일진법계(一眞法界)이다. 즉 한 송이 꽃이 한 세계요, 한 잎이 한 분의 여래이다(一花一世界, 一葉一如來). 이와 같이 진리(One)가 충만한 이 세상은 지극히 참되고(眞) 선하고(善) 아름다운(美)인 화엄(華嚴)의 경지이다. 현대의 정신과학에서나 물질과학에서도 현실 이대로가 영원한 생명을 가지고 있고, 무한한 능력을 가지고 있음이 입증되고 있다.

3

호리유차 천지현격
毫釐有差 天地懸隔

"털끝만큼이라도 구별하게 되면, 하늘과 땅은 한없이 벌어진다."

—

지극한 道인 진리의 뜻이 털끝만큼이라도 어긋나게 되면 하늘과 땅 사이처럼 차이가 난다는 것이며, 이는 곧 아주 쉬우면서도 가장 어렵다는 것을 표현한 것이다. 즉 간택심(揀擇心)과 증애심(憎愛心)의 ego를 버리는 것에 눈을 뜨게 되면 '不二의 진리'(true Self)를 쉽게 성취할 수가 있지만, 그러나 분별심(ego)을 벗어나는 것은 실재로 행동에 옮기는 것은 매우 어렵다. 절대계(空: One)에서 보면 사람과 지옥은 없지만, 그러나 차별적(ego)으로 보면 극락과 지옥이 있으므로, '털끝만큼의 마음 차이'로써 '천국과 지옥'으로 벌어지게 된다.

'하나(One)인 진리'(하나님의 나라)를 깨닫기 위해서는 따라주는 것을 좋아하는 마음과 거슬리는 것을 싫어하는 마음인 순역심(順逆心: ego)에서 벗어나 삶의 흐름과 하나가 되어야 한다. 미워함과 사랑함(憎愛), 따름과 거슬림(順逆), 옳고 그름(是非) 등 일상생활에서 나타나고 있는 상대 개념 즉 양변(兩邊)을 여읜 것을 중도(中道)라 한다. 이러한 중도(中道)로써 의식이 명료성을 지니고 있으며, 마음이 청결할 때 진리(神)가 드러난다(마 5:8). 즉 이원성인 ego가 사라지고 '의식이 명료성'(One)을 지닐 때 드러내는 실체가 진리(神)이다.

  예수는 "이 세상에서 자기의 생명(푸쉬케)을 미워하는 자는 영생하도록 보전하리라"(요 12:25)고 말씀하셨다.

  '새로운 피조물'(神性)로 영생(구원)을 누리는 '하나(One) 된 자'(true Self)는 이 세상에서 거역을 싫어하고, 따름을 좋아하는 거짓 자기 즉, '이 몸이 나'라는 생각(ego)이 사라진 자이다. 또한 집착과 고통을 일으키는 일시적 생명(ego)을 제거하면, 하나님의 은총인 '영원한 생명의 자리'(神性)로 영원한 삶을 누린다. 따라서 時空의 한계가 있는 개체적 나(ego)를 제거하고, '보편적 자아'(true Self)인 神(One)이 되는 영적인 방향으로 가느냐 혹은 가지 않느냐에 따라 '구원의 결과'는 하늘과 땅 차이로 벌어진다.
  겉사람(ego)을 버리고, '영원한 속사람'(true Self)을 찾음은, 모든 동양 종교들이 자신을 육체라 착각하는 '나'(ego)를 버리고(無我) '영적인 자아'(神性)를 발견하여 '영원한 생명'(One)을 찾는 목표와 맥을 같이 한다. 원효대사는 "이원성의 망념(ego)을 여읜다면 眞如(One) 그 자리에 들어간다."라고 하였고, 노자는 "하늘과 땅이 영원한 까닭은 스스로 살려 하지 않기 때문이다."(『도덕경』 7장)라고 하였다. 심리학자인 융(Jung)도 우리 내면의 신적인 참된 자아(true Self)와 감각의 총화인 거짓 자아(ego)를 구별한다.
  時空을 초월한 전체성(영적)인 神性(true Self)과 같은 형이상학적(形而上學的)인 진리(One)는 직관력이나, 진리의 깨달음을 얻은 성자(聖者)들만이 알 수 있다. 즉 소경(ego)을 벗어나 사물의 이치(One)를 깨달아 온전하게 되어 "지켜보는 눈"[15](눅 10:23)이 열린 "예수(선생)와 같은 자이다"(눅 6:40). 따라서 독일의 신학자인 엑카르트는 '하나(One)의 진리'를 깨닫기 위해서는 "외부 사물들과 접촉하여 잡다한 相(ego)을 만드는 영혼의 기능들이 완전히 안으로 수렴되어 그 근저에서 하나(One)가 되어야 한다"고 하였다.

우주에 충만한 하나(One)인 神性(佛性)은 만물에 분명히 보여 알려져 있으므로(롬 1:20) 우리는 육체를 자신과 동일시하는 착각(ego)을 소멸하는 하나(One)인 진리의 깨달음 깨달음은 거짓 자아(ego)가 완전히 소멸할 때에만 가능하며(마 10:39, 막 8:35), 예수는 "너희가 눈이 있어도 보지 못하며...깨닫지 못하느냐"(막 8:18,21)고 말씀하셨다. 진리의 깨달음(般若智)[16] 즉 거듭남(One)인 회개로써 영원한 천국(神性)을 체험할 수 있다(막 1:15). 새로운 의식의 차원인 깨달음(세례)으로 "이원성의 헛된 생명을 버리는 자"는 자기 안의 신비한 힘인 성령(고전 2:4) 즉 "참된 나"(神性)를 찾는다(마 10:39). 또한 하나님과 하나(One) 되어 안개와 같은 허상을 자각하고, 보이지 않던 영원한 실상을 보게 된다(고후 4:18).

예수는 "누구든지 강한 사람의 손을 묶지 않으면 그 강한 사람의 집에 들어가서 강제로 모든 것을 빼앗을 수 없다. 그의 손을 묶고 나서야 그는 그의 집을 털어 갈 수가 있다"(도마복음 35)고 말씀하셨다.

마태(12:29)와 마가(3:27)가 기록한 것처럼 사탄(귀신) 사탄(귀신)[17]의 능력을 파괴하는 것이 아니라 '전체성인 진리'(神性, true Self)를 위해 내면의 ego를 소멸하여야 한다는 의미이다. 우리는 하나(One)의 진리를 깨닫는 데 방해되는 간택심, 증애심과 거짓 자아(ego)의 분별을 제거하여 어린아이와 같이 앎을 초월하는 無心이 되면 '영원한 생명'(神性)이 드러나는 구원을 이루게 된다(막 8:35). 따라서 영생의 길은 고통과 불행의 원인인 ego를 제압하고 '하나님과 하나(One)'가 되는 '본래의 강한 사람'(true Self)을 회복하는 것이다.

구원이란 밖에서 오는 것이 아니라, 내면의 그리스도(神性, One)를 자각하는 것(갈 2:20)이다. 바울은 "神性(One)이 만물에 분명히 보여 알게 되나니"(롬 1:20)라고, 달마대사는 "모든 겉모습이 겉모습이 아님을 알 때 그대는 여래(One)를 안다"고 하였다. 따라서 보편적인 구원(One)에 대하여 세계교회협의회(W.C.C)에서는 "타종교의 공동체 안에도 구원이 있을 수 있다"고 하였다. 신학자 한스 킹(Hans Kung)도 요한 바울 2세처럼 "구원(One)이 교회 밖에서도 그리고 그리스도를 떠나서도 일어날 수 있다"고 하였다.

장자(莊子)가 「제물론(齊物論)」에서 "나는 나(ego)를 잃어 버렸다"(吾喪我)고 한 것은 "원래의 나(吾)가 만들어진 나(我)를 버리는 것"(눅 9:24)이며, 사망(ego)에서 불생불멸(不生不滅)인 참 생명(靈, true Self)을 자각하는 '하나(One)의 경지'이다(요 5:24). 따라서 '육체의 나'(小我)에 의한 '이원성의 고정관념'(揀擇心, 憎愛心)을 죽일 때 神性(One)인 '영원한 나'(大我, true Self)로 부활하며, 고통을 벗어난 참자유와 환희의 경지가 된다. 따라서 그대의 마음(ego)이 사라지는 순간, '신성한 어떤 것'(One)이 그대 안에서 나타난다.

예수는 말씀하셨다. "영적인 사람은 자기 그물을 바다에 던져 바다에서 작은 물고기들을 잔뜩 잡아 올린 지혜로운 어부와 같으니, 그 지혜로운 어부는 물고기들 중 좋고 큰 고기 한 마리를 찾아낸 후 다른 작은 고기들을 다 바다에 다시 던지매 큰 물고기들을 쉽게 골라낼 수 있었느니라. 들을 귀 있는 이들은 잘 들을 지어다"(도마복음 8).

마태(13:47-50)는 천국을 '지혜로운 어부'가 아니라, '그물(net)'에 비유하여 "세상 끝에 천사들이 와서 의인 중에서 악인을 갈라내어 풀무 불에 던져 넣으리니 거기서 울며 이를 갈리라"고 추가하였다. 그는 시간의 종말, 최후의 심판으로 선과 악을 이원적 대립 구조로 나누지만 이러한 직선적 시간관은 동양의 순환적 시간과는 다르다. 아인슈타인의 상대성 이론은 시간의 종말이란 없음을 증명하고 있다. 따라서 진리의 관점에서 모두는 하나(One)이며, 주관적 존재인 시간과 공간은 관찰자에 따라 달라지고, 지금이 바로 영원이다.

　'영적인 지혜로운 어부'는 바다(세상)로 계속 빠져 나오는 작은 고기(ego)를 버리고 큰 물고기 즉 영원한 神性(true Self)인 천국을 찾은 자이다. 우리는 무가치한 '작은 고기'(ego)인 '이원적인 집착을 버리고'(滅執) 가치 있는 큰 물고기(One)인 '내면의 영원한 진리를 깨달아야 한다'(『莊子』). 하나(One)인 생명을 깨달으려면 거짓 나(ego)라는 개념을 참된 나(true Self)와 동일시(同一視)하는 잘못을 제거해야 한다. 따라서 예수는 '잠자고 있는 죄인'(ego)을 찾으시는 것이 아니라, '영혼의 잠을 깬 자'(true Self)를 찾으신다.

4

욕득현전 막존순역
欲得現前 莫存順逆

"진리를 보고픈 마음이 있으면, 따라가지도 말고 등지지도 말라."

—

진리(One)를 깨닫고자 하면 따름(順)과 거스름(逆)인 "열매는 좋아하고 나무를 싫어하는"(도마복음 43) 이원성의 마음을 내어서는 안 된다. '영원한 진리'(One)는 언제나 차별 없는 전체(不二)이기에 '유신론(有神論), 무신론(無神論)'[18] 등 스스로 만든 교리와 개념을 버려야 한다. 우리들의 마음(ego)은 '색, 소리, 냄새, 맛, 촉감, 생각의 대상이 되는 것'(色聲香味觸法)이라는 육경(六境)에 흔들리기 때문에 '따름과 거슬림의 분별'(ego)이 있다.

세계는 우리들 자신의 마음(ego)이 펼친 하나의 투사물에 불과하며, 이러한 마음(ego)이 고통과 불행을 일으킨다(三界唯心所現). 따라서 고통의 치유는 깨달음을 통하여 '부처의 눈'(佛眼)이 열림과 동시에 일체의 '따름과 거슬림의 분별'에서 벗어나는 '거짓 자아'(ego)의 해방'(true Self) 즉 '부처와 하나(One)'가 되는 것이다. 이렇게 '감각과 지성'(ego)을 초월한 '참된 자아'

(true Self)를 깨닫고 '눈을 뜬 자'(One)를 부처(Christ)라고 부른다.

예수는 "수고하고 무거운 짐진 자들아 다 나에게로 오라 내가 너희를 쉬게 하리라"(마 11:28)**고 말씀하셨다.**

'무거운 짐'은 개체적인 나(ego)에 의한 '이것이냐, 저것이냐'라는 이원성이며, '밧줄을 뱀으로 착각'[19](蛇繩麻)하는 어둠(이론, 교리, 경전)이다. '나'(true Self)는 개체로서의 예수 자신이 아니라, 하나(One)인 보편적 진리이며, 어둠의 ego가 사라지고 빛인 하나(One)의 본모습(true Self)이 회복될 때 쉼(풍요로운 삶)을 누린다. 그러므로 『바가바드 기따』에서 아르주나(true Self)는 "모든 임무를 버려두고 안식처인 나에게 오라."라고 하였다.

예수는 "천지와 나는 동일하게 같은 뿌리에서 나왔고, 모든 만물은 나와 함께 하나(One)이다."(萬物同根, 이브복음)라고 말씀하셨다. 그는 이원성의 무거운 짐에 눌려 허덕이는 자들의 생명(true Self)이 바로 자신의 생명이며, 자신의 몸과 그들의 몸이 하나이기에 모든 고통을 당신이 끌어안는다. 따라서 우리는 우주적인 예수(One)를 생명과 지혜로 여겨서 스스로 실현하도록 하여야 하며, 타자로서 대신하는 구원자 또는 대속자로 여겨서는 안 된다.

진리의 깨달음으로 내면의 神性(true Self)을 가리고 있던 따름(順)과 거스름(逆)의 마음(ego)의 껍질을 벗기면, 생명(One)의 회복으로 영생의 쉼을 얻게 된다(요 3:16). 또한 번뇌의 무거운 짐을 하나(One)인 神에게 맡기고(無我) 모든 것을 '있는 그대로'(本性)의 흐름에 따르게 되면 깨달음의 평안함을 누리게 된다. 즉 "모든 행사를 여호와께 맡기므로 경영하는 것이 이루어지고"(잠 16:3), '하나(One)의 진리' 안에서 조화로움을 체험할 수 있다.

"제자들이 예수께 이르기를, 하나님 나라는 어떠할지 저희에게 말씀해 주소서 하니 예수께서 이르시되, 그것은 겨자씨와 같으니 모든 씨들 중 지극히 작은 것이다. 그러나 살아 움직이는 땅에 떨어 질 때, 그것은 큰 나무를 만들며 하늘의 새들을 위한 보금자리가 된다"(도마복음 20).

가장 작은 겨자씨가 죽어 큰 나무로 자라듯이 겨자씨와 같은 神性이 태양(One)과 같이 충분히 빛나면 전체성인 천국의 백성(true Self)으로 태어 나게 된다. 천국이 겨자씨처럼 작다는 것은 집착과 욕심(ego) 속에 숨어 서 미묘하게 존재하는 불가사의한 神性(生命)의 존재를 말하며, 이것을 깨 닫게 되면 '신적인 온 세계'(One)가 드러나게 된다. 우리가 '내면의 겨자씨' (true Self)를 자각함으로 時空을 초월한 천국(One)을 이룰 수 있는 것은 주 관과 객관, 정신과 육체, 神과 자연 등을 분별하는 이원론적인 사유가 소 멸되기 때문이다.

본래의 상태인 천국(One)의 회복은 따라가지도 등지지도 않는 분별심 (無明, ego)을 초월한 사랑이 넘치는 새로운 생명(true Self)으로 태어남이다. 이렇게 하나(One)인 '새로운 생명'(true Self)으로 '부활한 예수'는 "내가 온 것은 물질(육체, ego)을 위해서가 아니라, 생명(靈, One)을 얻게 하고 더 풍성 히 얻게 하려는 것이라"(요 10:10)고 말씀하셨다. 티끌먼지가 날아 하늘을 가리고 겨자씨 하나가 떨어져 땅을 덮으니, 스스로 자기의 마음(true Self) 을 정화하라는 것이 모든 부처님들의 가르침이다(自淨其意 爲諸佛敎, 『원각 경』).

힌두교의 경전인 『우파니샤드(Upamisad)』에서는 "내 속에 있는 영(靈)인 아트만은 쌀알보다도, 보리알보다도 … 작으며, 또한 땅보다, 대공(大空) 보다, 천상보다 혹은 이 모든 것을 합한 것보다 더 크다"고 하였으므로 하나의 아트만이 아닌 것 즉 이원성은 실재하지 않는다. 따라서 노자는

"온 세상의 골짜기가 되면 한결같은 덕(德)이 넉넉하여 통나무로 돌아간다"(『도덕경』 28장)고 하였다. 여기서 통나무는 영욕, 미추의 분별없이 모든 것을 수용하는 道이며, 중생이 현상을 나누어 보는 까닭에 분별(妄想, ego)이 생긴다(『대승기신론』).

"그의 제자들이 그에게 이르되, '이런 일을 저희에게 말씀하시는 당신은 누구이십니까?' 너희는 내가 너희에게 하는 말을 듣고도 내가 누구인지 알지 못하느냐? 너희는 오히려 유대인들과 같이 되었다. 그들은 나무는 좋아하고 그 열매를 싫어하거나, 그 열매는 좋아하고 그 나무를 싫어한다"(도마복음 43).

예수는 '당신은 누구시나이까?'라고 묻는 제자들의 질문에 대한 답으로 '나(true Self)'는 분별 시비를 초월한 우주이고 '하나(One)인 실재'라고 대답한다. 유대인과 같이 나무를 좋아하나 그 열매를 싫어하고, 열매를 좋아하나 그 나무를 싫어하는 '분별하는 취사심(取捨心)'(ego)으로는 하나(One)의 진리이신 예수를 알 수가 없다. 즉 계시지 않는 곳이 없는 예수를 보는 "제 3의 눈"(靈眼, 눅 10:23)이 열리지 않았기 때문이다.

예수는 "성경은 폐하지 못하나니 하나님의 말씀을 받은 사람들을 神이라 하셨거든"(요 10:35)이라고 말씀하셨다. 즉 누구든지 '개체적인 나'(ego)를 소멸하고, '하나님의 말씀'(One)을 받아서 '하나님과 하나가 된 자'는 주관과 객관의 범주를 넘어선 '새로운 생명'(true Self)의 神이 된다. 이러한 '일체즉일(一切卽一)'의 하나가 된 경지'(One)는 "내가 아버지 안에 거하고 아버지는 내 안에 계신 것"(요 14:10)으로 설명되어진다.

예수는 "너희가 서로 사랑하면 이로써 모든 사람이 너희가 내 제자인 줄 알리라"(요 13:35)고 말씀하셨다. '너희가 내 제자인 줄'에서 '내'는 인간의 본래 성품인 영원한 神性(靈, true Self)을 의미한다. 그러므로 예수가 "사랑하면 나의 제자이다."라고 말할 때, '제자'는 1세기에 살았던 유대인 남자(ego)를 말하는 것이 아니라, 이원론적인 마음이 사라지고 본래의 성품(true Self)이 회복된 보편적인 '예수와 하나가 된 자'(One)를 말한다.

장자는 "道(진리)를 통하여 모든 것이 하나(One)로 된다(道通爲一, 「제물론」)"고 하였다. 즉 똑같은 사물을 사람들은 저마다 주관적 시각에 따라 바라보는 차별성이 있지만 본질상 하나(One)이다. 힌두교인들은 이 세상의 모든 것은 神으로 가득 차 있고, 무엇 하나 공허하지 않기에 나무의 神, 강의 神 등을 이야기한다. 따라서 동양의 음양론과 같은 본질적인 일원론(One)이면서 실존적인 이원론(ego)은 현대의 세계관과 통한다(不一不異).

5

위순상쟁 시위심병
違順相爭 是爲心病

"어긋남과 따라감으로 서로 다투는 것, 이것이 마음의 병이다."

-

어긋남(違)과 따라감(順)이 서로 싸운다면, 이것이 갈등이 되고 모순이 되어 마음의 병이 된다는 것이며, 이원성(二元性)인 ego에 의한 어긋남과 따라감, 좋다(好)와 싫다(不好) 등의 분별하는 것이 바로 '佛性과 하나'(One) 가 되지 못하는 마음의 병이다. 그러므로 모든 생명을 절대평등하게 보는 '영원한 道'(true Self)를 깨달아 분별하는 '마음의 병'(ego)을 버려야 하며, 또한 이원성의 분별(ego)이라는 '무거운 짐'을 내려놓아야 한다(마 11:28).

마음의 본체인 식(識)이란 형체가 없고, 부처란 무슨 모양이나 상(相)이 있는 것이 아니다. '순수한 마음'인 부처(神)는 '이것도 아니고 저것도 아 닌' 홀로 모든 것의 원인인 동시에 '하나(One)의 생명'이며, "텅 빈 진공 속 에 오묘한 에너지이다"(眞空妙有). 따라서 우리가 '마음의 병'(ego)인 고통에 서 해방되는 길은 현상계과 절대계, 삶과 죽음, 행복과 불행 등의 부분적으로 분별하는 것에서 벗어나 그 전체성(One)임을 받아들이는 것이다.

예수는 "이제부터는 너희를 종이라 하지 아니하리니 종은 주인이 하는 것을 알지 못함이라. 너희를 친구라 하였노니 내가 내 아버지께 들은 것을 다 너희에게 알게 하였음이라"(요 15:15)고 말씀하셨다.

예수는 '우주에 하나(One)의 생명'만 존재한다는 진리를 친구인 우리들에게 알게 하였고, 여기에 영원한 구원과 마음의 병의 치유가 자리한다. 따라서 종(servant)은 주체와 대상, 행복과 불행, 선과 악 등으로 인한 이원성의 ego가 사라진 절대평등의 진리(One)를 모르지만 친구는 알게 된다. 『바가바드 기따』에서도 "진아(眞我, 영적 자아) 안에 거주하는 사람에게는 칭찬과 비난, 명예와 불명예가 동일하고, 친구와 적(敵)이 동일한 사람이다."라고 한다.

신비주의 신학자인 엑카르트(Eckhart)는 "예수께서 하신 일은 우리도 자기 자신과 다름없이 '하나님의 아들'(마 6:9)임을 증언하는 사자(使者)의 역할이며, 또한 '영적 직관'(靈的 直觀)인 깨달음을 통하여 분별하는 이원성의 죄 의식을 제거하고, 우리가 神으로 태어나도록 하기 위함이다."라고 하였다. 그는 예수와 부처가 다 같이 '어긋남(違)과 따라감(順), 슬픔과 기쁨' 등으로 분별하는 이원성인 '마음 병(ego)'의 치유자[20]라고 주장한다(요 10:9).

"하나(一)가 곧 모두(一切)이고 모두(一切)가 바로 하나(一)"(요 14:10)인 진리를 깨치고 나면 무엇을 이루지 못할까 걱정할 것이 없다. 과거, 현재, 미래가 하나의 시간이고, 이곳저곳이 하나의 장소이며, 세계의 모든 일이 곧 자신의 일이고, 우주가 곧 자신의 몸이 되어 차별이 없다. 이렇게 우주가 하나(One)의 생명이라는 '바른 견해'(正見)를 확립하면 "괴로움이 사라지고 영원하고 절대적인 즐거움을 얻게 되는 것이다"(離一切苦 得究竟樂).

예수는 "나는 부활이요 생명이니 나를 믿는 자는 죽어도 살겠고 무릇 살아서 나를 믿는 자는 영원히 죽지 아니하리니 이것을 네가 믿느냐"(요 11:25-26)고 말씀하셨다.

예수의 '나는 부활이요'(요 11:25)라는 말씀은 육체의 부활이 아니라 자아(ego)에서 생명으로 깨어난 '부활한 예수²¹'와 우리 모두는 하나(One)의 생명이라는 것이다. '죽어도 살겠고'는 육체의 설명이 아니라 겉사람이 죽어야 속사람이 부활로 산다는 것이며, 時空을 초월한 부활(깨달음)²²은 육체적인 죽음과는 아무런 관계가 없다(요 6:63).

제자들은 그들의 눈이 열렸을 때 예수가 생명을 주는 영(靈)의 근원이며, 하나님의 현존(現存)임을 체험하였다. 이것이 기독교의 탄생으로 입증되었고, 도망쳤던 제자들이 예수 체험으로 부활된 삶, 새로운 의식으로 변하게 하였다. 즉 그들의 눈에서 비늘(ego)이 떨어졌으며, 하나님의 실재를 꿰뚫어 보았기에 예수(One)는 길이요, 진리요, 생명이다.

살아서 믿어 '하나(One)된 자'는 몸(ego)은 비록 죽지만 그의 생명(true Self)은 영생으로 이어진다. 즉 우주의 실상(One)에 눈뜬 사람은 누구나 불생불멸의 우주생명(true Self)임을 깨닫는 것이다. 이와 같이 빛인 예수와 하나(One) 되지 않고 이원성의 마음(ego)으로 "비판하고 정죄하면서"(눅 6:37) 다툰다면 이것이 어둠인 '마음의 병'(죄)이다.

까비르는 神과 하나(One)되는 것을 혼례로 표현하여 "나는 님과 혼례를 올렸다. 그리고 불멸(不滅)의 존재가 되었다"고 아름다운 詩로 노래하였다. 부처는 "본래 지금 이 자리가 극락세계(One)이지만 … 분별하는 마음(ego)을 지니면 사바세계로 보인다"(『유마경』)고 하였다. 따라서 '본래의 자리'(One)를 떠나지 않는 자는 '영원한 실재'이다(『도덕경』 33장).

예수는 말씀하셨다. "만약 육신이 영(靈)을 위하여 존재하게 되었다면, 그것은 하나의 신비이다. 그러나 만일 영(靈)이 육신을 위하여 존재하게 되었다면 그것은 신비 중의 신비이다. 나는 어떻게 이 영적인 진리의 큰 부요함이 이와 같은 궁핍(육신) 속에 있는가를 놀라워하노라"(도마복음 29).

만약 유한한 육신을 위하여 무한한 영(靈)이 존재한다면 신비 중의 신비일 것이며, 말씀이 육신이 되어 우리 안에 거하는 것 즉 우리가 하나님과 연합하여 하나가 되는 것은 경이롭다. 영원한 '영(靈)의 내재'(神性)는 매우 놀라운 일이며, 육체(ego)는 잠깐 보이다가 없어지는 안개와 같다(약 4:14). 궁핍한 겉사람(ego)을 소멸하고, 진리로 부요한 내면의 속사람(神性, true Self)을 회복하는 것이 바로 천국의 구원(One)을 이루는 것이다(막 8:35).

구원(거듭남)은 믿음과 행동(信解行證)을 통하여 번뇌의 오염을 다스림으로 하나님과 하나(One)가 되는 영적 체험(요 17:21)이며, 청정한 내면의 신비한 진리(神性)가 드러남으로, 본래 자유로웠음을 자각하는 경지이다(요 8:32). 이러한 하나(One)의 '순수한 마음'(true Self)이 꿈과 그림자와 같은 육적(肉的) 가난에 가려져서 자신(ego)이 있다고 집착하여 이원성인 어긋남과 따라감, 좋다와 싫다 등으로 분별하는 것이 바로 '마음의 병'이다(마 7:1).

예수는 말씀하셨다. "다른 몸에 의존하는 몸은 초라하며, 그리고 이 둘에 의존하는 영혼은 얼마나 초라한 것인가"(도마복음 87).

地水火風으로 이루어진 허상의 몸에 의존하는 겉사람의 몸(假我. ego)은 초라하다. 이 둘에 의존하는 영혼(ego) 역시 분별하는 불완전한 상태의 삶이므로 초라하다. '이원성의 사유'를 벗어날 수 없는 육체와 마음은 헛된 것으로 무익하지만, 집착(갈망)하는 ego가 사라진 '하나(One)의 진리'(神性)

는 '무시간적 생명'(true Self)의 축복이다(요 6:63).

종교는 '바르게 보지 못하여'(不正見) 이원적 사유로 나누는 '마음의 병'(顚倒夢想)인 고통을 치유하고, 본래의 상태인 神性(true Self)을 회복하여 '영원한 기쁨과 행복'(천국, 열반)을 추구한다(요 9:39). 즉 번데기가 나비로 변화되는 것과 같이 회개를 통하여 어둠에서 '새로운 빛의 존재'(true Self)가 되어 '마음의 병'(ego)이 소멸되고 평안을 누린다.

하나님 나라를 내면에 지니고 있는 황제(true Self)인 우리가 줄곧 구걸을 하는 '마음의 병'을 가지고 있다(눅 17:21). 가치도 없는 것들을 얻기 위해 시간과 삶과 모든 에너지와 기회를 낭비하고 있으며, 구걸하고 있는 마음속에, 바로 그곳에 왕(One)인 지고의 존재가 있다. 즉 예수는 "하나님 나라 즉 하나님은 너희 안에 있다"(눅 17:21)고 말씀하셨다.

불식현지 도로염정

不識玄旨 徒勞念靜

"현묘한 뜻을 알지 못하고 공연히 생각만 고요히 하려 애쓴다."

—

    "나누어질 수 없는 진리(One)"(막 3:24)를 모르면 어지럽게 하는 ego적인 마음으로 공연히 생각만 고요히 하려 애쓰게 되며, 不二의 진리는 생각(ego)을 억지로 고요하게 해서도 안 되고 그렇다고 분주하게 해서도 안 된다는 것이다. 따라서 가장 먼저 구하여야 할 것은 이원론적 사유로 상대적인 것에 집착하는 일시적인 아상(我相: ego)을 죽이고, 사물의 본질이 '하나(One)의 생명'(true Self)이라는 것을 깨닫는 생사해탈(生死解脫)의 진리이다.

    '영원한 생명'(true Self)으로 '사물의 깊은 뜻'(One)을 알 수 있다면, 탄생과 죽음, 행복과 불행은 상보적(相補的)인 하나(One)가 될 수 있지만, 알 수 없는 동안은 이원성(二元性)의 ego적인 마음으로 인하여 평안을 누릴 수가 없다. '분리되어 있고 한계를 가지고 있다는 관념'(ego) 때문에 죽음과 불행은 매우 고통스러운 것이다. 그러므로 영원한 평안과 행복을 누리기 위해서는 '본질인 현묘한 뜻'(One) 즉 '不二의 진리'를 깨닫는 것뿐이다.

예수는 "누구든지 자기 목숨을 구원하고자 하면 잃을 것이요 누구든지 나와 복음을 위하여 자기 목숨을 잃으면 구원하리라"(막 8:35)**고 말씀하셨다.**

거짓 목숨(집착, ego)을 얻고자 하면 영원한 생명을 잃지만, '목숨(我, ego)을 잃으면'(大死一番), '영원한 神性(靈)을 구원하게 된다'(絶後蘇生, 딤후 2:11). 장자도 "삶을 죽이는 자는 죽지 않고(殺生者不死), 삶을 살리는 자는 살지 못한다(生生者不生)"고 하였다. 예수는 "내가 내 목숨(ego)을 버리는 것은 神性을 내가 다시 얻기 위함이라"(요10:17)고 말씀하셨다. 구원은 믿음과 수행을 통하여 주객을 나누는 거짓 목숨인 '나'(ego)를 제거하고, 일체 대상에 빠지지 않도록 집착을 떠나 열반(천국, One)을 획득하는 것이다(『대승기신론』).

'하나(One)의 진리'(法界一相)에 대한 無知가 모든 고통과 불행을 일으키는 악의 원인이다. 이러한 無知로 일반인은 가상(假相, ego)밖에 보지 못하지만, 뿌리인 생명(One)을 깨달은 성자(聖者)는 '있는 그대로'의 실상(true Self)을 본다. 이와 같이 우리가 '나'(ego)라는 생각을 없애고 '영적인 神性'(眞我, true Self)을 찾는 일은 제일 큰 행복이며(涅槃第一樂), 빌립복음에서는 "無知가 모든 악의 어미이다."라고 하였다. 따라서 원죄가 악이 아니라 無知(無明, ego)가 악이므로 진리를 아는 지식으로 '본래의 상태'(One)를 회복하여야 한다.

종교의 목적은 자신을 육체와 동일시하는 無知(ego)를 치유하고, "사망이 없고 애통하는 것이나 아픈 것이 다시 있지 아니하도록"(계 21:4) 자기 자신을 바꾸는 것 즉 神性의 회복으로 집착이 사라진 자유와 행복을 추구하는 것이다. 또한 이기적인 마음(ego)으로부터 '궁극적 실재'(One)에 중심을 두는 無爲의 삶과 바울이 "그리스도를 내 속에 나타내심"(갈 1:16)이라고 고백한 것처럼 '참 사람'(true Self)이 되는 것이다. 따라서 우리는 조화로 가득 찬 하나(One)인 진리의 자각으로 세계를 변화시키는 종교의 사명을 다하여야 한다.

예수는 "목숨을 위하여 무엇을 먹을까 무엇을 마실까 몸을 위하여 무엇을 입을까 염려하지 말라 … 공중의 새를 보라 심지도 않고 거두지도 않고 창고에 모아들이지도 아니하되 너희 천부께서 기르시나니 너희는 이것들 보다 귀하지 아니하냐"(마 6:25-26)고 말씀하셨다.

'개체는 전체'(一卽多)이므로 이 세상의 모든 생명체는 스스로 진리(One)대로 만족과 평화로움으로 살아가게 되어 있다. 不二의 진리(One)[23] 안에서는 生死 문제조차도 대립이 아니라, 서로를 도와주는 상보적이며, 순리적인 현상이다. 고통을 벗어나 행복하게 사는 길은 영원한 진리인 '자신의 생명'(true Self)을 되찾는 것이며, 이것이 바로 사물의 본질(One)을 깨닫는 것이다. 즉 생각을 억지로 고요하게 할 것이 아니라, 나와 우주 만물이 '하나(One)의 생명'(神)이라는 것을 믿고, 神의 뜻 즉 천지 우주의 오묘한 순리에 따른 삶이다.

우리의 고통과 공포가 시작되는 것은 '무한한 존재'(true Self)라는 참된 성품에 한계를 정하고 유한한 존재라고 여기는 마음(ego)때문이다. 예수는 모든 문제의 해결은 절대(One)에 있는 것이므로 공중의 새와 들의 백합화를 비유하여 '하나(One)의 진리'를 설명하고 있다. 공중의 새들로 하여금 자유롭게 날아다니게 하는 영원한 '하나의 생명'(true Self)은 똑 같이 우리의 내면에도 신비롭게 작용하고 있다. 남전(南泉)선사가 "평상심이 道"라고 한 것같이 집착하지 않는 청정한 마음으로 행복하게 사는 것이 수행이고, 해탈이고, 道이다.

『역(易)의 신학』(The Theology of Change)에서 보면 하나님은 모든 생성의 과정을 일으키는 변화(易)이기에 모든 존재의 '내적인 근원'(우주 energy) 창조신학을 반대한 샤르댕 신부는 신학과 과학을 통합하여 神은 '내적인 근원(우주 energy)²⁴이 되며, 神性(靈, One)이다(롬 1:20). 즉 이 세계는 무한하고 완전한 하나(One)의 힘(神性)에 의해 신비로운 조화와 질서대로 움직여지고 있다. '우리는 아무것도 없는 자'(陰) 같으나 '모든 것을 가진 자'(陽)의 생성과 변화 속에 있으므로 어떠한 고통에서도 즐거움을 누린다(고후 6:8-10). 이러한 끊임없이 변화하는 모습에서 하나인 神性(true Self)을 깨달은 자들이 성자(聖者)이다.

예수는 제자들에게 말씀하셨다. "너희가 금식하면 너희는 너의 스스로에게 죄를 가져올 것이고, 너희가 기도하면 너희는 비난을 받을 것이다. 또한 너희가 구제하면 너희는 너의 영(靈)에 해를 끼치는 것이다"(도마복음 14:1).

우리는 금식, 기도, 구제를 '有爲的으로 할 것'(죄, ego)이 아니라 집착을 초월하는 바탕에서 되어가는 대로 無爲의 자세로 해야 한다(上善若水). 우리는 '개체가 있다는 자기 정체성'에 의한 이원론적 사유를 넘어 '전체성의 세계'(One)를 보아야 하며, 집착에 의한 금식과 기도보다 마음의 금식인 내면의 생명을 보아야 한다. 스스로가 해야 할 일은 '상대의 세계'(ego)가 아니라 자신을 영원한 '절대의 세계'로 귀일(歸一, One)하는 것이다.

문제는 '무엇을 하는가'가 아니라 '나는 누구인가'를 통한 '올바른 존재'

(진리, true Self)가 되는 것이다. 만일 존재(One)가 옳다면 어떤 행위를 하든 자동적으로 옳은 것이 된다. 엑카르트는 "사람들은 무엇을 해야 할지 그렇게 걱정할 필요가 없으며, 오히려 어떤 존재의 사람인지를 걱정해야 한다"고 하였다. 또한 그는 영원한 '존재의 뿌리'(true Self)에 근거하지 않는 종교와 교회의 인위적인 말이나 여러가지의 신앙 행위도 거부한다.

"오른손이 하는 것을 왼손이 모르게"(마 6:3)하듯이 금식, 기도, 구제 등 모든 경건한 행동을 비워진 마음(無心)으로 하지 않고, 분별하는 행위로 하면 평안을 누리지 못한다. 기도는 대상의 神을 향하는 것이 아니라 神(One)의 뜻이 이 세상에 실현되게 하는 것이다(마 6:10). 예수와 같이 무아(無我, 마 5:3)로 구제하는 사람도 없고, 구제받는 사람도 없으며, 구제되는 물건도 없다는 '無 집착'(요 8:46)으로 행동할 때 내적인 행복을 누리게 된다.

7

원동태허 무흠무여

圓同太虛 無欠無餘

"道는 광대한 허공과 같아서 모자람도 없고 남음도 없다."

–

道(自然)는 아무런 걸림이 없는 광대한 허공과 같아서 모자람도 없고 남음도 없이 균형을 유지하며 완전(One)하다. 언제나 전체(All)로서 부분이 없으며, 막힘없이 통할 뿐, '이것이다 저것이다, 옳다 그르다, 좋다 나쁘다'라는 어떤 분별(ego)도 있을 수 없다. 지극한 道는 누가 조금이라도 더 보탤 수 없고 덜어낼 수도 없어 모두가 갖추어져 있다. 따라서 지금 여기서 깨달음(거듭남)으로 '하나(One)의 道인 극락(천국)'을 바로 체험할 수 있다 (요 3:3).

대승불교와 노장(老莊) 철학이 결합된 선(禪)은 인격을 완성하여 마음의 고향인 '생명의 자리'(One)를 찾게 되며, '거짓 나'(ego)가 소멸되고, 우주의 도리인 '영원한 진리'(true Self)를 깨닫게 되어 우주와 하나(One)가 된다. 석가모니는 예수와 마찬가지로 '진리(道)를 깨달은 자'(One)이며, '그대 역시

필히 부처(神)가 될 사람이다'(當成佛, 요 10:34). 장자도 "생명인 참나(true Self)
의 자리를 잡는다면 완전한 神(One)처럼 된다"고 하였다.

**예수는 "하늘에 계신 너희 아버지의 온전하심과 같이 너희도 온전하
라"(마 5:48)고 말씀하셨다.**

우리는 '하늘 즉 내면의 아버지'(true Self)와 같이 분별을 초월하는 하나
의 진리(神)로 돌아가야 하며(『도덕경』 22장), 깨달음을 통하여 번뇌를 소멸
하고 '있는 그대로의 온전한 모습'이 될 때 神(One)이 되는 것이다(神人合
一). 따라서 예수만이 神의 독생자[25]가 아니라, 우리도 "하나님의 자녀가
되는 권세"(요 1:12)를 가졌으며, "하나님의 상속자"(롬 8:17)이다. 또한 온전
함(One)을 통하여 홀로 태어난 영(靈)의 사람인 독생자가 될 수 있는 것이
다.

이 세상이 둥글기가 큰 허공과 같아서 무엇 하나 부족한 것 없고, 무
엇을 했으면 하는 기대도 없으며, 조화롭고 완전하다는 것을 깨달은 자
는 하나(One)가 된 자이다. 이들은 "패어 있는 웅덩이는 채워지는 것"(『도덕
경』 22장)과 같이 대립하는 것처럼 보이는 것을 유기적 통일성(All)으로 보
며, 자기 초월적 "깨달은 마음"(고전 14:19)을 체험한다. 이러한 '온전한 자'
가 되기 위해서는 영(靈)인 그분에게 마땅한 예배를 드려야 한다(『바가바드
기타』).

"영(靈)이신 하나님"(요 4:24)은 전체성이며 하나(One)의 생명으로써 영적,
직관적으로만 체험되어진다. 이러한 보편적인 '궁극적 실재'(神性, 佛性)는
종교적 체험으로 종교 간의 일치를 가능하게 하며, 문화나 종교에 따라
여러 가지의 이름으로 달리 부르지만 어느 특정 종교에만 속하지 않는
다. 우리가 진리를 자각할 때 "사람의 마음에는 많은 계획이 있어도 오직

하나의 순수 에너지(빛)인 神의 작용은 온전하다"(잠 19:21)는 것을 체험하게 된다.

"이 말씀을 하신 후에 또 이르시되 우리 친구 나사로가 잠들었도다 그러나 내가 깨우러 가노라 … 디두모라고도 하는 도마가 다른 제자들에게 말하되 우리도 주와 함께 죽으러 가자 하니라 … 예수께서 그가 우는 것과 또 함께 온 유대인들이 우는 것을 보시고 심령에 비통히 여기시고 불쌍히 여기사 이르시되 그를 어디에 두었느냐 … 무덤에 가시니 무덤이 굴이라 돌로 막았거늘 예수께서 이르시되 돌을 옮겨 놓으라 하시니 그 죽은 자의 누이 마르다가 이르되 주여 죽은 지가 나흘이 되었으매 벌써 냄새가 나나이다 … 큰 소리로 나사로야 나오라 부르시니 죽은 자가 수족을 베로 동인 채로 나오는데 그 얼굴은 수건에 싸였더라 예수께서 이르시되 풀어 놓아 다니게 하라 하시니라"(요 11:11-44).

"나사로의 병은 죽을병이 아니라 하나님의 영광을 위함이며"(秘儀入門, 요 11:4), "나를 믿는 자는 죽어도 살겠고 무릇 살아서 나를 믿는 자는 영원히 죽지 않는다"(요 11:25-26)는 예수의 말씀을 상징적으로 보여주는 비유이다(死海文書). 모든 것은 태어나 죽고 반드시 변하며, 또한 "오직 잠깐 보이다가 없어지는 현상세계의 일"(虛相, 약 4:14)이다. 그러나 '예수의 눈'(靈眼)인 불생불멸(不生不滅)의 실상(實相)에서 보면 모든 것은 새로 생겨나거나 사라지지 않으며(전 1:10), 삶도 죽음도 없는 무한한 절대세계의 하나(One)이다.

깨달음을 위한 나흘 동안의 가사(假死)에서 깨어남은 '겉사람'(ego)을 소멸하고, 속사람(神性)을 회복하는 것이며, '나사로야 나오라'와 같이 '죽은 자' "죽은 자[26]를 부르는 것 같은 새 생명(One)의 부활이다. 주님이 사랑한

"나사로는 이원성이 풀어짐으로써"(요 11:44) 옛사람(ego)이 소멸되고, 용서와 사랑의 새사람(true Self)으로 부활하여 주님이 이끌어 준 덕분으로 보게 된 즉 초감각적인 눈으로 본 영계(靈界)의 일(One)들을 전하게 되었다. 따라서 부활[27]은 한계가 있는 육체적인 삶(ego)을 벗어나는 자유와 해방인 성령의 삶이다.

빌립은 "사람이 살아 있는 동안에 먼저 부활(One)을 경험하지 않으면 그들은 죽어서 아무것도 받지 못한다."(빌립복음 19)라고 기록하였다. '바울의 부활 체험'(고후 3:18, 갈 2:20)은 자신 속에서 순수 존재인 하나님과 그리스도의 지속적 현존(現存)을 깨달은 것이다. 이러한 깨달음은 여럿으로 나타나 보이는 세상의 본질이 하나라는 부활의 즐거움이며, 진리(One)의 무지는 업장(業障, ego)의 습관에 의한 本人의 문제이다. 예수의 죽으심도 이원적 사유로 흩어진 하나님의 자녀를 모아 하나(One)로 되게 하기 위함이다(요 11:52).

예수는 말씀하셨다. "마음이 핍박을 받는 자들은 복이 있나니, 저들이 진리인 아버지를 알게 되었음이라. 굶주린 자는 복이 있나니 그들의 궁핍이 채워질 것이기 때문이다"(도마복음 69).

내면의 핍박(ego)을 통하여 "마음(One)을 아는 자"(눅 17:21)들은 행복한 자이며, 진리인 아버지를 깨닫게 된다(心卽是佛, 마 6:21). 여기서 '아는 자'는 일반적 지식을 '아는 자'와는 다른 '진리(One)의 깨달음'이다. 핍박으로 '진리에 굶주린 자'는 모든 종교의 목표인 이원성을 소멸하고 하나인 진리의 세계를 자각함으로 영적 궁핍이 채워진다. 따라서 역(易)의 원리대로 모든 상황에서 그 극에 이르면 반대편으로 운동이 일어나는 것이다(막 9:35).

요한복음 주해를 쓴 헤라클레온은 "대부분의 기독교인들은 성경을 문자 그대로 받아들이는 경향이 있으며, 하나님을 이 세상의 창조주[28], 모세에게 석판을 준 입법자, 예수를 낳은 거룩한 아버지로 여기고 있다. 그러나 하나님의 존재를 체험한 사람은 이런 이미지가 인간이 만들어낸 것임을 알게 된다"면서 성경의 영적 해석과 하나의 진리를 설명하였다. 하나의 진리란 하나님은 한(One) 분이며, 그 외에 다른 것은 천지에 없다는 것이다(막 12:32).

 '영원한 행복'(至福)은 외적 조건이 아닌 내면의 깨달음으로 오는 영적 상태(One)이며, 이원적 망상(ego)인 죄를 소멸시키는 고통을 통하지 않고 체험 할 수 없는 신비한 경지(true Self)이다. 따라서 죄라는 것은 하나(One)인 실체를 나누어보는 이원론의 분별심 즉 無知이다(요 9:41). 따라서 우리는 집을 일시적인 모래 위에 짓는 어리석은 사람(ego)이 아니라 영원한 '반석(One)에 짓는 지혜로운 사람'(true Self)이 되어야 한다(마 7:24).

 광대한 허공처럼 완전한 하나(One)의 진리(自然)인 이 세상은 모자람과 남음 그리고 더럽거나 무의미한 것이 없으며, "굶주림과 배부름, 울음과 웃음"(눅 6:21)의 음양 조화와 같이 하모니(harmony)로 가득 차 있다. 분별 시비를 초월하는 '하나(One)의 진리'를 알게 되면 이원적 대립이 극복되는 자유로운 삶이 된다(요 8:32). 이러한 진리와 하나(One) 되는 삶(true Self)은 영원한 평화와 기쁨으로 어쩔 줄 모르는 환희용약[29] 외에 아무것도 없다.

8

양유취사 소이불여
良有取捨 所以不如

"취하고 버림으로 말미암아, 참 모습을 못 볼 뿐이다."

—

취하고(取), 버리는(捨) 분별심때문에 '한결같은 참 모습'(true Self)을 보지 못하는 것이 병이다. 진리(One)적으로는 우리가 무엇을 얻었다고 생각할 때 사실 전혀 얻은 것이 없고, 무엇을 잃었다고 생각할 때도 전혀 잃은 것이 없다. 사람들이 본래 그대로 한결같지 못한 까닭은 ego의 마음으로 분별하는 탓에 무엇이 '모자라거나 남는다'고 느끼기 때문이다.

진리(One) 안에서 이원성(ego)으로 분별하지 않으면 일체가 다 갖추어져 있는 완전한 경지가 되며, 모든 고통과 번뇌를 벗어난 참 자유와 행복을 누리게 된다(요 8:32). 즉 우리가 '좋고 나쁘며, 취하고 버리는' '이원적인 사유'(ego)를 버리고 '청결한 마음인 無心'이 되면, 모든 것이 더할 나위 없이 명료한 참 모습인 극락(천국)을 누릴 수가 있다(마 5:3).

예수는 "무릇 있는 자는 받아 넉넉하게 되되 없는 자는 그 있는 것도 빼앗기리라"(마 13:12)고 말씀하셨다.

　'진리(One)로 즐거워하는 자'(영적인 자)는 더욱 자유와 풍족한 삶을 누리게 되지만, '번뇌에 빠진 육적인 자'(ego)는 빈곤함에 이르게 된다는 마음의 법칙을 설명하고 있다. 무한 능력자인 '하나님과 하나'(One)라는 자각 없이, 이원성의 ego로 인해 생각에 얽매여 살아가면 어두움에 빠져 영적인 삶은 결국 말라 죽어버리고 열매를 맺지 못하게 된다. 이러한 어두움을 밝히는 깨달음에 대하여 노자는 "영원한 실재(道)를 아는 것을 일컬어 깨달은 밝음이라"(知常曰明, 『도덕경』1장)고 하였으며, 또한 하나(One)인 道를 통하여 "만족할 줄 아는 것 자체에 만족하면 늘 만족하게 된다"(知足之足常足, 『도덕경』46장)고 하였다.

　'진리(One)로 깨어 있음'은 더 많은 넉넉함으로 끌어당기지만, '깨어 있지 못하면'(ego) 점점 다른 방향으로 멀어져 갈 수밖에 없다. 따라서 기대와 집착하는 마음(ego)을 포기하면, 만사형통한 본래의 '나'인 神性(true Self)을 회복할 수 있다. 불교가 말하는 '진리(One)로 깨어 있는 자'(true Self)는 삼라만상에 현존하며, 너와 내가 다르지 않는 佛性(一切衆生 悉有佛性)을 깨달아 부처가 된 자이다(卽身成佛). 따라서 인간은 본래 '신적인 神性'(true Self)을 지니고 있으므로 '고통과 병'(ego)이 없는 완전원만(完全圓滿)한 절대적 존재이지만, 그것을 자각하지 못하기 때문에 여러 가지의 불행을 자초하고 있다.

　'있는 자'란 '이미 가지고 있는 무진장한 神性(성령)을 자각한 자'(회개)이며, '없는 자'는 '이미 무한한 진리를 지니고 있음에도 불구하고 그것을 깨닫지 못한 자'(ego)이다. 개신교의 한 종파인 퀘이커교(Quakers)는 '분별을 초월한 절대평등'(聖俗一如)을 주장하며, 침묵 속에서 우리 속에 있는 '내적인 빛'(true Self)을 깨닫고자 하는 교파이다. 기존 교회가 지닌 어떤 형식도 없이 하나님을 내적인 자각으로 깨달을 수 있다고 주장하며 '내면의 빛' (true Self)을 중시한다. 따라서 "주님의 가르침은 침묵 속에 있기에"(마리아 복음 17:7) 하나님에게 기도하는 사람은 시간을 초월하는 묵상으로 기도하여야 한다고 가르친다.

"예수께서 제자들에게 이르시되 누구든지 나를 따라오려거든 자기를 부 인하고 자기 십자가를 지고 나를 따를 것이니라"(마 16:24)고 말씀하셨다.

'자기를 부인하고'는 이원적인 집착(ego)을 버림이며(無念·無相·無住), '자 기 십자가를 진다는 것'(아이로)은 마음 안에 있는 '이원성의 죄'(ego)를 회개 한다는 말이다. 우리는 예수가 대신하여 내 죄를 사해주시는 것이 아니 라 스스로 거짓 나(ego)를 소멸하고 하나(One)의 진리인 예수(true Self)를 쫓 아야 한다. 이 세상에 참나(true Self)아닌 것은 없다는 하나(One)의 진리 즉 不二 일원론의 세계관은 문화와 종교의 가장 높은 경지이다.

취하고(取), 버리거나(捨)하는 분별심(ego)을 포기하고 무아(無我)가 되어 생명(true Self)을 찾게 되면 무엇(富, 명예 등)을 가지든지, 그 모든 것으로부 터 자유롭다. 천국은 십자가를 통한 '자아(ego)의 부정'이 없이는 주어지지 않는다. 따라서 탁수(濁水)를 가만히 두면 맑은 물만 뜨는 이치와 같이 묵 상으로 안개와 같은 자아의 존재를 부정하고 무아(無我)가 되면 분별의 마 음(ego)이 사라지게 되어 자연히 '진리의 세계'(One)가 나타난다.

엑카르트는 "자기 자신을 포기하는 것이야말로 자기를 얻는 길이며, 모든 것을 포기하는 것이야말로 모든 것을 얻는 길이다."라고 하였으며, 이는 '영적 세계의 법칙'이다. 따라서 구원은 집착이 사라질 때 바로 오는 '참된 나'(천국)의 삶이며, 불교의 해탈도 집착하는 '거짓 나'에서 해방되어 사물을 있는 그대로의 모습(본성)을 보는 '참된 나'(열반)의 희열이다. 마찬가지로 노자, 장자도 ego를 부정할 때 삶이 풍요롭게 된다고 가르쳤다.

"제자들이 예수께 이르되, '당신이 계신 곳을 저희에게 보여주소서. 저희가 찾아야 하기 때문입니다.' 그가 이르시되, '두 귀가 있는 자는 들어라. 빛은 빛의 사람 속에 존재하고 그 빛이 온 세상을 비추노라. 그 빛이 비추지 않으면 어둠이 있으리라'"(도마복음 24).

우리가 찾아야 할 진리(예수)는 밖이 아니라, 온 우주를 밝히는 "내면의 빛"(마 6:22)이며, 이러한 '하나(One)의 생명'을 스스로 깨닫지 못하면 취하고 버리는 분별의 마음(어둠)을 벗어나지 못하기에 "죽은 자"(마 8:22)이다. '예수가 계신 곳'(神性)을 덮고 있는 집착하는 마음(어둠, ego)을 소멸하고, '神性(빛, One)을 회복하는 것'이 구원이다(막 8:35).

우리는 죄인이 아니라 예수와 같이 영원한 '빛의 사람'(One)이며, 無知의 굴레인 어둠(ego)을 벗어나 내면의 변화인 "번개가 치듯 깨달음을 체험함으로"(눅 17:24) 지금 여기에서 천국(빛)을 볼 수 있다. 그러나 마태, 누가는 천국을 구약 예언의 역사적 성취로 보며, 마가는 "하나님 나라가 권능으로 임하는 것을 볼 자들도 있느니라"(막 9:1)고 하였다.

'하나님 나라를 볼 수 있다'는 것은 회개를 통하여 사물을 보는 시각을 만물의 근원인 '하나님의 시각'(無爲, One)으로 보는 것이며, 이러한 순수한 어린아이의 관점(One)은 취하고 버리며, 나와 너의 분별심(ego)을 사라지게 한다. 그러므로 예수는 십자가에 못 박히실 때 '자기들이 하는 것을 알지 못하는 자'(ego)를 용서해 달라고 기도하셨다(눅 23:34).

예수는 말씀하셨다. "너희가 살아 있는 동안 살아 계신 분을 바라보라.

그리하지 않으면 너희가 죽으리라. 그때에는 살아 계신 이를 보려 할지라도 보지 못하리라"(도마복음 59).

우리는 물질 영역을 버리고 영원한 영적 영역인 예수(神性, One)를 주목하여야 한다. 그렇지 않으면 '자신의 몸'(ego)은 죽은 것이다. 이러한 체험을 힌두교에서는 내면적 '神의 순간'이라 부른다. 우리는 취하고(取) 버림(捨)과 집착하는 마음(ego)을 버림으로 '時空을 초월한 예수'(true Self)를 회복하고, 본래 그대로의 한결같은 하나(One)가 되어 마음의 평안을 누려야 한다(安心立命). 이러한 천국(One)은 영적으로 죽은 자(ego)들이 본성(true Self)의 거듭남을 통하여 체험하는 바로 지금 이때이다(요 5:25).

우리의 내면에 천국이 있고(눅 17:21), 내 마음의 본바탕이 부처이며(心卽是佛), 곧은 마음은 정토이다(直心是道場, 『유마경』). 즉 우주의 실상은 '장엄 찬란한 극락(천국)'(One)이지만 다만 못 볼 뿐이다. 모든 외적 상태는 내면의 마음거울에서 나오는 반영이므로 '하나(One)의 진리'를 알기 위해서는 고요히 내면으로 향해야 한다(시 46:10). 원래부터 생(生)과 멸(滅)이 없는 '神性'을 깨달은 자는 '영원한 실상인 예수와 하나(One) 되어'(요 1:14) 흐름에 순응하면서 '삶을 긍정적으로 보는 福된 경지'가 된다.

"말씀이 육신이 되어 우리 가운데 거한다"(요 1:14)는 것은 하나님이 만물 속에 내재한다는 것이다(요 1:1). 또한 時空을 초월한 그리스도 차원이 있었음을 믿고 우주적 기독론을 말하는 신학을 하고 그런 영성을 키우는 것이 급선무이며, 종래의 초월적 신관과는 달리 내재적인 하나님의 이해를 가능케 하는 구절이다. 따라서 시공간의 제약 속에 갇힌 인간 그리스도가 아니라 영원한, 영적인 그리스도를 섬겨야 하며, 세계는 하나의 유기체인 전체로서 주객, 선악은 과정의 일부로서 갈등하지 않고 상호 보충관계에 있다.

9

막축유연 물주공인

莫逐有緣 勿住空忍

"바깥의 인연의 삶을 좇지 말고, 안의 空의 자리에 머무르지 말라."

—

진리를 성취하려면 세속세계의 인연을 좇는 일과 세속을 벗어난 空함을 구별해서는 안 된다. 왜냐하면 "모든 것은 神(眞如佛性: One)으로부터 나왔으며"(롬 11:36), 인연 따라서 잠시 모양을 나투었기 때문이다. 그러므로 ego 의 이원론적(二元論的)인 있음(有)에 머물면 이것도 병이고, 또한 空함(無)에 머물면 이것도 역시 병(ego)이라는 것이다. 그러므로 서구의 외향적인 것에도, 동양의 내향적인 것에도 머물지 않고 有와 無를 다 버려야 한다.

요한은 有無를 초월한 진리(One, 갈 3:20)를 "이 모든 것을 다스리시는 하나(One)이신 분"(요한 비밀서), 플로티누스는 일자(One: 一者), 노자는 "고요히 소리도 없고 형체도 없는 道"(One, 『도덕경』 25장)라고 하였다. 모든 종교는 하나(One)의 진리를 통하여 유한에서 영원(One)으로의 상승을 통한 '참자유와 해방'을 위하여 다양한 표현을 한다. 따라서 '하나인 진리'(One)의 관점에서 볼 때 '타종교에는 구원이 없다'는 주장은 타당하지 않는다.

예수는 "나의 양식은 나를 보내신 이의 뜻을 행하며 그의 일을 온전히 이루는 이것이니라"(요 4:34)고 말씀하셨다.

'하나님의 뜻'을 행하는 양식은 내면의 변화인 '無爲의 삶'(One)이다. 이러한 진리(One)를 성취하려면 바깥에 있는 이 세상의 인연과 내면에 있는 이원적 사유의 집착과 분별인 '주관과 객관, 옳음과 그릇됨'(ego)을 초월하여야 한다. 따라서 성인(聖人)은 종일을 가도 양식인 수레 즉 진리에서 떨어지지 않고(『도덕경』 26장), 생사를 똑같이 즐긴다. 즉 우리가 어둠 속의 밧줄을 뱀이라고 생각하면서 고통과 두려움에 떨고 있음을 자각한 것이다.

진리(One)는 "안을 깨끗하게 하면 겉도 깨끗하게 된다"(마 23:26)는 예수의 말씀과 같이 이원성(ego)의 마음을 비워서 자타시비(自他是非)가 일어나기 이전, 현상에 대한 집착이 사라져 버린 無爲의 道이다. 불행이 단지 꿈이었으며, 환영(幻影)이었고, 마야(幻想)였다는 것을 자각한 경지이다. 이러한 "만물의 근본자리인 道"(One, 『도덕경』 4장)의 경지는 만 가지 일에 허물과 걸림이 없는 원만구족(圓滿具足)과 평안을 누리는 하나(One)의 진리이다.

바울은 "몸은 하나인데 많은 지체가 있고 몸의 지체가 많으나 한 몸임과 같이 그리스도도 그러하니라"(고전 12:12)고 말하며, '한 분의 진리인 그리스도'(One)안에 모든 존재가 포함되어 있음을 설명하고 있다. 자연의 모든 것이 서로 不可分의 연대관계 속에 있기 때문에 내 귀가 내 코하고 싸울 수가 없다. 따라서 '그리스도(진리)와 하나' 되면 꿈과 같은 행복과 불행, 성공과 실패 등 상대물(ego)의 쌍들이 사라지는 참된 자유를 누린다(요 8:32).

예수는 "눈은 몸의 등불이니 그러므로 '네 눈이 성하면 온 몸이 밝을 것이요'(if your eye is good, your body will be full of light.)"(마 6:22)라고 말씀하셨다.

'눈'은 '영적인 눈'(靈眼, 눅 10:23)인 내면의 빛(true Self)을, '몸'은 우리의 삶 그 자체(One)를 가리키는 말이다. 따라서 不二의 진리 즉 근원을 볼 수 있는 '제3의 눈'이 열리는 깨달음의 영성은 온 존재가 빛으로 가득 찬 하나(One)가 되게 한다. '無知인 어둠의 눈'(ego) 껍질을 깨고 진리(One)를 바로 보는 영적인 눈이 열리려면 '세속의 것'(有)과 '세속을 끊는 내면의 세계'(無)를 구별해서는 안 되며, 구별하는 '이기심의 산'(ego)을 들어 올려서 내면의 깊은 무의식인 '넓고 깊은 바다'(true Self)에 빠뜨려야 한다(마 21:21).

모든 사물을 하나의 눈(本性)인 '내면의 눈'(靈眼, 눅 10:23)으로 보는 자는 전체적(영적)인 하나(One)의 놀라운 세계가 열리고, 각각의 개체들 사이의 차별이 '있는 그대로' 조화롭고 상보적으로 긍정된다(도마복음 47). 즉 모든 것이 하나이므로 '삶·죽음, 불행·지복, 물질·마음, 성자·죄인, 기독교·불교'가 둘이 아닌 것이다(골 3:11). 부처는 입적하기 전에 대상이 아닌 "자신과 진리를 등불로 삼아라"고 설법을 하셨고, 『바가바드 기따』에서는 "우리 눈에서 분별심(ego)만 벗겨지면 존재하는 모든 것들 속에서 불변하는 실체를 본다"고 하였다.

예수는 말씀하셨다. "아버지의 나라는 좋은 씨를 가진 사람과 같으니, 밤에 그의 원수가 와서 가라지의 씨를 뿌렸다. 주인이 하인들에게 가만 두라 하고 이르되, 가라지를 뽑다가 밀까지 뽑을까 염려하노라. 추수 때가 되어 가라지가 드러나면 뽑아 불사르게 하리라"(도마복음 57).

일반적으로 "세상 끝"[30]에 모든 자들에게 심판이 있는 것으로 해석한다. 그러나 예수는 "나를 보내신 이를 믿는 자는 영생을 얻었고 … 생명으로 옮겼느니라"(요 5:24)고 말씀하셨다. 즉 '진리를 깨달은 자'는 죽음(ego)에서 불멸(不滅)인 생명(神, One)으로 옮겼으니 세상 끝과 심판은 없으며, 또한 時空과 주객을 초월한 하나님은 공포의 대상이 될 수 없다.

하나(One)인 천국을 성취하려는 자는 '좋은 씨(善)와 나쁜 씨(惡)'의 이원적 분별(ego)을 쫓지 말고 가만히 두면 저절로 해결이 된다. 왜냐하면 '선과 악, 좋다와 싫다'는 것은 서로 대립관계가 아니라 돕는 상보적 관계이기 때문이다. 거듭나게 될 때 밀과 잡초를 나누는 거짓된 마음(ego)은 모두 소멸되고 하나(One)인 참 생명(靈, true Self)만이 남게 된다.

"천국은 좋은 씨를 제 밭(아그로스)에 뿌린 사람과 같으므로"(마 13:24), 우리 안에 예수(One)라는 마음 밭을 깨닫는 것이 천국이다. 따라서 구원은 지금은 '잡초 같은 삶'(ego)을 사는 자도 추수 때 즉 집착이 사라지는 "새롭게 하는 불"(One, 눅 12:49)을 만날 때 '참된 나'(true Self)인 밀과 같은 영원한 하나(One)의 삶으로 변화되는 것이다(요 12:25).

예수는 "높은 산 위에 세워진 잘 요새화된 도시는 무너질 수도 없고 숨길 수도 없다"고 말씀하셨다(도마복음 32).

골짜기는 '이 세상의 인연을 쫓는 물질적 삶'(ego)을 의미하는 일시적 어둠이다. 무너질 수 없는 '높은 산의 도시'(神性)는 깨달음으로 빛이 드러나는 영원한 '영적 삶'(One)을 의미한다. 그러므로 時空을 초월한 '하나의 진리'(천국)는 자각할수록 더욱 높이 올라 조화로운 전체성의 더 넓은 영적 시야를 갖게 되어 어떤 상황에서도 빛으로 드러난다.

'전체적인 시각'을 가지기 위해선 완전히 깨어 있는 의식이 필요하며, 이때 시간을 초월한 '삶의 전체'(All)를 본다. 이 세간(世間)의 인연과 출세간(出世間)의 공(空)함을 초월한 '전체적(영적)인 삶'(All)을 살아갈 때 비로소 삶은 하나(One)의 조화와 환희로 충만하며, 이렇게 '높은 경지에 도달하는 자'(One)는 무너질 수도, 숨겨질 수도 없다.

예수는 "여기 있다 저기 있다고도 못하리니 하나님의 나라는 너희 안에 있느니라"(눅 17:21)고 말씀하셨다. 즉 자신의 진정한 본성(마음의 본체)에 충실한 道의 삶이 하나님 나라를 이루며, 어떤 제약이나 의도된 계산 없이 환경과 함께 흘러가라는 말이다. 그러므로 장자는 "자연의 道(One)를 잃으면 행동 하나하나가 재난을 부른다"고 하였다.

10

일종평회 민연자진
一種平懷 泯然自盡

**"한결같이 평등하게 지니면,
그릇된 사물의 인식은 저절로 없어지리라."**

—

있음(有)과 없음(無) 그리고 양변(兩邊)을 떠나면 바로 모순이 융합(融合)되는 中道라는 것이다. 일체가 평등심으로 있음(有)과 없음(無)의 분별적인 ego를 다 버리고 완전히 하나(One)가 되면, 모자라거나 결함됨이 없이 모든 것이 원만하게 갖추어지게 된다. '진리(One)를 깨달은 자'인 "그리스도(One)의 마음을 가진 자"(고전 2:16)는 일체 변견(邊見)과 허망(虛妄)이 사라져 원만구족(圓滿具足)한 진리(One)의 오묘한 작용이 나타나게 된다.

'천 개의 강물에 비친 달이 모두 하나의 달이듯이'(天江有水千江月) 진리(One) 안에서는 너와 내가 둘이 아니다. '너와 내가 하나(One)가 되는 삶'(自他一切)으로 화평하게 하는 자는 '神(부처)의 자녀'(true Self)가 되는 福을 누리게 된다(마 5:9). 따라서 '하나(One)의 진리(生命)'를 위한 궁극적인 깨달음이란 염불을 통하여 '내 본바탕이 부처(神)이고'(衆生是佛), '나와 부처(神)가 둘이 아닌'(不二佛) '절대 평등의 경지'(One)를 체험하는 것이다.

예수는 "너희는 먼저 그의 나라와 그의 의를 구하라 그리하면 이 모든 것을 너희에게 더하시리라"(마 6:33)고 말씀하셨다.

우리가 먼저 구할 것은 神의 나라와 神의 義(질서) 즉 마음(ego)을 비운 순수한 상태로서, 이것이 모든 것을 얻게 하며(圓滿具足), 이렇게 '진리를 깨달은 자'(One)는 무한한 본질에 부합되기에 형통하지 않을 수 없다. 결국 기쁨과 평화는 하나님이 항상 우리의 뜻과 요구를 받아 주고 해결해 주리라는 보장에서 비롯되는 것이 아니라는 것이다. 그보다 하나님의 의지에 복종하는 데 달려 있으며 모든 것을 전적으로 받아들인다는 것이다.

우리가 神性의 그림자인 ego를 제거하고, 진리와 하나(One)되면 우주의 도리에 따라 모든 것은 풍성함을 누리며, '자연스럽게 스스로 그렇게 되어진다'(法爾自然). 엑카르트가 "피조물 하나하나가 하나님(One)으로 가득 찬 책이다."라고 하였듯이 모든 만물은 神性의 光明(靈, One)으로 가득 찬 아름다운 세계이다. 이러한 '진리(One)를 깨달은 자'(true Self)가 모든 것의 형통함을 즐기는 것은 그의 마음이 神性으로 충만하기 때문이다.

시편에서는 "고요히 있으라, 그러면 내가 神이라는 것을 알 것이다"(시 46:10) 즉 '자신의 참 자아가 神이다'고 노래하였고, 장자는 "神人이란 자연의 변화와 완전히 융화되어 세상의 가치 판단기준을 초월한 자"라 하였다. 이와 같이 "중화(中和)의 道를 자기 마음에 성취하면 천지가 제자리를 잡고 만물이 저절로 길러진다"(『중용』). 또한 달마대사는 "만약 마음의 본체(佛性)를 깨달으면 모든 것이 다 갖추어지는 것이다."라고 하였다.

예수는 "무릇 내게 오는 자가 자기 부모와 처자와 형제와 자매와 더욱이 자기 목숨까지 미워하지 아니하면 능히 내 제자가 되지 못한다"(눅 14:26)고 말씀하셨다.

'자기 부모와 처자와 형제와 자매에 대한 애착'(아집)에서 벗어나면, 진리(One)를 알고, 행복한 삶을 얻을 수 있다는 것이다. 영원한 행복은 '나'(ego)에 의한 욕망의 세계에 있지 않고, 이원성의 허무를 깨닫고 양변을 버리는 세계에 있다. 따라서 '진리의 영'(靈, One)으로 자유하게 되면 모자라거나 결함됨이 없이 모든 것이 갖추어진다(고후 3:17). 즉 이제 더 이상 '나'(ego)가 없을 때, 모든 것은 환희에 차 있으며, 더 이상 고통은 없다.

'자기 목숨까지 미워한다는 것'은 안개와 같은 '개체적 자아'(ego)가 사라지고 하나님으로 가득 채우는 것이며, 우주에 충만해 있는 '보편적 자아'(神性)가 되는 것이다. 집착과 욕심을 불러일으키는 마음(ego)이 사라짐으로 '참된 나(神性)인 하나님이 내안에 내가 하나님 안에 있게 된다'(入我我入, 요 14:20). 예수는 집착과 시간(ego)을 제거함으로 마음을 비우는 것을 '비둘기(ego)를 여기서 가져가라'(爲道日損, 요 2:16)는 비유로 설명하셨다.

엑카르트는 "영혼이 자신의 '원초적 상태'로 되돌아가서 자신의 근저로 돌파해 들어가야만 하고, 잡다한 피조물들의 세계에 사로잡혀 살던 마음(ego)을 철저히 끊어버려야 한다"고 하였다. 즉 '일체 존재가 神 아님이 없고, 부처 아님이 없는 자리'(汎神)로 환원해야 한다는 것이다. 불교의 임제선사(臨濟禪師)도 "자네들의 길을 가로막고 선 것이라면 무엇이든 즉시 없애버리라. 그래야만 자네들이 진정한 자유를 얻을 수 있다"(殺佛殺祖)고 하였다.

예수는 말씀하셨다. "아버지의 나라는 마치 물건을 공급하다가 진주

하나를 발견한 상인과 같도다. 그 장사꾼은 현명한지라 그는 물건을 모두 팔아서 자신을 위해 그 하나의 진주를 샀느니라. 그러므로 너희들도 좀도 먹으려 오지 않고 벌레도 해치지 않는 영원히 변하지 않는 진주를 찾아라"(도마복음 76).

진주인 불변의 영원한 '실상의 가치'(One)와 변하며 일시적인 '현실적 가치'(ego)가 비교되고 있다. 지혜로운 상인은 물건과 모든 것(ego)을 팔아서 자신을 위해 하나(One)의 진주를 산 하나님의 나라를 비유하고 있다. 구원은 장사꾼과 같이 無知를 탈출하여 허상인 유한 상대세계 속의 번뇌와 집착(ego)을 버리고, 현상세계 속에 숨은 고귀한 '절대불변의 진리'(神性, One)를 믿는 것이 아니라 찾는 것 즉 깨닫는 것이다(마 16:25). 따라서 눈에 보이는 현상은 꿈과 그림자와 같이 헛됨을 이해하게 될 때 깨닫게 된다 (전 1:2).

우리는 옳음과 그름, 행복과 불행 등으로 나누며, 끊임없이 생멸변화 (生滅變化)하는 무상한 헛된 마음(ego)을 내려놓고, 그것들의 뿌리(One)가 되는 '천국의 진리'(神性)를 찾아야 한다. 즉 "너희도 준비하고 있으라 생각지 않은 때에 인자가 오리라"(마 24:44)와 같이 항상 '새로운 의식 상태'(One)를 자각하여야 한다. 이와 같이 끊임없이 변화하는 안개와 같은 마음(ego)이 사라진 자는 하나(One)가 됨으로 변하지 않는 생명(神性)인 "본래의 하나님 형상"(창 1:27)을 회복한 자이며, '참된 행복과 평안을 누리는 자'(One)이다.

예수는 "세례 요한의 때부터 지금까지 천국은 침노를 당하나니 침노하는 자는 빼앗느니라"(마 11:12)라고 말씀하셨다. 이와 같이 '벌레도 먹지 않는 오래가는 진주'(眞珠)인 속사람(神性, true Self)을 찾기 위해서는 심신(心身)을 다하여 'ego의 생각을 버리고'(空), 모든 이원론적인 相을 소멸시켜야 한다. 청결한 마음, 즉 형상을 본래 형상이 아닌 것을 알면, 여래(神)의 모습을 보게 된다(『금강경』, 마 5:8). 따라서 사물을 '평등한 마음'으로 대하는 '요가를 성취한 사람'처럼 하나(One)가 되면, 모든 것이 원만하게 갖추어진다.

불교『법화경(法華經)』의 부자 친구와 가난한 친구 이야기인 '옷 속의 보석 비유'에서는 가난한 친구를 통하여 내면에 깃들어 있는 영(靈)인 하나님의 보화(One)를 깨닫지 못하는 어리석음을 설명하고 있다. 이미 보화(佛性)가 깃들어 있어도 깨닫지 못하면 아무런 공덕이 없지만, 깨달으면 무한의 공덕을 갖는다. 이러한 佛性(神性)은 일체의 신통, 자비, 지혜가 다 나오는 여의주(如意珠)이다. 그러므로 여의주(마니보)는 맑고 깨끗하지만 거친 광석의 때를 가지고 있어 선행과 수행 등으로 다듬지 않으면 깨끗해질 수 없다(『대승기신론』).

11

지동귀지 지경미동
(止動歸止 止更彌動)

"움직임을 그쳐 그침에 돌아가면 그침이 다시 큰 움직임이 된다."

–

고요함을 좋아하여 움직임을 버리고 고요함으로 돌아가려고 하면, 점점 더 크게 움직이게 된다는 것이다. 그러므로 움직임 없는 고요함을 추구하는 것은 치우친 견해이다. '움직임과 멈춤, 행복과 불행, 생(生)과 사(死)'(ego)는 단순히 우리가 분별하는 것일 뿐 하나(One)인 不二의 진리에서는 전혀 차별이 없다. 따라서 예수가 '비판을 받지 아니하려거든 비판하지 말라'(마 7:1)고 말씀하신 것과 같이 비판은 '전체인 神'(One)에게 맡겨야 한다.

영속적으로 변화하는 '상대적인 이 세계'(ego)는 사실 실재하지 않는 환영(幻影: maya)이며, 神(One)만 실재한다. 우리는 우주라는 용기 안에 자신이 있다고 보고 있지만 사실은 우주란 자신의 마음 안에 있고, 모든 것은 '마음의 세계'(ego)이다. 부처는 이것을 삼계유심장(三界唯心藏)이라고 하였으며, 지금 여기서 염불, 참선(不離佛)을 통하여 '이원성의 망상'(ego)을 소멸하고 '진리와 하나(One)'가 되면 영원한 극락(涅槃)을 체험할 수 있다.

예수는 "아브라함이 나기 전부터 내가 있느니라"(요 8:58)고 말씀하셨다.

예수는 "창세전에도 아버지와 함께 있었던 진리(One)"(요 17:5)이며, 時空을 초월한 우주적 생명(true Self)이다(히 13:8). 또한 보이지 아니하는 하나님의 형상이시며, 모든 창조물보다 먼저 나신(골 1:15) 만물의 근원(One, 요 1:3)으로 인종과 종교를 초월한다. 우리의 '나는 나다'인 본성(true Self)도 다만 그 모양만 다를 뿐 예수와 같으며(사 6:1), 불교도 이러한 본성을 "부모님의 몸을 빌려 태어나기 전 본래의 자리"(本來面目)라고 부르고 있다. 따라서 우리는 하나(One)의 생명과 함께 운명을 나누고 있다는 진리를 자각하여야 한다.

'예수를 자각한 자'는 움직임(動)과 멈춤(止)이 단순한 상대일 뿐, 전혀 차별함이 없으며, '하나(One) 된 자'(true Self)이다. 역사적 예수가 보편적 진리(One)가 될 수 없는 것은 영원한 생명(요 1:1)이 아니기 때문이다(고후 5:16). 바울이 "그리스도를 내 속에 나타내시고 … "(갈 1:16)라고 고백하고, "다윗이 主라고 한 그리스도"(눅 20:44)는 진리(One)인 그리스도이다. 이러한 그리스도를 대상화하여 섬기게 되면 우상숭배에 빠지게 된다. 따라서 그리스도는 어디로 가지도 않으며 또한 어디로부터 오지도 않는 진리 자체이다(不去不來).

무한 생명인 예수와 마찬가지로 부처도 "내가 성불(成佛)한 것은 무량무변무수 백천만억 나유타 겁 전의 일이다"(『법화경』)라고 한 구원실성(久遠實成)[31]이며, 장자는 "태어나서 죽기까지 한 순간도 멈춘 바 없이 그 모양을 바꾸지만 본질(I Am)은 그대로다."라고 하였다. 공자(孔子)는 "나를 아는 자

가 없도다"고 탄식하기도 하고, "하늘만이 나(I Am)를 아신다"(「憲問篇」 37장)
고 하였다. 따라서 깨달음(One)은 둘이 아닌 불변하는 진정한 나(I Am)의
자각이므로, 이러한 하나(One)의 진리를 목적으로 하는 '종교 간의 대화'[32]
가 요구된다.

**예수는 "이제 우는 자는 복이 있나니 너희가 웃을 것임이요"(눅 6:21)라
고 말씀하셨다.**

진리(속사람)를 찾으려고 울부짖는 자는 진리와 하나(One)되는 웃음이 있
다는 것이다. 양극은 대립이 아니기에 우는 자는 그 꽁무니를 따라 웃음
이 따라 오는 하나이다. 모든 상황에서 그 극에 이르면 반대로의 운동이
있으며(興亡盛衰), 서로가 영향을 끼치는 우주의 균형 잡힌 리듬은 바로 그
러한 전체성(All)에서 나온다. 우리는 진리(One)이신 예수가 "너는 나를 따
르라"(마 8:22)고 말씀하듯이 모든 것을 '생성과 변화'(成住壞空)에 맡겨야 하
며, 또한 일시적 생성과 변화를 벗어나 궁극의 '영원한 것'(One)을 찾아야
한다.

不二의 진리를 깨닫는 것은 "문을 열어서"(계 3:20) "실패와 풍성함"(롬
11:12), "움직임(動)과 쉼(靜)"(도마복음 50)의 음양 조화와 같이 전체성이며, 무
한히 연결된 '하나(One)의 진리'를 자각하는 것이다. 노자는 "화(禍)여, 복
(福)이 너에게 기대어 있구나. 복(福)이여, 화(禍)가 네 속에 엎드려 있구나.
누가 그 끝을 알리요?"(「도덕경」 58장)라고 하여 현대 물리학이 증명하듯이
선악과 화복은 대립관계가 아니라 상호 의존 관계임을 설명하고 있다.
죽음(불행)이란 탄생(행복)이 뒤에 숨어 있으므로 항상 전체를 보아야 한다.
진리(참 이치)란 전체성으로만 존재하고, 모든 생명을 감싸 안은 일체 존
재의 '근본자리이며, 우주의 본체'(One)로서 神과 세상은 둘이 아니며, 영

혼과 육체, 창조자와 창조물은 하나(One)이다. 신비주의자와 과학자는 현상 속에 깊이 감춰진 不二의 진리를 찾는다는 점에서 같다. 진리를 깨닫는 것은 모든 것에서 부분을 보지 않고 영(靈)의 전체(All)를 본다. 이러한 진리를 『주역(周易)』의 계사전(繫辭傳)에서는 "음(陰)과 양(陽)의 두 기운은 둥근 원(圓, One)을 그리며 순환의 운동을 이어간다"(一陰一陽之謂道[33])고 하였다.

예수는 말씀하셨다. "나는 이 세상 한가운데 담대히 서서 그들에게 육신으로 나 자신을 나타내었다. 나는 그들이 모두 취해 있음을 보았고 그들 가운데 누구 하나 목말라 하는 자가 없음을 보았다. 나의 영혼이 사람의 아들들로 마음 아파하는 것은 그들은 마음의 눈이 멀어 자신들이 이 세상에 빈손으로 왔다가 다시 빈손으로 세상을 떠남을 알지 못하기 때문이다. 지금은 취해 있지만 저들이 술에서 깨어나면 의식이 돌아올 것이다"(도마복음 28).

서원을 굳게 세운 예수께서 마음 아파하신 것은 사람들이 무상한 '상대적인 세상'(ego)에 빠져(취하여) 영적인 진리(One)에 목말라 하지 않기 때문이다. 그들은 취해 있어 담대히 서 있는 '사랑 자체인 그리스도'(One)를 알아보지 못하고 있다. 또한 그들은 "마음의 눈"(靈眼, 마 6:22)이 멀어 자신들이 이 세상에 빈손으로 왔다가 다시 빈손으로 세상을 떠나야 한다는 것을 알지 못하고 있다. 따라서 타력이 아니라 스스로 'ego의 술 취함'(죄)에서 깨어나면 광명의 영원한 생명(true Self)을 자각하는 '마음의 변화'(회개)가 일어난다.

고통의 치유 방법은 '이원성의 술 취함'(꿈)에서 깨어나 전체성을 찾는 회개이며, 이렇게 개체적 나(ego)가 사라질 때 "나는 나다"(출 3:14)로서 神

性이 된다. 죄는 우주법칙(One)과의 부조화로 생겨난 것이며, 부분인 양 변으로 치우치는 분별심(無知)이다(요 9:41). 따라서 예수가 이 세상에 오신 것은 우리의 원죄(대속) 때문이 아니라, 술 취함(ego)에서 깨어나 사물을 '있는 그대로'(One) 보게 함이며(요 9:39), 또한 "나의 '생명의 실상'[34]은 꿈과 같은 육체가 아니라 神性이다"(Immanul)[35]라는 진리를 증언하기 위함이다 (요 18:37).

　불교의 목적도 '집착을 벗어나 生死가 사라진 佛性(true Self)을 깨닫는 것'(열반)이며, 성자(聖者)들은 수행(止觀)으로 '움직임(動)과 멈춤(止)을 나누는 마음'(ego)에서 자유롭게 된 자들이다. "예수가 아버지의 말씀을 저희에게 주었다"(요 17:14)에서 '아버지의 말씀'은 '우주에는 오직 하나(One)인 하나님(佛性)뿐이다'(山川草木 悉皆成佛)는 '不二의 진리'(유기체적 통합성)를 의미한다(萬法歸一). 따라서 ego(無知)를 제거하는 방법은 행위에 대한 집착을 포기하는 초연한 삶과 오직 하나(One)의 생명인 진리(神, 佛)를 자각하는 것이다.

유체양변 영지일종

唯滯兩邊 寧知一種

"오로지 양쪽에만 머물러 있어서야 어찌 한결같음(일체성)을 알겠느냐?"

—

그침(止)인 고요함(靜)은 버리고 움직이는(動) 대로 하는 것은 양변인 극
단으로 치우친 ego적인 견해이다. 이러한 오직 대립의 양(兩) 극단에 집착
하여 통일된 하나(One)가 되지 못하니 어떻게 한결같은 진리인 청정한 마
음(自性淸淨心)으로 神을 보겠는가?(마 5:8), 또한 어떻게 이원성의 율법적인
서구의 종교 사상으로 하나(One)인 진리를 알 수 있겠는가?

부처는 "이 세상은 썩는 일이 없고, 썩는 것은 이 세상이 아니라 사람
들의 마음이며, 이 마음만 바로 쓰면 세상은 항상 그대로 한결같다"고 하
였다. 따라서 '타자(他者)인 神(ego)에게 기도로 복(福)과 평안을 달라고 할
것이 아니라, '청정한 마음'(One)으로 내면의 '한결같음의 자리'(佛性: 神性)
를 찾을 때 만사형통(萬事亨通)을 성취하게 된다(마 6:33).

"서기관들과 바리새인들이 음행 중에 잡힌 여자를 끌고 와서 가운데 세우고 예수께 말하되 선생이여 이 여자가 간음하다가 현장에서 잡혔나이다. 모세는 율법에 이러한 여자를 돌로 치라 명하였거니와 선생은 어떻게 말하겠나이까 … 예수께서 너희 중에 죄 없는 자가 먼저 돌로 치라 하시고 다시 몸을 굽혀 손가락으로 땅에 쓰시니 … 젊은이까지 하나씩 하나씩 나가고 오직 예수와 그 가운데 섰는 여자만 남았더라. 예수께서 이르시되 여자여 너를 고발하던 그들이 어디 있느냐 너를 정죄한 자가 없느냐 대답하되 주여 없나이다. 예수께서 이르시되 나도 너를 정죄하지 아니하노니 가서 다시는 죄를 범하지 말라 하시니라"(요 8:1-11).

세상의 간음과는 관계없이 '겉사람'(ego)과 속사람(true Self)을 대비시켜 '하늘의 진리'(神性)를 설명하는 내용이다. 바리새인들에게 밖으로 향하는 이원성의 율법에서 떠나 마음으로 간음을 행하는 돌(리도스)인 겉사람(ego)을 버리고, 안으로 향하는 하나(One)의 神性을 들여다보게 하였다. 즉 외부의 재판을 내적 카르마(業)로 바꾸었다. 이러한 '너 자신부터 되돌아보라'는 말은 '잃어버린 자기 자신을 찾으라'는 불교의 교훈과 비슷하다.

예수는 여자에게 "너를 정죄한 자가 없느냐 즉 '너와 나'로 양변을 구별하는 의식을 가진 자가 없느냐"고 묻고 있다. 하나(One)가 아닌 구별하는 의식은 우리의 생존 가능성을 높여주고 문명을 가능하게 만들어 주지만, 죄와 고통(ego)의 원인이다. 구별하는 의식을 가진 자들이 사라지고 여자만 홀로 남게 되었을 때 그녀는 해방을 맞본다. 따라서 우리는 분별(ego)을 초월하여 하나(One)가 되어서 본래의 조화로운 에덴동산을 회복하여야 한다.

"예수께서 젖을 먹고 있는 아이들을 보시고 제자들에게 이르시되, 이

젖 먹는 아이들이 하나님 나라에 들어가는 이들과 같도다. 제자들이 그에게 말하기를, 그러면 우리가 아이들처럼 왕국에 들어가겠습니까? 예수가 그들에게 이르시되, 너희가 둘을 하나로 만들고, 안을 바깥처럼, 바깥을 안처럼 하고, 위를 아래처럼 만들고, 그리고 남자와 여자를 하나로 만들어 남자는 더 이상 남자가 아니고 여자는 더 이상 여자가 아니게 하고, 눈이 있는 자리에 눈을, 손이 있는 자리에 손을, 발이 있는 자리에 발을, 이미지(icon)가 있는 자리에 이미지(icon)를 만들 때 그대들은 천국에 들어가리라"(도마복음 22).

젖 먹는 아이와 같이 스스로 "방주라고 하는 마음 안에 남성성과 여성성, 안과 바깥이 하나로 합일"(창 6:19)하여 남성과 여성을 초월하고, 눈(ego)을 대신할 '영적인 눈'(One)으로 '있는 그대로'가 될 때 천국을 체험한다. 천국은 '모든 대립을 초월하는'(空) 이원성 너머에 있으므로 분별 시비를 극복한 자가 체험할 수 있는 경지이다(事事無碍). 즉 남자나 여자나, 기독교나 불교나 다 그리스도 예수 안에서 하나이므로 어떠한 차별이 없다(갈 3:28). 왜냐하면 우주는 에너지의 팽창이며, 물질이라고 경험하는 것은 에너지의 변형이다.

빌립은 "세상 만물에 주어진 이름은 참으로 기만적이다."(빌립복음 10)라고 하여 개념에 매이지 말고, 넘어서라고 기록하고 있다. 모든 지식을 벗어난 어린아이와 같이 '천국의 진리'를 깨닫는 순간에 마음(ego)에 의한 神과 인간(자연) 그리고 神과 사탄 등의 이원적 구별은 사라진다. 따라서 물리학자 슈뢰딩거가 "주체와 객체는 하나(One)일 뿐이며, 그 장벽은 애초에 존재하지 않았다"고 증명하듯이 시공간을 초월한 神은 주객(主客)으로 나누어지는 '타자(他者)인 창조주'가 아니라, '과정(過程) 속의 창조성 즉 하나(One)의 神'이다.

천국은 해탈이 현실 생활 중에 있듯이 미래에 도래하지 않으며, 파도를 일으키는 바람(ego)을 죽이고, 본래 상태(바다)인 神性을 회복하는 조화로운 '하나(One)의 경지'이다. 즉 분별이 사라진 무념(無念)의 차원에 들어서면 전체(All)가 한눈에 들어오게 된다. 기독교는 "목숨(ego)을 잃으면 하나(One)인 구원을 얻게 되고"(爲道日損, 막 8:35), 불교는 "크게 죽어야 도리어 산다"고 한다. 장자는 "삶을 죽이는 자는 죽지 않고, 삶을 살려는 자는 살지 못한다"고 하였으므로 모두 사즉생(死卽生)의 영적인 진리를 전하고 있다.

예수가 말씀하셨다. "'너희 안에 있는 너희 아버지의 증거가 무엇이냐?'고 그들이 물으면, '그것은 움직임(動)과 쉼(靜)이니라'이라고 대답하라"(도마복음 50:2).

하나님(천국)을 증거하는 것은 '움직임과 쉼'이 조화롭게 통하는 진정한 '나'인 神性(true Self)을 깨닫는 평화이다(「신심명」, 요 14:27). 즉 동(動)과 정(靜), 음과 양의 원리를 다르게 보는 것은 한쪽으로 치우친 분별심(ego)이다. 노자도 "돌아오는 것은 道(神性)의 움직임이다"(「도덕경」 40장)라고 하여 모든 것이 순환하는 음양의 법칙을 설명하고 있다. 예수의 '죽음과 부활'[36]도 이원론 사유의 헛된 마음을 부정하고, 영원한 본래 생명을 회복하며, 둘이 아닌 '하나의 진리'를 나타내는 상징이다. 그러므로 빌립복음은 "주님께서 먼저 돌아가시고 그 후에 부활하셨다고 말하는 자들은 잘못이며, 부활하시고 돌아가셨다"고 한다.

"동(動) 속의 정(靜)으로 진리를 깨달은 요기"(「바가바드 기따」)는 행복과 불행의 분별로부터 초월된 '아름다운 조화를 누리는 자'(神性, One)이다. 바울이 "살든지 죽든지 내 몸에서 그리스도가 존귀하게 되게 하려 한다"(빌

1:20)고 말한 것은 生死가 진리 안에서 하나(One)라는 것이다. 바다와 물결같이 번뇌가 보리(菩提)이며, '법계(理)와 현상(事)이 서로 장애되지 않고, 현상(事)과 현상(事)이 서로 걸리지 않는 것'(理事無碍 事事無碍)은 현대 물리학이 운동과 정지, 힘과 물질은 모두 상보 관계이며, 통일된 세계(One)라는 것으로 증명한다. 따라서 사람이 자신의 존재(One)를 발견하는 순간 모든 어둠(고통)이 사라지기 시작한다.

"하나님은 만유의 주로서 만유 안에 계시며"(고전 15:28), 모든 세계가 그의 안에 있고, 모든 우주가 그의 안에서 만나는 '반대의 융합'(One)으로서 어떤 것도 거부하지 않고, 어떤 것도 포기하지 않는다. 우리가 움직임(動)과 쉼(靜)의 양변(兩邊, ego)에 머물게 되면 반대의 융합(融合)인 '진리의 자성청정심(自性淸淨心)(神性)'을 모르게 된다. 노자는 위와 아래, 앞과 뒤는 대립이면서 통일이므로 "성인(聖人)은 극단적인 것을 피한다"(『도덕경』 29)고 하였다. 혜능대사는 "움직임(動)도 없고 고요함(靜)도 없으며, 남(生)도 없고 없어짐(滅)도 없으며, 옳음도 없고 그름도 없어서 적정(寂靜)하면 道(神性)이다"(『육조단경』)라고 하였다.

13

일종불통 양처실공
一種不通 兩處失功

"한결같음에 통하지 못하면, 양쪽 모두 공덕을 잃으리라."

—

不二의 진리에 통하지 못하면 하나하나가 제각각 따로 있게 되고, 그 제각각 따로 있는 것이 헤아릴 수 없이 많으니 갈피를 못 잡고 헤매게 된다는 것이다. 따라서 이원성(二元性)의 ego적인 번뇌 망상과 집착을 놓아버린 '한결같음(道, One)'에 통하면, 이쪽이든 저쪽이든 자유롭게 오가면서도 이쪽과 저쪽 어디에도 머물거나 구속이 안 된다. 이와 같이 마음을 완전히 비워버리고 '佛性과 하나'(One)가 되면 어떤 죄업(ego)에도 물들지 않는다.

ego적인 분별을 놓아버리고 지금 여기의 한결같음(一種)을 통하여 자성청정심(自性清淨心: true Self)을 회복하면 영원한 '본래 모습'(本來面目)을 찾게 된다. 부처는 '너와 나를 분리하기 이전의 자리'(참모습)와 유정(有情) 무정(無情)이 모두 佛性(One)이라는 것, 그리고 '무량광명의 부처 아닌 자가 본래 없다'는 '진리의 깨달음'(涅槃寂靜)을 강조하였다. 이렇게 부처와 같이 '깨달은 자'(true Self)는 "아브라함이 있기 전에 있는 자"(요 8:58)이다.

예수는 "나는 포도나무요 너희는 가지니 저가 내 안에 내가 저 안에 있으면 이 사람은 과실을 많이 맺나니 나를 떠나서는 너희가 아무것도 할 수 없음이라"고 말씀하셨다(요 15:5).

포도나무(One)는 모두(一切)요, 가지는 그 가운데 하나(一)이므로 '나무와 가지가 둘이 아니게 되면' 이루지 못할 일이 없다(一卽一切 一切卽一). 즉 포도나무에서 보면 모든 가지가 다 한 몸이기 때문에 하나(One)인 진리를 떠나서는 아무것도 할 수 없다. 모든 사물과 사건은 원인과 조건으로 인해 진여연기(眞如緣起)[37]하므로 변화무쌍한 空(One)이다(眞空妙有). 그러나 이원성의 사유를 버리고 '한결같음에 통하는'(一種) '너와 내가 하나인 자타일여(自他一如)'의 진리(One)를 깨달은 자에게는 과실을 많이 맺는 행복이 넘치게 된다.

가지인 우리들이 포도나무인 예수와 하나(One) 즉 '무위(無爲)의 자아'(空, kenosis)가 되면 안 되는 것이 없다(無爲而無不爲, 『도덕경』37). 그러나 '하나(One)의 진리'(無爲)를 떠나서 '이원성인 有爲'(ego)가 되어서는 형통할 수가 없다. 따라서 오늘날의 서구적인 '이원성의 교리에 집착하는 교회'가 쇠퇴하고 있는 원인은 '포도나무와 가지'인 '하나(One)의 진리'를 무시하는 '분별시비에 의한 집착'(ego) 때문이다. 즉 신비한 合一(진리)의 無知로 창조자와 피조물, 이 세상과 저 세상 등을 나누는 이원론적인 사유(ego)가 문제이다.

예수는 다음과 같이 말씀하셨다. "충성되고 지혜 있는 종이 되어 주인

에게 그 집 사람들을 맡아 때를 따라 양식을 나눠줄 자가 누구냐 주인이 올 때에 그 종이 이렇게 하는 것을 보면 그 종이 복이 있으리로다 … 주인이 더디 오리라 하여 … 술친구들과 더불어 먹고 마시게 되면 생각하지 않은 날 알지 못하는 시각에 그 종의 주인이 이르러 엄히 때리고 외식하는 자가 받는 벌에 처하리니 거기서 슬피 울며 이를 갈리라"(마 24:45-51).

일반적인 해석은 '주님의 재림을 위하여 깨어 있어야 한다'고 하지만, "時空을 초월한 진리이신 예수"(요 8:58)에게 미래의 재림은 있을 수 없다(不去不來). 열 처녀의 비유(마 25:1-12)와 같이 하나(One)의 새로운 의식 상태(true Self) 즉 영적인 삶으로 깨어 있어야 한다는 것이다. 육체의 '나'(ego)인 '겉사람의 속성'(我相)이 사라져야 영(靈)의 속사람(true Self)이 나타나며 하나(One)의 진리가 된다. 따라서 우리는 진리(One)의 깨달음으로 "날마다 좋은 날이로다"(日日是好日, 운문선사)가 되는 긍정의 삶을 누려야 한다.

'하나(One)의 진리'에 대하여 2세기경에 기록된 마리아복음(7:5-6)은 "예수께서 답하여 가로되 … 자연의 모든 것은 서로 하나(One)로 얽혀 있다"고 하였고, 道(易)의 신학은 "상대적인 관계로서 선과 악은 순환 운동을 가지며, 선은 악에게로 향하고 또한 악은 선에게로 향한다"(『도덕경』 22장)고 한다. 따라서 '하나(One)의 진리'(神)는 모든 만물을 포함하며, '선과 악의 근원'(One)이므로 인간의 선과 악에 대한 '인식의 범주'(ego)를 초월한다. 따라서 진리(神)을 알려면 옛사람(ego)에서 벗어나 새사람(One)으로 거듭나야 한다(요 3:3).

예수는 말씀하셨다. "한 포도나무가 아버지의 포도밭 바깥에 심어졌다. 그것은 강하지 않기 때문에 뿌리가 뽑혀 죽을 것이다"(도마복음 40).

예수는 우리에게 뿌리(기초, One)의 중요성을 설명하고 있다. 아버지의 포도밭인 진리(One)와 떨어져 심겨진 포도나무는 그림자와 같이 무의미한 양극성(ego)으로 뿌리가 뽑혀 죽는다. 그러나 진리(One) 안에 심겨진 포도나무는 뿌리가 강하며, 주객의 분별이 없는 비이원적인 큰 열매를 맺는다. 따라서 강한 뿌리의 영적 생명(One)이 없는 형식적, 외형적 종교는 이원적인 분별로 튼튼하지 못하여 살아가지 못한다.

우리는 '이원성의 분별적'(ego)인 교리에 의한 믿음이 아니라, 믿음을 넘어서 하나님과 하나(One)임을 깨닫고(요 10:30), 강한 뿌리로 많은 열매를 맺어야 한다. 이렇게 '神性(佛性)과 하나'(One)될 때 지금 여기서 時空을 초월한 영원한 천국(극락)을 누릴 수 있다(요 17:21). 따라서 경전의 문자적 해석을 떠나 영적인 해석으로 같은 산(진리)을 오르는 기독교와 불교는 대화를 하지 않을 수 없다(不立文字, 고후 3:6).

진리(One)의 깨달음인 구원(영생)은 스스로의 자력에 의한 것이며(마 7:21), 예수는 "내 목숨을 버리는 것은 … 내게서 빼앗는 자가 있는 것이 아니라 내가 스스로 버리노라"(요 10:17-18)고 말씀하셨다. 기독교의 교리와 다르게 예수의 십자가의 사건은 예수 스스로 준비한 것이며 유다복음에서와 같이 유다의 배반도 예수와 계획된 것이다. 따라서 누군가가 남의 죄를 대신할 수는 없는 것이 우주법칙의 진리이다.

예수는 말씀하셨다. "아버지와 어머니를 아는 자는 창녀의 아들이라 여겨지는 것이다"(도마복음 105).

영적인 아버지와 어머니를 아는 자 즉 내면의 변화를 체험한 자는 '거듭난 창녀'(포르네, 진리)의 아들이라 여겨지며, 세속 혈통(ego)을 초월한 자(人子)이다. 이렇게 예수는 우리들의 죄를 대신하여 죽은 구원자가 아니라, 집착(ego)을 버리고 '내면의 눈'(靈眼. 마 6:22)을 뜨고, 깨달음에 이르게 하는 영적 모범의 모습(One)이다. 따라서 우리는 '영적 자각'을 통하여 악과 고통을 치유하고 이원성을 초월하는 천국(One)을 누릴 수가 있다.

번뇌 망상과 집착(ego)을 놓아버린 '한결같은 하나님 나라'(神性, One)의 체험은 어디에도 머물거나 구속되지 않는 완전한 자유와 평안을 누리게 한다. 따라서 우리는 회개를 통하여 '헛된 마음'(ego)의 이원론(二元論)적 사유를 버리고 절대 평등한 일원론적(一元論的) 사유인 神性(true Self)의 자각으로 영원한 생명(One)을 누려야 한다(요 12:25). 이렇게 마음의 방향을 돌리는 회개(깨달음)를 불교에서는 '부처님에게 회향(迴向)한다'고 한다.

견유몰유 종공배공
遣有沒有 從空背空

"있음을 버리면 있음에 빠지고, 空을 따르면 도리어 空을 등지게 된다."

—

현상(有)이 싫다고 해서 현상(有)을 버리려고 하면 버리려 하는 생각이 하나 더 붙어서 더욱 현상(有)에 빠지고, 본체(空)가 좋다하여 본체(空)를 좇아가면 본체(空)를 더욱 등지고 만다는 것이다. 본체(空)란 본래 좇아가거나 좇아가지 않음이 없는 것인데, 본체(空)을 따라갈 생각이 있으면 본체(空)와는 더욱 등지게 된다는 것이다. 따라서 우리는 '이원성인 양변(兩邊)과 취사심(取捨心)'(ego)을 버려야만 '하나(One)의 진리'인 大道를 성취할 수 있다.

모든 法에는 분별상이 없으므로 인간 또한 한 알의 티끌에 불과하지만, 다른 한편으로는 온 세계를 품고 있는 존재이기도 하며, "한 알의 티끌 속에 우주가 담겨 있고, 모든 티끌마다 역시 그러하다"(一微塵中含十方 一切塵中亦如是. 『華嚴經』). 따라서 우리는 '이원성인 분별의 고통'(ego)을 소멸하고, '그리스도와 한(One) 영(靈)이 되면'(고전 6:17) "해마다 좋은 해요, 날마다 좋은 날"(年年是好年, 日日是好日)의 '영원한 행복'(至福)을 누릴 수 있다.

예수는 "이와 같이 좋은 나무마다 아름다운 열매를 맺고 못된 나무가 나쁜 열매를 맺나니 좋은 나무가 나쁜 열매를 맺을 수 없고 못된 나무가 아름다운 열매를 맺을 수 없느니라"(마 7:15-18)고 말씀하셨다.

진리는 오직 내면에서 찾아야 하며, 하나님의 씨(true Self, 요일 3:9)가 지혜롭고 부지런한 농부를 만나면 잘 자라 본래의 성품(神性, One)을 회복하지만 그러나 그 반대도 될 수 있다. 우리가 취사심(取捨心)을 일으키는 장애물(ego)을 제거하면, 인과응보(因果應報)에 따라 '하나님의 씨'(神性)인 본래의 성품(本來面目, true Self)으로 열매를 맺어 지금 여기서 '환희의 하나님 나라'(One)를 누리게 된다. 마찬가지로 부처도 "착한 인(因)을 심지 않고 어찌 좋은 열매(果報)를 얻을 수 있겠느냐?"고 하였다(善業善果 惡業惡果, 『방등경』).

영원한 생명인 그리스도와 하나(One) 되기 위해서는 '헬라인이나 유대인, 기독교인이나 불교도인 등의 차별심'을 떨쳐 버리고 마음(ego)을 완전히 비워야 한다(골 3:11[38]). 임제선사(臨濟禪師)는 '순수한 생명'(One) 외에 그 어떠한 것에도 구애받지 않는 자리를 '참된 사람'(無位眞人, true Self)이라고 하였다. 이렇게 '우주는 하나의 생명'(One)임을 깨닫는 '참된 나'(true Self)로 거듭나려면 아집을 벗어나 아무런 작위(作爲)도 없는 순수함으로 '모든 것을 神에게 맡김'과 '집착이 사라진 무언(無言)의 수행'(시 46:10)이 요구된다.

유대인들은 자기들만이 선민(選民)이라 착각하고, 율법과 규칙에 매어 있으며, 有와 空, 시(是)와 비(非), 주(主)와 객(客) 등을 이분법적으로 보고, 본질적 하나(One)라는 절대적 평등인 "不二의 진리"를 모르고 있다. 예수가 이 세상에 오신 것은 우리들이 이원성인 양변(兩邊)과 취사심(ego)을 초월한 "천국의 진리"(One)를 깨닫게 하기 위함이며(요 18: 37), "時空의 유한한 틀 안에 있는 죄인을 불러 회개를 시킴으로써"(눅 5:32) "과거와 미래의 경계선"(ego)이 사라지게 하여 좋은 나무인 不二의 진리를 깨닫게 하려는 것이다.

"모든 것은 시시각각 변화하며 사라지는 꿈과 안개와 같지만(諸行無常), 時空을 초월한 진리는 영원하며, 또한 성경 속에 있는 예수의 가르침(진리)도 시간과 공간을 초월한 세계(One)이다. 아인슈타인은 "우주는 따로 떼어질 수 없는 에너지의 역동적인 그물(網)이다"라고 "하나의 진리"를 설명하고, 과학적인 神은 "의지를 가진 에너지"라고 표현된다. 따라서 예수와 부처가 이 세상에 온 목적은 "나는 본래 神(부처)이다"(요 10:34)는 것을 스스로 깨닫게 하기 위함 즉 아름다운 열매를 맺는 "영안(靈眼)의 눈뜸"(One)이다(요 9:39).

예수께서 "다윗이 그리스도를 주(主)라 칭하였은즉 어찌 그의 자손이 되겠느냐"(마 22:45)고 말씀하셨다.

다윗이 주(主)라 칭한 그리스도(One)는 "아브라함이 나기 전부터 내가 있느니라"(I am that I Am, 요 8:58)고 하신 예수이다. "어제나 오늘이나 영원토록 동일하신(초시간) 예수"(히 13:8)는 유한한 대상이 아니라 時空을 초월하여 '생겨나지도 없어지지도 않고'(不生不滅), '능(能)하지 않음이 없는'(無所不能) 궁극적인 실재이다. 편재하고 있는 예수는 "두 세 사람이 내 이름으로 모인 곳에는 나도 그들 중에 있다"(마 18:20)고 말씀하셨다.

"예수 그리스도와 합하여 하나(One)의 영(靈)이 되는 구원"(고전 6:17)을 이루기 위해서는 현상과 본체(眞實)를 분별하는 취사심(取捨心, ego)을 버려야만 영원하며 모든 것을 포함하는 神性(성령, true Self)의 본래 상태를 회복할 수 있다. 이와 같이 육체의 '나'(ego)에 의한 빈부, 귀천(貴賤) 등의 분별을 버리고 시공간을 초월한 '마음이 청결한 자'(true Self)는 근본 神性 자체가 되어 '일체가 융합되는'(圓融無碍, One) 하나님을 본다(마 5:8).

물거품과 안개와 같은 허상(虛相)의 ego인 양변(兩邊)에서 '벗어난 자'(true Self)는 완전한 생명(One)의 실상(實相)인 '예수 그리스도'(true Self)가 되며, '영원히 존재하는 자'(One)로서 모든 것의 '원천이며, 궁극적 실재'(true Self)이다. 또한 "그리스도가 세상 끝까지 우리와 항상 함께 있다는 것"(마 28:20)을 깨달은 "神(예수)과 하나가 된 자"(true Self, 요 14:20)는 不二의 진리를 성취함으로 밝은 마음으로 참된 자유와 평안을 누리게 된다.

예수는 신랑을 맞으려 나간 열 처녀의 비유로 "너희는 깨어 있으라 너희는 그 날과 그 때를 알지 못하느니라"(마 25:13)고 말씀하셨는데 이 구절은 예수의 재림을 설명하는 것이 아니라, 눈이 있어도 보지 못하는 어리석음에 대한 깨어있음의 강조이다(마 6:22). 즉 이원성을 제거하고, 지금 여기서 "내면의 그리스도"(갈 2:20)를 자각하는 거듭남으로 진리를 보는 경지이다(요 3:3). 따라서 죄는 그리스도(true Self)를 깨닫지 못하고 있는 無明이다(9:41).

예수는 "사는 것은 영(靈)이니 육(肉)은 쓸모없다"(요 6:63)고 말씀하셨다. 따라서 성경에서 예수의 "나"는 나사렛 예수가 아니라 온 천지에 충만한 우주적 그리스도이며 보편적 주님(One)이시다(갈 2:20). 매튜 폭스 신부는 "우주 자체가 바로 그리스도(One)이다"(요 8:58)라고 주장하였다. 이러한 예수는 "만물이 그로 말미암아 지은 바 되었으니"(요 1:3) 모든 만물의 근원이 되며(골 1:17), 근본적으로 우리와 차별이 없는 하나(One)이다(요 15:27).

15

다언다려 전불상응
多言多慮 轉不相應

"말이 많고 생각이 많으면 더욱더 진리에서 멀어진다."

—

時空을 초월한 '진리의 세계'(One)는 결코 말이나 문자로서는 표현할 길이 없으며, 이것은 "언어의 길이 끊어지고 마음 갈 곳이 없는"(言語道斷 心行處滅) 영적인 자리이기 때문이다(고후 3:6). '말과 생각'(ego)은 '하나(One)인 진리'에서 점점 더 멀어지고 만다는 것이다(一日一夜 萬死萬生). 따라서 오묘한 진리를 설명한 경전(성경과 불경 등)은 은유와 비유로 설명되었지만, 그러나 그 본질은 다 같이 불변하는 진리(神: 空)를 나타내고 있다.

『금강경』에서는 "무릇 相이 있는 바 다 허망하니 만일 모든 相이 相 아님을 본다면 여래를 보리라"(凡所有相 皆是虛妄 若見諸相非相 卽見如來)고 하였다. 중생이 본질을 보지 못하고 형상으로 말과 생각이 많으면 '생명의 자리'(One)인 여래(如來) 즉 佛性과는 상응치 못한다. 따라서 '안으로 몸과 마음이 空임을 깨닫고, 밖으로 모든 일이 空'임을 깨달아 '모든 상(相)'(ego)

을 깨뜨리는 청결한 마음이 되면 神을 보는 福을 누릴 수 있다(마 5:8).

바울은 "문자는 생명을 죽이고, 영(spirit)은 생명을 살리는 것"(고후 3:6)이라 하였다.

'문자에 집착하는 것'(ego)은 진리(生命)를 죽이는 것이며, 이름과 모양 그리고 '이원성의 율법'(ego)에 대한 집착은 본래의 상태인 '영(靈)인 진리'(生命)을 회복할 수 없게 한다. 율법(ego)으로 구원받는 것이 아니므로, 언어와 문자의 분별심이 많으면 설명할 수 없는 '하나(One)인 진리'의 깨달음과는 멀어진다. 즉 "부처님께서는 하나의 소리로 법(One)을 말씀하시지만 중생들은 저마다 자기들의 수준에 따라 법(One)을 이해하는 것이다"(『유마경』).

언어는 어떤 사실을 명확하게 하지만, 반대로 '영적인 진리'(One)를 가리기도 하며, 또한 학문과 다르게 종교에서는 문자를 쫓다가 종교의 영원한 생명을 놓치기 쉽다. '달은 보지 않고, 달을 가리키는 손가락만 보는 것'(指月)과 같이 진리(달)를 보지 않고 실체가 없는 문자(손가락)만 보면서 '교회 밖에는 구원이 없다'고 단정해서는 안 된다. 성경의 진리(One)는 '문자적인 것'을 초월하며 '비유(갈 4:24)와 본보기가 되는 상징(고전 10:6)'이다.

온 우주에는 영(spirit)이신 하나님(요 4:24)과 그리스도로 충만하다(고후 3:17). 이러한 하나(One)의 진리를 예수는 "하나님은 한 분이시오, 그 외에 다른 것이 없다"(막 12:32)고, 바울은 "오직 그리스도는 만유시요 만유 안에 계시니라"(골 3:11)고 하였다. 그러므로 솔로몬은 "하나님과 그리스도 외에 모든 것은 空 즉 헛되고 … 모든 것이 헛되도다"(전 1:2)라고 하였으며(諸法空), 현대 물리학은 오직 에너지만 있다고 증명하고 있다(에너지 일원론).

예수는 "나와 아버지는 하나(One)이니라"(요 10:30)라고 말씀하셨다.

예수가 하나님과 하나(One) 된 것은 부처가 법신(法身)과 合一하여 하나 (One) 된 것과 같으며, 본래 마음과 부처와 중생은 차별이 없는 것이다(心 佛及衆生 是三無差別, 요 17:21). 이러한 참 생명(靈, One)인 "나(true Self)를 따르 는 자는 어둠에 다니지 아니하고 생명의 빛을 얻게 된다"(요 8:12). 따라서 예수는 "나를 보는 자는 보내신 이 즉 진리(One)를 보는 것"(요 12:45)이라고 하고, 부처도 "나를 보는 사람은 진리를 보는 것이다."라고 하였다.

예수가 "내가 아버지 안에 있으며"(요 17:21), "神과 둘이 아닌 하나(One)"³⁹ 라고 하듯이 인도의 성자(聖者)인 니사르가다타도 "나는 그것이다."(神, One) 라고 하였다. 나와 神은 둘이 아니며, 神의 모든 일이 나의 일이다. 장자 는 "내가 만물과 하나(One) 되고, 이미 하나(One) 되었으니 말할 것이 또 있 으랴"고 하였다. 불교도 중생과 자연, 인간과 神, 나와 너 등이 둘 아닌 하 나(One)의 생명 즉 하나(One)의 맛(一味平等)이라고 한다.

구원은 예수의 속죄(贖罪)⁴⁰가 아니라 神과 하나(One) 되는 환희의 자리 이다. 이러한 神의 경지는 일체의 형상과 속성을 여읜 즉 '말과 생각이 끊 어진 자리'(One)로 열악한 사막 풍토에서 배태되어 땅의 정복을 당연시 한 모세의 神과는 다르다. 따라서 인간의 궁극적 목표는 생명의 실상인 "내 면의 神性(성령)을 깨달아"(눅 17:21) 하나(One)인 神이 되는 것(요 17:21) 즉 내 면의 佛性을 깨달아 하나(One)의 부처임을 자각하는 것이다(見性悟道).

예수는 말씀하셨다. "어떤 사람에게 초대할 손님들이 있었다. 그는 저 녁 만찬을 준비한 다음 하인을 보내 그 손님들을 초대하게 했다. 하인은 첫 번째 손님에게로 가서 말했다. '나의 주인이 당신을 초대했습니다.' 그 가 말했다. '나는 몇 명의 상인들에게 돈 받을 일이 있다 … 하인이 돌아와 주인에게 그대로 전했다. '당신이 만찬에 초대한 이들이 모두 핑계를 대며 초대를 거절했습니다.' 주인이 그의 하인에게 말했다. 거리에 나가서 만나는 사람마다 불러오라 … 장사꾼과 상인들은 나의 아버지 집에 들어가지 못할 것이다"(도마복음 64).

　'혼인잔치의 비유'인 성경(마 22:1-14, 눅 14:15-24)의 일반적 해석은 '세상의 종말에 있는 심판과 택한 자들만 천국에 들어가게 하심을 이룸이다'라고 한다. 그러나 "時空을 초월한 하나님"(엡 4:6)은 주객과 자타(自他)로 나뉠 수 없는 무량무변(無量無邊)의 神(One)이다. 따라서 하나님(One)에게 '심판한다는 것'과 '택한 자'들은 있을 수 없다.

　현상에 집착하는 것은 밖을 향하는 마음(ego)이지만, 기도와 사랑에 흥미를 갖는 것은 '내면의 영'(靈)이다. 많은 사람은 "진리의 말은 담백하고 무미하기"(『도덕경』35장) 때문에 미래의 만족(ego)을 지금 여기에 있는 '천국의 진리'(One)보다 더 가치 있다고 여긴다. 그러나 청정한 마음의 '거듭난 자'(여래장)에게 미래의 끝이 없다(『대승기신론』).

　'초대를 거절한 자'들은 허상(ego)인 물질의 가치를 선택하고, 하나인 영원한 실상(實相)의 가치(One)를 버린 죄를 범한 것이다. 그러나 자기의 신적인 본질(true Self)을 깨닫고자 집착을 버리고 '초대를 받아들인 자'(One)들은 지금 여기서 '언어의 길이 끊어지고 마음 갈 곳이 없어진 자리'(言語道斷·心行處滅)인 '천국의 기쁨을 누리는 자'들이다.

　죄는 이원성의 집착과 분별심(ego)으로 '하나(One)의 진리'인 영원한 실상을 본다는 無知이며(요 9:41), 神에게 등을 돌리는 타락은 원죄로부터가 아니라 '개인의 타락'(ego)이다. 따라서 구원(열반)은 바르게 못 보는 집착과 분별의 허상세계(ego)에서 벗어나, 진리의 길인 영원한 '무분별의 실상세계'(One)를 깨닫는 평안과 기쁨의 경지이다(涅槃樂).

절언절려 무처불통
(絶言絶慮 無處不通)

"말이 끊어지고 생각이 끊어지면, 통하지 않는 곳이 없다."

-

언어의 길이 끊어지고 마음 갈 곳이 없어진 곳에서는 자연히 '不二의 진리'를 모를 수가 없다는 것이다. 말이 끊어졌다는 것은 ego적인 생각이 사라져 무심(無心)이 되었다는 것이며, 전체(All)인 하나(One)로서 두루두루 통하여 막히는 곳이 없는 극락이다(마 5:3). 그러므로 『육조단경』에서는 "무념(無念)으로 종(宗)을 삼으라"고 가르치고 있다.

무념(無念)은 有와 無, 깨끗함과 더러움 등 일체의 상대되는 것에 대한 집착을 영원히 떠난 자리이다. 따라서 진리는 '이원성의 분별'(ego)을 버리고, 모든 존재가 서로 방해됨이 없이 일체가 되어 융합하는 不二(One)이다(圓融無碍). 이러한 '不二의 진리'를 떠나 서구적인 이원성(ego)으로 경전을 읽고, 해석하면 상대적이며, 서투른 철학적 이론일 뿐이다.

요한은 "태초에 말씀이 계시니라 이 말씀이 하나님과 함께 계셨으니 이 말씀이 곧 하나님이시니라 그가 태초에 하나님과 하께 계셨고 만물이 그로 말미암아 지은 바 되었다"(요 1:1-3)고 하였다.

모든 것은 태초(아르케, 근원)인 말씀(Logos, 神性)에 의해 이루어졌다는 것이며(창 1:1-3), 말씀(생명, One)과 하나님은 불가분(不可分)의 일체이다. 공관복음(마태, 마가, 누가)에서는 예수를 구약의 예언을 성취하는 메시아로 여기지만, 요한에게는 태초에 하나님과 함께 계신 근원(One)으로 "아브라함이 나기 전부터 있고"(요 8:58), "창세전에 아버지와 함께 영화를 누렸던"(요 17:5) '하나님 자신'(빛, Logos)이다. 따라서 우리의 정체성인 神性(true Self)도 번뇌 망상(ego)이 사라진 비이원성의 순수한 마음(One)으로 조화롭게 통하여 막히는 곳이 없으며, 시간과 공간을 초월한 '영원한 생명'(진리)인 Logos(理性, a_u_m)이다.

요한은 "말씀[41]이 육신(사르크스, 속사람)이 되어 우리 가운데 거한다"(요 1:14)고 하였다. 여기서 말씀(진동)인 예수는 역사적 인물이 아니라, 우리의 모두 안에 존재하는 神性(근원)이다. 현대 물리학은 "관찰 이전의 물리계는 정보의 파동이다."라고 입증하고 있으므로 우주의 일체 사물은 진동인 말씀으로 이루어져 있고, 모든 것이 물질인 듯이 보이지만 그 본질은 말씀(道)이다. 불교의 『반야경(般若經)』에서 "일체 제법은 소리가 된다"고 하고, 천태종의 『마하지관』에서 "소리는 일체법을 갖춘다"고 하였다. 인도의 『리그베다』에서도 "태초에 브라흐만이 있었고, 말씀이 그와 함께 있었으며, 그 말씀은 브라흐만이었다"고 하였다.

예수는 "내가 진실로 진실로 너희에게 이르노니 한 알의 밀이 땅에 떨어져 죽지 아니하면 한 알 그대로 있고 죽으면 많은 열매를 맺느니라 자기의 생명을 사랑하는 자는 잃어버릴 것이요 이 세상에서 자기의 생명을 미워하는 자는 영생하도록 보존하리라"(요 12:24-25)고 말씀하셨다.

예수는 한 알의 밀과 같이 땅에 떨어져 죽음으로 새롭게 풍성한 열매를 맺는 원인과 조건에 의한 연기(緣起)의 진리(空)를 가르친다. 이원적 ego가 죽어, 개(個)의 껍질을 찢고 생명이 싹텄을 때 '하나(One)의 진리'로 구원되어 '시간 속에 영원이 창조되는 것'[42]이다. 이 세상에서 ego를 죽이는 자는 참된 생명(true Self)으로 부활함으로 神의 뜻인 '있는 그대로의 삶 즉 바람에 떠가는 구름처럼 흐르는 물처럼' 평화롭게 살아간다.

"오른 눈과 오른손"(마 5:29-30)의 현상만을 보는 이원성의 죄(ego)를 제거하면, 언어와 생각의 길이 끊어지고 마음 갈 곳이 없어진 '본질(One)'을 보는 생명'(true Self)이 회복되어 두루 통하여 막히는 곳이 없게 된다(死卽生). 인도의 중세 시인인 까비르(Kabir)는 이러한 不二의 진리는 "이해하는 것도 아니고, 글로 쓰는 것도 아니라고" 하였으며, 나누어질 수 없는 '전체인 진리(One)'는 믿음이라는 지성의 한계를 뛰어넘는다.

우리는 선(禪)과 같이 한 번 죽었다 다시 살아남으로 새로운 '영적 경지'(true Self)인 이성(마음)을 초월한 지혜에 도달한다(大死一番 乾坤新). 따라서 ego를 제거하고 새사람(神性)으로 '부활한 자'[43]는 스피노자가 말한 것처럼 "영원의 차원인 하나(One)의 본질의 자리 즉 현상이 아니라 전체(영적)로 사는 삶"을 누린다. 이와 같이 神性(true Self)을 자각한 자 즉 "마지막 아담(조포이운)"(고전 15:45)만이 영적인 부활의 축복을 누린다.

노자는 "죽으면 많은 열매를 맺으며, 씨앗이 죽을 때에만 나무가 나온다"는 것을 "돌아감이 道(One)의 움직임이요"(『도덕경』 40장)라고 설명하였다. 즉 음(陰)과 양(陽), 득(得)과 실(失), 희(喜)와 비(悲) 등 모든 것이 대칭으로 통하게 되어 있으며, 서로가 자리바꿈을 한다는 것이다. 그는 '베풂으

로 더욱 있음이 더해지는 진리(One)'를 "성인(聖人)은 자신을 위해 쌓아두
는 일 없이 남을 위함으로 더욱 있게 한다"(『도덕경』 81장)고 설명하였다.

**예수는 말씀하셨다. "추수할 것이 많되 일꾼이 적으니, 그러므로 추수
하는 주인에게 청하여 일꾼을 밭으로 보내게 하라"**(도마복음 73).

추수하는 자 즉 진리(神性)를 깨닫는 자가 적으니 스스로 추수(One)하는
일꾼이 되도록 하라는 말씀이다. '내면에 고귀한 神性(성령)'이 있듯이 개
(犬)에게도 神性이 있으며, "똥, 오줌에도 道(神性)가 있다"(『장자』)는 진리를
깨닫는 자가 많지 않다. '神性의 빛'(true Self, 고후 4:6)에 의하여 ego가 사라
지고 "언어의 길이 끊어지고 마음 갈 곳이 없어져버려"(言語道斷 心行處滅)
두루 통하여 막히는 곳이 없는 진리를 자각하는 자 역시 적다.

이 세상의 모든 현상은 마음(ego)에 의한 허상이지만, '不二의 진리인 神
性(성령)'을 깨달은 자'(true Self)에게는 실상이며, 이들은 세상의 소금이므로
소금의 짠 맛을 내는 역할을 한다(마 5:13). 소금인 神性(true Self)은 예수가
니고데모에게 '물과 성령'으로 거듭나기만 하면 들어간다고 한 바로 천국
의 자리(One)이다(요 3:5). 이러한 불생불멸(不生不滅)하는 '하나의 神性'은 에
너지의 총량이 일정하다는 '에너지 보존의 법칙'으로 뒷받침된다.

"만물의 근원이 하나(One)라는 것"(롬 11:36)을 알고 즉 깨닫고 참 자유와
영생을 얻은 사람"(요 17:3)이 행복한 것은 삶을 창조자와 피조물, 주관과
객관, 선과 악 등의 이원성(ego)을 초월하여 한결같이 "있는 그대로" 낙관
적으로 받아들이기 때문이다(無爲自然). 우리는 둘이 아닌 근본자리(神性)를
깨닫고 만물과 하나(One)가 될 때(요 2:4, 갈 3:28) 즉 진리가 시방세계에 두
루 충만하게 있음을 자각할 때 바로 천국을 이루게 된다(요 17:21).

예수와 부처의 가르침이란 온 우주에는 하나(One)의 진리(神性)로 충

만하며(諸法實相), 그 외 아무것도 없는 텅 빈 空이라는 것이다(諸法空, 막 12:32). 따라서 사물의 겉모습인 허상을 진리(One)의 실상으로 보고 있는 것이 바로 죄이며(요 9: 41), 또한 모든 형상 있는 것은 허망하니, 형상을 본래 형상이 아닌 것을 알면, 진리(One)의 모습을 보게 된다(금강경).우주를 전체로서 하나(One)인 것으로 보는 진리는 여러 가지의 이름으로 부르고 있다.

17

귀근득지 수조실종

歸根得旨 隨照失宗

"뿌리로 돌아가면 근본을 얻고, 비춤을 따라가면 근본을 잃는다."

—

자기의 근본인 뿌리(佛性: One)로 돌아가면 뜻을 얻어 不二의 진리를 성취한다. 그러나 '비춤을 따르는 것'(隨照)인 옛사람(ego, 엡 4:22)에 따라 자기 생각대로 번뇌 망상에 빠져들면 새사람(엡 4:24)인 不二의 진리를 잃어버린다는 것이다. 그러므로 구도자가 기울이는 모든 노력은 '이원적인 철학, 판단, 선택'(ego)을 어떻게 버릴 수 있는가에 달려 있다.

모든 존재는 하나(One)로서 서로 원만하게 융합되어 조화를 이루고 있으므로(無盡緣起), 좌선은 '취함도 버림도 없는 것'인 무량공덕(無量功德)의 '하나(One)'로 돌아가는 방법이다. 뿌리(One)인 근본으로 돌아가는 것은 空인 "하나 가운데 전체가 있고, 전체 속에 하나가 있다는 것"(一中一切 多中一)을 깨달아 '하나(One)인 열반(구원)'을 성취하는 것이다.

예수는 "마음이 청결한 자는 복이 있나니 저희가 하나님을 볼 것임이요"(마 5:8)라고 말씀하셨다.

'마음의 때'(ego)를 벗긴 자 즉 청결한 자는 근원인 神(眞我)을 보며, 이것은 이 세상에 오직 하나인 神만 존재하기 때문이다(心淸淨是佛, 막 12:32). 이 원성(ego)의 소멸인 '마음의 할례'(롬 2:29)로 '무분별한 마음'(無心)이 되어, '神의 참모습을 그대로 볼 수 있을 때'(요일 3:2) 神과 하나(One)가 되는 것이다. 즉 중생은 업(業)의 거울로 환상을 보지만, 성자(聖者)는 바탕(근본)인 실상(One)을 본다. 빌립복음(40)에서 "네가 그리스도를 보면 너는 그리스도이며, 네가 아버지를 보면 너는 아버지가 되리라"고 한 것은 같은 존재만이 같은 존재를 알아보기 때문이며, "영적인 눈"(눅 10:23)으로는 모든 것이 신성한 실재(神)이다.

不二의 진리를 깨달을 때 내면의 눈은 맑게 빛나고, 명료성을 지니게 되어 상대방을 '있는 그대로'(實相) 보게 된다. 엑카르트가 "누구나 神을 안에 갖고 神의 신성함을 깨닫는 자에게는 神(One)이 만물에 비친다"고 한 것은 본질(神)을 보는 청결한 영(靈)은 만물이 神性으로 가득 찬 것을 인식한다는 것이다(一切唯心造[44]). 시각이 바뀌면 모든 것이 달리 보이며, 색안경을 쓰고 있다면 세상은 색안경의 색깔로 보인다. 따라서 예수는 "귀 있는 자는 들을 지어다"(마 11:15)라 하였고, 부처는 더욱 의식하는 깨달음을 강조하였으며, 세례요한은 사물의 본질(천국)을 바로 보지 못하는 죄를 회개하라고 유대 광야에서 외쳤다(마 3:2).

우리가 "부처를 생각하고, 부처의 이름을 부르면 금생이든 내생이든 필히 부처(One)를 보게 되며"(『능엄경』), "믿는 마음이 깨끗하면 거기서 진리(One)의 실상(實相)을 볼 수 있게 된다"(『금강경』). 장자는 "마음이 청결하게 되어 道(One)를 볼 수 있게 된 뒤에는 시간의 변화가 없게 되며, 죽음과 삶도 없는 경지에 들어가게 된다"(心物一元)고 한다. "금욕의 칼로 속된 욕망의 나무를 잘라낸 사람은 마음의 본성인 아트만 즉 천국(One)을 볼 수 있게 된다"(『우파니샤드』). "다양한 존재들이 모두 하나에 뿌리를 내리고 있으며 그 하나(One)에서 생겨났음을 볼 때, 그는 마침내 브라흐만(One)을 보게 되는 것이다"(『바가바드 기타』).

예수는 "때가 찼고 하나님 나라가 가까이 왔으니 회개하고 복음을 믿으라"(막 1:15)고 말씀하셨다.

회개의 그리스어인 metanoia는 변화 혹은 초월을 의미하는 meta와 내면을 의미하는 noia의 합성어로써 '죄를 뉘우치는 것'이 아니라 본질적 '내면(마음)의 변화'(깨달음)를 의미한다. 神과의 분리 상태에서 벗어나 원래의 상태인 神과 합일을 하려는 우리의 의지이고 행동이다. 허상을 실상으로 보는 겉사람(ego)의 無知(죄, 요 9:41)를 버리고, 속사람의 일원성을 깨닫게 되면 본래부터 지금 이곳에 펼쳐져 있는 내면의 천국을 체험할 수 있다. 이와 같은 근본자리(One)를 보게 하는 회개는 '모든 것과 하나'(物我一切)가 되게 한다.

예수가 이 세상에 온 목적은 자신이 '神의 아들'(One)이신 것처럼 우리도 "영안(靈眼)의 열림"(회개, 요 9:39)을 통하여 본래 '神의 아들'(진리)임을 자각하도록 하기 위함이다(요 18:37). 아담과 하와가 '선악과를 먹고 눈이 밝아진 것'은 '하나(One)인 진리의 상태'(음양)를 벗어나, '나누어 보는 분별심의 죄'(無知)를 만들어 낸 비유이며(요 9:41), 창조 설화는 '음양의 상호작용'(One)에 관한 이야기이다. 그러므로 장자는 죄를 "구멍이 뚫리어 죽어버린 혼돈"과 같이 자연(One)의 상태에서 벗어남으로 받게 된 형벌이라 하였다.

바울은 "내 안에 내가 아닌 것이 작용하고 있다"(롬 7:20)고 고백하였다. 이와 같이 실상(하나님 나라)인 '영적 나'(One) 대신, 허상인 '육적 나'(ego, 롬 7:3-4)가 내 속에 거한다는 것의 자각이 회개이다. 회개로 ego의 이원적 사유에서 벗어나면 비이원적 사유인 조화로운 천국(One)을 깨닫게 된다. 예수는 하나(One)의 진리를 모르는 자들을 향하여 "그들이 보아도 보지 못하며 … 깨닫지 못함이니라"(마 13:13)고 안타까워 하셨다. 따라서 이원성(ego)이 소멸되고, 변하지 않는 오직 '한 마음'(一心)이 바로 眞如(神)이다 (『대승기신론』).

예수는 말씀하셨다. "보라, 씨 뿌리는 사람이 밖에 나가 씨를 한줌 쥐고 뿌리는데, 더러는 길에 떨어져 새가 와서 쪼아 먹었고, 더러는 돌짝밭에 떨어져 땅에 뿌리를 내리지 못함으로 결실을 내지 못하였고, 더러는 가시덤불에 떨어져 숨통이 막히고 벌레들에게 먹히었고, 그리고 다른 씨들은 좋은 땅에 한 좋은 열매를 맺으며, 그것은 60배, 100배의 크기가 된다"(도마복음 9).

우리들의 각자 내면에 뿌려진 '복음의 씨'(神性, true Self)는 '보는 눈이 있는 자'(One)에게만 보이고, 들을 귀 있는 자에게만 들린다. 씨가 열매를 맺고 안 맺고는 어디까지나 뿌려진 씨를 받은 땅의 몫 즉 마음의 몫이다. '좋은 땅에 좋은 열매'라는 것은 내면의 神性[45]에 좋은 열매(One)를 많이 맺는 것이며, '본래 마음'(One)의 자세로 준비를 하는 사람만 깨달음의 열매를 맺는다. 그러나 '비춤을 따라서 자기 생각대로 분별하여 번뇌를 따라가는 자'(ego)는 근본 진리(道)인 영적 실상(One)을 잃어버려 열매를 맺지 못하는 악이다. 따라서 '하나(One)와 조화'[46] 내지 부조화가 실존적으로 선이냐 혹은 악이냐를 결정한다.

이원적 사유의 대립 구조를 마태(13:19)는 악한 자와 선한 자로, 누가(8:12)는 하나님과 마귀로 나누어 설명한다. 그러나 마귀(악마)는 실체가 아니다. 마음이 분별에 사로잡혀 있을 때 '업상념파(業想念波)[47]'를 인격적으로 표현한 것뿐이다. 예수는 대상의 神을 섬기는 유대인을 마귀요, 살인한 자요, 거짓말쟁이요, 거짓의 아비라고 말씀하였다(요 8:44). 그러므로 마야(maya)인 마귀는 자신이 행위자라는 느낌(ego)이 있는 한 존재하지만, '더 큰 힘'(One)의 행위자가 있다는 것을 자각하면 사라진다. 즉 우리의 내면에서 역사하는 하나(One)의 그리스도 의식(true Self)이 환영(幻影)인 마귀의 일(ego)을 멸할 수 있다(요일 3:8).

18

수유반조 승각전공
須臾返照 勝脚前空

"내재하는 光明이 있을 때, 겉모습과 空을 모두 초월한다."

—

잠깐 동안에 돌이켜 비춰보고 '진리의 光明'을 바로 깨치면 겉모습과 空을 초월하며, '모든 것이 소용없는 꿈같은 상대적인 것'(ego)이지만, '청결한 마음'(One)으로 볼 때 모든 것이 '신성한 것'(神)으로 가득 차 있다(마 5:8). '외부에 나타나는 것'(ego)들을 따라가면 둘로 나누어지고, 그러나 내면으로 향하면 하나(One)라는 것이다. 따라서 '둘로 나누어진 분별심'(ego)을 소멸하고, 둘이 아닌 '하나(One)의 佛性'(神性)'을 회복하여야 한다.

우리는 '각 사람에게 비추는 빛'(요 1:9 ,佛性)을 회복하기 위해서는 '내면의 에너지'를 바깥쪽이 아니라 안쪽으로 향하게 하여야 하며, 마음이 相(ego)만을 좇아 외부의 세계를 향하지 않고 '돌이켜 안의 마음을 비추는 회광반조'(廻光返照)를 행하여야 한다. 우리는 '일체중생 모두가 다 하나(One)의 참다운 성품'(一切衆生 同一眞性)이며, '본래부터 부처'(本來成佛)임을 깨달을 때 선정(禪定)에 든 기쁨인 법희선열(法喜禪悅)을 체험하게 된다.

예수는 도마의 질문에 대해서 "나는 곧 길이요 진리요 생명이니 나로 말미암지 않고는 아버지께로 올 자가 없느니라. 너희가 나를 알았더라면 내 아버지도 알았으리로다. 이제부터는 너희가 그를 알았고 또 보았느니라"(요 14:6-7)고 말씀하셨다.

'나'를 보는 자는 法(진리)을 보는 자라고 한 부처의 '나'가 개별적 '나'가 아니라 보편적 '나'(true Self)이듯이 예수도 마찬가지이다. 즉 예수의 '나'는 육체인 '나사렛 예수'[48]가 아니라 모든 사람에게 깃든 神性(true Self)이다. 또한 나와 아버지는 하나이다(요 10:30)에서도 '나'는 우주적인 그리스도를 말하고 있다. 기독교는 '나로 말미암지'의 '나'를 절대(true Self)가 아닌 '상대적 나'로 이해함으로 구원은 '오직 예수'[49]와 '기독교에만 있다'[50]는 독선적 주장을 하지만 보편적 진리는 전체이며, 개체는 진리가 될 수가 없다.

아버지께로 가기 위해서는 역사적 예수가 아니라 내면의 우주적 예수(神性, true Self)인 진리(One)이므로, 마음의 변화인 거듭남(깨달음)이 요구된다. 예수를 믿는다는 것은 '不二의 진리'(靈)에 대한 믿음이며, "근원을 보는 것"(눅 10:23)인 초감각적인 눈을 열어 "神과 하나"(One, 요 17:21) 되는 경지이다. 時空을 초월한 예수는 '태어나거나 죽음이 없으며'(不生不滅), '오고 감이 없는'(不來不去) 한 분(One)이므로 부활과 강림(재림)은 진리를 방해하는 시간성과 문자를 벗어나 영적인 내면의 변화로 재해석[51]되어야 한다(요 6:63).

"완전히 비운 진리 자체"(無, 빌 2:7)인 예수와 "진리 자체로 갖는 몸인 부처"(『대승기신론 소별기』)는 우리와 다 같이 동일한 하나(One)의 진리 자체이다. 그러므로 우리는 예수의 삶의 의미 안에서 또한 자신(ego)을 내어주는 자유 안에서 살아야 한다. 맹자(孟子)는 인간의 본래 마음에 있는 변하지 않는 본성을 '성(性)'이라 하였고, 『우파니샤드』에서도 "그대가 바로 그것(진리)이다."라고 하였다. 또한 동학(天道敎)은 "영원한 神인 나(我)를 향해 제상(祭床)을 차리라"(向我設位)고 하여, 모든 존재에 편재하고 있는 '나'의 존재를 神이라 한다.

도마는 예수의 현존 속에서 하나님을 보았고(요 20:28), 바울은 "그리스도는 영(靈)이시며"(고후 3:17), "내가 사는 것은 그리스도이다"(빌 1:21)라고 하여 편재하는 예수를 육체로 여기지 않았다. 예수가 우주에 충만한 진리임을 현대물리학은 "물질은 에너지의 파동이다"증명한다. 예수는 "아버지가 너희를 나와 동등하게 만들 것이고"(야고보 비밀의 서 5)라고 하였고, 동방교회에서는 "인간이 그리스도를 믿으면, 그도 그리스도가 된다"고 하였다. 우리는 거듭남으로 "神과 하나가 된 각자(覺者)"[52] 즉 그리스도가 되어야 한다(요 17:21).

예수는 "아버지께서 내 안에, 내가 아버지 안에 있는 것 같이 저희도 다 하나가 되어 우리 안에 있게 하사 세상으로 아버지께서 나를 보내신 것을 믿게 하옵소서"(요 17:21)라고 말씀하셨다.

예수의 유언은 우리가 본래부터 '아버지와 하나'(One)였으며, 이미 하나(One)인 神으로서 구원된 자임을 깨닫는 것이다(요 10:34). 예수는 도마에게 "하나님이 너희와 하나(One)된 것처럼 너희도 그분과 하나(One)가 되어라"(싸우는 자 도마서)고 하셨다. 부처도 임종 때 "광대무변한 의식(佛性)과 하나가 되어야 한다"고 하였다. 따라서 인간의 궁극적 목적은 神과 하나가 되는 것 즉 생명의 실상인 神性(佛性)을 깨닫는 것이다.

신비적인 결합인 진리와 하나(One)되기 위해서는 마음(ego)을 초월한 진리를 깨달아야 하며, 이렇게 '나'라거나 '나의 것'이라는 ego를 벗어난 사람은 고요한 평화를 누린다. 우리들이 하나(One)인 영적 세계를 자각하면 時空의 죽음도 없고 탄생도 없는 영원한 절대행복으로 가는 환희를 체험한다. 또한 신비가인 십자가의 성 요한에게 신앙의 길은 '하나님과 하나'(생명, One)가 되고 싶은 소망을 이루기 위한 탈종교적 태도이다.

神과 하나(One) 되기 위하여 내가 버려야 할 神은 예수가 마귀(요 8:44)라고 한 '대상의 神'(他者)이다. 心과 物 즉 부처(神)와 중생이 '둘이 아님'(One)의 수행을 삼매라 하며(一行三昧), 열반을 얻는다고 한다(『대승기신론』). 또한 힌두교도 하나 되는 범아일여(梵我一如)로 탄생과 죽음의 윤회에 마침표를 찍게 한다. 삼매(깨달음)로 '원인과 결과의 원리'(karma의 법칙[53])인 윤회의 사슬(ego)로부터 벗어나면 참된 자유(One)를 누리게 된다.

노자는 "천하 만물은 有에서 나고, 有는 無에서 난다"(『도덕경』 42)고 하여 모든 것은 일자(One)에서 다자(多者)로의 조화로운 과정으로 본다. 장자도 「제물론」에서 "천지는 나와 함께 생겨나고, 만물은 나와 하나(One)가 된다"고 하였다. 이러한 진리는 천지 만물과 나의 대립은 사라지고, 주객이 '하나(One)된 경지'(物心不二)이다. 따라서 동양의 종교는 갈등과 대립을 소멸시킴으로써 고통을 벗어나 '내적인 행복과 평화'를 누리게 한다.

예수는 말씀하셨다. "하나님 나라는 양 백 마리를 가지고 있는 목자와 같으니라. 무리 중 가장 큰 한 마리가 길을 잃었으니 … 그 한 마리를 찾으러 나가 그것을 찾았더라 … 그는 그 양에게 이르기를, 나는 아흔아홉 마리보다 너를 더 귀히 여기노라"(도마복음 107).

에스겔(34:1-16)을 인용한 마태(18:12-14)는 '하나가 길을 잃으면'을, 누가(15:4-7)는 "죄인 한 사람이 회개하면"을 추가하여 천국으로 인도하는 진리(One)를 놓치고 있다. 우리의 정체성은 본래 죄인이 아니라, "하나님의 형상"(本來是佛, 창 1:27)인 神(요 10:34)이며, 현실에서의 잘못(죄)은 다만 '실수(無知)에 의한 질병'과 같다. 따라서 목자가 기뻐한 것은 이원성의 허상을 벗어나 진리의 실상을 깨달은 '한 마리'를 찾았기 때문이다.

힘들게 발견한 '길 잃은 큰 양 한 마리'(One)는 혼자 고독한 길로 간 '神性(true Self)을 깨달은 자'를 의미하며, 이렇게 '천국의 백성이 된 자'(true Self)는 내재하는 光明(One)으로 형상과 空을 초월하여 '모든 것을 배설물로 여기는 자'(빌 3:8)이다. 따라서 "모든 형상이 형상 아닌 것을 알면, 실상(One)을 보는 것이며"(若見諸相非相 卽見如來, 『金剛經』), 이때 삶이 유희(遊戱)가 되어 순간에서 순간으로 내면에서 나오는 기쁨을 즐길 수 있다.

엑카르트는 인간과 우주 만물 속에 내밀히 살아 있는 광명(true Self)을 아는 통합적 지식을 '여명(黎明)의 지식'(One)이라 부르고, 덧없는 피조세계만을 아는 부분적 지식을 '황혼의 지식'(ego)이라 일컬었다. 또한 우주의 근본 원리인 범(梵)과 개인의 본체인 아(我)가 같다는 『우파니샤드』의 범아일여(梵我一如) 사상은 동트는 '여명(黎明)의 지식'(One)이며, 이러한 경지에서는 ego가 존재하지 않으므로 고통은 영원한 희열로 변형된다.

19

전공전변 개유망견
前空轉變 皆由妄見

"空을 앞세워 이리저리 바뀌어감은, 모두 허망한 견해 때문이다."

—

空함을 이렇게도 저렇게도 말하게 된 것은 ego적인 중생의 망견(妄見) 때문이며 진공(眞空: One)은 아니라는 것이다. 空이라는 말을 '비어 있다'라는 뜻으로 이해하여 '비어 있지 않은 것'과 분별 시비한다면, 空 역시 둘로 분별되어지는 개념일 뿐이며, '不二의 진리'(One)에서는 어떠한 분별이 있을 수 없는 것이다. 형체가 없는 無形의 空과 형체가 있는 有形의 색(色)을 분별 시비하여 이해한다면 헛된 견해이다(色卽是空 空卽是色)[54].

"인간의 지혜를 비운"(고전 1:19) 無心(無念)은 절대 무차별의 평등한 '하나(One)의 세계'이며, 中道 즉 '佛性과 하나'(One)가 되어 순수생명으로 전체를 체험하는 경지이다. 이러한 해탈(解脫, Moksa)은 우리의 영혼이 '모든 속박'(ego)에서 벗어나 절대자유의 경지에 이르는 것이다. 따라서 '진리와 하나(One)'가 되는 해탈(解脫)에 이르게 되면 나 자신을 구할 수 있고, 더 나아가 인류를 구하고 우주까지 정화시킬 수 있는 것이다(自利利他).

 "예수께서 대답하여 이르시되 어떤 사람이 예루살렘에서 여리고로 내려가다가 강도를 만나매 강도들이 그 옷을 벗기고 때려 거의 죽은 것을 버리고 갔더라. 마침 한 제사장이 그 길로 내려가다가 그를 보고 피하여 지나가고 … 어떤 사마리아 사람은 여행하는 중 거기 이르러 그를 보고 불쌍히 여겨 가까이 가서 기름과 포도주를 그 상처에 붓고 싸매고 자기 짐승에 태워 주막으로 데리고 가서 돌보아 주니라. 그 이튿날 그가 주막 주인에게 데나리온 둘을 내어 주며 이르되 이 사람을 돌보아 주라 비용이 더 들면 내가 돌아올 때에 갚으리라 하였으니 네 생각에는 이 세 사람 중에 누가 강도 만난 자의 이웃이 되겠느냐 이르되 자비를 베푼 자니이다 예수께서 이르시되 가서 너도 이와 같이 하라 하시니라"(눅 10:30-37).

 "우리는 하나님과 하나(One) 되어야 하며"(요 17:21), '나와 남이 하나'(自他不二)라는 무한한 사랑의 실천이 설명되고 있다. 또한 '이원성(ego)을 제거하면' 전일적(全一的) 의식인 '不二의 진리' 즉 사랑을 회복하게 된다는 것이다(마 16:25). 이러한 '둘이 아닌 세계'(神性)는 성(性), 나이를 넘어선 '무차별의 평등한 마음'(一味平等)이다. 이와 같이 '주와 객, 나와 남이 둘이 아니므로'(不二) 남을 행복하게 해주어야 자기도 행복한 것이다.
 '진리(One)의 세계'는 주객, 자타(他) 등의 이분법으로 나누어지는 타자(他者)란 있을 수 없으며, 時空을 초월한 전체성(All)이다. 따라서 구약에서 유대인들이 타자(他者)로서 야훼라고 부르는 전쟁과 용사의 민족神(출 15:3)을 만든 것은 不可分의 진리(One)를 나누는 허망한 견해이다. 또한 '분노, 질투, 징벌하는 창조주 神[55]은 전체로서 하나(One)인 선인과 악인에게 무한한 사랑을 베푸시는 조화와 평화의 하나님이 아니다(마 5:45).

엑카르트는 "나와 너, 개체와 전체 등 '이원성(二元性)의 차별심'(ego)으로 보는 자는 전체성(All)인 하나님을 보지 못한다"고 하였다. 왜냐하면 '하나(One)인 神'은 '존재 그 자체, 善 그 자체, 진리 그 자체, 사랑 그 자체'이기 때문이다. 따라서 태초부터 하나님은 구원받을 사람들과 심판받을 사람들을 이미 예정하였다는 이원성인 "예정론의 교리[56]"(엡 1:5)는 사랑 자체이신 "하나(One)의 하나님"(갈 3:20)과 양립할 수 없는 교리이다.

예수는 "내가 세상에 화평을 주러 온 줄로 생각하지 말라 화평이 아니요 검을 주러 왔노라"(마 10:34)고 말씀하셨다.

검(劍)은 "예리하여 혼과 영을 찔러 쪼개는 칼"(히 4:12)로써 우리를 자유롭게 하는 진리(One)이다. 이러한 궁극적인 진리를 온전히 깨닫기 위해서는 어떤 대상에도 의존하지 않고, 오로지 진실한 마음의 노력이 있어야 한다. 진리를 깨닫기 위해서는 '유한한 세속적 가치'(ego)의 장애를 과감하게 소멸시키는 무아(無我)[57]의 검 즉 자기 정체성(ego)을 그 존재의 근저에서 부정하여 목숨을 살리는 활인검(活人劍)인 '하나 됨'(One)이 필요하다.

야고보가 "하나님의 형상으로 지음을 받은 사람"(약 3:9)이라고 말한 것은 '나는 누구인가?'(己事究明)를 물을 때 "본래 나는 이 세상에 속하지 않은"(요 8:23) 時空을 초월한 "神의 형상인 神性"(그리스도, 요 15:27)이라는 뜻이다. 이렇게 하나(One)인 '나의 정체'(true Self)에 "영(靈)의 눈"(눅 10:23)이 열리면 예수가 말씀하신 "내가 땅에서 들리면 모든 사람을 내게로 이끌겠노라"(요 12:32)는 일즉일체(一卽一切 一切卽一)의 의미를 알게 된다.

『우파니샤드』는 모든 사고의 부정을 통한 진리(One)를 "이것도 아니고, 저것도 아니다"(neti, neti)로, 독일의 추기경인 쿠자누스는 "다른 것이 아닌 것"(一者, One)[58]으로 방편을 사용한다. 맹자(孟子)는 "본성(One)이란 본래 갖추어진 것일 뿐"이라 하였고, 본래 자리를 떠나지 않는 사람은 '영생하는 자'(true Self)이다. 『바가바드 기따』의 궁극적인 지향점은 진리(One)를 위하여 핏줄로 얽힌 감정적 無知의 주관주의(ego)에서 벗어나는 것이다.

예수는 말씀하셨다. "고난을 받는 자는 행복하나니, 저들이 생명을 찾음이라"(도마복음 58).

많은 사람들은 옷에 지나지 않는 육체와 마음의 옛사람(ego)을 진실한 '참된 나'(true Self)라고 잘못 알고 있다. 따라서 스스로 '행복과 불행, 손해와 이익, 삶과 죽음' 등을 분별하는 옛사람인 ego를 소멸하는 고난으로 '본래의 생명을 회복한 자'(One)는 행복하다(딤전 2:15). 이러한 행복은 일시적이고 상대적인 것이 아니라, 하나(One)에서 흘러나오는 절대의 경지이며(究竟樂), 시간과 공간을 초월한 영원한 생명(true Self)을 성취한 것이다.

분별심(ego)으로부터 이원성이 발생하며, 이것이 고통과 갈등을 유발하게 된다. 그러나 '거듭난 자'는 분별하는 마음(ego)의 세력을 제거하고 내면의 영원한 하나(One)의 진리(true Self)를 찾았기에(마 16:25) 고통과 불행을 초월하는 평안을 누린다. 우주만유가 본래 진선미(眞善美)를 원만히 갖춘 神性(true Self)임을 깨닫고 "무아, 무소유의 생활을 지속할 때 주님의 제자가 되며"(눅 14:33), ego(악업의 장애)가 녹아져서 만사가 형통하게 된다.

『주역(周易)』은 깨달은 자의 형통함을 "소인처럼 살면 그 집을 잃어버리지만 군자처럼 살면 수레를 얻는다"고 한다. 따라서 고통으로부터 벗어나 자유를 맛보고자 하는 자는 "옛사람(ego)을 죽이고 새사람인 그리스도로 충만하여야 한다"(마 10:39). 고통과 질병의 치유는 현상이란 실재하지 않는 환영임을 자각하고, '나'와 '나의 것'이라는 허상을 소멸하고(無我) "이것 또한 지나가리라"의 자세로 "모든 것을 神에게 맡기는 것이다"[59](시 37:5).

20

불용구진 유수식견
不用求眞 唯須息見

"참됨을 구하려 하지 말고, 오직 허망한 견해만 쉬면 된다."

–

누구든지 깨치려면 진여불성(眞如佛性)을 구하려 하지 말고, '망령된 견해'(ego)만 쉬어버리라는 것이다. 구름이 걷히면 태양이 빛나듯 태양을 따로 찾으려 하지 말고 망상의 구름만 걷어버리면 되며, 파도를 없애려고 하지 말고 바람만 잠재우면, 파도는 없어진다. '중생은 이미 진리(One)를 다 갖추고 있기에'(佛性內在論) 본래 있는 것은 소멸될 수 없다.

우리가 不二의 진리를 깨닫지 못하는 까닭은 '이원성의 허망한 견해' (ego)가 앞을 가리기 때문이다. 이원성의 버림에 대하여 임제(臨濟)선사는 "부처(예수)를 만나면 부처(예수)를 죽이라"(逢佛殺佛, 고전 12:3)고 하였다. 왜냐하면 부처님(예수님)은 대상이 아니라 우리 자신의 '본질적인 본성'(true Self)이며, '우주의 실상'(One)으로 영원 자체이기 때문이다.

예수는 "내가 떠나가는 것이 너희에게 유익이라 내가 떠나가지 아니하면 보혜사가 너희에게로 오시지 아니할 것이요 가면 내가 그를 너희에게로 보내리라"(요 16:7)고 말씀하셨다.

예수께서 떠나신 것은 제자들이 눈에 보이는 時空 안의 현상에 대한 분별 시비하는 이원론의 세계(ego)를 소멸하고, 집착이 사라진 '無心한 상태'(神性)에 머무르게 하기 위함이다(殺佛殺祖). 時空을 벗어난 '하나(One)인 진리'의 세계는 번뇌 망상을 일으키는 생각 이전의 세계이며, 영적 하나님의 자녀(神)로 새롭게 태어난 자들의 경지이다. 예수는 형상을 버리고 본질과 하나(One)가 되어야 함을 강조하며, 우리 속에 영원히 함께 계신다.

우리의 전신(全身)인 실상(神性)은 우주에 가득 차 있는 시방무애(十方無碍)의 생명(One)이다. 인간은 이처럼 광대무변(廣大無邊)하지만 육안으로 보면 작게 보인다. 이를 두고 『관보현보살행법경(觀普賢菩薩行法經)』에서는 보현보살의 몸이 허공에 가득 차 있지만 "몸을 줄이어 적게 하나니 … "라고 하는 것이다. 독립된 주체로서의 나(ego)는 존재하지 않으며 드러난 전 우주가 나(One) 자신이다. 따라서 나는 모든 것의 근원인 절대적인 인간이다.

우리들이 하나님의 자녀인 새사람(神性)[60]으로 회복되기 위해서는 時空 안의 보이는 육체의 형상(ego)을 초월하여야 한다. 왜냐하면 예수의 역사적인 사건에 대한 집착은 영원한 진리를 깨닫는데 걸림돌이 되기 때문이다. 철저한 버림으로 순수한 어린아이의 마음으로 허망한 견해를 쉬면 저절로 천국이 나타난다. 그러므로 '이원성의 잘못된 견해'(ego)에 사로잡힌 성직자가 아니라 거듭난 세리와 창녀(포르네)가 먼저 천국에 들어간다(마 21:31).

"바리새인들이 하나님의 나라가 어느 때에 임하나이까 묻거늘 예수께서 대답하여 이르시되하나님 나라는 볼 수 있게 임하는 것이 아니요 '여기 있다 저기 있다'고 못 하리니 하나님 나라는 너희 안에 있느니라 … '저기 있다 여기 있다'고 하리라 … 그러나 따르지도 말라"(눅 17:20~23)고 말씀하셨다.

천국은 지금 여기에서 내면의 빛(神性)을 자각할 때 드러나는 '둘이 아닌 경지'이다(唯心淨土). 우리는 개체적 '나'를 제거하고 영적 '나'(眞我)를 깨닫게 되면 온 세상에 이미 퍼져 있는 천국(神, 佛)을 본다(人卽是佛). 죄인이 아니라 "완벽한 자"(요 14:20)임을 자각하고 스스로 일체를 놓아버린 '깨달은 자'는 이 세상을 조화로운 천국(實相, One)으로 보지만 그렇지 못한 자는 그림자(幻)인 '고통 그대로'(ego)의 세상(虛相)을 본다. 따라서 예수는 "나의 꾸지람을 듣고 스스로를 구원하여라"(야고보 비밀의 서 2)고 말씀하셨다.

이 세상과 저 세상을 분별하는 마음(ego)이 사라져 내면의 하나님 나라 즉 神을 자각했을 때, '본래 마음의 세계'(一眞如)에 천국의 필름이 구성되고 그 필름이 전개되어 천국이 실현된다(三界唯心所現, 눅 11:20). 우리는 이미 천국에 살기 때문에 분별하는 ego의 견해만 쉬어 버리면 본래 우주에 충만한 생명과 하나(One)되어 미래가 아니라 '지금 여기서' 神性(true Self)을 체험한다. 참된 인간성의 씨앗(One)이 이미 내면에 있기에(빌립복음), "깨닫기만 하면 어디에 있든지 항상 안락한 정토(淨土, 天國)를 이룬다"(『佛說無常經』)

천국은 이원적인 사유의 종료를 의미하며, 집착이 없는 지대, 즉 논리적인 정신의 범위 밖에 있다. 따라서 이러한 하나(One)인 천국은 구할 수 있는 것이 아니므로 구하는 행위는 자아를 강화하게 하여 도리어 영원에 이르는 길을 막는다. 그러나 천국을 구하고 있는 사람들이 여전히 많은 까닭은 그것이 우리 가운데 바로 지금 여기에 있다는 사실을 알아차리지 못하고 있기 때문이다. 천국은 자기 안에서 있기에 서산대사는 "중생은 마음(One)을 깨쳐서 절로 건지는 것이요, 부처님이 중생을 건지는 것이 아니다"(『禪家龜鑑』)고 하였다.

예수는 말씀하셨다. "만일 너희를 인도하는 자들이 너희에게 '보라 천국은 하늘에 있다'고 말한다면 그렇다면 공중의 새들이 너희보다 앞설 것이다. 만일 그들이 너희에게 '그 나라가 바다 속에 있다'고 말한다면 그렇다면 물고기들이 너희보다 앞설 것이다. 그러나 천국은 너희 안에 있고, 또 너희 밖에 있느니라"(도마복음 3:1).

천국은 지금 여기서 내면의 깨달음(One)을 통하여 체험하는 영원한 영적 실재로 안과 밖, 어느 곳에나 존재한다(無所不在). 즉 죽음 후의 어느 시간과 장소에 있지 않고, '마음 상태'(業識, ego)에 따라서 천국과 지옥이 나타나게 된다(唯心所現). 아인슈타인은 "시간을 절대적인 것으로 생각하는 것은 우리의 착각이다"고 증명함으로, 본질적인 시간은 영원한 현재로서 "어제나 오늘이나 영원토록 동일하며(히 13:8), 알파와 오메가이다"(계 21:6).

천국이 時空의 한계(ego)를 초월하는 것은 우리의 본성인 神性(보편적 자아)도 마찬가지이다. 따라서 神性(One)을 자각하기 위해서는 '개별적 자아'(ego)가 있다는 거짓 믿음을 걷어 버리고, 행복과 불행, 선과 악 등 이원적 사유(ego)를 초월하여야 한다. 그러므로 달마대사는 "마음(ego)을 사용하여 실체(One)를 찾으려고 하는 것은 망상이다."라고 하였고, 예수는 '하나(One)의 진리'를 "내 살을 먹는 자는 … 내 안에 거한다"(요 6:56)고 말씀하셨다.

구원은 외적 사건이 아니라, 내면에서 찾는 '참된 나'(神性)의 삶(마 16:25) 즉 '無爲自然의 길'(One)로서, 진정한 자기 이해와 자기실현으로 안과 밖의 전체(All)를 새롭게 보는 조화로운 천국(One)을 실현하는 것이다(눅 17:21). 이러한 천국(神性)은 모든 곳에 있으므로 "브라흐만(One)은 모든 존재들의 안에도 있고 또한 바깥에도 있으며, 그것은 너무나 미묘(微妙)하여 이해될 수 없고, 멀리에도 있고, 바로 여기에도 있다"(『바가바드 기따』)고 한다.

"저들이 예수께 이르되, 오소서, 오늘 저희와 함께 기도하고 금식을 합시다. 예수께서 그들에게 이르시되, 내가 무슨 죄를 범했느냐? 내가 무엇을 잘못했느냐? 아니다. 신랑이 신부의방을 떠날 때야 저들이 금식하고 기도해야 하느니라"(도마복음 104).

'신랑(One)이 신부의 방에 있다면' 기도하고 금식을 할 필요가 없다. 그러나 신랑인 예수(One)를 자신 안에서 잃어버리면 '욕망과 집착의 죄'(ego) 때문에 기도와 금식을 하여야 한다. 不二의 진리(One)를 벗어난 꿈과 그림자와 같은 거짓된 허상세계(ego)의 이원론적 관습과 종교의식에 대한 집착을 버릴 때, 자타(自他), 주객(主客)으로 구분하지 않는 일원론적인 영적 실상세계(독생자의 경지, One)의 참된 자유를 맛보게 된다(요 8:32).

이원성의 생각(ego)에서 떠나 '나는 없으며'(我空), '만유의 실체도 없다'(法空)는 깨달음을 얻으면 희비(喜悲), 고락(苦樂) 등의 분별시비가 사라지고, 예수의 신적 본질인 神性(true Self)이 드러나게 된다. 즉 '내 뜻이 아니라 아버지의 뜻대로의 삶'(눅 22:42)이며, 또한 인연 따라 흐름에 거침없고, 지나가는 빈 배같이 떠도는 '無爲의 삶'(One)이다. 이러한 無爲의 세계(One)는 모든 경계가 사라는 것이니 삶과 죽음도 마찬가지라 할 수 있다.

이견불주 신막추심
二見不住 愼莫追尋

"둘로 보는 견해에 머물지 말고, 삼가 좇아가 찾지 말라."

–

　두 가지 견해인 분별 시비심만 버리면 모든 견해도 따라서 쉽게 되며, 본질인 不二의 진리에서 보면 두 견해가 있을 까닭이 없으니 머물래야 머물 수가 없다는 것이다. 따라서 두 견해에 머물지 말고 삼가 좇아가지 말아야 한다(마 7:1). 우리는 '양변(兩邊)에 머무는 욕망의 세계'(ego)를 초월하여 '우주의 본질'(One)에 도달하도록 끊임없이 노력해야 한다.

　본다거나 듣는다거나, 보지 않는다거나 듣지 않는다거나 '다 같은 자리'(One)이며, 말하는 이와 말 듣는 이가 '둘이 아닌 자리'(One)이다. 그 자리(true Self)는 '두 견해'(ego)가 있을 까닭이 없으니 머물래야 머물 수가 없다. 따라서 양변(兩邊)에 머물러 선악, 시비 등 무엇이든지 변견(邊見)인 ego를 따르면 '진여자성(One)'은 영원히 모르게 되는 것이다.

예수는 "비판 받지 아니하려거든 비판하지 말라"(마 7:1)**고 말씀하셨다.**

심판은 우리가 아니라 우주법칙인 "원인과 결과의 법칙"(카르마 법칙, 마 7:16-20)이 한다. 자신의 잣대로 누군가를 비판하려 한다면 나중에 그 결과를 받게 된다. 이원성에는 비판이 있지만, 하나(One)가 되면 이것과 저것의 분리가 사라진다. 하나(One)의 진리는 체험하지 않으면 안 되며 분별에 의한 생각으로는 불가능하다. 다만 논리의 마음으로 진리를 알기 원하므로 "보아도 보지 못하며 … 깨닫지 못하는 것이다"(마 13:13). 예수는 양(ego)들이 "한 무리가 되어 한 목자에게 있으리라"(요 10:16)고 진리(One)의 자각을 설명하셨다.

자기 생각만 옳다고 하면 결국 내가 옳으니까 상대는 틀리지 않을 수 없으며, 이분법적인 분별심으로 남을 심판하면 그 원인에 따라 결과가 나온다(種豆得豆). '모두가 관계의 고리로 얽혀 있는 유기체'(重重無盡의 緣起法)에서는 남의 행복이 곧 나의 행복이므로 이원적인 것에 머물러 분별하면 진리(One)를 모르게 된다. 혜능대사는 "진리인 자기 성품이 청정한 자는 다른 사람의 시비, 선악을 보지 않는다"고 하였다. 그러므로 예수는 하나(One)의 진리를 벗어나 분별(ego)하는 것을 비유적으로 "간음하는 것"(마 5:27)이라고 말씀하셨다.

예수는 "나는 너희에게 이르노니 형제에게 노하는 자마다 심판을 받게 되고 … 미련한 놈이라 하는 자는 지옥 불에 들어가게 되리라"(마 5:22)**고 말씀하셨다.**

예수가 '나는 너희에게 이르노니'라고 말씀하신 것은 사회의 규범에 타당한 새로운 윤리와 도덕을 제기하고자 함이 아니다. 즉 번뇌 망상에 사로잡힌 겉사람(ego)을 '삼가 좇아가 찾지 말고', "모든 사람 속에 깃든 속사람인 神性을 자각하여 사물의 지금 있는 그대로의 모습(實相)을 받아들이며, 서로의 미움과 두려움을 버려야 한다"(마 6:25-32)는 것이다.

'너와 나를 둘로 보는 자'(ego)는 원수를 증오할 수밖에 없지만, "無心(무분별)으로 만물을 하나로 보는 자"(눅 10:23)는 원수까지도 사랑하지 않을 수 없다. ego에게는 '동태복수법'(同態復讐法)이 정당하지만(마 5:38), 진리(One)는 그것에서 자유롭다. 즉 不二의 진리는 기쁨으로 '神의 사랑'(One)을 나누는 천국이지만, 진리를 벗어나는 것이 바로 지옥이다.

예수는 "나를 위하여 제 목숨을 잃으면 구원하리라"(눅 9:24)고 말씀하셨다. 즉 ego의 죽음(롬 7:5)을 통해서만 너와 나로 나누어질 수 없는 진리로 구원이 가능하다. 따라서 진리(One)를 위하여 우리의 관심은 '비본질적인 것'에서 '본질적인 것'으로, '눈에 보이는 것'에서 '눈에 보이지 않는 것'으로, '육체적인 것'에서 '영적인 것'으로 변화시켜야 한다.

"마리아가 예수께 이르되, 당신의 제자들은 무엇과 같습니까? 하니 예수께서 이르시되, 저들은 자기 땅이 아닌 땅에서 노는 어린아이들과 같도다. 땅 주인들이 와서 이르되, 우리 땅을 되돌려 달라 하니, 그 어린아이들은 땅 주인 있는 데서 자기 옷을 벗고 땅을 주인에게 되돌려주느니라"(도마복음 21:1).

예수의 제자들은 땅 주인(몸과 물질의 이원성)이 와서 자신에게 속한 것들을 달라고 하면 기꺼이 내어준다. 이와 같이 물과 성령으로 거듭남으로 '아무것에도 집착하지 않는 자'(無我)만이 하나(One)가 된다. '하나 됨'(One)은 어린아이들이 '자기 옷'(ego)을 벗고 땅 주인에게 되돌려주듯이 욕망과 집착(ego)의 소멸로 내면의 빛(神性)인 천국(One)이 드러나는 현재적 사건이다. 따라서 누구나 탄생과 죽음, 행운(幸運)과 불운(不運), 선와 악 등의 이원 상대적으로 상징되는 옷을 벗는 순간 둘이 아닌 영생의 천국을 체험한다.

마태(24:5-8), 마가(13:30), 누가(21:11)는 세상의 종말을 묘사하지만, 도마는 이러한 종말에 대한 구절이 일체 없다. 왜냐하면 무한한 하나님과 초시간적 '하나인 진리'의 관점에서 시간의 종말은 존재하지 않기 때문이다. 구원은 지금 여기에서 이루어지며(고후 6:2), 하나님과 자기가 본래 하나임을 깨닫고(요 17:21) 거짓 영혼(ego)에서 벗어나 참된 영혼(One)을 찾는 영원한 경지(究竟樂)이다(마 16:25). 중생이 천국열반에 드는 것은 하나님과 하나(One)되는 것이며, 해탈의 경지인 열반에는 미래의 끝이 없다(『대승기신론』).

엑카르트는 내면의 신적인 불꽃의 체험을 '돌파'라 하며, "내 자신 속에 번뜩이는 무언가 하나 있는 것 같은데 그것이 무엇일까? '바로 이것'(神性)이라고 꼬집어 말할 수가 없다"고 하였다. 마음의 본체인 神性의 깨달음은 밖에서 얻는 것이 아니라 '나는 누구인가'에서 시작되며, 이러한 '나'는 神(靈)과 하나(One)이다(요 10:30). 이러한 '나'가 神(One)이라는 자각은 고통을 사라지게 하며, 고통을 일으키는 이원성(ego)은 가상일뿐이다. 따라서 영원한 행복을 위하여 '둘로 보는 견해'에 머물지 말고, 삼가 좇아가 찾지 말아야 한다.

예수는 말씀하셨다. "바리새인들과 서기관들이 '지식의 열쇄'(the key of Knowledge)들을 가져갔고 그것들을 숨겨놓았다. 그들은 그들 자신이 들어가지 않았고 들어가기를 원하는 자들이 들어가려 하는 것을 허락하지도 않았다. 그러나 너희는 뱀같이 지혜롭고 비둘기같이 순수하라"(도마복음 39).

바리새인들이 숨겨놓은 '지식의 열쇠'는 이원론적 대립구도를 벗어난 전일성(全一性)의 깨달음을 위한 영적 지식(靈知, One)으로, 몸과 마음의 '자아'(ego)는 육적 허상의 지식이지만, '영원한 생명'인 '영적 자아'(true Self)는 실상(實相)이라는 것이다. 예수는 영적인 신비의 지혜(One)를 깨닫지 못한 자(ego)들에게 "눈이 있어도 보지 못하느냐"(막 8:18)고 물었으며, 이러한 보지 못하는 자들을 보게 하려고 이 세상에 오셨다(요 9:39).

바리새인들은 하나님의 말씀인 율법에 순종하면 복(福)을 받고, 그렇지 않으면 벌(罰)을 받는다는 '이원성의 기복적인 교리'(ego)를 가르치고 있었다. 그러나 예수는 "너희는 뱀같이 지혜롭고 비둘기같이 순결하라"(마 10:16)고 말씀하셨다. 즉 변화무쌍한 몸과 마음을 '나'라고 하는 '거짓된 자아'(ego)를 제거하고, 주의하여 땅(뱀)과 하늘(비둘기)의 '반대되는 것의 통합'(One)인 불변하는 '영적 자아'(true Self)를 자각하라는 것이다.

神의 일부인 내면의 영원한 영적 자아(true Self)의 자각을 위하여 예수는 "네 마음을 다하며 목숨을 다하며 힘을 다하며 뜻을 다하여 주 너의 하나님을 사랑하라"(눅 10:27)고 말씀하셨다. 하나님에 대한 사랑은 존재하는 모든 것에 대한 사랑을 의미한다. 왜냐하면 모든 존재들은 서로 의존의 관계이며, 전체(One)로 서로 떨어져 있지 않기 때문이다. 따라서 사랑은 이기적인 자아(ego)의 죽음과 영적 자아(true Self)의 무차별적인 사랑이다.

22

재유시비 분연실심
纔有是非 紛然失心

"옳으니 그르니 따지기만 하면 어지러이 본마음을 잃게 된다."

—

이원적(ego)인 시비(是非)가 생기면 영원한 생명과 무한한 능력인 自性(One)을 근본적으로 잃어버린다는 것이다. 실재(實在)인 진여자성(眞如自性)을 바로 깨쳐 전체(All)인 진리를 성취하려면 망령된 견해인 양변(兩邊)을 대표하는 옳다(是) 그르다(非)고 하는 이원성의 시비심(是非心)부터 버려야한다. 여기서 ego에 의한 시비심(是非心)은 진리(One)의 두 가지 견해인 '불교의 진리는 옳고', '기독교의 진리는 틀리다'는 주장도 포함되는 것이다.

이원성(ego)은 생멸(生滅)이 있기 때문에 생함이 있고 멸(滅)함이 있을 수 있지만 '본래 청정한 마음'(true Self)은 조건이나 원인이 없기 때문에 생(生)과 멸(滅) 자체가 없다. 따라서 진리(One)를 깨닫고자 한다면, 둘로 나누지 않는 불이법(不二法)인 '佛性과 하나'(One)가 되어야 한다. '부처와 하나(One)'(不離佛)임을 확인하기 위하여 부처(神)를 계속하여 염불(念佛)하면 다른 망상이 줄어지고 "이름을 힘입어 생명(One)을 얻는다"(요 20:31).

마태는 예수의 탄생을 다음과 같이 묘사하였다. "보라 처녀가 잉태하여 아들을 낳을 것이요 그 이름을 임마누엘이라 하리라 하셨으니 이를 번역한즉 하나님이 우리와 함께 계시다 함이라"(마 1:23).

누구든지 '하나님이 나와 함께 계시다'(Immanuel)는 것을 자각할 때 바로 하나님과 하나(One)[61]가 된다. 기독교 신앙의 깊은 수준은 내가 '대상적인 하나님'을 믿고 사랑하는 것이 아니라 '하나님(神性)이 내 안에 계신다'는 것이며, 예수의 기도대로 '하나님과 나'와 하나(One)가 되는 신비로운 체험이다(요 17:21). 따라서 우리는 하나님(佛)의 거룩하신 임재를 언제나 느끼면서 기쁨에 가득 찬 찬양과 경배를 드려야 한다(處處佛像 事事佛供).

우리는 망령된 견해인 양변(兩邊)을 대표하는 옳다(是), 그르다(非)의 이원론적 마음인 ego(因果의 껍질)를 버리고, 본래의 마음(true Self)을 회복하여 '진리와 하나'(One)가 될 때 임마누엘(Immanuel)이 된다. 즉 땅을 파면 구덩이가 생기는데 그 구덩이 안의 공간은 이미 있었던 흙을 제거하면 드러난다. 이와 같이 베일(veil)인 '마음 렌즈의 먼지'(ego)를 제거하고 구원의 빛(One)을 받아들이는 수행 방법[62]은 종교와 문화에 따라 여러 가지가 있다.

기독교에서는 궁극적 실재를 하나님(그리스도), 노장(老莊) 문화에서는 道, 『우파니샤드』 문화는 브라만(아트만), 불교 문화에서는 부처(佛性), 성리학에서는 태극과 이(理)와 기(氣)라고 한다. 따라서 '어디에나 있는'(無所不在) 진리(生命)인 하나님과 부처(道)에게는 객관적 대상이 없기 때문에 어떤 것을 만들고, 사랑하거나 미워하지도 않는다. 따라서 기독교는 하나님이 대상인 인간에게 복과 벌을 준다는 교리의 문제점을 시정하여야 한다(마

5:45).

예수는 "누구든지 하나님의 뜻대로 행하는 자가 내 형제요 자매요 어머니이니라"(막 3:35)고 말씀하셨다.

'근원의 도리'(諸法空)에서 보면 형제, 자매, 어머니는 허상(虛相)인 무상한 관계이지만, '하나님의 뜻대로 행하는 자'(無爲)인 '형제, 자매, 어머니'(實相)는 영원한 진리 안에서 하나(One)이다. 즉 하나(One)의 진리(生命) 안에서 '우주 만물은 한 송이 꽃이다'(萬物一華). 따라서 ego에 의한 옳다, 그르다는 시비의 마음을 소멸하고, 하나(One)가 되기만 하면 어디에 어떤 모양이든 본래 마음(One)이 되어, 종교 간의 대화가 가능하다(요 17:21). 왜냐하면 말씀이 이 세상에 오시어 각 사람에게 진리의 불을 비추고 있기 때문이다(요 1:9).

"만유를 통일하시고 만유 가운데 계신 한 분(One)이신 하나님"(엡 4:6)을 향한 기도는 "아버지의 원대로 되기를 원하나이다"(마 26:42)만이 기도의 전체 내용을 포괄할 수 있다. 왜냐하면 기도란 '하나님의 뜻'에 대한 인간의 응답으로 하나(One)에서 시작되기 때문이다. 우리가 하나(One)의 몸임을 자각하기 위해서는 깨어 있음이 요청되며, 예수는 "주인이 와서 깨어 있는 것을 보면 그 종들은 복이 있으리로라"(눅 12:37)고 말씀하셨다. 따라서 하나(One)가 된 사랑을 통하여 우주 전체가 어떻게 조화 속에서 움직이는가를 알게 된다.

예수는 말씀하셨다. "한 하인이 두 주인을 섬길 수 없으며, 만일 두 주인을 섬기면 한 주인은 공경하고 다른 주인에게는 등을 돌리게 될 것이다"(도마복음 47:2).

일반적으로 누가(16:13)의 "하나님과 재물을 겸하여 섬길 수 없다"는 첨가된 구절 때문에 하나님과 재물 가운데 하나를 선택하라는 이원론적인 사유로 설명되어지고 있다. 그러나 예수는 선택을 통해서 전체성(All)을 획득하지 못함으로 진리를 통한 자유와 평화는 부분(ego)이 아니라 무선택(One)이라고 가르친다. 즉 진리는 '이원성의 사유'에 의한 악과 고통을 사라지게 하고 내적인 행복을 누리게 한다는 것이다. 따라서 우리는 '개체적인 것'을 위하여 염려하지 말고 먼저 전체적(영적)인 진리(천국)를 구하여야 한다(마 6:25-34).

우리는 시비(是非) 선악(善惡) 등의 ego적인 사유를 버리고 모든 것을 그 전체적(All)인 시각으로 보아야 한다. 즉 분별하지 말고 그저 삶과 함께 흘러가도록 자연적인 흐름과 싸워서는 안 되며, 또한 흐름과 하나(One)가 되어야 한다. 이렇게 '하나(One)가 된 삶'은 바로 전체성의 진리에 순복함으로 존재의 환희로 충만하게 되지 않을 수 없다. 예수는 하나(One)의 진리는 낡고 그릇된 개념을 지닌 사람에게 전해질 수 없음을 포도주 부대를 비유로 설명하였다. 즉 새 포도주는 오래된 포대에 넣지 않으니 이는 포대가 찢어진다는 것이다.

예수는 말씀하셨다. "한 친절한 사람이 포도원을 가지고 있었다. 이를 농부들에게 세로 주어, 농부들은 거기서 일하고 저는 저들로부터 소득을 얻게 되었더라. 저가 종을 보내 농부들이 포도원의 소득을 저에게 주게 하였으매, 농부들은 그 종을 잡아 때려 다 죽게 했더라. 저가 돌아가 주인에게 고하매 주인이 이르되, '아마도 종이 저들을 알지 못하였으리라.' 주인이 다른 종을 보내니 농부들은 그 종도 때리니라 … 농부들이 저가 포도원의 상속자임을 알고 저를 잡아 죽였느니라. 귀 있는 자는 들을지어다"(도마복음 65).

마태(21:33-46), 마가(12:1-12), 누가(20:9-19)는 포도원 농부의 비유를 예수의 십자가 고난과 하나님의 징계를 추가하여 설명하고 있다. 그러나 사람들이 천국의 진리(One)를 거절하였기에 예수의 실망스러움을 나타내고 있다. 이기적인 농부(ego)들이 주인의 아들을 죽인 것은 '하나님의 아들인 예수를 십자가에 죽인 것'이 아니라 내면의 그리스도(神性)를 죽인 것이다. 따라서 하나님의 나라는 '생멸(生滅)의 세계'(ego)로부터 벗어나 '성령으로 거듭남인 피안(彼岸)의 세계'(神性, true Self)로 건너가는 것이다(요 3:3).

농부들은 옳으니(是) 그르니(非)를 따지는 분별심(ego)으로 그들의 본래 마음(true Self)인 진리를 잃게 된 자들이다. 참된 나(true Self)가 아닌 거짓 나(ego)는 인연에 따라서 잠시 동안 모양을 나타낸 꿈과 그림자와 같다. 이러한 거짓 나(ego)인 겉모습(이름과 형상)은 실체가 아니기 때문에 당연히 멸(滅)하는 것임에도 불구하고 참된 나(神性)인 것처럼 동일시하기 때문에 여러 가지의 고통과 불행을 자초한다. 그러므로 신학자 유영모는 몸(ego)을 죽이는 것이 십자가이고 마음(神性) 크게 하는 일이 부활이라고 하였다.

영지주의[63] 교사는 예수의 육체적 부활[64], 또는 교회에 대한 신앙을 고백하는 내면적 종교 언어를 외면적 문자주의 언어로 오해하는 기독교 교리를 비판하고 있다. 즉 영적 종교 언어는 내적 변형의 언어이며, '신적인 실재'(One)를 인식하는 사람은 누구나 그가 보는 것이 된다. 따라서 '영지(靈知)를 얻은 사람'(true Self)은 누구나 더 이상 기독교인이 아니라 그리스도가 된다. 또한 '내가 누구이며, 어디서 왔으며, 어디로 가는가?'는 하나(One)의 진리를 이해하는 열쇠이므로 神性(true Self)에 대한 '내적인 자각'을 추구한다.

23

이유일유 일역막수
二由一有 一亦莫守

"둘은 하나로 말미암아 있으나, 하나 또한 지키고 있지 말라."

—

모든 상대성은 절대의 하나에서 비롯되었지만 그 하나에도 사로잡혀서는 안 된다. "모든 것은 하나에서 나오는 것"(롬 11:36)을 안다면 어떠한 것에도 집착하지 않아야 한다. 왜냐하면 집착이란 뭔가를 지지하고 뭔가를 반대하는 것을 나타내기 때문이다. 하나를 독립적으로 볼 때, '不二의 진리'(生命)인 실상을 그대로 보는 것이 아니라 망념(妄念)으로 순간순간 변화하는 ego의 가상(假相)을 보고 있는 것이다. 그러나 '본질(One)인 실상(實相)'을 바로 보게 되면 종교들이 서로의 차이가 있을 수 없으며, 모두가 하나(One)인 것이다.

연기공성(緣起空性)은 時空 안의 일시적인 '나'(ego)라고 하는 독립된 존재가 없고 모두가 '이것이 있으면 저것이 있고, 이것이 없으면 저것도 없고, 이것이 생기면 저것이 생기며, 이것이 없어지면 저것도 없다'는 것이다.

양무제(梁武帝)가 달마(達磨)대사에게 "무엇이 진리의 궁극인가?"라고 물었을 때 그는 "확연무성(廓然無聖)"이라고 대답하였다. '텅 비어서 성스럽다고 할 것이 없는 그 자리'(true Self)가 바로 '하나'마저도 없는 자리라는 것이며, 현실 이대로가 절대세계로서 '극락(천국)'(One)이 실현되고 있다는 것이다(눅 17:21).

예수는 "내가 불을 땅에 던지려 왔노니 이 불이 이미 붙었으면 내가 무엇을 원하리요"(눅 12:49)라고 말씀하셨다.

예수는 이 세상에 취하고 버리는 '이원성의 그릇된 가치관'(ego)을 소멸시키고, 새로운 가치관인 '진리의 불꽃'(하나님 나라)을 전하려고 왔다. 이렇게 어둠의 거짓 자아(ego)가 사라지면 본래의 상태인 영적 자아(성령, true Self)를 회복하여 '하나님 나라'(One)가 성취되고, 억지로 하는 일 없이 모든 것이 원만하게 갖추어지게 된다(圓滿具足). 분별하는 '개체적인 나'(목숨)를 죽이면, 光明의 '보편적인 나'(神性, One)를 회복하는 구원을 이룬다(雙遮雙照, 눅 9:24). 마찬가지로 불교에서도 "크게 죽어야 도리어 산다"(大死却活)고 한다.

'구원의 길'은 집착(번뇌)에서 벗어나 '하나(One)의 진리'(神性, 佛性)를 자각하는 일로, 태양이 비추면 서리와 이슬이 사라지듯 모든 죄와 고통(ego)이 사라져 없어지는 것이다. 이러한 진리는 하나(One)에서 나오지만 "머리 둘 곳이 없는"(無分別, 눅 9:58) 예수처럼 "하나마저도 집착에서 벗어나야 한다."[65] 따라서 우리는 '기쁨과 슬픔, 행복과 불행' 등 이원적으로 분별하는 자아의 마음(ego)을 영원한 '진리의 불'(true Self)로 사라지게 하였을 때, 하나님과 하나(One)되는 즉, 神이 되는 무한한 가치로 평안한 삶을 누리게 된다.

동양 종교의 공통적 구원은 '나와 절대자가 하나(One)가 되어야 한다'는 것이다. 기독교의 구원도 '거짓 나'(ego)를 버리고 '참된 나'(神性)를 찾으므로 진리와 하나(One) 되는 삶이다(마 16:25, 요 17:21). 상까라는 "나는 지고(至高)의 영원한 브라흐만(One) 이외의 어느 것도 아니며, 항상 자족(自足)하고 있기 때문에 나에게는 얻으려고 하는 욕구가 없다"(천 가지 가르침)고 하였다. 그러므로 참된 종교생활은 진리(One)를 체험함으로 지금 여기서 일상(日常)을 소중히 여기고, 사로잡힘이 없는 자족함과 웃고 노래하는 즐거운 삶이다.

예수는 "내가 내 목숨을 버리는 것은 그것을 내가 다시 얻기 위함이니 이로 말미암아 아버지께서 나를 사랑하시느니라"(요 10:17)고 말씀하셨다.

"모세가 광야에서 뱀을 든 것같이 인자도 들려야 한다"(요 3:14)[66]는 구절과 더불어 대속물(代贖物)인 예수의 죽음으로 해석되기도 한다. 그러나 하나님은 희생제물을 원하는 대상의 神이 아니고, 영원한 예수에게는 죽음이 없으므로, 버리는 목숨은 비본질인 '유한 상대적인 나'(ego)이고, 부활로 얻게 되는 목숨은 시간을 초월한 본질인 '무한 절대적인 나'(true Self)이다. 따라서 우리도 고통을 가져오는 분별의 ego를 없애고 神性(true Self)으로 부활하여 조화로운 '하나님의 뜻'(One)인 '있는 그대로'의 삶을 실천하여야 한다.

'내 목숨'(ego)은 時空 안의 그림자와 같은 환(幻)에 지나지 않는 멸망의 생명인 개체성이고 '다시 얻기 위함의 목숨'(true Self)은 영원한 생명인 보편성이며, 동양적으로는 道(佛性)이다. 영생을 얻음은 '죽음이 부활'(死卽生)인 하나(One)의 진리를 깨달아 유한한 '죽는 몸'(ego)으로부터 벗어나 生死가 없는 무한한 神性(true Self)으로 거듭남이다. 따라서 시간의 흐름 속에

썩어질 수밖에 없는 부활의 몸은 결국 사라지며(生者必滅), 헤어진다(會者定離). 이러한 비이성적인 육체의 부활은 역사적으로 정치적 종교회의에서 나온 것이다.

예수는 "네 오른편 뺨을 치거든 왼편도 돌려대라"(마 5:39)고 말씀하셨다. 즉 고통의 원인인 이원성의 겉사람(ego)을 '있는 그대로의 모습'(實相)으로 받아들일 때 속사람(true Self)의 진리(One)를 깨닫고, 자유를 누린다는 것이다. 이러한 하나(One)의 진리는 양변(兩邊)을 떠나서 융통 자재한 경지를 표현하는 말이며, 이기적인 '거짓된 나'(ego)가 부정되고, 우주에 참된 나(true Self)아닌 건 없으며, 너와 나는 둘이 아닌 하나(One)라는 것이다. 이러한 하나(One)는 내(ego)가 주인이라는 생각(아집)과 소유의식 자체를 버리는 것이다.

예수께서 "사람들은 내가 세상에 평화를 주러 온 줄로 생각하거니와, 저들은 내가 이 땅에 분쟁을, 불, 칼 그리고 투쟁을 주러 왔음을 모르고 있느니라. 다섯 식구가 집에 셋이 둘에게 맞서고, 둘이 셋에게 맞서고, 아버지가 아들에게 맞서고, 아들이 아버지에게 맞서니, 그들은 '홀로된 자(monachos)'로써 담대하게 서리라"(도마복음 16)라고 말씀하셨다.

예수가 세상에 온 것은 우리의 '이원적 자아'를 소멸시키는 불, 칼 그리고 투쟁을 통해 집착의 삶에서 벗어나게 함이다. 또한 절대로서 상대가 없게 된 '홀로된 자'(天上天下唯我獨尊, 요 14:6)로서 외부의 환경에 영향을 받지 않는 진리의 영원한 평화를 누리게 함이다. 우리는 지금 여기서 내면의 영적 자아(골방, 마 6:6)에 들어가 깊은 침묵 속에서만 진리에 도달할 수 있으며(無念), 이러한 '홀로 있음' 속에서 神과 하나가 되는 경지에 도달한다.

자신의 정체(true Self)를 깨달아 아무것도 의지하지 않고 홀로 일어서서 '하나(One)가 된 자'가 '홀로된 자'이다. 이러한 하나(One)인 본래의 생명(神性)을 회복한 자는 神의 뜻에 모든 것을 맡기고, 공중의 새와 같이 모든 염려로부터 벗어난 평화로운 자이다(마 6:26). 이 세상에서 평화라고 말하는 다툼과 갈등이 없는 '현상적인 상태'(ego)는 진정한 평화가 아니다. 즉 '나'(true Self)의 내면에서 비롯된 '본질적인 상태'(One)가 영원한 평화이다.

　"일체 명상(名相)의 양변(兩邊)이 다 떨어진"(『증도가』) '홀로된 자'(true Self)는 영원한 생명인 내면의 실상(One)을 깨닫고, 잠깐 있다가 없어지는 안개와 같은 세상 감각의 대상에 사로잡히지 않는 전체와 하나(One)된 자이다. 즉 다른 사람들과의 완전한 분리가 아니라 '개체적인 나'(ego)를 넘어 하나 또한 지키지 않고 버릴 수 있는 용기로 '두 번째가 없는 단 하나(One)'가 되어, 어떠한 환경에서도 '사랑과 환희를 누리는 자'(true Self)이다.

일심불생 만법무구
一心不生 萬法無咎

"한 마음이 나지 않으면, 만 가지 일에 허물이 없다."

_

'한 마음이 나지 않는다'는 의미는 일체의 생각이 끊어진 자리, 생각이 일어나기 이전에 있는 '광명의 참나(眞我)를 깨달은 자리'(One, 마 6:22)이다. 이원성의 ego적인 두 견해를 버리고, 하나마저도 버림으로써 집착하는 마음을 완전히 비운 '무념(無念)의 경지'(true Self)에서는 종교를 포함한 모든 것들이 서로 융화(融和)되어 허물이 없는 것이다.

'시비심의 두 마음'(ego)을 버리고 하나마저도 버리게 되면 모든 것이 텅 비어 허물될 일이 있을 까닭이 없어진다. 『화엄경(華嚴經)』에서는 마음의 작용에 대하여 "마음이 나면 일체법이 나고 마음이 멸하면 일체법이 멸하는 것이니, 마음 바깥에 달리 아무것도 없거늘 달리 무엇을 쓰리요"(心生則種種法生·心滅則種種法滅·心外無法胡用別求)라고 하였다.

예수는 "심령이 가난한 자는 복이 있나니 천국이 저희 것임이요"(마 5:3)라고 말씀하셨다.

주객의 구분이 없는 '우주와 내가 하나(One)' 된 빈 마음이 무아(無我)이며, 이러한 번뇌와 집착(ego)을 소멸하고 시간과 공간이 끊어진 자리인 '가난한 자'(虛心者)는 하나님과 천국을 체험하는 기쁨을 누린다(見性). 심령이 가난한 자(無心)는 바로 無 집착이며 예수의 자기 비움을 의미한다. 이렇게 개체로서의 '나'라는 ego의 의식이 끊어진 겸손한 자리가 되는 순간 영적인 조화로운 천국을 찾아내며(요 12:25), 마음(我相)을 비운 참된 인간(빌립복음)은 만 가지 일에 허물이 없는 사사로운 것(진리)을 얻는다(無私成私, 『도덕경』7장).

엑카르트는 심령이 가난한 자의 뜻은 "아무것도 욕망하지 않고, 소유하지 않는 자"라 하며, 이렇게 마음이 빈 영(靈)이 바로 神이다. ego를 죽이면, 텅 빈 空 가운데에도 천국을 볼 수 있으므로, 바울은 "날마다 죽노라"(爲道日損, 고전 15:31)라고 하였고, 요가에서는 "매 순간 죽어라, 그래서 매순간 다시 태어나라"고 한다. 따라서 일체를 무상(無常), 무아(無我)로 보고 깨달음을 통해 인간의 집착을 소멸하여야 하며, "만약에 망념이 없는 줄을 관찰해서 안다면 곧 그에 따라서 마음의 본래 자리인 천국(眞如門)에 들어가게 된다"(『대승기신론』).

"예수께서 성전에 들어 가사 성전 안에서 매매하는 모든 사람들을 내쫓으시며 돈 바꾸는 사람들의 상(the tables)과 비둘기를 파는 사람들의 의자를 둘러엎으시고 그들에게 이르시되 기록된 바 내 집은 기도하는 집이라 일컬음을 받으리라 하였거늘 너희는 강도의 소굴을 만드는도다 하시니라"(마 21:12-13).

'성전 안에서 매매하는 모든 사람들을 내쫓았다'의 구절에서 '성전'은 우리들 내면의 '영(靈, One)'이다. 집착과 시간 때문에 하나(One)가 되지 못한 분별심(ego)인 장사꾼 기질은 실상인 '영(靈)의 세계'(神性, true Self)를 더럽히고, 오직 세상의 대상화된 그림자와 같은 허상(虛相, ego)에만 집착한다. 따라서 "하나님의 형상"(창 1:27)인 성전(靈) 안에는 하나님 한 분 외에는 모든 것을 완전히 소멸시켜야 온전한 神性(One)이 될 수 있다.

　이원성(ego)의 완전한 소멸에 대하여 임제선사는 "부처(예수)를 만나면 부처(예수)를 죽이라"(逢佛殺佛, 고전 12:3)고 하였다. 왜냐하면 부처님(예수님)은 대상이 아니라 우리 자신의 '영원한 本性'(true Self)이며, '우주의 실상'(One)으로 영원 자체이기 때문이다. 따라서 우리는 구름이 걷히면 태양이 빛나듯 태양을 따로 찾으려 하지 말고 망상의 구름만 걷어 버리면 되고, 파도를 없애려 하지 말고 바람만 잠재우면, 파도는 없어진다.

　예수는 주객을 나누는 장사꾼의 기질인 이원성의 죄(요 8:24)를 몰아내고 나누어질 수 없는 순수한 '전일성(全一性, 막 12:32)의 의식'이 되어야 함을 비유로 설명하고 있다. 우리는 꿈과 같은 이 세계를 실재하는 것으로 보는 無知의 '겉사람'(ego)을 내쫓고 빛과 실재인 속사람(true Self [67], 고후 4:16)이 드러나게 하여야 한다. 또한 ego의 업(業, 삶의 果報)을 텅 비워서 '하나님의 생명'(One)으로 가득 채울 때 영원한 평안을 체험한다.

　예수는 말씀하셨다. "내 입으로부터 마시는 자는 나와 같이 될 것이고 나도 그와 같이 되어, 감추어진 것들이 드러날 것이라"(도마복음 108).

　예수의 말씀(One)을 듣고 不二의 진리를 깨닫는 자는 예수와 동일하게 되며, 전 우주와 하나(One) 되어 내면에 감추어진 '神性의 신비'(예수)가 드러나게 된다(골 1:27). '나는 누구인가'(Who am I?)의 질문으로 자신의 근원인

神性을 자각하면 모든 것을 알게 되고, 예수(true Self)와 같은 존재가 되며 (요 15:27), 누구나 神性(true Self)을 덮고 있는 어둠(ego)을 벗기는 깨달음(인간완성)을 통해 천국(神, One)은 마침내 드러난다. 따라서 지혜와 자비는 모든 것이 변화 속에 있고, 상호 의존하는 실재를 자각하는 것이다.

'내면의 눈'(靈眼, 눅 10:23)이 열려 예수와 하나(One) 되는 진리로 거듭나면, 더 이상 진리에 목마르지 않는 풍성한 삶을 체험한다. 즉 예수께서 "문들이 닫혔는데 오사"(요 20:26)와 같이 제자들의 닫쳐진 마음(ego)의 문을 열고 들어오신 것이다. "와서 봄으로 영적 신비를 체험한 자"(true Self, 요 1:39)는 자기가 한 개체로 남과 나누어져 있다는 이원성(ego)의 관념에서 벗어나 종이위에 인쇄되어 있는 글씨(ego)만을 보지 않고, 글씨의 바탕이 되는 종이(본바탕)를 봄으로 '무한한 생명의 神性'(One)까지 보게 된다(마 5:8).

엑카르트는 "예수와 성령으로 태어난 '하나님의 아들'(true Self)인 우리는 조금도 차이가 없다"고 하였고(요 14:12), 바울도 "만일 우리가 그의 죽으심과 같은 모양으로 '연합한 자'(One)가 되었으면 또한 그의 부활과 같은 모양으로 연합한 자도 되리라"(롬 6:5)고 하였다. 불교의 궁극적인 목적은 중생이 헛된 집착과 분별을 벗어나 영원한 부처임을 깨닫는 것이다(衆生卽佛). 따라서 우리는 잠깐 있다가 사라지는 육체의 행복(ego)이 아니라, 영적 행복(One)인 '자기를 아는 지식'(Atman, 神性)을 추구하여야 한다(『바가바드 기따』).

예수는 말씀하셨다. "아버지의 나라는 작은 누룩을 가져다가 반죽 속에 감추어서 큰 덩어리의 빵을 만드는 여인과 같다. 두 귀를 가진 자들은 들을지어다"(도마복음 96).

아버지의 나라는 밀가루에 작용하여 '큰 덩어리의 빵'(One)으로 만드는 '작은 누룩을 가진 여인'(true Self)과 같다. 즉 '일시적인 이원성의 삶'(ego)에서 하나(One)인 천국으로 바르게 변화되어지는 것이다(道通爲一). 따라서 천국은 자신의 노력으로 일체의 번뇌(ego)가 사라지고, 神性(true Self)을 깨닫게 되는 '만 가지 일에 허물이 없는 자리'(One)이며, 분별심과 불평(ego) 없이 모든 것을 있는 그대로 받아들이는 하나(One)의 경지이다.

예수의 "내가 심판하러 이 세상에 왔다"(요 9:39)는 말씀은 겉사람(ego)을 제거하기 위하여 마음 안(빛)으로 오심을 의미하며, 우리는 천국(One)을 보고자 한다면 먼저 눈이 있어도 보지 못하고 있음을 고백하여야 한다(막 8:18). 어둠의 마음(ego)을 벗고, "마음의 눈"(靈眼, 눅 10:23)을 뜨게 되면 너와 나의 구별(ego)이 사라지고, 충만한 천국(神性)만을 보게 되어 예수처럼 이웃(남)을 위하는 사랑 자체(One)가 된다(自他不二, 마 20:28).

25

무구무법 불생불심

無咎無法 不生不心

"허물이 없으면 대상도 없고, 나지도 않고 마음이랄 것도 없다."

—

한 생각도 나지 않으면 허물도 없고 대상도 없다는 것이다. 허물이 없다는 것은 한 생각도 일어나지 않았다는 것이며, '모든 상대가 끊어진 자리'(One)이다. 반대로 허물이 있다는 것은 이원성(二元性)의 ego적인 한 생각이 일어나서 대상이 있다는 것이다. 내가 별도로 존재할 때 나와 너, 生과 死, 有와 無의 분별하는 대상이 생기지만 '꿈과 같은 ego'(假我)가 없어졌으니 그러한 "대상과 분별하는 마음이 있을 수 없는 것"(眞我. 갈 2:20)이다.

부처는 주객의 차별을 없애야 함을 강조하며, "모든 것이 마음뿐이며"(一切唯心造)[68], "마음이 곧 부처이다"고 하였으며, 중생은 여래(如來)의 지혜를 가지고 있거늘 망상에 사로잡힌 탓으로 그것을 증득(證得)하지 못한다는 것이다. 혜능대사는 "모든 것은 인연생에 의하여 잠시간 움직여 가는

25. 무구무법 불생불심 無咎無法 不生不心 | 143

것이지 본래 하나의 물건도 없다"(本來無一物)고 하였다. 이러한 텅 비어 있는 자리에 무량공덕(無量功德)을 갖춘 광명 찬란한 佛性(神性)이 충만하다.

예수는 "네 마음을 다하고 목숨을 다하고 뜻을 다하여 주 너의 하나님을 사랑하라 … 네 이웃을 네 자신 같이 사랑하라"(마 22:37)고 말씀하셨다.

'하나님을 사랑하며, 네 이웃을 네 자신 같이 사랑하라'는 것은 '나와 하나님 그리고 이웃'은 평등무차별한 '하나(One)의 생명'(眞我)임을 자각하라는 것이다. 사랑하는 것은 '너와 나'를 나누는 이원성인 '사망의 세계'(分別智)에서 나와, '모든 상대가 끊어진 자리'(One)인 생명의 세계로 들어간 것이다(요일 3:14). 이러한 생명의 세계는 너와 나의 구별을 초월하는 하나(One)인 우주적 神性의 자리이며, 모든 종교의 궁극적 목표인 "하나(One)의 神性"[69](요 17:21)을 자각하게 되어 이웃을 내 몸과 같이 사랑하지 않을 수 없는 것이다.

모든 죄와 사악함은 있는 것처럼 보이지만 사실은 존재하지 않는 헛된 거짓 자아(假我, ego)에서 생겨난 것이다. 따라서 "예수께서 십자가에 못 박힌 것"(갈 6:14)은 보이지 않는 영원한 실상(영적 자아, true Self)을 모르고 눈에 보이는 허상의 세계(ego)를 참된 것으로 아는 '거짓 자아(妄我)의 죄' 즉 진리에 대한 우리의 無知(ego) 때문이다. 따라서 '너와 나'를 분별하는 거짓 나(ego)가 제거되면, '천지의 생명과 동체'(萬物與我同體)인 영적 자아 즉 생명의 실상(神性)이 저절로 드러나게 되어 풍성한 사랑과 찬양의 복된 삶을 누린다.

바울은 "이제는 내가 사는 것은 내가 아니요, 오직 내 안에 그리스도께

서 사시는 것이라"(갈 2:20)고 하였다.

  '내 안에 그리스도께서 사는 삶'(One)은 이원론적 사유로 고통과 불안을 일으키는 옛사람(ego, 엡 4:22)의 삶이 아니라, 그리스도가 나의 마지막 주체가 되어 활동하는 '새사람의 삶'(true Self, 엡 4:24)이다. 바울은 육체의 나(小我, ego)가 죽어, 주객으로 나뉠 수 없는 '하나(One)인 그리스도'(영적인 大我)로 부활한 것이며, 옳으니 그르니 등으로 분별하는 모든 상대가 끊어진 하나인 천국을 체험하였다(身心脫落). 따라서 구원은 이원성인 거짓 나(小我)를 제거하여, '참된 나'(大我)를 찾고(마 16:25), 또한 본래의 상태인 神性(true Self)을 회복하여 "그리스도의 활동"(One, 갈 2:20)으로 절대 행복한 삶을 누리는 것이다.

  모든 사람은 본래부터 부처(그리스도)가 될 수 있는 自性佛(진리의 씨)을 지니고 있다. 따라서 예수의 십자가 사건이 우리의 구원이 되는 이유는 '예수와 같이 자기를 비워' 하나님을 사랑하고 인간을 사랑함으로 ego를 죽이는 십자가의 길을 통해 '영원한 생명'(One)을 얻기 때문이다. "우리의 옛 사람을 예수와 함께 십자가에서 못 박고 … 그와 함께 사는"(롬 6:6-8) 즉 옛 자기가 사라지고, 無인 새로운 생명으로 태어나는 것이다. 지금 이 순간 '내 안에 계신 그리스도'는 나의 실상인 '본래 자기'(神)이고, 그 이외의 것은 ego로 실재하지 않는 가상이다. 따라서 예수와 깨달음을 얻은 '나'와는 어떠한 차이가 있을 수 없다.

  개체의 '나'라는 ego의 의식이 있으면 결코 영원한 생명인 내면의 그리스도(true Self)를 알지 못한다. 본래의 자기(true Self)를 깨닫기 위해서는 생각의 흐름을 관찰하여 '지금 생각하고 있는 자'가 '나'라고 하는 그릇된 ego의식을 깨뜨려 버려야 하며, 이때 스스로가 '그리스도라는 것'을 인식한다. 그리스도와 동일한 삶의 활동을 체험한 바울은 "나에게 사는 것은 그리스도니 죽는 것도 유익하다"(빌 1:21)고 고백하며, "그리스도를 옷 입어"(롬 13:14) 하나(One)인 '새로운 천국의 삶'(神性)으로 부활하였다. 따라서 신비주의자들은 그들 자신이 항상 '神(One) 안에 존재하며, 神은 그들의 입을 빌려 말한다'고 주장한다.

예수는 말씀하셨다. "너희가 너희 자신을 알 때 너희는 알려질 것이다. 그리고 너희는 살아 계신 아버지의 자녀라는 것을 알게 되리라. 그러나 너희가 너희 자신을 알지 못하면 너희는 빈곤하게 되고 너희 자신이 빈곤 그 자체가 될 것이다"(도마복음 3:2).

예수와 마찬가지로 소크라테스와 부처도 "너 자신을 알라"(自燈明)고 하며 스스로 '本性(神性, 佛性)을 깨달아야 한다'는 것을 강조하였다. 우리 모두는 태어나지도 멸하지도, 더럽지도 깨끗하지도, 늘어나지도 줄어들지도 않는 영원한 존재(眞我, One)이다. 따라서 '우리 모두가 불생불멸한 하나님의 자녀'이며, 예수 자신도 그 중 하나이므로 유일하게 성육신(成肉身)[70]한 독생자가 아니다. "우리가 본래 죄인이 아니라 부요한 자로서 영원한 생명인 神(true Self)임"(요 10:34)을 깨닫지 못하고 있는 것, 그 자체가 빈곤(無知)이다.

예수께서 "내 나라는 이 세상에 속한 것이 아니다"(요 18:36)고 말씀하셨듯이 이 세상과 '몸과 마음'[71]은 안개와 같이 일시적이지만 '참된 나'인 神性(성령, true Self)은 영원하다. 최제우가 창시한 동학(東學)은 "우리는 내면에 절대자인 天主(神性, One)를 모시고 있다"(侍天主)라고 하며, 힌두교의 베다서에서도 "그대는 불사(不死)인 진아(眞我, true Self)이다."라고 하였다. 현대 물리학도 물질을 분석하면 광명밖에 없는 空이지만(析空觀), 충만한 神性(true Self)은 '장(場) 에너지인 진리'(生命, 빛)로서 실재한다고 증명하고 있다.

예수는 "자신을 알지 못하는 자는 아무것도 알지 못하며"(싸우는 자 도마서), "내가 이런 말을 한 것은 너희가 너희 자신을 알게 하려는 것이다."(야고보 비밀의 書 15)라고 말씀하셨다. 우리의 목표는 자기 자신을 알고, '모든 상대가 끊어진 자리'(One)인 神性을 깨달아 '하나(One)가 되는 것'이다. 따라서 구원은 죄에서 벗어나거나 믿음으로 얻는 것이 아니라 내면의 神性을 찾는 것 즉 '참된 나'(One)를 자각하는 것이다(『우파니샤드』, 마 16:25). 이와 같이 자신의 실상(神)을 깨닫게 될 때 일체의 염려와 고통으로부터 벗어나게 된다.

능수경멸 경축능침

能隨境滅 境逐能沈

"주관은 객관을 따라 소멸하고, 객관은 주관을 따라 사라진다."

—

주관은 객관을 따라 없어져버리고, 객관은 주관을 좇아 흔적이 없어져 버리는 것이므로 '주관이니 객관이니'(ego) 하는 것이 남아 있으면 모두가 고통과 불행을 일으키는 병통이라는 것이다. ego(個體的인 我)에 의한 죄와 고통은 不二의 진리인 '佛性과 하나'(One)가 되어 '참된 나'(성령의 殿, 고전 3:16)를 깨달을 때 사라지는 것은 기독교에서의 '하나님(神性)과 하나'(One) 가 되어 영원한 구원을 이루는 것과 같은 이치이다(요 17:21).

우주는 항상 하나(One)의 생명인 진여불성 즉 진여연기의 원리에 의하여 질서대로 움직이는 '조화로운 세계'이다. 다만 우리 스스로가 時空을 구분하고, '주관(能)과 객관(境), 고(苦)와 낙(樂), 깨끗함(淨)과 '깨끗하지 아니함'(不淨, ego)을 분별 시비하여 잘못 이해하고 있을 뿐이다. 따라서 안이비설신의(眼耳鼻舌身意)라고 하는 육근(六根)인 주관이 없으면 색성향미촉법(色

聲香味觸法)이라는 객관(대상)이 감지되지 않는 평안을 맛보는 것이다.

예수는 "너희가 맹인이 되었더라면 죄가 없으려니와 본다고 하니 너희 죄가 그대로 있느니라"(요 9:41)라고 말씀하셨다.

마음의 눈이 어두운 것을 시인하고, 천국의 실상을 보지 못하는 맹인이라 하면 죄가 없지만, 사실이 아닌 허상(空)을 실상으로 본다고 하니 無知인 죄(하마르티아)[72]이다. 즉 눈을 뜨고 살면서 실상(One)을 보지 못하면 죄가 되고, 이러한 죄로 인한 분별시비 때문에 번뇌의 고통을 받는다. 솔로몬은 "나"(ego)와 일체가 허망함을 "헛되고 헛되며 헛된 것이다"(諸法空, 전 1:2)고 하였다. 시시각각 변화하는 현상은 실재가 아니고 오직 마음(ego)이 지은 것이며 그 마음을 여의면 허위의 대상세계는 사라진다(三界虛僞 唯心所作, 대승기신론).

"예수는 자기 백성을 그들의 '죄'에서 구원할 자이다"(마 1:21)에서 '죄'의 뜻은 목표에서 벗어나는 것을 의미한다. 그러므로 '죄를 범한다'는 뜻은 목표에서 빗나간다는 것으로 우리들의 생명의 흐름이 마땅히 있어야 할 '하나의 자리'와 반대되는 방향으로 나간 상태이다. 즉 유대인과 같이 실상(One)을 보지 못하면서 본다고 주장하는 것이 죄(惡人)이다(不知知病, 『도덕경』71장). 그러므로 구원은 일원론의 목표에서 빗나간 '육체의 나'(ego)[73]를 소멸하고, 본래 하나인 하나님의 형상 즉 '영적인 나'(神性)를 찾는 환희이다(마 16:25).

엑카르트는 "모든 것이 그대에게는 온전히 하나님이 된다. 왜냐하면 그대는 모든 것에서 하나님 이외에는 안중에 없기 때문이다."라고 하였다. 진리로 '거듭난 자'는 모든 사물에서 하나님을 만나며, 모든 것을 '하나님의 빛인 절대세계'(One)로 보는 변화된 삶으로 참된 자유를 누린다.

또한 神性(성령)은 만인에게 깃들여 있기에 그것을 깨달았을 때 우리는 '종(ego)'이 아니고 '神의 자녀'(true Self)가 되는 것이다(요 15:15). 우리가 '마음의 눈'을 회복하면 모든 것에서 神을 보게 된다. 왜냐하면 오직 神(佛) 아닌 것이 없기 때문이다.

예수는 "그날에는 내가 아버지 안에, 너희가 내 안에, 내가 너희 안에 있는 것을 너희가 알리라"(요 14:20)라고 말씀하셨다.

'날'(헤메라)은 하나님의 빛이며, '알리라'(기노스코)는 하나(One)되는 것이며, 내면의 "神性(佛性)의 자각"[74](눅 17:21)은 하나님과 하나(One) 즉 神(佛)이 되게 한다. 진리의 광명(One)을 깨닫는 그날에는 '내가 곧 진리'이므로 우주의 근본(One)인 예수(true Self)와도 바로 하나(One)되며(요 17:21), 내(true Self)가 바로 그리스도가 된다. 즉 나와 타인도 하나(One) 되는 것이며, '일체와 하나(One) 되는 것'(一切衆生 悉有佛性, 『열반경』)이다.

그날에는 즉 하나님과 하나(One) 될 때는 時空안에 있는 이원성인 개체(ego)가 아니라, 時空을 초월한 본래성품(One)으로 주관과 객관이 제거된 생명자체(true Self)가 된다. 또한 '시작과 끝이 없으며'(無始無終) 우주 만물의 본질인 그리스도(true Self)는 어느 누구나 마음이 맑아지면 볼 수밖에 없는 '영원한 진리이며 생명'(One)이다. 우주에 충만한 광양자(光量子) 즉 '생명의 빛'(요 8:12)을 자각하면 삶이 얼마나 경이로운지를 체험하게 된다.

"나를 예배하는 자들은 내 안에 있고 나도 그들 안에 있다"(『바가바드 기따』)는 것은 불교의 "내가 그에게 들어 있고 그가 나에게 들어 있다"(入我我入)는 견성성불(見性成佛)의 깨달음(涅槃)과 통(通)한다. "천지우주는 텅 비어 있고"(諸法空, 전 1:2), "묘한 神性(佛性)밖에 없으므로"(眞空妙有, 엡 4:6), 예수의 생명인 "떡을 먹고, 피를 마시는 것"(요 6:51-54)은 진리인 예수님(佛性)과 하나(One, 神人合一)되는 영생의 길이며, 새로운 삶이다.

  "예수가 한 사마리아인이 양을 끌고 가는 것을 보시매 제자들에게 이르시되, '저 사람이 어찌하여 양을 끌고 가는가?' 제자들이 그에게 이르되, '잡아서 먹으려 하나이다.' 예수께서 제자들에게 이르시되, '양이 살아 있을 때는 저가 그것을 먹지 못하거니와, 오로지 저가 양을 죽여 시체가 된 다음에야 먹을 수 있느니라.' 제자들이 이르되, '그럴 수밖에 없나이다.' 그가 저들에게 이르시되, '그러므로 너희도 시체가 되어 먹히는 일이 없도록 안식처를 찾아야 하리라'"(도마복음 60).

  구원(쉼, One)은 주관과 객관의 이원성인 겉사람(ego)에게 잡아먹히기 전에, 너희 안에 있는 양(羊)인 영원한 생명(true Self)을 깨닫는 것이다. 살아 있는 동안 침묵과 고요의 상태에서 時空을 초월한 절대적인 내면의 안식처(true Self)를 찾지 못하면 모든 생애는 무의미하여 시체로 잡아먹히게 된다. 그러므로 보이는 허무한 죽음의 삶(ego)을 마치기 전에 세상의 가장 하찮은 것이라도 성스럽기만 한 천국(One)의 삶을 회복하여야 한다.
  산란한 마음을 쉬고 유한 상대적인 생각을 떠나 태어나기 이전의 원래 상태인 神性(true Self)을 회복하려면 삼매(三昧)에 들어야 한다. 삼매(쉼)는 하나(One)의 진리인 '神性(佛性)의 자각'으로 온 누리가 하나(One)임과 神과 인간의 근본이 '둘이 아닌 하나'(One)임을 알게 한다. 이러한 쉼(One)은 구원을 의미하며, 모든 악의 근원인 이원성(ego)을 제거함으로 우주의 근원인 생명(One)을 '있는 그대로 바라보는' 축복과 환희의 경지이다.
  천국은 대망하는 미래의 사건이 아니며, 철저히 현재적 실재(實在)로 하나(One)인 神性(佛性)의 자각으로 체험하는 '영원한 생명의 안식처'(One)이다. 즉 비이원성(One)인 동양의 종교들처럼 지금 이대로 자신이 하나의

神性임을 자각하여 참된 인간(true Self)이 되는 것이다. 따라서 神에 대한 예배는 어둠의 업장(ego)을 소멸하고 '내면의 그리스도'(神性)에 더욱 가까이 감으로 '완전한 자와 合一'하게 되는 자아실현(One)을 위한 것이다.

27

경유능경 능유경능
境由能境 能由境能

**"객관은 주관으로 말미암아 객관이요,
주관은 객관으로 말미암아 주관이다."**

–

객관은 주관 때문에, 주관은 객관 때문에 있게 되는 것이며, 주관이 없으면 객관이 성립하지 못하고 객관이 없으면 주관이 성립하지 못한다는 것이다. '하나(One)의 순수 에너지'(우주의 精氣)인 진리적으로 볼 때 '주관과 객관'(ego)이 모두가 병이므로 다 버리라는 것이다. 나 자신의 구원은 태양을 향해서 '전체인 光明'(One)으로 걸어가든지 아니면 태양을 등지고 '분별인 어둠'(ego)을 향해서 걸어가든지 스스로의 마음에 달려 있다(눅 17:21).

주관과 객관이라는 분별은 허망한 이원적(duality)인 ego의 사유 방식으로 서로 상대가 있을 때에 성립하는 것이며, '유한적인 주관과 객관'(ego)이 무너진 자리가 바로 '무한한 절대의 자리'(One)이다. 이러한 자리는 "천지우주가 부처 덩어리"(佛身充滿於法界, 『화엄경』)가 되어 일체 만상이 부처님 자신의 심심미묘한 활동 양상이다. 따라서 우리가 우주의 실상인 부처님(神)과 하나(One)임을 깨닫지 못하는 한 근원적인 불안과 갈등을 해소할 수 없다.

　예수는 자기를 믿는 유대인들에게 이르시되 "너희가 내 말에 거하면 참으로 내 제자가 되고 진리를 알지니 진리가 너희를 자유케 하리라"(요 8:31-32)고 말씀하셨다.

　"진리(One)를 안다는 것"[75](기노스코)은 내가 누구인가를 스스로 깨닫는 것이며 이때 '본래 성품의 자리'(true Self)가 되어 자유롭게 되며, 속박의 원인이자 자신을 개체라고 생각하는 ego에서 벗어난다. '하나의 진리'를 안다는 것은 자아(ego)의 거짓 믿음을 벗어나 근원인 영적 자아가 되는 것이며, 순수한 본래 성품의 실체(神)로 돌아감을 의미한다. 모든 고통의 뿌리는 無知(ego)이며, 깨어남이 해결책이다. 이 때 어떤 얽매임과 속박에서 해방(자유)되어 괴로움을 끊고 고통의 공포에서 벗어나는 희열을 성취하게 된다(日日是好日).

　진리는 '주객, 희비의 상반되는 쌍'으로부터 자유롭게 되는 경지(One)이며, 이것은 양자역학의 주객이 둘이 아니라는 '관찰자 효과'(입자와 파동)가 증명하고 있다. 즉, 해탈(One)의 체험으로 '일체 걸림이 없는 자는 단박에 生死를 초월할 수 있는 것이다'(「화엄경」). 우리는 내적 평정의 획득 방법인 명상을 통하여 '개체적인 나'(ego)로부터 '본래의 생명'(法身, One)을 회복하여 절대자유를 누릴 수 있으며, 주위 환경의 지배를 받지 않게 된다. 또한 완전히 깨인 의식(One)으로 일어나는 일을 지켜보며, 환영(꿈)으로부터 자유로워진다.

　참다운 자유인은 참 자아(true Self)를 바로 깨닫고, 시공간의 인과법칙에서 비롯된 '모든 고통과 욕망으로부터 벗어난 자'(One)이다. 사물의 본질

(One)을 꿰뚫어 본 공자(孔子)는 칠십이 되어 '대자유의 경지'(true Self)가 되었기에 "마음이 움직이는 대로 행동해도 진리(法)에 맞았다"(從心所欲不踰矩)고 하였다. 이렇게 모든 현상을 '하나(One)로 바라보는 것'만이 변화하는 것들에 대한 "순리로서 흥(興)하게 하는 삶이며"(順天者興 逆天者亡), 노자의 "온갖 것들과 겨루는 일이 없는 훌륭한 물처럼 되는 것이다"(上善若水, 『도덕경』 8장).

부처는 '일체의 相을 여읜 空, 그러면서도 동시에 일체의 相을 수용하는 空의 지혜(色卽是空 空卽是色)[76]를 통해 '진리의 자유'(One)를 찾으며, 노자는 대자유(moksa)의 절대경지(One)인 '道와의 合一'을 목적으로 삼고 있다. 또한 장자는 "자연의 법칙을 따르고 음양의 조화를 파악하여 무궁한 경지에 노니는데 무엇에 의지함이 있겠는가!"(『逍遙遊』)라며 자유로운 道(One)를 설명하고 있다. 따라서 독립된 주체로서의 개체(ego)가 없다면 속박도 존재할 수 없으므로 전체적(One)인 진리(道)의 자각은 우리를 자유롭게 하는 것이다.

"예수께서 성전에서 나가실 때에 제자 중 하나가 가로되 선생님이여 보소서 이 돌들이 어떠하며 이 건물들이 어떠하니이까 예수께서 이르시되 네가 이 큰 건물들을 보느냐 돌 하나도 돌 위에 남지 않고 다 무너뜨려지리라 하시니라"(막 13:1-2).

예수가 돌로 지은 성전이 무너질 것을 예언한 것이 아니다. 꿈과 안개와 같은 거짓 자아(ego)인 돌(리도스, 이원성)들이 무너지면 참된 자아(One)인 神性(성령)이 자신 안에서 나타난다는 것이다. 이러한 내면의 변화를 "하늘 구름을 타고 오는 것을 너희가 보리라"(요 26:64)고 말씀하셨다. 바울도 "겉사람(ego)이 죽고, 편재하는 성령이 친히 우리의 영(靈)과 하나 되어 하나님의 자녀(神性)로 새롭게 태어나게 되었다"(롬 8:16)고 고백하였다.

'제자의 눈'(ego)은 성전의 건물만을 보았지만 예수는 성전의 건물이 있기 전과 없어진 뒤를 함께 보는 '사물의 근원'(One)을 본 것이다. 그는 상대성(ego)을 초월한 "지켜보는 눈"(눅 10:23)으로 '부분과 전체, 나무와 숲'을 일원적으로 보았고, 모습의 본질인 하나(One)의 순수한 생명에너지(神性, 빛)로 보았다. 우리도 마음을 지켜보면 서서히 깨어나게 되며, 이렇게 어둠의 잠(꿈)에서 깨어나는 것이 곧 광명을 되찾는 깨달음(거듭남)이다.

장자는 '원숭이의 비유'(朝三暮四)를 통해 주객은 하나(One)이므로 자연과의 조화 속에 어울려 같이 살아야 한다고 설명하였다. 진리(One)인 법신(法身)은 평등하여 모든 곳에 두루 편재하고, 의식적인 노력이 없기 때문에 自然(스스로 있는 자)이라 하며, 중생심에 때가 없으면 나타난다(『대승기신론』). 노자는 하나(One)의 진리를 "날카로움을 무디게 하고, 얽힌 것을 풀며, 그 빛을 부드럽게 하여 그 티끌과도 함께 한다"(『도덕경』 4장)고 하였다.

예수는 말씀하셨다. "누구든지 제 아버지 어머니로부터 자유롭지 않는 자는 나의 제자가 될 수 없고, 형제자매로부터 자유롭지 않고 나처럼 십자가를 지고 따르지 않으면 내게 합당치 아니하리라"(도마복음 55).

'부모나 형제자매를 미워하는 것'은 적대적인 의미가 아니라 하나(One)의 영적 자아를 위하여 時空 안의 가족을 포함한 혈족자아의 집착(ego)으로부터 자유로워야 한다는 의미이다(無常, 無我). 이러한 절대적 자유(One)는 이원성의 개념으로 구분된 '허상의 삶'(ego)을 떠나 진리 안에서 '실상의 삶'(One)을 누리는 것이다. 즉 생사(生死)는 하나의 단어이며(生死一如觀), 고통·쾌락과 물질·정신도 하나의 단어이다. 따라서 죽음, 슬픔, 고통 등의 문제(ego)는 상보성(相補性)의 원리인 순환의 본질(One)을 회복함으로 치유가 된다.

'십자가를 지고'(람바노)의 의미는 예수의 죽음과 부활의 의미가 아니라 지금 육체의 '나'(ego)를 십자가에 못 박고, 神性(true Self)이 되는 즉 하나(One)되는 깨달음(見性)이다. 구원은 '내면의 십자가'를 짊어짐으로 본래의 상태인 '참된 나'(神性)가 '육체의 나'(ego)로부터 회복되어 "하나님과 화목"(One, 고후 5:20)하는 부활이다. 이때 모든 것은 아름다운 축복의 향기이며, 일어나는 일들은 모두가 하나의 신비이다. 따라서 우리는 각각 자신이 극복하여야 할 ego가 있으며, 자신을 대신하여 누구도 ego를 소멸할 자는 없다.

노자는 "다만 병(病)을 병으로 알면 이로써 병을 앓지 않는다. 성인(聖人)은 병을 앓지 않으니 그 병을 병으로 알기 때문이다. 그래서 병을 앓지 않는 것이다"(『도덕경』 71장)라고 하였다. 즉 병은 타고 있는 횃불을 빠르게 돌릴 때 생기는 원환(圓環)처럼 실재하지 않으며, 고통은 내가 아니라, 그림자의 형태와 같다. 『우파니샤드』는 "'조화의 시각'(One)에서 본다면 병고(病苦)에 시달리는 것은 최상의 고행이다."라고 한다. 따라서 고통과 불행도 수행자들이 고행을 통해서 얻는 것과 동일한 여러 가지의 공덕을 얻는다(롬 8:28).

28

욕지양단 원시일공
欲知兩段 元是一空

"두 끝을 알고자 하는가? 원래 하나의 空이다."

—

주관이니 객관이니 하는 두 가지의 뜻을 알고자 한다면 원래 전체(All)가 한 가지로 空하였음을 알아야 한다는 것이며, 생각이 사라질 때 대상이 없어지며, 대상이 없어질 때 자아(ego)가 사라지고 전체(All)가 된다. '양변(兩邊)이 모두 병이고 허물'(ego)이므로 이것을 바로 알면 전체(All)가 다 '空하다'라는 것을 자각한다. 이러한 오묘한 경지는 양변(兩邊)을 여읜 동시에 영원한 생명인 "진여(眞如: One)가 현전(現前)하는 것"(갈 2:20)을 말한다.

주관이나 객관의 두 가지를 알고자 따라간다면 모두가 '이원론적 사유'(ego)인 분별 시비에 의하여 生하고 멸(滅)하는 헛된 것이 된다(生滅法). 따라서 주객(主客)을 초월하는 '일즉다 다즉일(一卽多 多卽一, 고전 12:12)'인 '空의 세계(One)'는 "나지도 않고 없어지지도 않으며(不生不滅) 더럽지도 않고 깨끗하지도 않으며(不垢不淨) 더하지도 않고 덜하지도 않는다(不增不減)"(『般若心經』). 즉 현실적 고통에서 초월적 기쁨의 세계로의 전환을 가능하게 한다.

마지막 만찬에서 "그들이 먹을 때에 예수께서 떡을 가지사 축복하시고 떼어 제자들에게 주시며 이르시되 받아서 먹으라 이것은 내 몸이라" 하셨다(마 26:26).

떡과 포도주는 어린양인 예수의 죽음과 부활을 축하하는 성찬이거나, 기념이 아니라, 예수(진리)와 하나(One)가 되는 것을 의미한다(골 3:11). 따라서 이원성(ego)을 제거하고 '생명의 떡'(One)을 먹는 자는 그리스도와 함께 죽고 함께 부활하여 하나(One) 됨으로 영원히 산다. 따라서 하나(One)의 몸에서 세상 모든 생명과 모든 사물이 나오며, 우리의 눈에 세상 만물로 나타나 보이는 것은 단지 가상(假像)일 뿐이지 실체는 둘이 아니다(不二).

"나는 너희와 항상 함께 있으리라"(마 28:20)라고 한 예수와 "나는 언제나 계속 생명이 있는 자의 세계에 있는 것이다"(『법화경』)라고 한 부처는 하나(One)인 생명이다. 예수의 몸(神性)은 온 우주에 충만해 있으며, 또한 부처의 몸(佛性)도 온 법계에 충만하다(佛身充滿於法界). 떡(몸)을 먹은 자는 주관과 객관으로 분별하는 마음에 의한 生하고 멸(滅)함이 없는 생명과 하나(One) 되며, 나와 남, 나와 세계가 인연의 끈으로 연결된 '한 몸'(同體)이 된다.

같음과 다름이라는 생각이 사라질 때 대상은 없어진다. 즉 '하나가 모두이며 모두가 하나'인 '일즉다 다즉일(一卽多 多卽一)의 진리'에서 대상이 없어질 때 이원성(ego)은 사라지며 '不二의 진리'인 생명이 된다. 이러한 경지를 예수는 "인자의 살을 먹지 아니하고 인자의 피를 마시지 아니하면 너희 속에 생명이 없느니라"(요 6:53)라고 하였다. 따라서 온 우주가 즉 나요, 내가 즉 온 우주이며, 모든 존재는 본래 유기적(有機的)인 생명체(One)이다.

예수는 제자들을 돌아보시면서 조용히 이르시되 "너희의 보는 것을 보는 눈은 복이 있도다. 내가 너희에게 말하노니 많은 선지자와 임금이 너희가 보는 바를 보고자 하였으되 보지 못하였으며 너희 듣는 바를 듣고자 하였으되 듣지 못하였느니라"(눅 10:23-24)고 하셨다.

많은 선지자와 임금이 보지 못하고 듣지 못한 모든 것의 본질(바탕)을 보며, 아무 모양이 없는 '하나(One)를 보는 눈'(靈眼, 眞我)은 행복하다. 하나(One)의 진리를 깨달은 제자들은 '나는 누구인가?' 즉 자기의 참모습(true Self)과 이 세상의 존재원리인 '한 몸'(神性, One)을 아는 자들이다. 우리는 안개와 같은 허상인 겉모습(ego)에 속아서 만물에 충만한 '생명의 실상'(true Self)인 참모습(One)을 보지 못한다. '주관과 객관의 이원론적 사유'(ego) 때문에 원래 전체(All)가 '한 가지로 空'(One)하였음을 알지 못한다.

'궁극적 깨달음'(靈眼)으로 본다는 것은 독립적이라 생각한 개인의 자아(ego)가 보편적 의식인 영적 자아(眞我, true Self)에 소멸 흡수 되어야 한다는 하나(One)의 경지이다. 물리학자인 하이젠베르크는 "주관과 객관, 몸과 영혼 등으로 분리하는 것은 무의미하다."라고 증명하였다. 예수는 '하나의 생명'(One)을 보는 행복한 눈(靈眼)에 대하여 "지혜롭고 슬기로운 자들에게는 숨기시고 어린아이들에게는 나타내심을 감사하였고"(마 11:25), 깨달음에 의한 지켜보는 눈(눅 10:23)에는 온 우주 모든 것이 축복이며, 신비이다.

"가만히 있어라"(Be still, 시 46:10)의 구절은 진리(One)인 내면의 영적인 눈

(神性, true Self)을 깨닫기 위해서는 명상의 경지(고후 12:2)만이 필요하다는 것이다. 항상 존재하는 실재(true Self)는 마음이 동(動)하면 가려져 사라지고, 번뇌하는 마음이 끊어졌을 때 나타난다. 그러므로 "조용히 있어야 구원을 얻을 것이요 잠잠하고 신뢰하여야 힘을 얻게 된다"(사 30:15). 이렇게 조용히 자아의 근원(One)을 파고드는 탐구를 통해서 마음이 내면(바탕)으로 향해지면, '마음의 나쁜 습관인 원습(原習)'(ego)들은 저절로 소멸되어진다.

제자들이 예수께 물었다. "제자들이 예수께 이르되 우리의 마지막이 어떻게 임할 것입니까? 예수께서 이르시되 너희는 시작을 알고 종말을 찾느냐? 시작이 있는 곳에 종말이 있느니라. '시작에 담대하게 서는 자'는 행복하나니, 저는 종말을 알 것이요 죽음을 맛보지 않는 생명을 찾을 것임이라"(도마복음 18).

시초는 만물의 근원이신 분에게서 비롯됨이요, 종말은 만물의 근원이신 분에게로 돌아감이다. 또한 시초가 곧 종말이요, 종말이 곧 시초이며, "둘이 아닌 한 분"(One, 마 23:9)에게 시간이란 의미가 없다(無始無終). '시작이 있는 곳에 종말이 있다'는 건 시초와 종말의 진리인 '영원한 현재[77]'를 설명하며, 과거와 미래가 현재에 흡수되어 있다(一切唯心造). '시작에 담대하게 서는 자' 즉 시작과 끝을 분별하는 이원성을 제거하고, 지금 여기에서 神性(生命)의 자각으로 깨어 살아가며 '불생불멸을 체험하는 자'는 행복하다.

예수가 "나는 처음과 마지막"(계 22:13)인 '하나 된 자'(One)라 말씀하심은 '모든 것이 나에게서 나오고, 모든 것이 나에게로 돌아온다'는 뜻이며, 노자는 "결국 道(One)로 돌아간다"(『도덕경』 14장)고 설명한다. '전체성(One)인

원(圓)에서는 처음과 끝이 만나는 것'이므로 이원론적인 사유(ego)를 제거하고, "어디로 가는지 알지 못하는 성령으로 난 자"(One, 요 3:8)는 '모든 곳에 있으나 그 어디에도 구애받지 않는 자'(事事無碍)이다. 따라서 지금 여기 그리스도(One)의 현존이 곧 제자들이 문제를 삼는 종말의 실현이다.

요한이 기록한 "주 하나님이 이르시되 나는 알파와 오메가"(계 1:8)라는 뜻은 '나누어질 수 없는 不可分의 영원한 진리'(One)에 대한 설명이며, "모든 것 중의 모든 것"이신 하나님(엡 4:6)과 "만유시요 만유 안에 계신 예수 그리스도"(골 3:11)는 '궁극적 근원'(One)이라는 의미이다(一始無始一 一終無終一, 『천부경』). "예수 그리스도 안에서 모두가 하나(One)로 화목하게 합쳐지는 것"(골 1:20)은 바다와 파도는 나뉘어 있지만 본질은 하나(One)이듯이 완전히 자아 제어가 된 무아(無我, One)를 통해서만 체험할 수가 있다.

29

일공동양 제함만상

一空同兩 齊含萬象

"하나의 空은 두 끝과 같으니, 삼라만상을 모두 다 포함한다."

—

    일체의 삼라만상이 '하나(One)의 空' 가운데 건립되어 있다는 것이며, 空이라고 하여 아무 것도 없는 텅 빈 것이 아니다. 일체가 원만구족(圓滿具足)한 것을 空이라 하며, 일체의 삼라만상이 다 여기에 포함되어 있다는 것이다. 이 말은 '하나가 곧 모두요, 모두가 곧 하나이다'는 것으로 '모두가 다 하나(One)의 생명, 하나(One)의 빛(부처)으로 돌아간다'(萬法歸一)는 것이며, 佛性이 하나(One)의 달과 같이 모든 강물에 비친다는 것이다(月印千江).

    천지우주에 光明으로 충만하고, 선악을 초월하여 전체성(One)인 空(佛性)은 양단(兩端)과 같아서 삼라만상(森羅萬象)의 모양을 다 포함하는 것이며, 무한한 전체(All)로서 하나(One)이다. '이 세상의 모든 현상'은 일미평등(一味平等)한 佛性(神性)이 인연에 따라서 잠시 모양을 나타낸 것이다. 우리는 있는 것 같지만 없고, 없는 것 같지만 있는 佛性(One)으로 돌아가 '부처가 되면'(成佛)[78], 만물은 '부처(神性)의 한 덩어리'임을 알게 된다(롬 1:20).

예수는 "누구든지 자기 십자가를 지고 나를 따르지 않는 자도 능히 내 제자가 되지 못하리라"(눅 14:27)라고 말씀하셨다.

분별하는 허상(虛相)인 거짓 나(ego)를 십자가로 소멸하고, 하나(One)인 空(無)이 되어 모든 것을 그리스도(實相)에게 맡기고, 무슨 일이든 받아들이라는 것이다. 왜냐하면 이원성(ego)이 소멸되면 '내 멍에'(진리)는 쉽고 '내 짐'(靈의 생명)은 가볍기 때문이다(마 11:30). 진리는 말, 문자 등 가르침을 떠나 있으며(不立文字 敎外別傳), 마음(ego)이 가라앉을 때, 집착(ego)의 세계는 사라지고 神性(佛性, One)을 깨닫게 된다(直指人心· 見性成佛).

진리의 세계(One)는 분별시비(ego)를 제거하고 "보는 것을 보는 눈"(눅 10:23)을 지닌 자만이 볼 수 있는 하나(One)의 세계이며(마 13:16), 열반(涅槃)과 마찬가지로 이미 현실에 존재하는 영적(靈的, One) 체험이다. 흐름을 거슬러 올라가려 애쓰던 ego를 소멸하고 "삶의 흐름을 이긴 자"(『금강경』)이다. 이러한 "내면의 변화인 회개를 통하여 완전한 인간으로 태어난 자"(One, 마리아복음 18:16)는 우주 안에 있는 모든 삼라만상과 하나(One)이다.

'깨달은 자'는 자신이 神에게서 나온 神의 일부임과 본래의 모습을 자각한 자이다. 그러므로 예수는 "이제 부터는 너희를 종이라 하지 아니 하리니"(요 15:15)라고 말씀하심으로 우리가 神의 피조물이 아님을 설명하고 있다. 예수는 "아버지는 모두의 내면에 계신 분이며", 또한 "하나님은 염색공이다. 진짜라고 불리는 좋은 염료가 염색 천으로 녹아 스며들 듯이 하나님은 자신이 물들인 자들 속으로 스며든다"(빌립복음 70, 39)고 말씀하셨다.

예수는 "내가 내 아버지 곧 너희 아버지, 내 하나님 곧 너희 하나님께로 올라간다 하라"(요 20:17)고 말씀하셨다.

예수가 '하나님께로 올라간다'고 한 말씀은 "그들이 보는데 올려져 가시니 구름이 그를 가리어 보이지 않게 하더라"(행 1:9)와 같이 時空 안의 승천(昇天)을 의미하지 않고, 본래의 근원과 하나(One)된다는 말씀이다. 왜냐하면 時空을 초월한 '영적 그리스도의 생명'(One)은 가고 옴이 없기 때문이다(不去不來, 요 8:58). 제자들의 '분별하는 마음'(ego)이 사라지고 진리의 깨달음으로 신성한 눈(귀)이 열리자 그들은 다시 주님을 볼 수 있게 되고, '전체로서 하나(One)인 하나님이 우리 안에 계신 것'(Immauel)을 자각한 것이다(萬法統一).

승천(톤 우라논)의 의미는 신비한 신인합일(神人合一) 즉 "예수 자신이 아버지 안에 있는 것 같이 우리들도 다 하나(One) 되어 그의 안에 있게 되는"(요 17:21) 진리를 나타낸다. 우리의 영혼과 육체가 분리될 수 없는 것은 본래 일체의 삼라만상이 전체로서 하나(One)인 神(부처)의 생명이기 때문이다(energy 一元論, E=mc²). 또한 하나(One)의 진리는 '하나가 곧 모두요, 모두가 곧 하나'라는 일즉일체(一卽一切)이다. 따라서 '만법이 하나(One)로 돌아가며'(萬法歸一), 절대의 세계(진리)에서는 삶과 죽음, 神과 인간은 하나(One)이다.

예수는 말씀하셨다. "찾는 사람은 발견할 때까지 찾는 것을 멈추지 말라. 발견하면 혼란스러워지고 그 혼란스러움은 경이로움으로 바뀔 것이다. 그때 그는 모든 것을 지배하게 되리라"(도마복음 2).

우리의 정체성은 변화하는 '몸과 마음'(ego)이 아니라, 時空을 초월하는

神性이며, 이 발견은 혼란과 환희이다. 영혼의 어두운 밤을 지나 "神과 하나(One) 되어"(요 14:20) 고락, 희비의 이원성을 초월한 평화로 채워지게 될 때 삶과 운명을 다스리는 왕이 된다(天上天下唯我獨尊). 따라서 중보자 없이 '스스로 진리를 찾는 것'(구원)을 멈추지 말아야 한다.

이 세상의 허상(虛相, ego)을 벗어나 환희의 바다인 실상세계(One)를 보게 되면, 영원한 자유와 생명의 새로운 세계가 열린다. 또한 여러 가지의 욕망(ego)을 텅 비워버린다면 비로소 하나(One)의 생명으로 가득 차게 된다. 즉 스스로 주인공(One)이 되어 세상에 흔들리거나 휘둘리지 않는 '무아(無我)의 경지'[79](true Self)가 되어 모든 것을 지배하게 된다.

여래(如來)는 "일체의 모든 상을 떠난 자는 부처이다(離一切諸相, 則名諸佛)라는 것을 듣고도 놀라지 않고, 겁내지 않고, 두려워하지 않는 사람은 매우 드물다"(『금강경』)고 하였다. 노자도 '不二의 진리'에 대하여 "못난 사람은 道를 듣고 크게 웃는다. 그가 웃지 않으면 족히 道가 될 수 없다"(下士聞道, 大笑之, 不笑, 不足以爲道, 『도덕경』 41장)고 하였다.

예수는 말씀하셨다. "영혼에 의존하는 육체는 화(禍)가 있을 것이다. 육체에 의존하는 영혼에게 화(禍)가 있을 것이다"(도마복음 112).

허상인 영혼과 육체의 양변(兩邊)을 여의지 못하고 이원성인 분별의 세계(ego)에 살고 있는 자는 화(禍)가 있을 것이다. 따라서 '영혼과 육체'[80]의 이원성을 초월하는 깨달음을 통하여 '내면의 神性(靈)과 하나(One)'가 되어야 한다. 이러한 이원론적 사유를 벗어난 '하나(One)인 진리'의 세계는 광대하여 일체 중생에 두루 미치며 너와 나, 선과 악의 나뉨이 없는 하나(平等無二, One)로서 절대적 평화의 경지(究竟寂滅)이다(『대승기신론』).

예수는 "만일 맹인이 맹인을 인도하면 둘이 다 구덩이에 빠지리라"(마

15:14)라고 말씀하셨다. 여기서 맹인은 "진리(One)를 자각하지 못한 자"(눅 10:23)이며, '주관과 객관에 집착하는 자'(ego)이다. 이렇게 하나(One)의 진리를 모르고 자기의 종교만 진리라고 주장하는 자들은 문자주의(근본주의) 또는, 맹목적 믿음을 가진 '無知한 자'들이다. 이러한 교조주의와 문자주의[81]는 하나님을 유한하고 조건적인 대상(ego)의 수준으로 끌어내린다.

장자는「제물론」에서 '하나(One)의 진리'를 다음과 같이 표현하였다. "자연의 법칙에 따르게 되어(乘天地之正), 천지가 나와 함께 생겨나고(天地與我并生), 만물이 나와 더불어 하나(One) 되며(萬物與我一切), 주관과 객관의 모든 대립과 한계를 초월하여 전체성(All)의 조화 속에서 시간의 흐름을 잊는 삶이다(無古今)." 따라서 우리는 이원적 사유의 집착과 분별(ego)은 영적인 '하나(One)의 진리'를 부정할 수밖에 없다는 것을 자각하여야 한다.

30

불견정추 영유편당
不見精麤 寧有偏黨

"세밀하고 거칠음을 보지 못하거니, 어찌 치우침이 있겠는가?"

–

　'세밀함과 거칠음에 기우는 편당(偏黨)'(ego)을 벗어난 진리(One)의 삶은 치우침이 없는 참 자유를 누리게 한다(요 8:32). 세밀함(精)과 거칢(麤), 아름다움(美)과 추함(醜) 등은 상대적인 것이며, 그림자와 같은 ego에 의한 이원론적(二元論的) 사유 방식이다. 그럼으로 이것과 저것 사이에 구별을 두지 않고 모든 것을 있는 그대로 받아들여야 한다. 이와 같이 '이것과 이것을 나누는 분별'(ego)을 하지 않는다면 어떻게 치우침이 있겠는가?

　번뇌가 사라진 '삼매(不二)의 경지'(One)에서는 세밀함과 거칠음, 빛과 어둠의 일체 분별시비가 사라진 空(One)이다. 우리가 '가변적인 현상'(ego)만 본다면 이렇게 많은 것이 보이고 다양하게 보이지만, 근원적인 본체(本體)를 본다고 할 때 모두가 '하나(One)의 생명'인 존재 자체이다. 이렇게 우주를 하나로 보는 세계가 바로 '하나(One)인 진리, 하나(One)의 생명'인데 여러 가지의 이름(부처, 佛性, 神, 그리스도, 神性)으로 부르고 있다.

　예수는 이 세대의 사람들을 비유하여 "아이들이 장터에 앉아 서로 불러 이르되 우리가 너희를 향하여 피리를 불어도 너희가 춤추지 않고 우리가 곡하여도 너희가 울지 아니하였다 함과 같도다"(눅 7:31-32)라고 말씀하셨다.

　예수는 '겉사람'(ego)이 일으키는 분별 시비로 인하여 순수한 '어린아이의 마음'(천국, One)이 상실됨을 안타까워하셨다. 여우같은 의심을 내며 이원성으로 방황하게 만드는 겉사람이 사라지면, 순수한 비이원론적인 내면의 神性으로 인하여 믿음이 바르게 된다. 즉 '삶과 아주 깊은 조화'(One)를 이룰 때 모든 의심(ego)은 저절로 사라진다.

　세밀함과 거칠음의 유한 상대 세계의 술에 취한 상태는 거짓된 '개체적인 세력'(ego)으로　다시 본래의 모습(One)인 보편 절대 세계(true Self)로 돌아가야 함을 인식하지 못하고 있다. 따라서 우리는 ego의 영적 마비상태에서 벗어나 '내면의 의식 변화'(회개)로 '하나(One)의 진리'를 깨달아 영원한 천국의 참된 행복과 자유를 누려야 한다.

　예수는 "더러운 귀신이 더 악한 귀신 일곱을 데리고 집으로 들어가는 비유"(눅 11:24)를 통해서 어둠인 ego에 가려 있는 神性의 光明(true Self)을 항상 환기시켜야 함을 강조하고 있다. 따라서 우리는 이원성인 ego의 분별이 소멸된 경지에서 치우침 없이 본래의 모습인 진리와 생명(One)을 순수 그대로 받아들이는 참된 평안을 체험하게 된다.

　예수는 혈루증 여인의 정체성(神性)을 자각하는 "네 믿음이 너를 구원하였다"(마 9:22)는 말씀으로 치유하였다. 믿음은 무엇을 얻고자 하는 집착을 버리고, 神의 의지대로 인도되어짐과, 모든 일체를 神에게 맡기는 행위이다. "아버지께서 허락하지 아니 … 땅에 떨어지지 아니하리라"(마 10:29)와 같이 '시키는 대로 하겠습니다'의 자세가 되어야 한다.

예수는 "그들을 두려워하지 말라 감추인 것이 드러나지 않을 것이 없고 숨은 것이 알려지지 않을 것이 없느니라"(마 10:26)라고 말씀하셨다.

"내면의 보화(One)인 그리스도(true Self)를 깨닫게 되면"(골 2:3) 상대적 ego로 인해 생긴 집착과 분별에서 벗어나, 그동안 인식하지 못하던 신비한 진리차원의 모든 것들이 알려지게 된다는 뜻이다. 누구든지 분별하는 이원성(ego)에서 '세밀함과 거칠음에 기우는 편당(偏黨)'을 제거하면 하나(One)의 심오한 '절대세계(true Self)의 진리'가 드러난다.

예수는 "내가 내 목숨을 버리는 것은 그것을 다시 얻기 위함이다"(요 10:17)라고 말씀하셨다. 이 구절은 인류의 죄를 위한 대속(代贖)[82]의 의미가 아니라 神性을 얻기 위하여 이원적 사유의 목숨(ego)을 버리는 것 즉 진리(One)를 얻기 위하여 '개체적 자아(ego)'를 버리는 깨달음을 의미하며, 목숨(ego)을 잃는 것이 생명을 얻게 되는 구원이다(막 8:35).

"너희 안에서 행하시는 이는 하나님이다"(빌 2:13)는 바울의 말은 우리 안에서 '하느님의 뜻'이 드러나게 되면 神性이 만물에 분명히 보여 알려진다는 뜻이다(롬 1:20). 이렇게 "'숨겨진 것'(陰)과 '드러난 것'(陽)이 상호 관계에서 이루어지며"(『도덕경』 2), "숨어 있는 것보다 더 잘 드러나는 것은 없고 희미한 것보다 더 두드러진 것은 없는 것이다"(『中庸』).

예수는 말씀하셨다. "너희가 둘을 하나로 만들면 너희는 人子가 되리니, 너희가 '山아, 움직여라'고 하면 山이 움직이리라"(도마복음 106).

마태(17:20)는 "너희에게 믿음이 겨자씨 한 알만 있어도 이 山을 명하여 여기서 저기로 옮겨지라 하면 옮겨질 것이요"라고 구원을 위한 강한 믿음을 강조하고 있다. 그러나 도마는 "둘을 하나(One)로 만들면"(엡 2:14), 높은 수준의 '하나(One)의 진리'(神性)를 깨닫는 자가 되어 고통의 山(ego)이 제거되는 원만구족(圓滿具足)함을 체험하게 된다고 한다. 즉 不二의 진리를 '깨달은 사람'(true Self)은 어느 곳으로 가든 그곳이 바로 낙원이다.

'둘을 하나로 만든다'는 것은 '세밀함과 거칠음, 神과 나, 현세와 내세, 육체와 영혼' 등으로 나누는 '이원성의 ego'가 소멸되고, 상대적 有無를 초월한 신비주의적인 '하나님과의 合一'(One)을 의미한다. 이러한 '이원론적인 마음'(눅 17:21)과 개별적인 영혼'(꿈)에서 깨어나 '본래의 상태인 神性을 회복한 자'(浩然之氣, One)는 참된 자유로운 마음이 된다. 즉 망상(ego)에 사로잡힐 때는 불행 속에 있지만, 그러나 깨어 있을 때는 축복 속에 있다.

우리는 "예수의 피로 속죄(贖罪)함을 얻어 영생을 이루는 것"(히 9:12)이 아니라, 영적 어둠(ego)을 비움으로써 감추어졌던 '하나님의 형상'(One)이 완전히 드러나, 人子(true Self)들로 영생하게 되는 것이다(요 12:25). 따라서 人子는 예수의 전용일인칭이 아니라 '진리를 깨달은 자'(神性)들을 가리킨다. 불교에서도 고통을 일으키는 어둠(無知, ego)을 비우는 佛性(true Self)의 깨달음을 통하여 부처(成佛, One)가 되는 것을 목표로 하고 있다.

"제자들이 예수께 말했다. '우리는 당신이 우리를 떠나려 하는 것을 압니다. 그러면 누가 우리들의 우두머리가 될까요?' 예수는 그들에게 말했다. '너희가 어디에 있든지, 의인 야고보에게 가라. '하늘과 땅에 관계되는 모든 것이 그의 영역이다'(All that concerns heaven and earth is his domain.)"(도마복음 12).

오늘날 기독교인들은 제자들 중에 천국 열쇠를 받은 베드로가 그리스도교의 공동체를 이끈 지도자로 안다. 그래서 천주교에서는 그를 초대교황으로 삼는다. 그러나 예수는 공식 후계자로 조직체를 이끌자는 베드로가 아니라 '모든 것 안에 있는 의인(One)'이며 하늘과 땅의 보존자인 야고보라고 말씀하고 있다. 이와 같이 하나(One)가 된 자는 "내 속에 거하는 죄"(ego, 롬 7:20)를 제거하고, 영원한 천국(One)의 길인 神性(true Self)을 자각한 것이다. 즉 삼라만상(森羅萬象)을 껴안는 불생불멸(不生不滅)의 실재와 하나(One)된 경지이다.

야고보와 같이 분별을 초월한 자(true Self)는 하나님과 하나(One)가 되는 거듭남을 체험하여 '세밀함과 거칠음에 기우는 이원성'(ego)이 조금도 남아 있지 않다(天上天下唯我獨存). '나'가 성립되기 전에는 '너'도 성립되지 않고' 만물도 성립되지 않으며 하늘도 땅도 성립되지 않으므로 장자는 "하늘과 땅이 나와 함께 생겨났다"고 하였다(요 15:27). 이러한 '근본인 하나(One)되는 자리'는 "하나님의 나라(One)가 지금 이 자리에 이미 임해 있음"(마 12:28)을 자각하는 경지로 범사에 기뻐하고 감사하며, 평안함으로 누리게 한다.

대도체관 무이무난

大道體寬 無易無難

"大道는 바탕이 넓어서, 쉬움도 없고 어려움도 없다."

―

하나(One)인 大道(本來의 本性: true Self)는 스스로 이미 원만히 갖추어 있으므로 조금도 쉽다거나(易) 어렵다거나(難)하는 분별이 없다는 것이다(갈 3:20). '쉽다, 어렵다고 분별하는 것'(ego)은 모두 중생이 한쪽으로 치우친 견해로 하는 말일 뿐이며, 佛性(神性, 法性, 眞如, 中道, 菩提)과 하나'(One)가 되는 '깨달음의 경지'(인격의 완성)를 모르고 한 말이다.

모든 것을 진리(佛眼)로 보는 경지에서는 본체가 넓고 넓어서 '쉬움도 없고 어려움'(ego)도 없이 순리적으로 되어가는 것이며, '네 종교 내 종교'라고 구별하는 이원적 ego가 사라져 무한한 자비가 넘치게 된다. 왜냐하면 일체의 근원인 大道는 바탕이 넓어 '쉬움과 어려움'(易難)이 없으며, 자타일체(自他一切)의 사랑인 '전체 즉 하나(One)'이기 때문이다.

바울은 "우리가 그를 힘입어 살며 기동(起動)하며 존재하느니라"(In him, we live and move and exist. 행 17:28)라고 하였다.

우리는 '神의 생명'(One) 안에서 살며, 움직이는 모든 것이 神의 역사(役事)이다. 즉 "合一된 요기는 나(One)를 예배하고, 내 안에서 살고 움직이며"(『바가바드 기따』), 일체의 사물이나 생물은 생명이신 神(제8식 아뢰야식[83])의 현현(顯見)이라고 할 수 있다. 그러므로 우리가 지금 여기서 주객(主客)으로 나눌 수 없는 '역동적인 순수 에너지(빛)인 神의 충만한 현존'(Immanul)을 체험할 때 만물의 조화를 찬양하며, 낙관적(樂觀的)인 자세가 된다.

우리는 "모든 것이 바탕이 넓은 神(부처) 그 자체"(無所不在, 시 139:7-10)이기에 쉬움이나 어려움의 분별이 없다. '내면의 변화'(회개)를 통해 흐리던 눈이 밝아질 때 이것을 자각할 수 있다(막 1:15). 不二의 하나님을 상대적으로 대상화 한 교리는 하나님에 대한 ego적인 인간의 왜곡된 개념이며, 하나(One)인 하나님은 하늘에서 복과 벌을 내리는 절대 군주의 "인간과 같은 속성"(神人同形論, 시 50:21)으로 세상일에 개입하는 타자가 아니다.

음과 양이 분리될 수 없는 것처럼 "우리의 생각과 다른 하나님"(靈, 사 55:8)은 역동적인 에너지 장(場)이다. 즉 초월이며 동시에 내재하고, '인격이며 비인격[84]인 "한 분"(One, 마 23:9)임으로, 엑카르트는 "神과 나와의 사이에는 어떠한 간격도 없다"고 하였다. 우주를 오직 하나(One)인 하나님(生命)의 활동공간으로 보는 둘이 아닌 '일원론적인 세계관'은 본체와 현실을 하나로 보는 '체용일원(體用一元)인 양명학(陽明學)'의 세계관과 같다.

바울은 "하나님도 한 분이시니 곧 만유의 아버지시라 만유 위에 계시고 만유를 통일하시고 만유 가운데 계신다"(엡 4:6)고 하였다.

하나님은 영원히 살아계신 不二로서, 모든 것 속에 깃든 전부이며, 어떠한 이름도 부를 수 없는 "나는 스스로 있는 자이다"(絕對性, 출 3:14). 時空을 초월한 진리(true Self)로써 현존(Immanul)하며, 조금도 '나누어질 수가 없는'(不可分) 영원한 생명이다. 아퀴나스는 "생명이신 하나님이 아닌 것은 존재하지 않는다"(막 12:32)[85]고 하였으며, 우주가 神(靈)의 한 덩어리이므로 '내가 곧 神(One)'의 상태라 할 수 있다(重重無碍法界海,『화엄경』).

베단타철학에서는 神만이 유일한 실재이고 모든 피조물인 각각의 존재는 환영이라고 하였다. 神으로부터 나온 피조물의 허무함을 깨닫고 나면, 전체성인 神(One)만 존재함을 자각하게 된다(唯一眞如). 이러한 본래의 세계(참된 삶, One)에는 생로병사가 없지만, ego에 의한 가공의 세계(가짜의 삶)에는 생로병사가 있다. 따라서 모든 종교가 만나는 한 지점은 '神이 모든 것[86]임을 깨닫는 하나(One)의 우주적 '큰마음의 실현'(true Self)이다.

'光明의 하나님(神性)'은 우리(主觀)가 기도하는 객관적인 대상의 神이 아니며, 무한한 하나님의 바깥에서는 아무것도 존재하지 않기에 이미 하나(One)가 되어 있는 전체성이다(無對光神, 롬 1:20). 진리(One)의 관점에서는 우리가 다른 사람에게 하는 것과 같이 대상적인 하나님을 사랑한다고 할 수 없다(시 50:21). 왜냐하면 不二의 하나님(One)은 객관적 타자(他者)인 창조주가 아니라 창조성(One)이며, '순수 에너지의 장(場)[87]'이기 때문이다.

기독교 교리는 쉬움(易)도 없고 어려움(難)도 없는 '大道의 보편적 진리'(One)인 하나님을 전지전능한 창조주로써 피조물[88]인 인간과 구별하는 잘못을 범하고 있다. 왜냐하면 화이트헤드(Whitehead)에 의한 과정신학(過程神學)[89]에서와 같이 하나님은 창조성으로 현상계와 분리될 수가 없는 전체(All)이며, 이 우주는 하나님의 몸이다(롬 1:20). 실재로써 하나(One)인 불교의 空도 물리적 시간세계의 대립을 완전성(One) 속에 포섭하여 해소한다.

예수는 말씀하셨다. "너희가 너희 자신 안에 있는 것을 열매 맺게 한다면, 너희에게 있는 것이 너희를 구원하리라. 만일 너희가 너희 자신 안에 그것을 지키지 않는다면 지키지 못함으로 네가 죽을 것이다"(what you do not have within you will kill you. 도마복음 70).

구원은 '오직 예수만을 구원자(대상)로서 믿는 것'(他力信仰)이 아니라, 스스로 ego의 소멸로 씨앗(神性)을 찾느냐(마 16:25) 즉 열매(사랑)를 맺어 하나가 되느냐에 따라 달려 있다. 이미 있는 神性(true Self)에서 빗나가면 죄인이 되며, 내면을 들여다본 적이 없다면 그대가 하는 모든 것은 그대를 파괴할 것이다. 본래의 상태인 영(靈)의 속사람을 회복하는 세미한 소리(왕상 19:12)인 神의 음성을 듣기 위해서 자기 자신을 다 비운 침묵이 요구된다.

이원성인 ego의 목숨을 버림으로써 얻는 구원(true Self)은 무한한 자유와 기쁨을 누리게 한다(막 8:35). 즉 고통과 불행을 일으키는 그림자인 ego의 veil을 벗겨, "우리 안에 본래부터 감추어져 있는 보화"(마 13:44)인 영원한 말씀(神性)을 발견하는 것이다. 이같이 ego를 제거하고, 되찾게 된 '光明의 神'(道, One)[90]은 바탕이 넓어서, 쉬움도 없고 어려움도 없는 생명(One)이며, 이것을 발아시켜 열매 맺도록 하면 영적 풍성함을 누리게 된다.

우리는 내면의 변화인 회개(回心)를 통하여 허상(虛相)의 세계(ego)를 벗어나, 본래성인 실상(實相)의 세계(神性, One)를 회복하면 진리와 하나(One)가 된다. 현상의 허상(虛相) 세계(ego)에서 어둠(죄)은 실체가 아니기 때문에 '실상의 생명'(One)인 광명(神性)에 의해 저절로 사라진다. 이렇게 '하나(One)의 생명으로 구원된 자'(true Self)는 빈부(貧富), 고락(苦樂), 生死 등의 변화에 마음이 동요치 않고 無爲로 조화와 평화로운 삶(One)을 즐긴다.

32

소견호의 전급전지
小見狐疑 轉急轉遲

"좁은 견해로 여우같은 의심을 내어, 서둘수록 더욱 늦어진다."

―

시야가 좁은 자는 의심과 두려움으로 결단을 내리지 못하며, 빠른 걸음으로 서둘수록 그 걸음걸이는 더디다. 그림자(ego)를 실상으로 잘못 아는 좁은 견해인 소견(小見)으로 '자기가 생겨나기에 앞서 존재하는' '自性(本來面目) 즉 본래의 자아'(true Self)를 깨닫지 못하는 것이 여우같은 의심이다. "우주 이대로가 상주불멸(常住不滅)하는 佛性(神性)이고"(롬 1:20) 모든 중생 이대로가 절대자인 '부처 즉 神'(true Self)임을 믿지 못하고, 무언가 밖에서 부처(神)를 구하는 마음이 있을수록 서두르게 되고 그럴수록 더디어질 수밖에 없다.

영원한 佛性(true Self)은 문자 그대로 '부처(神)의 성품'으로서 모든 중생이 본래부터 갖추고 있는 청정한 '본래의 마음'이므로 중생의 실상은 '나지도 않고 죽지도 않는다'(無生無滅). 우리는 분별적 자아(ego)에 의한 취사심을 버리고, 마음을 내면으로 향하는 선(禪)의 자세로써 "내가 부처(神)요, 천지우주가 다 부처(神)뿐인 것"(요 10:34)을 항시 느껴야 한다. 이러한 하나(One)된 경지에서는 불행이나 고통이라는 악(惡)은 있을 수 없는 것이다.

"예수께서 이르시되 너희 율법에 기록된바 '내가 너희를 神이라 하였노라' 하지 아니하였느냐"(요 10:34).

인간은 피조물이 아니라 본질적으로 神의 자녀이다(人卽是佛). 즉 진리를 가리고 있는 '어둠을 소멸한 자'가 '깨달은 자'(true Self)[91]인 神이다. 우리의 육체는 비실재이며, 참 생명인 神임을 자각하지 못하면 "어리석은 자"(고전 3:18)가 되어 좁은 견해 즉 여우같은 의심을 버리지 못하게 된다. 거듭난 신앙이란 '나'는 아버지와 하나이므로 神이라는 것(요 10:34, 我是而成佛)이며, '하나님과 우리는 본질적으로 둘이 아닌 하나(One)[92]임을 깨닫는 것이다. 양자 물리학은 의식으로부터 독립해 있는 실재를 부정함으로서 인간과 神, 물질과 마음, 신체와 정신은 하나이며 본질적으로 energy(空)임을 증명하고 있다(色心不二).

"우리는 하나님의 성전이며, 내면에 성령이 계시기"(고전 3:16) 때문에 본래부터 神(One)이다. 또한 하나님과 하나(One)로서 이미 구원받은 존재라는 사실을 깨닫고 기쁘고 감사하면서 살아가야 한다. 하나님은 빛이시라 그에게는 어둠이 조금도 없으며(요일 1:5), '하나(One)가 된 자'(true Self) 역시 빛이기에 죄와 어둠이 없는 것이다. 엑카르트는 "하나님은 바로 '나'이지 않으면 안 되고, '나'는 바로 하나님이지 않으면 안 되며, 완전히 하나(One)이다."라고 하였다. 따라서 예수의 대속(代贖)은 오직 우리가 어둠인 無知의 죄(ego)에서 벗어나 하나님의 영광을 아는 빛으로(고후 4:6) '하나님과 하나'(One)임을 깨닫는 것이다.

소크라테스는 "너 자신을 알라" 즉 '자신이 神이라는 것을 깨달아야 한다'고 하였으며, 동학(천도교)은 "사람이 곧 神이다"(人乃天)고 한다. 만수르는 예수와 같이 "ego는 죽었으며, 내가 神(true Self)이다."라고 하여 이슬람교도들에게 죽음을 당하면서도 미소를 지었다. 또한 『우파니샤드』는 "나 자신이 브라흐만(神)이다."라고 하며, 밖의 진리를 경배하는 것은 우리를 파멸시킨다고 하였다. 또한 부처는 "일체중생 모두가 여래의 지혜와 깨달음의 성품을 갖추고 있으며, 다만 망상에 집착하기 때문에 증득하지 못하는구나."(『화엄경』)라고 하였으며, 『천부경』에는 "인간 가운데는 하늘과 땅과 하나(진리)가 들어 있다"(人中天地一)고 하였다.

예수는 말씀하셨다. "너희가 여자가 낳지 아니한 자를 보거든 엎드려 경배하라. 그가 바로 너희 아버지임이라"(도마복음 15).

'여자가 낳지 아니한 자'는 우주가 생기기도 전에 존재한 만물의 근원(One)인 神性(true Self)이며, 불경에서는 "부모의 몸을 빌려 태어나기 이전의 나"(父母未生前 本來面目)이다. 이러한 神性을 자각한 자 즉 영적으로 거듭난 자를 보거든 경배하여야 한다. 그가 바로 우리의 아버지임과 동시에 하나(One)이기도 하다. 즉 본질적으로 역사적 예수뿐만 아니라 나 자신, 그리고 우리 주위의 모든 사람들도 여자의 몸을 통해 나지 않은 자들이다.

神에게 경배하는 것은 불완전한 인간이 완전한 '神과 하나(One)' 되는 노력이지만 "깨닫는 자도 없고 하나님을 찾는 자도 없다"(롬 3:11). 구원이란 veil(구름)에 가려진 '사망의 목숨'(ego)을 제거하고, 하나(One)인 '생명의 목숨'(神性)을 찾는 것이며(막 8:35), 예수는 둘이 아닌 진리(One)를 전하기 위해서 이 세상에 오셨다(요 18:37). 즉 우리의 태어나지 않은 참모습(靈)이 하나님의 권속이라는 진리(One)를 가르치기 위해 오셨다(엡 2:19).

바울은 그리스도가 그를 통해서 역사하기에(롬 15:18) '여자가 낳지 아니한 자'(神性) 즉 '불임(不姙)인 여자의 아들'(true Self)의 내재적 활동을 자각하고 있음을 고백하였다(골 1:29). 이러한 神性의 깨달음은 빛이지만 마음(ego)은 無知이며, 깨달음은 지혜이지만 마음은 어둠이다. 불교의 佛性(神性)은 인생과 우주의 근본도리(One)로 상보(相補)하는 유기적 관계를 가지며, 이러한 연기적 실재관은 양자역학(量子力學)[93]의 주장과 동일하다.

"예수의 제자들이 그에게 이르되, 우리가 금식을 하리까? 어떻게 기도와 자선을 해야 하나이까? 음식을 어떻게 가려 먹어야 하나이까? 예수께서 이르시되, 거짓말을 하지 말라, 상대가 싫어하는 것을 하지 말라. 모든 것이 하늘 앞에서는 드러날 것이기 때문이니라. 결국 드러나지 않을 비밀도 없고, 나타나지 않을 숨김도 없느니라"(도마복음 6)

자타(自他)를 나누어 남에게 보이기 위한 위선적인 금식, 기도 그리고 자선을 행하는 것은 소용없는 일이다(無住相布施). 우리에게 필요한 것은 ego의 행위가 아니라 하나(One)를 자각하는 천국의 삶이다. 자신의 정체를 안다는 것은 '하나님의 자녀'가 되려고 ego로 뭔가를 하는 것이 아니라 하나님의 자녀인 자신의 본성(One)을 알아차리는 것이다(요일 3:2). '내(ego)가 본래 없는 것'(無我)이므로 이원성의 좁은 견해를 따라 의심하거나 형식과 틀에 매달린 행동을 하지 않아야 지금 여기서 실상(實相)인 천국(神性)이 드러난다.

금식, 기도 그리고 자선은 이원론(ego)을 부추겨 율법과 종교의식에 매이게 한다. 포로가 된 자는 神性(생명)인 자신을 찾을 시간이 없다. 자선은

"우주와 타인과 동떨어진 '나'는 따로 없다"(自他一切)는 태도로 오른손이 하는 것을 왼손도 모르게 무차별적 사랑을 실천하는 것이다(無心, 마 6:3). 평화와 침묵을 통해서 神性을 깨달으려는 완전한 지혜가 있어야 한다(無爲自然). 구약의 외전(外典) 중의 하나인 '솔로몬의 지혜'에서는 "모든 것이 평화와 침묵 속에 싸였을 때 당신의 전능한 말이 천상의 왕좌에서 … 내려왔다."라고 하였다.

우리의 미래는 현재 행동에 따라 나타나고, 어둠에 '숨겨 있던 神性'은 마침내 빛(청결한 마음)으로 드러나지 않을 수 없다. 이때 온 우주가 神(One)으로 충만함을 체험하고 환희를 누릴 수 있다(마 5:8). 신비주의자 루미(Rūmī)는 "사람은 이별의 슬픔을 아프게 노래하고 있다네. 피리로 살게 한 장인의 솜씨는 까맣게 모르고서"라며 하나(One)의 진리를 설명하며, 고통이 즐거움이요 슬픔이 기쁨이라고 하였다. 이러한 時空을 초월한 영적인 '신비주의 차원'(One)에서야 비로소 동양은 서양을 만나고 서양은 동양을 만날 수 있다.

집지실도 필입사로

執之失度 必入邪路

"집착하면 법도를 잃고서, 반드시 삿된 길로 들어간다."

—

'집착한다는 것'(ego)은 무엇인가를 붙잡고 매달려 손을 놓지 못하거나 혹은 어디에 의지하고 기대어 벗어나지 못한다는 것이다. '진리의 광명' (One)은 달성되는 것이 아니라, 그것이 있는 그대로 드러나는 것이므로 이원적(ego)으로 마음에 붙잡을 것이 있고 머물 곳이 있으면, '진리와 하나'(One)되는 인간성을 회복하지 못하고 바로 삿된 길에 떨어지게 된다.

불안청원(佛眼淸遠) 선사(禪師)는 "어떤 사람은 나귀를 타고 나귀를 찾고, 어떤 사람은 타고 있는 것이 나귀인 줄 아나 나귀에서 내릴 줄 모른다"고 하여 '깨달아야만 한다는 것'에 집착하여 능히 생각을 잊지 못하는 것을 지적하고 있다. '집착이 없는 자'는 진리(One)를 성취하지만, 그러나 '집착과 욕심을 버리지 못하는 자'(ego)는 사망에 이른다(야 1:15).

예수는 "무릇 자기 목숨을 보전하고자 하는 자는 잃을 것이요 잃는 자는 살리리라. 내가 너희에게 이르노니 그 밤에 둘이 한 자리에 누워 있으매 하나는 데려감을 얻고 하나는 버려둠을 당할 것이요"(눅 17:33-34)라고 말씀하셨다.

'개체적 자아'(ego)에 집착하여 자기를 몸과 마음으로 생각하는 자는 '보편적 자아'(true Self)를 잃게 되며, '일시적인 것'(ego)을 소멸한 자는 '영원한 자아'(神, true Self)를 살리게 된다(死卽生). 내면에서 버려둠을 당한 자는 근원(One)을 향한 자이며, 데려감을 얻는 자는 '감각적 욕망'(욕계번뇌, ego)에 이끌리는 자이다. 하나는 독생자인 '하나님의 자녀'(神, One)가 되고, 하나는 집착으로 인하여 반드시 '삿된 길'(ego)로 향한다.

기독교의 교리는 '예수만 오직 하나님의 독생자'라고 하지만, 그러나 "원수를 사랑하면 '神의 아들'(true Self)이 되는 것이며"(마 5:45), 神의 자녀인 독생자라 일컬음을 받는다(요일 3:1). 엑카르트는 "성부 하나님은 오직 하나(One)의 활동만을 하기 때문에 그는 나를 아무 차이 없이 자기의 '독생자 아들'(true Self)로 낳은 것이다."라고 하였고, 또한 장자도 "만물은 고유한 상태로 존재하기에 모두가 같은 존재"(萬物齊同, One)라고 하였다.

우리 모두가 하나(One)이며, 각각의 사람들은 똑같은 실재를 반영하는 거울과 같은 존재이다. 즉 우리는 다 같이 예수가 가르쳐 주신대로 '주린 자, 목마른 자, 나그네 된 자, 헐벗은 자, 병든 자, 옥에 가친 자'와 하나(One)인 것이다(마 25:44) 그러므로 인도 철학자인 크리슈나무르티는 "우리가 바로 세상 그 자체이다."라고, 와츠는 "깊숙이 들어가면 우리는 창조력을 발휘할 만한 도전이 일어나도록 전능함을 숨기고 있는 하나님이다."라고 하였다.

예수는 "네 말과 같이 내가 왕이니라 내가 이를 위하여 태어났으며 이를 위하여 세상에 왔나니 곧 진리에 대하여 증언하려 함이로라 무릇 진리에 속한 자는 내 음성을 듣느니라"(요 18:37)라고 말씀하셨다.

예수가 '왕이니라'라고 말씀한 것과 같이 우리도 하나(One)인 진리로 거듭나게 되면 생명의 근원인 왕(法王)이 될 수 있다. 예수가 이 세상에 인자로 왔다는 것은 윤리적, 종말론적 가르침을 주려 함이 아니라 時空을 초월한 진리(One)를 증언(확인)하며, 눈먼 자(ego)들에게 영적인 눈(앎)을 뜨게 하는 (요 1:18, 9:39-41, 17:26)의 뜻이다. 여기서 '증언하다'(마르튀레오)의 의미는 '목숨을 바치다'이므로 時空의 역사적 예수는 하나님과 사람사이의 현상적 중보자(仲保者)가 아니라, 神性(true Self)의 진리를 전하는 증언자이다.

우리는 타자의 힘이 아니라, 본질(One)이 '神의 자녀'임을 스스로 자각하여 천국을 이루며, '아집의 망상'(ego)을 제거하고, 회개(내면의 변화)를 통하여 하나(One)의 본래 생명인 神性(true Self)을 회복할 수 있다(눅 9:24). 예수는 자신이 보내심을 받은 것은 대속(代贖)이 아니라 삿된 길로 들어가는 '이원적 세상'(ego)을 깨뜨리고, 천국의 복음(One)을 전하기 위함이라고 말씀하셨다(눅 4:43). 부처 역시 이원적 사유(ego)인 삼계(欲界·色界·無色界)를 깨뜨리는 둘이 아닌 진리(One)를 전하기 위하여 이 세상에 오셨다(『전심법요』).

바울은 "나에게 사는 것이 그리스도이다"(빌 1:21)라고 말한다. 그리스도는 時空 안의 유한한 작용의 범주가 아니라, '무한한 실체'(One)로서 받아들여지고 있다. 즉 바울은 "나도 내 속에서 능력으로 역사하시는 이의 역사(役事, energy)를 따라 힘을 다하여 수고하노라"(골 1:29)라고 말하며 내적 예수의 신적인 힘을 고백하고 있다. 따라서 예수께서 이 세상에 오신 것은 우리가 '죄가 있다'는 '죄 의식'(ego)을 제거하여 '하나(One)의 진리'를 깨닫고, "내가 바로 궁극적 실재인 예수와 같은 神으로 태어나게끔 하기 위함이다"(엑카르트).

예수는 말씀하셨다. "둘이 한 자리에 있으매, 하나는 죽고 하나는 살 것이니라." 살로메가 이르되, "선생이시여, 당신은 누구시니이까? 당신은 누구시기에 내 침대를 차지하고 나의 식탁에서 먹었나이다." 예수께서 그 여자에게 이르시되, "나는 전체(不二)로부터 왔다. 나의 아버지에게 속한 것이 나에게 주어졌다." 살로메가 이르되, "나는 당신의 제자이니이다." 예수께서 이르시되, "평등하게 되었을 때(One)는 빛으로 가득차지만 나누어질 때는 어둠으로 가득찰 것이다"(도마복음 61).

'둘이 한 자리에 있으매, 하나는 죽고 하나는 살 것이니라'는 것은 예수의 재림이나 마지막 날의 심판과는 아무 관계가 없는 내면의 문제이다(눅 17:37). 즉 "한 나무에 두 마리의 새가 있는데 하나는 위 가지에 다른 하나는 아래 가지에 앉아 있는데"(『우파니샤드』), 하나는 분별 시비하는 ego이고, 또 하나는 나누어질 수 없는 '지켜보는 눈'(神性)이다. 이원성의 마음(ego)은 일시적이지만, 광대무변한 神性은 영원하며, 예수의 정체성은 어둠인 이원성(ego)이 사라진 영적인 빛이며, 둘이 아닌 하나(One)의 神性이다.

이원성이 사라진 '텅 빔'(One)은 '영원한 빛'(true Self)으로 가득 차지만, '나누어질 때'(사탄, ego)는 어둠속에 빠지고 만다. 인간은 모두가 다 본래 '텅 빈 충만'인 神性(true Self)이며, 또한 '나와 너'도 서로가 나누어질 수 없다(롬 1:20). 따라서 어둠의 목숨인 허상의 집착(ego)을 제거하고 영원한 빛(神性)을 '각성한 자'(true Self)가 구원을 성취한다(눅 9:24). 이러한 '하나(One)인 하나님 나라를 회복하고자 하는 인간 영성화의 길'(눅 17:21)은 時空을 초월함으로 동양과 서양의 문화에 따라서 다양할 수밖에 없다.

유대교의 에세네파, 카발라, Sufism 그리고 Hasidism등은 내면에 있는 '神의 불꽃'(true Self)을 자각하기 위하여 먼저 '개체의 나'(ego)를 죽여야 한다고 하며, 神(One)은 신앙의 대상이 아니라 '내면의 영적 깨달음'으로 체험하고 있다. 이러한 깨달음(구원)은 전체적으로 하나(One)인 '하나님만이 유일한 실재'이고 다른 모든 것들은 허상이며, 상대(ego)임을 자각하는 '최고의 즐거움'(究竟樂)이다. 이러한 '하나인 진리의 자각'을 통해 시간성이 영원성으로 환원되고, 망상이 만든 고통이 '궁극적인 행복'(至福)으로 변형된다.

방지자연 체무거주
放之自然 體無去住

"놓아버리면 자연히 본래로 되어, 본바탕에는 가거나 머무름이 없다."

—

사물을 대하고 있는 그대로 존재하게 하여야 하며, 그러면 가는 것도 머무는 것도 없다는 것이다. 즉 '사물을 분별하며 집착하는 것'(ego)을 놓아 버리면 업(karma: 業)이 사라지고, 모두가 자연히 현전(現前)하게 되며, 실상을 알게 되어서 머무름이 없다. 따라서 이원성의 집착(ego)만 놓아버리면 자연히 하나(One)인 진리를 성취하지 않을 수 없다(마 16:25).

영원한 생명인 자연(One)이라고 하는 것은 내(ego)가 없으며, 이름이 붙기 이전으로, 생명이 존재하는데 결코 모자람이 없는 자리이다. 그러나 인간이 먹고살아가는 데 부족한 이유는 분별 시비에 의한 '욕망과 집착'(ego) 때문이다. 따라서 본래가 부처인 내면의 自性(true Self)을 깨달을 때 '초월적 세계'(One)가 열리며, 상생(相生)의 길, 사랑의 길이 열린다.

바울은 "하나님은 만유의 주로서 만유 안에 계신다"(고전 15:28)고 하였다.

하나님(生命)은 모든 곳에 있는 전체성이며, 우리와 하나(One)라는 것이다. 어떠한 방법으로 하나(One)가 되라는 것이 아니라 본래 하나(One)였고 지금도 하나(One)라는 사실을 설명하고 있다. 홀연히 집착을 놓아 버리면 가거나(去) 머무름(住)이 없는 본래의 하나(One)가 된다는 것이다. 어린양의 혼인 잔치에 청함을 받은(계 19:9) '하나(One)된 자'는 '이 세상의 찰나적이고 현실적인 것'(ego)에서 실상인 영원한 진리(One)로 변화된 것이다. 이들은 언제나 '육체가 나'(吾我心)라는 행위자의 의식(ego) 없이 전체성(All)인 神性과 하나(One)가 되어 "하나님이 내 안에, 내가 하나님 안에 있는 것"(요 14:20)을 자각한 자이다.

"둘이 아닌 하나(One)의 하나님"(갈 3:20)의 개념은 '타자(他者)인 창조주[94]를 극복하여 '나와 우주의 일체'(不二), '나와 남의 일체'(自他一切)로서 이웃을 내 몸처럼 사랑하지 않을 수 없게 만든다. 또한 불교의 일즉일체(一卽一切), 일체즉일(一切卽一)인 '하나(One)의 진리'와 통한다. 불교는 본래 佛性(神性)과 하나(One)라는 것을 깨닫지 못한 자를 일컬어 중생이라 하고, 그것을 깨달은 자를 일컬어 부처라 한다(悟之者曰佛). 장자는 道의 경지(One)를 "시간의 흐름을 편하게 받아들이고 변화에 순응하며, 기쁨이나 슬픔 같은 감정이 마음에 끼어들지 못하게 되는 것(安時而處順 哀樂不能入也)"이라고 표현하였다.

예수는 "내가 진실로 너희에게 이르노니 하나님 나라를 위하여 집이나 아내나 형제나 부모나 자녀를 버린 자는 현세에 있어 여러 배를 받고 내세에 영생을 받지 못할 자가 없느니라"(눅 18:29-30)라고 말씀하셨다.

'버린 자는 여러 배를 받고, 영생을 얻는다'는 뜻은 이원성의 집착(ego)을 버리고 無心으로 자연스럽게 '진리와 하나'(One)되는 깨달음의 상태(true Self)인 구원이다. '유한 상대적인 것 즉 개체적인 자기 정체성'(ego)을 소멸하고(미워하고) 무한 절대적인 본래의 생명(true Self)을 회복하여 '영원한 하나님 나라'(One)를 누리는 자는 모든 것이 더하여진다(요 12:25, 마 6:33). 그러므로 이기적인 집착과 탐욕(ego)을 내려놓고(放下) '있는 그대로'의 삶을 살 때, '이상적인 無爲의 세계'(One)는 가고 머뭄도 없이 조화롭게 된다.

"아버지의 것이 다 내 것"(눅 15:31)일 때 더 이상 구하지 않는 것은 불경(佛經)의 "천하와 내가 한 몸이라는 사실을 깨닫고 있을 때 어떠한 것도 구할 필요가 없다"(天地如己 何事求矣)와 통한다. 노자는 집착에 대하여 "인위적으로 집착하는 자는 실패하고, 취하려 하는 자는 잃기 마련이다"(爲者敗之 執者失之, 『도덕경』 29장)라고 하였으며, 또한 장자는 진리와 하나(One)가 되기 위한 완전히 잊음 즉 자기 비움(부정)을 좌망(坐忘)이라고 하였다. 따라서 구원된 삶은 음양의 조화와 같이 '변화의 원리'(易, One)와 조화를 이루는 것이다.

예수는 말씀하셨다. "아버지의 나라는 곡식이 가득한 항아리를 이고 가는 여인과 같으니, 저가 먼 길을 가는 동안 항아리 손잡이가 깨어져 곡식이 흘러내렸으되 저는 이를 알지 못하니라. 저가 집에 이르러 항아리를 내려놓으매 그것이 비었음을 알더라"(도마복음 97).

'항아리를 이고 가는 여인'은 '겉사람의 나'(곡식)인 아상(我相, ego)을 소멸하고 전체성(All)인 속사람을 회복하여 '자기를 비움으로'(空, 빌 2:7) 하나님의 나라(One)를 성취한 자이다(無爲自然). 즉 '이원적인 삶'(ego)은 무의미한 가상(假相)임을 깨닫고 얻음과 잃음, 부(富)와 빈곤을 하나(One)로 보는 '나눌 수 없는 빛 그 자체가 된 자'(true Self)이다.

'외적인 집착'(ego)을 초월하고, 텅 빈 항아리처럼 '텅 비어 걸림이 없는 천국'(One)을 깨달을 때 본바탕으로부터 무한한 공급이 현실세계에 나타난다(마 6:33). 예수는 제자들에게 "여행을 위하여 지팡이 외에는 양식이나 … 아무 것도 가지지 말라"(막 6:8)고, 즉 '텅 빈 마음'(空)으로 지팡이인 '영(靈)의 하나님'(One)만을 생각하여야 한다고 말씀하셨다.

예수의 비움(kenosis, 빌 2:7)은 자아의 죽음을 거쳐서 근원(One)으로 돌아간 것이며, 우리도 자신을 비우는 우주적인 예수(true Self)를 닮아야 한다. 이 세상에 '나의 것'(ego)이라 부를 수 있는 것이 없고 '사물의 실상은 空'(諸法空)하며, 삶 전체가 단지 게임에 불과한 것을 자각할 때 고통이 사라지고, 모든 것을 영화 보듯이 즐기면서 지켜볼 수 있다.

예수는 말씀하셨다. "세상을 알게 된 자는 하나의 시체를 발견하였다. 그 시체를 발견한 자는 세상이 그에게 무가치하게 된다"(도마복음 56).

예수를 찾는 자는 사람들이 귀하게 여기는 이 세상을 생명력(One)이 없는 하나의 시체(ego)에 불과한 것으로 여기며, 또한 '물거품과 그림자와 같은 것'으로 아무 가치가 없는 것으로 본다(마 8:22). 구원은 이 세상이 공(空)으로 '헛된 것'(전 1:2)을 깨달아 집착에서 벗어나 하나(One)인 진리를 찾는 것이다. 이렇게 물질은 없고 '하나(One)인 神만 존재함을 깨달은 자'는 어떠한 고통에서도 조화로운 '하나의 생명'을 인식하여 "아이가 세상에 태어나는 기쁨"(요 16:21)과 "찡그린 얼굴을 펴고 웃음을 짓는 사람이다"(전 8:1).

이 세상은 살아 움직이는 영화 속의 장면이 필름에 의한 이미지의 흐름이듯 '神性이 투영된 그림자'(神의 顯現)이다. 즉 대상이란 마음(ego)이 만들어낸 창조물이며, 실제로 존재하지 않는 환영(幻影)과 꿈일 뿐이다. 이러한 헛된 이 세상에 대한 ego적인 분노와 탐욕을 놓아 버린 자는 '가는 것도 머무는 것도 없는 영원한 생명(true Self, 요일 1:2)을 회복한다(死卽生, 눅 17:33). '죽은 것'(ego)인 상대 세계를 벗어나, 살아 있는 하나(One)의 본바탕인 절대 세계(true Self)를 깨달을 때 모든 것이 광채를 띠고 아름답게 빛난다.

임성합도 소요절뇌

任性合道 逍遙絕惱

"본성에 맡기면 道에 합하여, 느긋이 거닐며 번뇌가 끊어진다."

—

'모든 집착과 염려'(ego)을 놓아버리면 '자기의 자성'(道: true Self)을 따라서 그대로 자유롭게 된다(마 6:25). 마치 구슬이 쟁반에서 구르듯이 힘 안 들이고 마음대로 활동하여 아무런 장애도 없는 것이다. 허공(道)은 완전 평등하여 삼라만상을 떠안고 있건만 사람들은 자기가 만들어 놓은 집착과 염려 속에 힘들어 하고 불평등을 만들어 서로 경쟁하고 있다. 따라서 모든 것을 '본성'(true Self)에 맡기고 깨어 있음으로 번뇌가 없는 '본래의 마음'(One)으로 살아가면 내면의 청정심(淸淨心)에서 나오는 참된 평화를 누린다(요 14:27).

불교의 화엄(華嚴)사상은 보편적인 본체(理致)와 개별적인 현상(事物)이 장애가 없이 서로 통하는 경지를 이사무애(理事無碍)라고 하고, 현상(事物)과 현상(事物)이 서로 장애가 없이 상호 의존관계인 경지를 사사무애(事事無碍)

라고 한다. 또한 '道와 하나'(One)가 되면 번뇌가 끊어져 온갖 차별의 현상은 서로가 융합하여 어떠한 대립도 없어지며, '나와 너는 둘이 아니라'(自他不二), '전체(All)가 그대로 하나'(One)이다. 즉 현상계 그 자체가 '절대적인 진리의 세계'(One)가 되는 것이므로 바로 희락지(喜樂地)와 환희지(歡喜地)를 체험한다.

예수는 "만일 나라가 스스로 분쟁하면 그 나라가 설 수 없다(If a kingdom is divided against itself, that kingdom cannot stand)"(막 3:34)**고 말씀하셨다.**

'나누어질 수 없는'(不可分) 하나(One)의 진리를 '이것이냐 저것이냐'로 서로 나누면 보편적인 진리가 될 수 없다는 것이다. 본성(One)인 진리(道)를 벗어나서 '이것은 선(善)이고, 저것은 악(惡)이다'라고 분별시비하면 번뇌가 끊어지지 않는다. 왜냐하면 선(善) 속에 악(惡)이 엎드려 있고 또한 악(惡) 속에 선(善)이 기대어 있기 때문이다(『도덕경』 58장).

우리는 '선악이라는 관념의 울'(ego)에 갇혀 있기 때문에 번뇌에서 벗어나지 못하고 있다. 모든 것을 있게 하는 '하나(One)의 진리(生命)[95]까지 꿰뚫어 들어가지 못하고, 모든 것을 神에게 맡기지 못하기에 끊임없는 미망(迷妄)의 바다에서 허우적거리는 것이다. 그러므로 노자는 "사람의 미혹됨이 참으로 오래되었구나"(人之迷也, 『도덕경』 58)라고 하였다.

유대인들은 고향에 돌아온 예수를 보고 "이는 그 목수의 아들이 아니냐?"(마 13:55)라며 배척하였다. 이와 같이 육체(ego)인 눈이 아니라 영적인 '제 3의 눈'(One)을 갖지 않으면 비록 예수가 눈앞에 있다고 할지라도 그를 볼 수가 없다. 따라서 예수는 전체로서 하나인 진리(천국)를 "보지 못하는 자들을 보게 하기 위하여 이 세상에 오셨다"(요 9:39).

예수는 神으로부터 분리된 인간을 다시 神과 合一시키기 위해서 이 세상에 왔다. 근원에서 떨어져 나온 것이 분리라면 근원으로 돌아가는 것은 合一이다. 그러므로 예수는 "나는 아래에 있는 것을 위에 있는 것처럼 만들고, 바깥에 있는 것을 안에 있는 것처럼 만들기 위해 왔다. 나는 이곳에서 그것들을 합체하기 위해 왔다"(빌립복음 67)고 말씀하셨다.

예수는 "너희 중에 누가 염려함으로 그 키를 한 자라도 더할 수 있겠느냐"(마 6:27)고 말씀하셨다.

이 세상의 모든 생명체는 전체성인 진리(One) 안에서 순리 그 자체대로 살아가게 되어 있으니 분별적인 염려를 하지 말라는 것이다. 이러한 이원성(ego)에 의한 모든 근심, 걱정은 모든 만물이 전체성(영적)으로 조화롭고 완전한 '생명의 실상'(神性)임을 모르기 때문에 발생하는 것이다. 모든 것을 우주의 energy인 神(One)에게 맡기고 '집착(ego)이 없는 순수함'(true Self)으로 거듭나면 모든 번뇌와 고통이 사라진 완전한 천국(光明)을 볼 수 있다(요 3:3). 즉 육체의 나(ego)는 '그림자와 같은 허상(ego)'96임을 자각한 경지(One)이다.

예수는 "네게 있는 빛이 어두우면 그 어둠이 얼마나 더하겠느냐"(마 6:23)고 말씀하셨다. '네 속에 있는 빛(One)'은 하나님(true Self)이며, 또한 "나는 세상의 빛이다"(요 8:12)라고 하신 예수(神性)이다. 예수는 "네 안에 있는 光明인 神性(true Self)이 집착과 염려에 쌓인 어둠의 ego에 의하여 사라져 버린다면 얼마나 어둡겠느냐?"고 묻고 있다. 이러한 '영원한 생명'(One)인 光明은 내면에만 아니라, 천지우주에 충만하다. 또한 '법신(法身)으로서의 부처님'(One)은 지혜광명의 밝은 빛으로 어디에나 두루 비치지 않는 곳이 없다(光明遍照).

예수는 말씀하셨다. "아침부터 저녁까지, 또 저녁부터 아침까지 무엇을 입을까 염려하지 말라"(도마복음 36).

천국(영적 세계, One)을 찾지 않고 헛된 물질세계(炎)를 먼저 찾으니 분별에 의한 두려움이 생긴다. 즉 영원한 평화와 신뢰로써 삶을 '있는 그대로' 不二의 진리(One)를 받아들이는 믿음이 사라졌기 때문이다. 따라서 자신의 본질은 육신이 아니라 영(靈)인 神性이라는 것을 깨닫고, 자연스러운 하나(One)의 생명이 되면 참된 자유와 기쁨을 누린다(無爲自然).

"눈앞의 차별 경계가 원래 있지 않음을 깨달아"(『대승기신론』) 전체로서 하나인 神에게 전적으로 맡기면 분별에 의한 염려와 번뇌는 사라진다. 대부분의 종교는 개체적인 자아(ego)를 초월하기 위해서는 神(One)에게 무조건 헌신해야 한다고 주장하고 있으며, 만일 모든 것을 神에게 맡기지 않고 기쁘게 해달라고 神께 요청한다면 헌신이 아니라 명령이다.

예레미야(예 18:6)의 토기장이(하나님)와 장자의 대장장이(조물주)의 비유(대종사 5장)는 둘이 아닌 진리(One)를 설명하고 있다. 두 비유의 공통점은 평등한 본성(true Self)인 '하나님의 조화'(One) 안에 이원성의 염려와 번뇌를 맡기고, 삶이나 죽음, 좋은 것이나 좋지 않은 것 등 모든 것을 있는 그대로 받아들이라는 '자유의 경지'를 말하는 것이다.

예수는 말씀하셨다. "돈이 있으면 이자로 빌려주지 말고, 오히려 돌려받지 못할 자에게 주라"(도마복음 95).

금전(가치)을 통하여 '나와 나'의 양변에 세계에 빠지지 말고, 주는 자도 받는 자도 없는 무아행(無我行)을 강조하신 말씀이다(應無所住 而生其心). 이렇게 ego가 비었다는 것을 깨달을 때 즉 '참된 나'의 '집착을 여읜 맑은 눈'

(마 6:22)을 뜨게 될 때, 비로소 "청결함으로 모든 이웃에게 임하고 있는 하나님(光明)을 보는 福을 얻게 된다"(마 5:8). 또한 변하고 있는 꿈과 같은 허상(ego)을 넘어 자타가 둘이 아닌 진리(One)의 신비를 체험하게 된다. 그러나 가짜의 존재인 '허상인 나(ego)'에 의하여 인식된 모든 판단은 모두 참이 아니다.

우리는 끊임없이 변하는 '거짓 나'인 개체적 자아(ego)를 제거하면 본래 모습인 영원한 보편적 생명(One)을 찾을 수 있는 것이다(마 16:25). 이러한 자신과 대상의 구분을 잊은 무아의 경지에서 원수도 사랑할 수 있는 것은 원수가 본래 없다는 하나(One)의 진리를 자각하였기 때문이다. 우리는 변화하는 거짓 자아(ego)를 버리고 모든 것을 無爲로 조화롭게 하는 영적 자아에게 맡길 때 상상이 만든 고통은 사라지고, 영원한 즐거움을 얻게 된다(離苦得樂). 왜냐하면 고통(악)은 상반되는 것의 의도적인(有爲) 부조화로 인한 산물이기 때문이다.

36

계념괴진 혼침불호
繫念乖眞 昏沈不好

"생각에 얽매이면 참됨에 어긋나고, 의식이 흐려지는 것은 좋지 않다."

—

'본래의 참됨'에는 어긋나거나 어긋나지 않음이 없지만 생각(ego)에 얽매였기 때문에 어긋난 것이다. 어떤 생각이든지 얽매이면 근본(One)은 모두 깨어지므로 의식이 흐려지는 것은 좋지 않다. 중생이란 '내가 부처'(true Self)라는 것을 모르고 일시적인 이 몸을 '나'라고 잘못 생각하는 자를 말하지만, 석가모니는 "나는 이미 부처를 성취한 사람이요(我是已成佛, 요 10:34), 앞으로 그대 역시 필히 부처가 될 사람이다(汝是當成佛)"라고 하셨다.

생각에 얽매이게 되면 고정관념에 사로잡혀 본모습과는 거리가 멀어지며, 그 대상이 부처님이나 神이라 할지라도 마찬가지이다. 우주는 변화하는(生老病死, 成住壞空, 生住異滅) 空이지만, 중생이 잘못 보고 집착하기 때문에 고통이 생긴다. 부처와 예수의 궁극적 가르침은 우리가 잘못 보는 無明(ego)에서 벗어나 본래의 '佛性과 神性'(true Self)을 회복한 열반(하나님 나라)으로 참된 자유와 평화로움 안에서 구원(One)을 누리라는 것이다(막 8:35).

바울은 "그는 보이지 아니하시는 하나님의 형상이요 모든 창조물보다 먼저 나신 자이다"(골 1:15)**라고 하였다.**

예수 그리스도는 하나님의 형상, 하나님(神性)의 구현(具現)이며, 마찬가지로 석가모니는 부처(佛性)의 구현(具現)이다. 모든 것이 진리인 그리스도 안에서 합쳐지며, 하나님은 "예수로 말미암아 자기와 화목하게 되기를 기뻐하는 것이다"(골 1:20). 하나님(One)의 구현(具現)은 그 어디든 다양하게 있으며, 이러한 '근원적이고 영적인 실재'(Christ)는 역사의 어느 일점에 부분적으로 제한될 수 없다. 따라서 '하나(One)이신 하나님 즉 예수 그리스도'(true Self) 외에는 아무것도 없으며(막 12:32), 예레미야는 "보라 내가 땅을 본즉 혼돈하고 공허하며 하늘에는 빛이 없다"(렘 4:23)라고 하나(One)의 진리를 설명하고 있다.

구원은 고통의 원인이 되는 집착에 사로잡힌 '이원성의 억매임'(ego)을 소멸하고, '참된 나'인 神性(One)을 회복하는 기쁨이다(涅槃樂, 막 8:35). 불교는 중생이 자기 내면의 본래적 성품(本來面目)인 하나(One)의 佛性(true Self)을 깨닫는 것이 목적이며(我是已成佛), 힌두교도 자신의 '가짜 생명'(ego)을 물리치고 진짜 생명인 아트만(Atman)을 자각하여 '브라흐만(Brahman)과 하나'(One)되는 것이다(梵我一如). 또한 장자의 道는 하나(One)되어 '모두가 서로 통하여 속박과 장애가 없는 경지'(萬物皆一)이다. 이와 같이 우리가 본래의 하나(One)로 돌아가면 이 세상의 모든 갈등이 소멸되는 진정한 평화를 맛볼 수 있다.

예수는 "무릇 있는 자는 받아 풍족하게 되고 없는 자는 그 있는 것까지 빼앗기리라"(마 25:29)라고 말씀하셨다.

'진리(One)로 즐거워하는 자'(영적인 자)는 더욱 자유와 풍족한 삶을 누리게 되지만, '번뇌에 빠진 육적인 자'(ego)는 빈곤함에 이르게 된다는 마음의 법칙을 설명하고 있다. 무한 능력자인 '하나님과 하나'(One)라는 자각 없이, 이원성의 ego로 인해 생각에 얽매여 살아가면 어두움에 빠져 영적인 삶은 결국 말라 죽어버리고 열매를 맺지 못하게 된다. 이러한 어두움을 밝히는 깨달음에 대하여 노자는 "영원한 실재(道)를 아는 것을 일컬어 깨달은 밝음이라"(知常曰明, 『도덕경』1장)고, 또한 하나(One)인 道를 통하여 "만족할 줄 아는 것 자체에 만족하면 늘 만족하게 된다"(知足之足 常足, 『도덕경』46장)고 하였다.

'진리(One)로 깨어 있음'은 더 많은 넉넉함으로 끌어당기지만, '깨어 있지 못하면'(ego) 점점 다른 방향으로 멀어져 갈 수밖에 없다. 따라서 기대와 집착하는 마음(ego)을 포기하면, 만사형통한 본래의 '나'인 神性(true Self)을 회복할 수 있다. 불교가 말하는 '진리(One)로 깨어 있는 자'(true Self)는 삼라만상에 현존하며, 너와 내가 다르지 않는 佛性(一切衆生 悉有佛性)을 깨달아 부처가 된 자이다(卽身成佛). 따라서 인간은 본래 '신적인 神性'(true Self)을 지니고 있으므로 '고통과 병'(ego)이 없는 완전원만(完全圓滿)한 절대적 존재이지만, 그것을 자각하지 못하기 때문에 여러 가지의 불행을 자초하고 있다.

'있는 자'란 '이미 가지고 있는 무진장한 神性(성령)을 자각한 자'(회개)이며, '없는 자'는 '이미 무한한 진리를 지니고 있음에도 불구하고 그것을 깨닫지 못한 자'(ego)이다. 개신교의 한 종파인 퀘이커교(Quakers)는 '분별을 초월한 절대평등'(聖俗一如)을 주장하며, 침묵 속에서 우리 속에 있는 '내적인 빛'(true Self)을 깨닫고자 하는 교파이다. 기존 교회가 지닌 어떤 형식도 없이 하나님을 내적인 자각으로 깨달을 수 있다고 주장하며 '내면의 빛'(true Self)을 중시한다. 따라서 "주님의 가르침은 침묵 속에 있기에"(마리아 복음 17:7) 하나님에게 기도하는 사람은 시간을 초월하는 묵상으로 기도하여야 한다고 가르친다.

예수는 말씀하셨다. "모든 것을 아는 자도 '자기 자신'(true Self)을 모르면 지혜가 부족한 자이다"(도마복음 67).

우리가 해야 할 가장 중요한 일은 이원적인 생각에 얽매인 지식이 아니라 '나는 누구인가?', 이 몸이 생기기 전에 '나는 본성(근원)은 무엇인가?'에 대한 올바른 인식이다. 즉 '개체적인 나'(假我)는 안개와 같은 '거짓된 나'(ego)이고, '영적인 나'(神性)가 '진정한 나'(眞我) 즉 神(佛)이라는 것이다(見性成佛). 모든 사람들은 神이 될 수 있는 근원인 씨앗(神性)을 가지고 있다. 예수는 "사람이 만일 온 천하는 얻고도 자기(神性)를 잃든지 빼앗기든지 하면 무엇이 유익한가?"(눅 9:25)라고 말씀하셨다. 따라서 나 자신을 아는 것이 구원이다.

"자신을 알지 못하는 자는 아무것도 알지 못한다"(싸우는 자 도마서)는 것은 "자신을 아는 자는 이미 우주의 깊이에 관한 지식을 얻었다"(『노자』)는 것과 통한다. '거짓 나'(ego)는 '오온(五蘊: 色受想行識)의 가화합(假和合)인 허상'(因緣生)이지만, '참된 나'(眞我)인 '내면의 그리스도'(true Self)는 실상이다(갈 2:20). 따라서 오직 예수만 믿으면 구원을 얻는 것이 아니라, 믿음을 넘어서 깨달음이 있어야 실상(One)인 하나님과 그리스도를 알게 되어 '영원한 즐거움과 청정하며 자유자재한 생명'(常樂我淨)의 영생을 얻게 된다(요 17:3).

예수는 말씀하셨다. "그 형상들은 사람들에게 분명히 드러난다. 그 형상 안에 있는 빛은 형상 속에 숨겨져 있다. 아버지의 빛은 스스로 드러날 것이지만, 형상은 그분의 빛에 의하여 감추어질 것이다"(도마복음 83).

인간의 외적 형상은 눈으로 볼 수 있지만, 근본성품인 '영원한 빛'(神性)은 숨겨져 있다. 하나님의 형상(神性)은 어떤 외적인 형태로 그릴 수 없지만 '만물의 근원'(『도덕경』 4장)인 빛으로 자신의 본성을 드러내고 계신다(色即是空 空即是色). 형상의 본질이 아버지의 빛(神性, One)이므로 "고요히 있으라"(시 46:10)와 같이 깊은 묵상으로 개체적인 자아(ego)가 사라질 때 '생명의 빛'(믿음의 눈)으로 드러나게 된다(히 11:1). 퀘이커 교도들의 예배는 침묵 속에서 우리의 내면에 있는 '진리의 빛'(神性, aura)이 비추어오기를 기다린다(골 3:4).

노자는 숨겨진 영원한 빛(true Self)을 '황홀(恍惚)'이라 하고, 장자는 '보광(葆光)'이라 하며, 불교에서는 '적광(寂光)'이라고 한다. 이러한 하나(One)인 '진리의 빛'(神性)은 생각에 얽매이게 하는 이원적인 ego의 힘(형상)이 사라질 때 스스로 밝게 빛날 것이다(롬 1:20). 따라서 예수가 이 세상에 오신 목적은 우리가 '지혜의 눈'(靈眼)으로 영원한 광명의 천국(神性, One)을 보도록 돕는 '영적 치료자'(마 13:15)의 역할로 오신 것이다(요 9:39). 불교에서도 "인간은 본래 佛性이므로 스스로 깨닫기만 하면 된다"(一切衆生 皆當作佛)고 한다.

37

불호노신 하용소친
不好勞神 何用疎親

"정신을 피로하게 함은 좋지 않은데 왜 멀리하거나 가까이하는가?"

—

멀리하거나 가까이 하는 ego적인 사유에 사로잡혀 정신을 피로하게 하여 不二의 진리를 벗어나서는 안 된다. '분별에 의한 온갖 변화 속에서 흘러가는 이 세상은 모두 무상하므로'(諸行無常), "알파와 오메가요 처음과 마지막인 진리(One)"(계 22:13)만을 바라보아야 한다. 부처는 그의 출가를 불평하는 자들에게 다음과 같이 말씀하셨다. "나는 그런 사소한 것에 가치를 두지 않는다. 내가 가치를 두는 일은 훨씬 더 크고 위대한 일이다."

진리(神: 부처)는 전체(All)로써 산이나, 강이나 또한 악한 사람이나 선한 사람이나 똑같이 평등무차별하므로 친하여 가까이 하거나 미워하여 멀리하지 않는다(마 5:45). 그림자와 같은 '육체의 나'(ego)가 소멸된 후 전체(All)인 '영적인 나'(true Self)의 경지에서는 모든 것이 텅 빈 상태로 분별이 사라진 신성자체이다. 그러한 까닭에 '멀리하거나 가까이 하는' 이원성의 악을 버릴 때 道(One)를 성취하여 기쁨과 행복으로 충만해진다(歡喜光佛).

　예수는 "하나님이 그 해를 악인과 선인에게 비춰게 하시며 비를 의로운 자와 불의한 자에게 내리우심이니라"(마 5:45)라고 말씀하셨다.

　하나님은 유대인만을 택한 민족으로 사랑하는 편파적인 神이 아니다. 유대인과 이방인, 기독교인과 불교인, 선과 악을 똑 같이 사랑하며, 허공과 같이 헤아릴 수 없이 크고 넓은 진리이다. 선인과 악인에게 평등하게 자비롭다는 부처(유마경)와 천지는 만물을 생성화육(生成化育)함에 있어 어진 마음을 쓰는 것이 아니라 자연 그대로 행할 뿐이라는 노자의 진리와 통한다(天地不仁, 『도덕경』 5장). 우리는 '선악이란 서로 대립관계가 아닌 상호 보완과 상대적'[97] 관계이기 때문에(塞翁之馬, 장 50:20), 항상 모든 것에 전체적 관점을 가져야 하며, 명상을 통한 부분적 관점(ego)이 사라지면 전체적 하나(One)의 神임을 자각하게 된다.

　우리는 모든 사물을 이원적 사유로 분리하거나, 멀리하거나 가까이하는 ego적 생각을 넘어서서, 모든 것의 근원인 "마음의 눈"(눅 10:23)으로 역동적이며, 유기체인 '하나(One)의 관점'으로 평등하게 보아야 한다. 하나님은 유대교의 선인과 악인을 차별하는 神과는 다른 사랑의 神이다. 부처님의 가르침도 어떠한 차별도 없이 모든 중생들에게 골고루 내리고 있다(『법화경』). 또한 천국은 선과 악을 포용하는 '하나(One)인 진리의 세계'(생명 energy)이므로 종말론은 있을 수 없다. 장자는 "성인(聖人)은 사물이 자기 뜻대로 되기를 즐기지 않고, 道와 더불어 즐기며 바깥 사물에 얽매이지 않는다"고 하나(One)를 설명하였다.

　예수는 계시로써 요한에게 "나는 알파와 오메가요 처음과 마지막이요 시작과 마침이라"(계 22:13)라고 말씀하셨다.

　　예수는 둘이 아닌 한(One) 분이시고, 개별적인 존재(육체적 나, ego)가 아닌 영원한 전체(All)이다(마 23:10). '전체성인 예수'(One)[98] 안에서는 행복과 불행, 기쁨과 슬픔, 선과 악 등 '이원성의 분별'이 사라지고, 자유롭게 되지 않을 수 없다. 왜냐하면 生死, 神과 자연 등의 이원성은 무차별적인 원(圓)으로 나타낼 수 있기 때문이다(一圓相). '겉사람'(ego)이 제거되고, 본래의 상태인 神性을 회복하여 '우주 만물이 하나의 진리로 화해버린 자' (物我兩忘)는 영원한 현재로써, 不二의 생명을 인식하게 된다. 겉사람인 상대적인 것(물질세계, 個我 등)은 실재하지 않는 환상 즉 얼음을 물로 보지 않고, 얼음으로만 보는 것이다.

　　'전체성이 된 자'는 처음과 마지막이기 때문에 차별세계(ego)가 사라지는 절대 평등성(One)을 가지며, 음양(陰陽)의 양극이 상호 보완성인 리듬임을 인식한다. 이러한 만물의 처음이자 마지막을 공자는 '성(誠, One)'이라고 표현하였다. '개체성의 육적인 삶'(ego)에는 처음과 마침이 있지만, 神性을 깨달은 '전체성의 영적인 삶'(One)에는 처음과 마침도 없는 무시무종 (無始無終)이다. 진리인 '나'(One)는 온 우주의 시작이요 끝이므로, 창조와 파멸의 원인이 되며(『바가바드 기따』), 노자도 "道와 하나(One)가 된 삶"(無爲自然)은 죽음과 고통까지도 단순히 자연의 조화와 시간의 흐름에 따르는 것으로 본다(同於道, 『도덕경』 23장).

　　제자들이 예수께 말했다. "할례가 유익합니까, 유익하지 아니합니까?" 예수께서 저들에게 이르시되, "할례가 유익했다면 그들 아버지가 어미 배에서 이미 할례 받은 아이를 출산하게 하였으리라. 영(靈)으로 하는 할례가 참으로 유익하니라"(도마복음 53).

진정한 영(靈)의 할례는 본질이 아닌 겉모습만을 보는 '허구(虛構)의 자기'(ego)인 겉사람의 집착을 소멸하고, 본래 구원받은 '진실한 자기'(true Self)인 속사람(神性)을 드러내게 하는 내면의 변화(One)이다. 즉 不二의 진리를 통하여 허상의 어둠(ego)인 無知(표피)가 벗겨지고 無知 속에 숨겨졌던 영원한 생명의 참된 모습(true Self)이 드러남을 의미한다. 이와 같이 전체를 따르는 것이 곧 종교적으로 되는 길이며, 또한 하나(One)인 道의 길이다.

바울은 "오직 이면적(on the inside) 유대인이 유대인이며 할례는 마음에 할지니 신령에 있고 의문에 있지 아니한 것이라"(롬 2:29)고 하였다. 따라서 할례는 육적 자아(ego)에 있지 않고, 하나님과 하나(One)되는 '참 생명'(靈)을 회복하는 것이며, 이러한 깨달음을 위하여 힌두교에서는 "내면의 자궁으로부터 황금의 껍질을 벗겨주소서"라고 기도한다. 그러므로 거짓 자아인 자기를 슬퍼하고 이것을 버리려고 하는 사람은 福이 있는 자이다 (마 5:4).

예수는 말씀하셨다. "한 사람이 두 마리 말을 탈 수 없고, 두 개의 활을 당길 수 없느니라"(도마복음 47:1).

우리는 한 말을 타고, 오직 한 화살을 당겨야 한다는 하나(One)의 진리를 설명하고 있다. "두 마음을 품어 모든 일에 정함이 없는 자"(약 1:8)의 이원론적인 눈(ego)으로는 모든 것이 정신을 피곤하게 하는 증애(憎愛)이며, 멀리하거나 가까이 하는 분별적인 어떤 것으로 보인다. 그러나 집착(ego)을 버리고, 새롭게 본질을 '지켜보는 자'(관조자)는 모든 것을 하나(One)로 보는 영안(靈眼)이다. 이러한 내면의 눈으로 전체(One)를 보는 자는 귀중한 신적인 존재가 되어, 환영(幻影)인 불행에도 흔들리지 않으며 '존재의 환희'를 즐긴다.

우리는 이원성인 옛사람(ego)으로 살고 있기에 좋음과 나쁨, 이익과 손해 등을 경험하는 현상의 세계에 살고 있다. 그러나 '자기의 이익'(ego)을 구하는 대신에 '지켜보는 자'인 새사람(true Self)을 깨닫게 될 때 분별시비는 사라지고 영원한 하나(One)의 생명만 남는 것이다. 이러한 지켜보는 자 즉 관찰자는 감정에 흔들리지 않고 무집착의 경지이다. 바울의 고백인 "마음을 새롭게 변화되게 하여야 한다는 것"(엡 4:23)은 육체(ego)와 자기(true Self)를 동일시하는 그릇된 집착의 죄(無知)에서 벗어나야만 성취할 수 있는 것이다.

38

욕취일승 물오육진
欲趣一乘 勿惡六塵

"한 수레를 얻고자 하거든, 육진 경계를 싫어하지 말라."

—

하나(One)인 영원한 大道(진리)를 성취하려거든 객관의 대상인 이 세상을 버리지 말며 미워하지도 말라는 것이다. 모든 경험의 대상은 물질적인 대상뿐만 아니라 정신적인 모든 것도 포함한다. 따라서 보이는 것, 들리는 것, 느껴지는 것, 생각으로 떠오르는 것, 이 모든 것을 싫어하거나 버리지도 말고 또 감각과 상념의 세상을 꺼려서는 안 된다는 것이다.

중생이 집착심(ego)을 가지고 이 세상을 보면 心性을 더럽히는 대상의 세계가 되지만, 분별을 버린 밝은 마음으로 보면 '진리의 세계'(One)가 된다. 이 세상의 삼라만상이 모두 진리(One)의 化身이며, 꽃을 보면 꽃과 하나(One)가 되는 그러한 자리가 바로 편재하고 있는 "佛性(神性)의 자리이므로"(롬 1:20), 일체의 모든 것은 마음으로부터 말미암은 것이다.

예수는 "진실로 진실로 네게 이르노니 사람이 거듭나지 아니하면 하나님 나라를 볼 수 없느니라"(요 3:3)라고 말씀하셨다.

천국(열반)은 믿음의 문제가 아니라, 참모습을 뒤덮고 있는 생멸(生滅)의 분별심을 벗겨내는 성령으로 거듭난 기쁨이다(生滅滅已 寂滅爲樂, 『열반경』). 우리의 '마음 밭(ego)'은 가상만을 보지만, 마음(ego)이 소멸된 청결한 자(無念)는 이미 있는 실상인 천국(光明)을 보게 된다(마 5:8). 우리가 하늘(우라노이쓰, 속사람)에 계신 아버지(마 6:9)인 神性(靈)을 깨달아 이원성을 제거하면, 고통의 이 세상에서 기쁨이 넘치는 천국 그 자체를 체험하게 된다.

엑카르트는 "인간은 창조되던 그 순간부터 '하나님의 형상'(One)을 지닌 하나(One)이며, 원죄란 분별 시비하는 '이원론적인 신체의식'(ego)이다."라고 하였다. 불교에서도 "죄(無明)란 하나(One)의 법계(法界)를 알지 못하는 망념(ego)"이라고 한다(『대승기신론』). 그러므로 구원받은 자는 집착(죄)에서 해방과 삼차원 세계를 초월하는 거듭남(解脫)을 통하여 '영적인 나'(true Self)인 '하나(One)의 神性'을 회복하고 천국의 기쁨으로 사는 자이다(눅 9:24).

우리는 이원성을 버리고, '생명의 실상'(神性)을 자각하여, 영적으로 거듭나면 지금 여기서 '神의 나라'를 체험하는 신비를 맛본다(唯識). 고통의 원인인 삼독심(三毒心, 탐욕, 성냄, 어리석음)을 버리는 깨끗한 마음이 보살의 정토(淨土)이며, 이 현실 세계도 그대로 정토(One)이다(『유마경』). 즉 시공간과 분별시비가 끊어진 세계가 정토(천국, One)이며, 시간이 존재하지 않으니 생멸(生滅)의 부침이 없고 공간이 존재하지 않으니 여기와 저기가 없다.

예수는 "성경은 폐하지 못하나니 하나님의 말씀을 받은 사람들을 神이라 하셨거든"(요 10:35)이라고 말씀하셨다.

'하나님의 말씀을 받은 자'(기노마에) 즉, 하나님과 하나(One) 된 자는 神이라는 말이다. 구원은 이원적 집착에서 벗어나는 '내면의 변화'(회개)이며, 진리(神)인 '참된 나'의 기쁨을 누리는 자리(One)이다. 이러한 신적인 삶(true Self, 고후 3:18)이 되는 것은 객관의 대상인 이 세상을 싫어하지 않고, 모든 것을 하나(One)의 생명으로써 포용하는 '無心의 경지'(無我)이며, 현대 물리학에서 주장하는 시공의 양변(兩邊)이 융합하는 '4차원의 세계'이다.

구원은 현실적으로 '하나(One)의 진리'(神性)로 의식이 변화되는 것이다(막 1:15). 즉 예수와 같은 모습으로 변화하여 영광스러운 상태로 옮아가며(고후 3:18), 새사람이 되는 것(롬 12:2)으로 神과 하나(One)되는 영적인 기쁨이다(第一義樂). 이러한 福 있는 자는 밝은 눈(마 13:16)과 청결함으로 지금 여기서 하나님(천국, One)을 볼 수 있다(마 5:8). 즉 우주의 근본 원리대로 차별이 없이 일체만법 모두를 융합한다(一切法皆是佛法, 골 3:11).

예수는 말씀하셨다. "나는 모든 것들 위에 비치는 빛이다. 나는 모든 것이다. 모든 것이 나로부터 나왔고 또 모든 것이 나에게로 돌아온다. 통나무를 쪼개라, 그러면 내가 거기 있다, 돌을 들어 보아라, 그러면 거기서 나를 찾으리라"(도마복음 77).

예수의 정체성은 상대적인 나사렛 예수가 아니라 "절대적인 神"(마 18:20)으로 "영적인 존재"(神性, 요 12:41)이며, 범신론적이다(無所不在). 예수는 모든 존재와 둘이 아닌 하나(One)이며(골 3:11), 모든 것이 예수(One)로부터 나왔으므로 메소포타미아의 창세 이야기와 비슷한 구약의 천지창조는 부정될 수밖에 없다. 따라서 나(神性)도 본래 죄인이 아니라 전체에서 나온 神(빛)이지만 無知(어둠)가 이러한 진리를 가리고 있을 뿐이다(요 10:34).

장자가 "나는 모든 것이다."라고 한 것은 "말씀(예수)의 우주적 현존"(요 1:1, 8:58)과 "모든 것 안의 모든 것"(엡 4:6)인 전체성을 나타낸다. 만물이 바로 예수(生命)라는 것은 예수만이 존재한다는 진리(One)를 나타낸다. 예수는 제자들에게 "누가 여기다 저기다 하여 너희를 잘못된 길로 인도하게 하지 말며, 인자가 너희 안에 있으니 그를 따르라"(마리아복음)고 말씀하셨다. 따라서 인자는 神性(One)을 자각한 사람이면 누구나 되는 것이다.

『바가바드 기따』에서 크리슈나가 아르주나에게 '하나(One)의 진리'를 다음과 같이 설명하고 있다. "나는 전체(All)이며, 모든 것이 나에게서 나오고 모든 것이 내 안으로 녹아든다. 너의 ego를 던져 버리고 내 발아래로 오라." 이브복음에서도 "나는 그대요 그대는 나다. 그대가 있는 곳 어디에나 나는 있으며, 만물 안에 씨 뿌려져 있다"고 한다. 따라서 '不二의 진리'(천국)를 위해서 객관의 대상인 이 세상을 버리지 말며 미워하지도 말아야 한다.

예수가 '통나무를 쪼개라, 그러면 내가 거기 있다'는 말씀은 『우파니샤드』의 "브라흐만은 불, 물 그리고 나무속에도 있다"는 불이일원론(不二一元論), 불교의 "모든 것이 佛性(神) 그 자체"(一切衆生 悉有佛性)라는 가르침과 통한다. '不二의 진리'에 대하여 장자는 "똥에도 道가 있다. 즉 만물은 모두 같다"(萬物齊同)고 하였으며, 비이원성인 하나의 진리(All in All, 엡 4:6)는 범신론(靈物一元)을 두려워한 이원성의 서구 신학자들이 무시한 진실이다.

예수는 "네 형제들을 네 자신의 영혼처럼 사랑하고 네 눈동자처럼 보호하라"(도마복음 25)고 말씀하셨다.

예수는 '진리의 삶'(自他不二)의 본성이 사랑이므로 다른 사람을 자신과 다르게 여기지 않았다(同體大慈悲, 마 12:50). 모든 사물의 입자들은 상호간에 그물망처럼 얽혀져 있는 하나이며(양자물리학), 일체의 생명은 동일률(同一律)이다. 따라서 객관의 대상인 이 세상을 버리지도, 미워하지도 않고, 형제를 자기 자신과 같이 사랑하여야 한다(惻隱之心, 『맹자』).

우리는 '개체적인 나'(ego)에서 벗어나 '하나(One)의 생명'을 찾아 사랑(agape)을 회복하여야 한다(마 16:25). 왜냐하면 모든 사람이 가지고 있는 神性(true Self)의 본래적인 성품은 "전체(All)이며 사랑"(요일 4:8)이기 때문이다. 또한 가장 위대한 사랑(One)의 행위는 '나와 너'의 이원적 사유(ego)를 멈추게 하며, '영적인 해방과 자유'를 누리는 것이다.

종교는 분리가 아닌 합일로, 경계선이 아닌 경계선을 소멸함으로, 神(사랑)에 도달한다. 이때 神(One)은 다른 곳에 존재하지 않으며, 피조물 자체가 바로 神이며, '있는 그대로의 모든 것'(神性)이 거룩하며 좋은 것이다. 그러므로 예수는 "너희가 둘을 하나로 만들 때 천국(神)에 들어간다"(도마복음 22)고 말씀하셨고, 道도 "둘이 아니고 하나이다"(『도덕경』 1장).

육진불오 환동정각

六塵不惡 還同正覺

"육진 경계를 싫어하지 말아야, 바른 깨달음과 같아진다."

—

모든 경험의 대상인 육진(六塵: 色聲香味觸法)을 바로 보는 것이 깨달음이며, 좋아하거나 미워하는 이원성의 ego에 의하여 '이것이냐 저것이냐'라는 식으로 분별 하면 곧 망상에 빠진다는 것이다. 따라서 모든 경험의 대상에 대한 경계를 초월한 不二의 진리를 이루기 위해서는 '유유자적(悠悠自適)한 어린아이의 마음'(One)으로 모든 것을 받아 들여야 하며(막 10:14), 無心으로 취하거나 버림의 '이원성(ego)이 사라진 경지'(One)가 되어야 한다.

부처님을 대자대비(大慈大悲)라 함은 '하나 됨'(One)을 몸으로 느끼면서 자비가 일어나기 때문이며, 이와 같이 '진리를 깨달은 자'(true Self)는 무한한 사랑의 마음을 가지지 않을 수 없다. '실상(實相)의 세계'는 있는 것을 없다고 보고, 없는 것을 있다고 보는 중생이 경험하는 일상적인 허상(虛相)의 세계가 아니라, 모든 경험의 대상인 육진세계(六塵世界)를 포함한 '모든 장애가 사라진'(事事無碍) '하나(One)의 아름다운 화엄세계(華嚴世界)'이다.

예수는 "어린아이들이 내게 오는 것을 용납하고 금하지 말라 하나님 나라가 이런 자의 것이니라 내가 진실로 너희에게 이르노니 누구든지 하나님 나라를 어린아이와 같이 받들지 않는 자는 결단코 그 곳에 들어가지 못하리라"(막 10:14)라고 말씀하셨다.

어린아이와 같이 모든 분별되는 경험의 대상을 미워하거나 좋아하는 '어둠의 이원적인 집착'에서 벗어날 때 편재하는 천국(光明)을 자각하게 된다. 이렇게 "진리(One)에 대한 깨달음"(마 6:22)으로 神의 경지에 이른 사람은 어린아이와 같이 어떠한 환경에도 영향을 받지 않는다. 따라서 "두터운 덕을 가지고 있는 상태는 어린아이와 같으며"(含德之厚 比於赤子, 『도덕경』 55장), "대인이란 어린아이의 마음을 잃지 않은 사람이다"(赤子之心, 『맹자』).

우리는 '이것이냐 저것이냐'에 대한 집착을 일으키는 ego를 제거하여 내면에 있는 순수한 '어린아이의 성품'(true Self)대로 대상계를 초월한 거듭남으로 진리와 하나(One)되어야 한다. '어린아이의 마음'(無我)과 같이 자연스럽고 단순하게 모든 것을 받아들이는 것이야 말로 참된 평화의 징후이다. 따라서 우리는 분별에서 벗어나 이 세상에 대한 편견이나 불만이 없이 "모든 것을 아름답게 보는 낙관적인 자세"(롬 8:28)로 삶을 즐겨야 한다.

우리가 분별심(ego)으로 방황할 때 자연의 본질이 음과 양의 대립으로 되어 번뇌에 사로잡히지만, 하나(One)임을 깨닫게 될 때 모든 것은 음과 양의 조화로 아름답게 된다. 즉 어둠이 스스로 어둡지 아니하나, 밝음 때문에 어두운 것이며, 오고 감도 서로 인연으로 모든 것들이 이와 같다(『육조단경』). 잘못된 이원성(ego)을 버리고 '어린아이의 마음'(true Self)으로 모든 것을 수용할 수 있는 '자유로운 자'는 바로 비종교적 영성의 경지이다.

하나님은 나와 관계없는 '먼 곳에 있는 존재'(全的他者)가 아니라, 내 마음속에 존재하는 '나의 본질'(true Self)이며, '우주만유의 근본성품'(神性, 佛性)인 본체(One)로 不二의 전체성(All)이다. 이러한 하나(One)의 진리를 예수는 "하나님은 내 안에 있고 나는 하나님 안에 있다"(요 14:11)고 말씀하셨다. 따라서 천국(One)은 '개체적인 나'(ego)의 삶에서 자취를 감추지만, '어린아이와 같은 순수함'(true Self)이 될 때 그 모습(光明)을 드러낸다.

예수는 "너희가 아버지께서 내 안에 계시고 내가 아버지 안에 있음을 깨달아 알리라"(요 10:38)고 말씀하셨다.

내면의 변화인 거듭남은 '나와 하나님이 하나(One)이며, 나와 우주가 하나(One)'임을 깨달아 아는 것이다. 내가 정화되면 우주가 정화되고, 또한 우주가 정화되면 나 스스로 그만큼 정화를 받기에 우리가 행동하는 것이 다 우주와 더불어 상관관계가 있다(自他一如). 분별하는 ego가 사라져 경험의 대상세계를 미워하지 않는 자는 주체와 객체가 사라진 하나(One)의 '완전한 자유인'(true Self)으로 샘솟는 환희(光明)를 체험한다(歡喜踊躍).

"첫째가 되려는 이기심(사망, ego)을 버린 끝이 된 자"(막 9:35)는 神性(生命)을 회복한 자이며, 일체 만물과 더불어 하나 되어 서로 사랑하지 않을 수 없다(요일 3:14). 이러한 不二의 진리 안에서 예수는 모든 사람의 고통을 자기의 것으로 느껴 인류를 위하여 십자가를 졌으며, "너희가 사람의 잘못을 용서하면 … 아버지도 용서한다"(마 6:14)고 말씀하셨다. 이와 같이 이원성이 녹아버리면, 둘이 아닌 하나의 '무한한 용서와 사랑'이 된다.

우리는 둘이 아닌 하나(One)의 전체론적인 시각이 결여되어 있을 때 더욱 어려운 환경을 맞이하게 된다. 예수는 귀신 쫓기에서 "이에 가서 저보다 더 악한 귀신 일곱을 데리고 들어가서 거하니 그 사람의 나중 형편이 전보다 더 심하게 되느니라"(눅 11:26)고 설명하였다. 즉 악에 대항하지 말라는 것이며, 대항은 반대편에 더 많은 힘을 실어줄 따름이다. 따라서 분별하는 자아(ego)의 포기로서 전체적(One)으로 긍정하는 영적 자세가 요청된다.

예수는 "너희의 입으로 들어가는 것은 너희를 더럽히지 않지만 너희의 입으로부터 나오는 것이 너희를 더럽히기 때문이다."라고 말씀하셨다(도마복음 14:3).

우리를 더럽히는 건 밖이 아니라 안에 있는 것이며, 안으로 무엇을 들이는가가 아니라 안으로부터 무엇을 내어 놓는가에 달려 있다. 왜냐하면 내놓는 것이야말로 우리의 '본질과 존재의 향기'(One)를 나타내기 때문이다. 우리가 존재(One) 안에 중심을 내리고 있다면, 무엇이든 변화시키고, 변형시키는 구원을 이룰 수 있다. 즉 우리가 부분(ego)이 아닌 전체적인 깨달음의 관점(One)에서 살 때 無집착으로 환희의 삶을 누린다.

우리는 금기하는 음식을 먹는다고 더럽혀지는 것이 아니라 '마음(ego)에서 나오는 것'(악한 생각, 살인, 간음, 음란)들이 우리를 더럽힌다. 왜냐하면 외부의 것들은 전체성인 진리를 더럽힐 수 없기 때문이다. '모든 경험의 대상인 현상과 이원성의 형식적 종교'(ego)로부터 자유롭게 되면 오직 하나(One)만 존재함을 깨달을 수 있다. 따라서 종교적(영적)인 사람은 언제나 전체(All)를 보고, 세속적인 사람은 언제나 부분을 본다.

마음속에서 생기는 이원론적 ego의 집착과 탐욕의 허상을 제거하고, '마음이 無心으로 청결해진 사람'(true Self)만이 전체성(All)인 영원한 하나님(實相)을 본다(마 5:8). 이렇게 마음(ego)의 작용은 우리를 더럽힐 뿐만 아니라, 또한 깨끗하게 한다. 나그함마디의 문서 중 하나인 '구세주와의 대화'에서는 "몸의 등불은 마음이며, 너희 내면에 있는 것이 제대로 보존되고 있는 한, 너희 몸은 밝게 빛이 난다."라고 기록하고 있다.

예수는 "자기(ego)를 부인하고 날마다 제 십자가(ego)를 지고 나(One)를 따르라"(눅 9:23)고 말씀하셨다. 즉 스스로 '자신의 십자가'(ego)를 짊어져야 하고 자신을 대신하여 십자가를 짊어질 타자는 필요하지 않으며, ego의 죄를 해소하는 수단으로 회개가 있다. 또한 "죄(ego)의 결과"(因果應報, 갈 6:7)인 윤회(輪廻)[99]는 용서와 사랑의 神과 "神이 '영원한 지옥'[100]의 형벌을 준다"는 근본주의 흑백논리의 모순을 해소한다.

40

지자무위 우인자박
智者無爲 愚人自縛

**"지혜로운 자는 억지로 하는 일이 없지만,
어리석은 사람은 스스로를 얽어맨다."**

—

지혜로운 자는 억지가 없이 오직 할 뿐이다. 왜냐하면 깨달음을 얻었기에 취하려고 하여도 취할 것이 없고, 버리려고 하여도 버릴 것이 없기 때문이다. 그러나 '어리석은 사람'(ego)은 공연히 '취하려고 애쓰며 버리려고 고생'을 한다. 깨달음으로 현상계의 업장(業障)을 녹인 자는 억지가 아니라 오직 할 뿐이며, "심는 대로 거두는 결과"(갈 6:7)에 따라 순리에 맡긴다. 즉 '집착과 번뇌에 따라 업(業)이 있고 업(業)에 따라 업보(業報)가 있다.'

「초발심자경문(初發心自警文)」에는 "주인공(主人公)아, 내 말을 들어라(聽我言)"라고 하였다. 내면의 주인공인 '영원한 佛性(聖靈)'이 맑고 뚜렷하게 깨어서 하는 일에 모두 주체적이고 능동적으로 하니 모든 일이 저절로 풀려 나간다는 것이며, '지혜로운 자'(One)는 아무것도 하지 않으면서 하지 않는 일이 없는 '대자유의 삶'을 누리지 않을 수 없다(無爲而無不爲).

예수는 '씨가 자라나는 비유'를 다음과 같이 말씀하셨다. "하나님 나라는 사람이 씨를 땅에 뿌림과 같으니 저가 밤낮 자고 깨고 하는 중에 씨가 나서 자라되 그 어떻게 된 것을 알지 못하느니라 땅이 스스로 열매를 맺되 처음에는 싹이요 … 열매가 익으면 곧 낫을 대나니 이는 추수 때가 이르렀음이니라 또 이르시되 우리가 하나님 나라를 무슨 비유로 나타낼까 겨자씨 한 알과 같으니 땅에 심을 때에는 땅 위의 모든 씨보다 작은 것이로되 심은 후에는 자라서 모든 풀보다 커지며 큰 가지를 내나니 공중의 새들이 그 그늘에 깃들일 만큼 되느니라"(막 4:26-32).

하나님 나라는 저 세계에 있지 않다. 삼라만상(森羅萬象) 중에 숨 쉬는 신비한 생명(One)의 작용이며, 우리들이 현실에 살고 있는 이 세계에 현존(現存)하고 있다. 내면에 영(靈)인 천국의 씨(神性, true Self)가 뿌려져서 공중의 새들이 그 그늘에 깃들일 만큼 큰 가지가 되고 서로 작용하면서 천국(神, One)을 이룬다. 즉 어떤 씨앗보다도 '작은 씨앗'(極小)이 어떤 푸성귀보다도 '큰 푸성귀'(極大, 생명)로 자라서 삶을 환희의 축제로 만든다.

우리가 ego를 버리고 흐르는 물처럼 저절로(by itself) 살아간다면 하나(One)인 천국의 삶이 된다(막 14:36). '진리와 하나'(One)된 사람은 전체성(영적)이 되었으므로 무위적으로 취하려고 하여도 취할 것이 없고, 버리려고 하여도 버릴 것이 없는 '無心의 삶'(One)이다. '삶을 있는 그대로 자연스럽게 받아들이는 자'(깨달은 자)는 진정한 평화를 누리며, 애쓰지 않아도, 생각하지 않아도 모든 것이 저절로 진리(One)에 부합되는 것이다(중용).

하나님 나라의 특징인 '스스로'는 자연의 흐름이며, "이미 나라가 임하여 있기 때문에"(娑婆卽寂光土, 마 6:10) 모든 것이 '하나(One)인 생명'의 흐름에 따라 조화롭게 이루어진다. '모든 것이 스스로의 법칙대로 되는 것'(自然法爾)이므로 '어떠한 것도 일어나는 대로 맡겨야 한다. 有爲的(ego)으로

'강요해서는 안 되며'(逆效果의 法則), 아무런 분별적인 작위(作爲)도 없는 순수함으로 삶을 있는 그대로 '하나님의 뜻'(無爲)에 따라야 한다.

노자는 道(One)의 성품인 "있는 그대로의 자연스러움"(無爲自然)을 강조하여 "하늘과 땅은 만물을 생성화육(生成化育)함에 있어, 억지로 어진 마음을 쓰는 것이 아니라 자연그대로 맡길 뿐임이라"(天地不仁,『도덕경』5장)라고 하였다. 또한 장자도 "道를 따라서 행하는 것이 가장 좋으며, 저절로 그러한 것이 바로 道이다"(自然而然)라고 하였고, 맹자(孟子)는 인간의 마음속에 있는 변하지 않는 본성을 성(性) 즉 천명(天命)이라 하였다(『중용』).

예수는 말씀하셨다. "누구나 나에게 가까이 있는 자는 불 가까이 있는 것이요, 나에게서 멀리 있는 자는 왕국에서 멀리 있는 것이니라"(도마복음 82).

'불'은 새롭게 하나님과 하나(One)가 되도록 하는 '천국의 진리'(One)를 상징한다. 즉 '이원성인 세상적 가치'(ego)를 태워버리는 결단이 요구되는 긴박성이며, '두 개의 극단'(ego)을 모두 태워버리는 거듭남이 일어나게 한다. 그것은 '부분적인 것'(ego)이 완전하게 녹아 없어지고 어떤 '전체의 조화로운 것'(All)이 되게 한다. 몸이 '나'라는 망상(ego)을 태우는 '불'인 예수를 가까이 하는 자는 하나(One)가 되어 천국의 신비적인 체험을 하게 된다.

예수(진리) 가까이에서 '과거와 미래, 욕망과 분노의 이원성'(ego)을 불태우고 '진리와 하나(One)된 자'(true Self)는 깨달음의 기쁨과 영원한 생명을 얻는다. 삶의 모든 고통과 문제(ego)들이 해결되므로 본성(One)에서 흘러나오는 달콤한 감로수로 인하여 영원토록 목마름이 없게 된다(요 4:14). 그러나 '예수와 멀리 있는 어리석은 자'(ego)는 '하나(One)의 생명'인 無爲의 진리를 깨닫지 못하고 스스로를 얽어매어 불행한 삶에서 벗어날 수가 없다.

'영적인 사람'(true Self)은 영원한 생명을 얻지만 육적인 사람(ego)은 하나님의 법칙인 인과율에 의한 나쁜 업보를 받게 된다. 영원한 생명인 神性(佛性)을 위하여 예수는 "아들을 믿는 사람은 영생이 있다"(요 3:36)고 하였고, 부처는 "무량수 부처님을 믿는 사람은 영원한 생명과 법열(法悅)을 얻을 수 있다"(『법화경』)고 하셨다. 『법화경』에는 자신 속에 처음부터 주어진 佛性(옷 속에 보석)을 깨달아야 한다는 비유로 '의리계주(衣裏繫珠)'가 있다.

예수는 말씀하셨다. "사람에게 잡아먹히게 될 사자는 행복하도다. 이는 사자가 사람으로 되기 때문이다. 그러나 사자에게 잡아먹히는 그 사람은 화(禍)가 있다. 왜냐하면 그 사자가 사람이 되기 때문이다"(도마복음 7).

'절대인 비이원성의 사람'(true Self)이 상대적이며, 이원성의 사자(ego)를 소멸시켜 "거듭나는 것"(요 3:3)[102]은 행복한 일이며 모든 종교의 핵심이다. 그러나 이원적 대립 구조인 사자(ego)에 의하여 조종되는 사람에게는 화(禍)가 있는 것은 사자(겉사람)가 사람(속사람)의 행세를 하며, 또한 어둠(ego)이 그 사람의 '신적인 빛'(One)을 가로막기 때문이다. 따라서 '육체의 나'(ego)인 사자가 '있는 그대로'인 '영적인 나'에게 잡혀 먹히면 '나'(ego)라는 생각은 사라지고 '하나(One)의 근본'으로 부활하기 때문에 영원한 평안과 행복을 누린다.

이러한 행복은 일시적인 것이 아니라, 묵상을 통한 깊은 내면의 영적 변화와 하나(One)의 진리를 통한 영원한 환희이다. '음양(陰陽)의 조화'[103]를 파괴하는 사자는 집착과 탐욕 그리고 이원성으로 고통을 일으키는 겉사람(ego)이므로, 우리는 억지로 하는 일이 없는 無爲의 이치에 맞는 행동으로 항상 근신하여 깨어 있어야 한다. 왜냐하면 마귀가 우는 사자(ego)같이 두루 다니며 삼킬 자를 찾고 있기 때문이다(벧전 4:8). 이러한 마귀(사자)라는 악(惡)은 전체로서 하나인 神과 대립되는 실체가 아니라 치유해야 할 일종의 병이며, 실수이다.

악은 둘이 아닌 진리를 가린 마음의 산물이며, 우주는 神의 한 덩어리이기에 선하신 神에 대한 악의 이유를 묻는 질문은 의미가 없다. 모든 사물은 상대적이며, 변화가 무질서하게 멋대로 이루어지지 않고 일정한 법칙에 따르고 있음을 '깨달은 자'(true Self)는 좋은 일이든, 좋지 않은 일이든 항상 기뻐한다(데전 5:16). 왜냐하면 만물에는 음과 양이 다 들어 있으며 사물의 변화는 바로 음양의 조화이기 때문이다(萬物負陰而抱陽, 『도덕경』 42장). 현대 물리학이 발견한 초대칭이론은 모든 입자와 짝을 이루는 빛(One)이 존재한다는 것이다.

법무이법 망자애착
法無異法 妄自愛着

"진리는 다른 진리가 없는데, 허망하게 스스로 좋아하고 집착한다."

–

중생들은 생각하고, 집착하며, 망상을 하는 특별한 다른 진리(참됨)가 없는데 공연히 스스로 "욕심과 애착(愛着)으로 사망을 낳는다"(약 1:15). 즉 다른 종교는 무시하고, 자기의 종교만을 주장하는 집착을 벗어나야 한다는 것이다. 왜냐하면 '不二의 진리'(One)에서는 모든 것이 전체(All)이므로 다른 진리가 있을 수 없으며, 모든 것이 법신(法身)의 드러남이다.

존재는 존재일 뿐이니 거기에 자기 식대로 다른 개념을 붙이지 말아야 하며, 오직 마음 밖에서만 또한 마음 안에서만 法(진리)을 구하는 이원성(二元性)의 ego적인 집착을 하지 말아야 한다. 따라서 이기적인 ego에 의한 대상이 되는 神, 부처, 마귀, 등의 분별 시비들은 모두 망견(妄見)으로서 애착심(愛着心)이며, '너와 나의 구별도 있을 수 없다'(諸法無我).

예수는 빌립의 질문에 "내가 아버지 안에 거하고 아버지는 내 안에 계신 것을 네가 믿지 아니하느냐"(요 14:10)고 대답하셨다.

예수는 스스로가 時空을 초월한 '영원한 생명'(true Self, 요 8:58)임을 설명하지만, 빌립은 '상대 이원론적 사유'(ego)에 사로잡혀 예수의 활동 속에 나타나 있는 절대적 神(One)을 보지 못하고 있다. '개체적인 나'(ego)가 소멸되고 보편적인 '둘이 아닌 하나(One)된 자'(true Self)는 모든 것 안에서 "神과 神의 영광을 밝히는 하늘"(시 19:1)을 체험하며, 불교도 "세상 모든 것이 부처(One) 아닌 것이 없다"(頭頭物物無非佛)고 말한다. 또한 운문선사(雲門禪師)는 "부처는 무엇입니까?"라는 어떤 스님의 질문에 "똥 막대기가 부처(One)이다."라고 하였다. 그는 자기 안에서, 또한 한 줌의 모래 속에서도 하나(One)인 부처를 보았다.

형이상학적 관점에서 우주 만물은 오직 '하나(One)의 진리인 神(그리스도)만이 존재'[104]하며, 다른 것들은 있을 수 없으므로 '있는 그대로'(神性)의 삶을 긍정적으로 받아 들여야 한다. 그리스도를 보는 것은 무소부재한 전체이신 神(One)을 보는 것으로 '하나가 그대로 전부이며, 전부가 그대로 하나이다'(一卽多 多卽一). 그리스도는 우주에 가득 차 있는 생명(One)이므로 구원은 대상인 역사적인 예수를 믿는 것이 아니라, 거짓 목숨(ego)을 벗어나 "예수와 하나(One)되는 것"(요 17:21)이다. 이와 같이 요한과 도마는 時空을 초월한 '진리인 예수'를, 마태와 마가 그리고 누가는 구약의 예언 성취자로서 예수를 강조하고 있다.

예수가 "나를 보지 못하고 믿는 자들은 복 되도다"(요 20:29)고 하여 인간 몸을 지닌 자기보다는 진리 자체(One)를 강조한 것과 같이, 부처도 "진실로 法(dharma)을 보는 자는 나를 보며, 나를 본 자는 진리를 본다"고 하였다. 예수의 가르침은 어느 때와 어느 장소에 정하여져 있는 진리(그리스도)가 아니라, 개개인의 내면에 '하나(One)의 진리'가 이미 있다는 사실에 "눈을 뜨라고"(靈眼, 마 13:16) 하는 것이다. 마찬가지로 노자도 道(진리)는 "보아도 볼 수 없는 것을 가늠할 수 없으므로 모두 하나(One)로 여긴다"(『도덕경』 14장)고 하였다. 따라서 진리(One)의 세계는 어떤 사념의 파도도 없는 침묵이며, 時空이 사라진 세계이다.

예수는 말씀하셨다. "너희는 무엇을 보러 광야로 나왔느냐? 바람에 흔들리는 갈대를 보려 하느냐? 너희 왕이나 권세 있는 자처럼 부드러운 옷을 입은 자를 보려 하느냐? 이런 자들은 부드러운 옷을 입었으되 진리를 깨닫지 못하느니라"(도마복음 78).

부드러운 옷인 집착(ego)은 '하나(One)의 진리'로 가는 길이 아니며, 사람은 단순히 겉모습으로 판단되어질 수 없다. 천국(One)은 어떠한 곳이나 외형이 아니라, 바로 지금 여기에서 이미 실현되어 있지만, 우리는 자각하지 못하고 있다. 따라서 천국의 길(true Self)은 예수처럼 '세속적 가치를 초월한 가난한 자'(無我, 도마복음 54)가 되는 길과 '절대적 가치'(神性)인 생명의 빛(요 8:12)을 찾기 위한 내면의 변화(회개)를 통해 가능하다.

구원(해탈)은 육체의 '나(ego)'인 '겉사람'(我相)이 사라지고 본성인 '속사람(true Self)의 光明'(神性)이 드러나, 이미 자유로운 상태임을 깨닫는 기쁨(法樂)이다. 이때 자신의 영원한 생명을 알게 되고 '不二의 진리'(One)에 눈을 뜨게 된다. 이렇게 하나(One)에 대한 묵상을 통하여 전체를 보는 '영적인 눈'(true Self)을 뜨면, 부분적인 물질과 망상(ego)은 사라지고 하나님의 光明이 두루 비추는 천국(One)의 신비를 체험하게 된다(光明遍照).

時空을 초월한 천국(One)은 나누어질 수 없는 본래의 청정한 경지로서 時空 안의 이원론적인 세계가 아니며(요 18:36), 이 세상의 종말이거나, 죽음 후에 맞이하는 세계가 아니다(요 5:25). 그러므로 예수는 천국을 지금 여기서 우주 안에 작용하고 있는 오묘한 "생명(One)의 활동"이라고 설명하셨다(막 4:26-32). 둘이 아닌 진리인 천국과 현세는 별개가 아니라 하나(One)이며, 천국은 현실이므로 이것이 구약의 전통과 결별하는 지점이다.

'털옷을 입은 사람들'인 수피(Sufi)들은 이슬람의 신비주의자들로 명상과 평화를 강조하며, 염색하지 않은 천하고 거친 옷을 입고 다녔다. 이들은 형식주의(ego) 이슬람에 반대하여 종교적으로 경건한 생활을 하는 자들이며, '神과의 合一'(One)이라는 궁극의 목표를 추구한다. 이들의 목적처럼 집착(ego)을 벗어나 '우주와 내가 일체'(One)가 될 때 "항상 자신의 처지에 '만족'[105]하게 되어 언제나 넉넉하게 된다"(知足之足 常足矣, 『도덕경』 46장).

예수는 말씀하셨다. "神이 셋 있는 곳에서 그들은 神들(gods)이다. 둘(two) 또는 하나(one)가 있는 곳에서, 나는 그들과 함께 있다"(도마복음 30).

자신 안에 하나님이 계시며 자신은 하나님의 자녀라고 확신하고 거룩한 삶을 살아가고 있는 자 즉 깨달은 자(神, 요 10:34)들이 '셋'이 모이면 그 자리는 神性(One)으로 빛나게 된다. 예수(One)는 홀로라도 '진리를 깨달은 자'(true Self)와 함께 하고, 둘이라면 더욱 기쁘게 그들과 함께 진리의 빛을 비춘다. 우리는 예수처럼 '이원성의 분리'(ego)를 벗어나 '하나님과 하나'(One)가 되는 것을 깨달을 때 내 안에 '하나님이 거하시는 성전'이 세워진 것을 알게 되며, 예수와 나 즉 천지와 내가 같은 하나의 뿌리이다(天地與我同根, 莊子).

옛사람(ego)을 벗어 버리고 새 사람인 진리(神性)를 입으면 '새롭게 하심을 입은 자'(One)가 된다. 거기에는 헬라인이나 유대인이나, 종이나 자유인이나, 기독교인이나 불교인이나 차별이 있을 수 없는 것은 "오직 그리스도는 만유(One)시요 만유 안에 계시기 때문이다"(無明眞如無異境界, 『圓覺經』, 골 3:11). 힌두교에서는 금욕의 칼로 속된 분별을 일으키는 욕망의 나무를 잘라낸 사람은 궁극적 실재(One)라 하고, 내면의 아트만을 볼 수 있다고 한다. 따라서 '나'(true Self)는 지고(至高)의 브라흐만이자 '만물 속에 가득 차 있는 자'이다.

　노자는 "무사(無私)로 성사(成私)된다"(『도덕경』 7장)라고 하였다. 즉 이 세상에서 이원론적 사유로 '나의 것'이라고 하는 이기적인 애착(愛着)의 ego를 비우면 마지막에는 영원한 전체성이며, 안도 없고 밖도 없는 Atman(眞我)을 회복한다는 것이다(『우파니샤드』). 노자는 道와 하나(One)되기 위해서는 분별적인 지식과 생각을 버리고, 또한 몸은 분주하지만 마음은 고요한 물과 같이 하여 '함이 없이 하는'(無爲而作) 道人의 자세가 되어야 하며, "학문은 하루하루 더해가는 것이고, 道는 하루하루 덜어내는 것이다"(『도덕경』 48장)라고 하였다.

42

장심용심 기비대착
將心用心 豈非大錯

"분별로 큰마음을 찾으니, 어찌 커다란 잘못이 아니랴?"

—

'거짓된 나'(ego)의 분별로 '참된 나'인 '큰마음'(true Self)을 구하는 것이 잘 못 중에서도 가장 크다. 우리가 부처가 되려고 '집착을 하는 것'(ego)은 마치 머리 위에 머리 하나를 더 얹으려는 것과 같다. 이미 온전히 갖추어져 있는 하나(One)의 진리인 '순수한 마음'(true Self)이 바로 부처(眞我)'임을 자각하지 못하고 있는 것이 無知(죄)이다.

"우리는 본래부터 예수와 하나(One)이므로"(本來面目, 요 15:27) 이미 神인 아미타불(阿彌陀佛)이며, 지금 '마음의 근본자리'(true Self) 그대로가 극락세계이다(唯心淨土). 우리가 눈을 뜨지 않고서는 光明을 볼 수 없듯이 '참 자아'(眞我)인 '佛性의 은총'(자유)을 성취하지 못하면 밤낮으로 눈앞에 있는 '영원한 진리'(true Self)를 볼 수가 없는 것이다.

예수는 "살리는 것은 영(靈)이니 육(肉)은 무익하니라"(요 6:63)고 말씀하셨다.

진리인 예수는 육체를 그 자신이라고 받아들이지 않는다. 즉 개별적 육체의 '나'인 '겉사람'(ego)은 헛되지만 보편적 속사람(神性)은 실재한다. 예수를 형상인 육체로 보면 빗나간다. 時空 안의 현시된 존재는 꿈과 환상으로 진실이 아니기 때문이다. 부처도 모든 형상과 대상은 허망하므로 "만약 색신(色身)으로써 나를 보거나 음성으로써 나를 구하면, 사도(邪道)를 행함이고 능히 여래를 보지 못한다"(自燈明 法燈明, 『법화경』)고 하였다.

진리를 외부에서 찾는 이원성(ego)을 버릴 때 저절로 남는 것은 '하나(One)의 진리이며, 생명'인 영원한 神性(靈, true Self)이다. 이러한 진리(One)의 '순수한 생명'(靈)이 내면에 이미 존재함을 깨닫지 못하고 육으로 사는 자는 "영적으로 죽은 자"(마 8:22)이다. 우리는 이미 은총을 받아 구원된 자로써 神性(One)이며, 무한한 능력을 가진 神의 자녀(true Self)이지만, 꿈과 안개와 같은 일시적인 덥게(ego)에 가려져서 깨닫지 못하고 있다.

예수는 "나를 보내신 이가 나와 함께 하시도다 나는 항상 그가 기뻐하시는 일을 행한다"(요 8:29)고 말씀하셨다.

예수는 번뇌(ego)를 소멸시키고, "자기를 비움으로"(無, 빌 2:7) 본래 상태인 영원한 神性(성령, true Self)을 회복하였다. 또한 "이는 내 사랑하는 아들이요"(마 3:17)라는 말을 들을 수 있는 영적인 눈(귀)이 열리므로 '하나님의 뜻'(One)을 이루게 되었다. 그는 자신의 행동이 진리와 이미 하나(One)되어 내면에 온전히 임하는 하나님의 역사(役事)(true Self)임을 알고 있다. 즉 자신의 뜻(true Self)이란 천국을 이루는 '하나님의 뜻'(One)이다.

예수는 스스로 가상의 ego를 벗어나 하나님과 하나(One) 됨으로 실상인 神性을 찾았기에, 진리인 '하나님의 뜻'(One)을 이루는 일을 행하였다. 또한 '나라(실상 세계)가 임하시오며'(마 6:10)라고 말씀하신 대로 우리가 죽은 후에만 천국에 가는 것이 아니라, 지금 여기가 이미 천국임을 전하여 주셨다(눅 4:43). 따라서 우리는 "맹세하지 말라"(마 5:34)는 말씀과 같이 진리를 미래에서 찾는 분별을 버리고 바로 이 시간 천국의 기쁨을 누려야 한다.

예수는 말씀하셨다. "이 하늘은 사라지고, 그 위에 있는 하늘도 사라지리라. 죽은 자들은 살지 못하지만 살아 있는 자들은 죽지 않으리라. 너희가 죽은 것을 먹는 날 너희는 그것을 살아나게 하노라. 너희가 빛 속에 거할 때 너희는 무엇을 하려느냐? 너희가 하나였을 때 너희가 둘이 되었도다. 그러나 너희가 둘이 되면 그때 너희는 무엇을 하려느냐?"(도마복음 11).

모든 것은 지나가며, 이렇게 변화하는 꿈과 안개와 같은 것을 '깨닫지 못한 자'(ego)들은 죽은 자들이지만, 진리(One)를 자각한 살아 있는 자들은 이원성을 초월하는 빛의 세계에서 영생한다. 죽은 것을 먹는 날 그것을 살아나게 하는 것은 죽음과 삶이 하나(One)가 되게 하는 경지이다. 예수는 우리에게 "본래 하나(One)로부터 와서 전체와 분리되어 둘이 되었으며, 이것을 깨닫지 못하고 '이원성의 상태'에 있다면 어떻게 하겠느냐?"고 묻는다.

우리의 가장 중요한 일은 실상(實相)인 神性을 자각하는 것이며, 이때 '전체와 하나'(One)가 되는 천국을 이룬다. 이렇게 '죽은 자'(ego)로부터 '살아난 자'(true Self)는 집착(ego)의 허망한 아집을 벗어나, 모든 '생명의 본래 자리'(神性)를 회복하여 영원한 빛으로 '구원을 얻은 자'(One)이다. 따라서 구원은 영원할 수 없는 '몸의 부활'을 의미하는 것이 아니라, 어둠의 목숨 (ego)을 제거하고 빛의 '참된 나'(천국, One)를 찾는 것이다(눅 9:24).

　우리는 영적 깨달음으로 그림자와 환영과 같은 '개체적 자아'(ego)를 제거하고 하나(One)인 '본래의 모습'(神性)을 회복하는 구원(천국)을 이루어야 한다(막 8:35). 헛된 분별(ego)을 버리고 이미 천국을 누리고 있는 것을 자각하여 전체로서 하나(One)가 될 때 다른 종교와 화목(마 5:24)하게 되고, '광명이 두루 비추게 된다'(光明遍照). 이렇게 집착을 버리고 神과 하나(One)가 되어 '영혼의 완성'(환희)을 이루는 것이 모든 종교의 구원관이다.

　예수는 말씀하셨다. "하늘과 땅이 너의 보는 앞에서 말려 올라가겠거니와, 살아 있는 분으로 인해 사는 자는 죽음을 보지 않을 것이니라"(도마복음 111:1).

　하늘과 땅이 말려 올라가는 즉 이원성의 겉사람(ego)이 사라지는 거듭남으로 '살아 있는 神性을 깨달은 자'는 삶과 죽음을 초월한 '영원한 세계'(One)를 누린다. 즉 ego를 제거하고 진리(One)를 체득하여 "그리스도와 같이 된 자"(true Self, 요일 3:2)는 죽음을 보지 않는 영생을 누린다(갈 2:20). 이러한 영생의 세계는 꿈과 그림자와 같은 일시적인 허상의 세계를 초월한 영원히 불변하는 '실상의 세계'(One)이다. 따라서 불교에서는 "통달하여 모든 것에 걸리고 막히지 않는 자를 일러 보살[106]"(『금강경』)이라고 한다.

　우리가 쓸데없는 마음을 쓰지 않아도 되는 것은 내면에 이미 온전히 갖추어져 있는 절대의 '영원한 진리'(true Self) 때문이다. 이원적 생각에 얽매이게 하는 어둠인 ego를 제거하면 대립하는 듯이 보이는 것들이 저절로 '하나(One)의 光明'이 되어 일원적(一元的)인 영원한 생명(true Self)이 나타나게 된다. 이러한 진리의 자각에 의한 희열(喜悅)의 영적 자리가 바로 "일용할 양식"(마 6:11)이다. 즉 '하나(One)의 생명에너지'(氣)인 神性으로 이원적(二元的)인 물질주의 수렁에서 이 세상을 구하는 유일한 방법이다.

　죽음은 다만 외부에 국한된 것으로 내면의 생명은 계속 살아 있으며, 육신(ego)이 소멸되는 그날 주인으로 있던 내면의 神性은 영원한 하나님 안으로 귀일(歸一)한다. '나의 본래 모습'(true Self)을 자각하면 환(幻)인 죽음은 존재하지 않는다. 그러므로 혜능대사는 그의 죽음을 슬퍼하는 제자들에게 "自性(自己本性)은 생겨남(生)도 없고, 없어짐(滅)도 없고, 감(去)도 없고, 옴(來)도 없느니라."라고 하였다. 인도의 성자(聖者) 까비르는 자신이 죽으면 神(One)을 보게 된다며, 죽음(ego)은 더 이상 죽음이 아니라고 하였다.

43

미생적란 오무호오

迷生寂亂 悟無好惡

"어리석으면 고요함과 시끄러움이 생기지만

깨달으면 좋아함과 싫어함이 없다."

—

무엇에 홀려서 정신을 차리지 못하고 미혹(迷惑)할 때 고요함과 혼란함의 분별 시비가 생기지만, 깨달으면 나누어질 수 없는 전체(不二)가 되어 '좋아함과 싫어함'(ego)이 없다는 것이다. "아집(我執)으로 고요함을 좋아하고 혼란함을 싫어하는 안개와 같은 생각"(약 4:14)이 남아 있는 동안은 분명한 깨달음을 성취하기가 어렵다. 그러나 ego를 소멸하고 '하나(One)의 생명'인 佛性(神性)을 깨닫게 되면 "날마다 좋은 날이 된다"(日日是好日).

선과 악이라는 것은 사실 모두 이원성(二元性)의 ego적인 사유에 의하여 만들어진 것이다. 無心으로 선도 생각지 않고 악도 생각지 않는 '불사선(不思善)과 불사악(不思惡)의 세계'는 하나(One)인 진리이며, 『반야심경』과 『금강경』(金剛經)에서 강조하는 空(One)의 세계이다. 『육조단경』에서는 "불법(佛法)은 세상에 있으니 세상을 떠나지 않고 깨달으라. 세상을 떠나서 보리(菩提)를 찾는 것은 토끼의 뿔을 찾는 것과 같다"고 하였다.

예수는 "너희 중에 누구든지 자기의 모든 소유를 버리지 아니하면 능히 내 제자가 되지 못하리라"(눅 14:33)**라고 말씀하셨다.**

제자가 되기 위하여 '모든 소유를 버린다는 것'은 소유하고 있는 것에 소유당하지 않는 무소유이다. 즉 '육체는 잠깐 있다가 없어지는 안개'[107]와 같으므로 '비본질적인 생명'(ego)을 소멸하고, 하나(One)의 불변하는 '본질적인 생명'(true Self)으로 가득 채우라는 것이다. 집착(ego)을 버리고 초연한 '神性을 깨달은 자'만이 지금 여기에 이루어져 있는 조화로운 천국을 성취한다. "주여, 주여 하는 자"(마 7:21)가 아니라, 성령 충만하여(엡 5:18) 사랑과 미움, 행복과 불행이 하나라는 진리를 직관(영적)으로 아는 자가 천국에 들어간다.

영원한 삶인 '천국을 성취하는 것'(구원)은 예수(타자)에 대한 맹목적인 믿음이 아니라 예수의 의지를 행하는 자력적인 노력이다(마 5:48). 그러므로 예수는 "구원 받기 위해 그분의 의지를 행하라. 나의 꾸지람을 듣고 스스로를 구원하라"(야고보 비밀의 서 12)고 말씀하셨다. 구원은 어느 누구도 자기를 대신할 수 없으며 스스로가 이원성인 겉사람(자아, ego)을 소멸하고 하나(One)인 속사람(영적 자아, true Self)을 찾지 않으면 불가능하다(마 16:25).

예수가 "자기 부모와 처자와 … 자기 목숨까지 미워하지 아니하면 능히 내 제자가 되지 못한다"(눅 14:26)고 한 것은 ego를 완전히 비워, 일체의 집착이 끊어진 경지가 되어야 한다는 것이다. 달마 대사가 서쪽에서 온 뜻은 집착을 떠난 경계를 가르치기 위함이며, 노자가 "문과 창을 뚫어서 방을 만드는데 역시 거기가 비어 있어서 방이 쓸모가 있다"(『도덕경』 11장)고 한 것은 마음을 비우지 않고 집착으로 가득 차 있으면 아무 소용이 없다는 것이다.

예수는 "진실로 진실로 너희에게 이르노니 사람이 내 말을 지키면 영원히 죽음을 보지 아니하리라"(요 8:51).

삶과 죽음(사망)[108]은 오직 상대 세계 안에서만 그 의미를 갖는다. 그러므로 '상대적인 無知의 몽환(夢幻) 상태'로부터 영혼이 깨어나 절대인 그리스도 의식에 머물러 있다면 삶과 죽음은 하나(One)이다. 즉 '나'(ego)라는 것이 사라지는 순간 더 이상 분리된 존재는 없고, 모두가 하나(One) 된다. 이러한 하나(One)의 생명에 대한 깨달음으로 이원성인 ego를 초월하는 영적 존재는 죽음을 맛보지 않는 영원한 현재를 살아간다(요 11:26). 그러므로 영적인 존재로 변화되지 못한 자들은 낮과 밤이 서로 이어지는 것처럼 삶에서 죽음으로, 죽음에서 삶으로 순환되며(영지주의), 물과 성령으로 거듭날 때 까지 윤회한다(神智學, 요 3:5).

깨달음(거듭남)의 경지(true Self)는 순수한 어린아이와 같이 生死, 자타(自他) 등의 구별(ego)이 사라진다는 가르침을 통해 인류를 구하는 구원의 보배(神性)이다. 이러한 태어나지 않은 神性의 깨달음을 이해한다면 죽음을 맛보지 않으며, 육체는 사라질지라도 진정한 생명(true Self)은 그대로 존재하므로 이를 '영원불변하다'고 하는 것이다. 그러므로 부처는 生과 死에서 자유로워질 수 있는 영원한 삶의 길은 욕망과 집착을 소멸하고 '있는 그대로의 모습'에 기뻐하며, 만족하는 것이라고 하였다. 즉 실상(One)을 증득한 '깨달음의 경지'(生死解脫)에서는 生과 死가 둘이 아니니 이것은 하나이면서 둘이고 둘이면서 또한 하나이다.

예수는 "만일 눈먼 사람이 눈먼 사람을 인도한다면 두 사람 모두 구덩이에 빠질 것이다"(도마복음 34)라고 말씀하셨다.

이원적 사유의 종교 지도자인 '눈먼 자'(ego)가 눈먼 사람을 인도한다면 두 사람 모두 구덩이에 빠지게 되므로, 아무나 따라가서는 안 된다는 말이다. 눈먼 자가 영적 세계를 보는 '영안(靈眼)이 열린 자'의 '절대적인 말'(One)을 이해하지 못하는 것은 집착의 어둠 때문이다. 구원은 '진리에 눈멈'(ego)에서 진리(One)를 찾고, 보는 영적 체험이다(마 16:25).

좋아함과 싫어함의 분별 속에 살아가는 눈먼 자들의 흑백논리로는 천국을 체험할 수 없다. 왜냐하면 천국은 지리적인 장소의 개념이 아니라 나누어질 수 없는 의식의 차원이며, 우주에 충만한 '하나(One)의 생명'이기 때문이다. 따라서 "보는 것을 보는 눈"(true Self, 눅 10:23)이 열린 '진리의 사람'(One)이 인도할 때는 결코 구덩이에 빠지지 않는다.

종교적인 사람(One)이란 살아 있는 동안에 과거를 들여다보고, 삶(ego)의 모든 허구성을 깨달은 사람이며, 자기 자신을 들여다본 사람이지만, 그렇지 않은 사람은 눈먼 사람이다. 왜냐하면 자신을 변화시키지 않고는 어떤 변화도 있을 수 없기 때문이다. 그러므로 예수는 "먼저 네 눈 속에서 들보를 빼낼 때 그 후에야 밝히 본다"(도마복음 26)고 말씀하셨다.

예수께서 "자신을 발견한 누구라도 그에게 세상은 아무 가치가 없다"고 말씀하시지 않았는가?(도마복음 111:2).

내가 누구인가?(Who am I?)의 자기 탐구는 바로 구원의 길이다. 즉 나는 본래 '육체이거나 마음'(ego)이 아니라 "神의 자녀"(true Self, 요 1:12)이며, 神이다(요 10:34). "이제는 내가 사는 것이 아니요, 오직 그리스도께서 사시는 것"(갈 2:20)은 마음의 등불인 "내면의 눈"(마 13:16)을 뜨게 하며 '육체와 영혼'[109]이 다르다는 착각(ego)은 사라지게 된다(吾喪我). '내가 누구인가?'를 통하여 절대적 不二의 생명(Christ)을 "깨달은 자"(마 13:23)에게는 좋아함과 싫어함이 있는 상대적인 이 세상은 아무 가치가 없다. 즉 육체와 동일시하지 않는 영원한 "지켜보는 자"(true Self, 눅 10:23)가 되면 유한한 죽음과 질병이 사라진다.

'不二의 생명'(One)인 예수는 "나를 보내신 이의 뜻은 … 마지막 날에 다시 살리는 이것이다"(요 6:39)라고 말씀하셨다. 여기서 '마지막 날'은 시간적으로 세상이 끝난다는 말이 아니라, 음양(陰陽)의 조화처럼 '새것의 시작일 뿐 아니라 옛것의 끝'(One)이며, 時空을 초월하는 경지이다. 또한 좋아하고 싫어하는 ego의 분별 시비가 사라진 새로운 영적 세계(神性, 佛性)인 '초월적 사랑과 자비가 지배하는 천국'(One)[110]이 실현되는 신비한 경지이다. 이러한 상대 세계의 '본질을 본 자'(true Self)는 자신이 육체의 존재가 아니라, 신비한 '神의 생명'(神性)임을 자각하여 자아중심주의(ego)에서 초월하여 자유(One)를 즐기게 된다.

44

일체이변 양유짐작
一切二邊 良由斟酌

"모든 상대적인 두 견해는, 오직 헤아려 보기 때문에 생긴다."

—

본래 진리는 양변(兩邊)이 있는 것이 아닌데도 마음으로 '이것은 좋고 저 것은 나쁘다는 분별 시비'로 따진다는 것이다. 어림잡아 헤아리는 여러 가지 이원성(二元性)의 버릇을 버리지 못하면 불교의 목적인 영원한 '不二의 진리'(One)인 佛性(佛心)을 깨달을 수가 없는 것이다. 따라서 '두 가지의 상대성인 이변(二邊)의 취사심(取捨心)'(ego)을 버리는 無心으로 전체가 현전(現前)하는 '청정광명(淸淨光明)한 극락(천국)을 맛볼 수가 있다(마 5:3).

서로를 구별하는 '모든 상대적인 두 견해'(ego)는 '하나(One)의 진리'를 벗어나 이기적인(ego) 생각에 이끌려서 오직 헤아려 보기 때문에 생기는 것이다. 『반야심경』에서는 "지혜도 없고 또한 얻음도 없다"(無智 亦無得)라고 하였다. 하나(One)인 '지혜의 안목'(true Self)으로 '인생 또는 세상'(ego)을 보았을 때 空으로 텅 비어 아무 것도 없으며, 지혜를 통하여 외부로부터 무엇인가 얻을 것이 있다고 여기는 것이 잘못이라는 것이다.

예수는 "내가 만일 하나님의 손을 힘입어 귀신을 쫓아낸다면 하나님의 나라가 이미 너희에게 임하였느니라"라고 말씀하셨다(눅 11:20).

우리는 좋은 것과 나쁜 것 등을 분별하는 어둠인 '이원성의 마음'(ego)을 쫓아내는 '神性의 깨어남'(회개)을 통하여 하나님 나라가 이미 지금 여기에 임해 있음을 자각하여야 한다. '하나님의 나라'(One)는 현재의 역사적 현실 가운데 작용하고 있으며, 그것은 결국 그 작용의 범위가 확대됨에 따라 전면적으로 성취된다. 천국은 時空과 인과율을 초월하여 헤아려 보는 상대적인 두 견해를 초월한 '不二의 하나님에 대한 믿음'(不二信心)으로 하나(One) 되는 것이며, 불안한 마음(ego)을 벗어나 영원히 안락(安樂)한 마음이 되는 경지이다.

엑카르트는 내면에서 이루어지는 "하나(One)되는 것을 영원한 말씀의 탄생, 아들의 탄생 혹은 神의 탄생이라 하였고, 그의 독생자(true Self)를 그대 안에 낳으신다."라고 하였다. 그는 "하나님 아들의 탄생인 성육신(成肉神)은 단지 2000년 전 지구의 어느 구석에서 일어났던 한 특수한 역사적 사건이 아니라, 바로 우리들 모두의 마음속에서 일어나는 보편적(One) 사건이며, 우주적(One) 진리이어야 한다"고 주장하였다. 왜냐하면 영원한 '하나(One)의 진리'가 되기 위해서는 시공을 초월한 보편타당성(普遍妥當性)을 가져야 되기 때문이다.

바울은 그리스도를 설명하면서 "이 아들에 관하여 말하면 육신으로는 다윗의 혈통에서 나셨다"(롬 1:3)고 하였다.

육(肉, ego)으로는 역사적 예수와 神性의 그리스도는 구분될 수밖에 없지만, 과거와 미래가 없는 비인격인 "임의로 부는 바람"(聖靈, 요 3:8)과 같은 '하나(One)인 생명'의 관점에선 동일할 수밖에 없다. 불교는 "인간은 본래 부처이다"(本來是佛)고 하여 중생과 부처, 현실과 극락이 조금도 다르지 않는 '하나(One)의 생명'이라고 한다. 이와 같이 不二의 진리(One)는 양변이 있는 것이 아닌데도 ego 마음으로 이것과 저것을 헤아린다.

예수 그리스도(true Self)는 이 세상에 태어나거나 죽을 수 없는 불생불사(不生不死)의 영원한 진리(實相)이며 생명이다(요 14:6). 그러나 역사적 예수가 이 세상에 오심은 우리의 죄를 대속하기 위하여 십자가에 죽임을 당하기 위함이 아니라, 우리의 無明의 비늘을 벗겨 영안(靈眼)을 뜨게 하기 위한 구원자[111](요 9:39), 독생자[112], 진리의 증언자(요 18:37) 그리고 하나님과 하나가 되게 하는 우주적 중보자[113]로서 오셨다(고후 5:19).

바울이 "그의 죽으심과 같은 … 그의 부활과 같은 모양"(롬 6:5)이라 한 것은 '죽음을 통해 삶(One)을 얻는다'는 것이며, 죽음은 우리를 얽매였던 율법을 지킴으로써 의로운 인간이 된다는 이원성(ego)의 죽음을 의미한다(롬 7:6). 이렇게 '죄의 법'(ego)을 제거하면 "들을 귀 있는 자는 들으라"(막 4:9)와 같이 영적인 소리를 들을 수 있는 귀가 열리게 된다. 불교도 '귀 있는 자'(true Self)에게는 장터의 아우성이 부처님의 법문이 된다.

예수께서 말씀하셨다. "누구든지 내가 그리한 것과 같이 자기 아비와 자기 어미를 향한 집착으로부터 스스로 자유롭지 않는 자는 나의 제자가 될 수 없느니라. 누구든지 내가 그리한 것과 같이 자기 아비와 자기 어미를 사랑하지 않으면 나의 제자가 될 수 없느니라. 왜냐하면 나의 어머니는 나를 낳았고, 나의 참 어머니는 나에게 생명을 주었느니라"(도마복음 101)

가족과의 집착된 삶은 '時空 안의 상대적'(ego)인 사랑이지만, 자타, 주객의 두 견해인 세속적 규범의 이원성을 초월한 '진리와 하나가 된 삶'(One)은 모든 사람을 같은 눈으로 보는 절대 사랑이다. '나의 어머니'는 한계 있는 육체의 '나'(ego)를 낳았지만 만물의 근원인 '나의 참 어머니(아버지)'(One)는 나에게 참 생명(神性, true Self)을 주었다.

자아 발견(true Self)이라는 고독한 '영적 세계'(One)로 나아가려면 한계를 가진 분별 시비하는 '이원성인 자기'(ego)로부터 벗어남이 필요하다. 이러한 자기 부정(無我)이 없이는 예수의 제자가 되지 못하며, 진리(One)를 좇아 살아갈 수 없다. 모든 상대 견해를 초월하려면 헤아림이 없는 '모든 것의 참 어머니'(萬物之母, true Self)로부터 출발한다.

'예수의 살을 먹고 예수의 피를 마시는 자 즉 예수를 외부적으로 추종하지 않고 소화한 자'(One)는 자기 내면의 빛인 '참 어머니'(true Self)를 발견하여 죽음이 사라진다(요 6:54). 또한 매순간 감사, 기쁨 그리고 환희만 있기에 있는 그대로의 無爲的인 삶에 자신을 맡기며, 자연 속에 자신을 흐르게 하는 무한절대인 道(One)의 경지를 즐긴다.

예수는 말씀하셨다. "덤불에서 포도를 딸 수 없고, 가시에서 무화과를 거둘 수 없느니라. 이는 이들이 선한 열매를 맺을 수 없음이라. 선한 자는 저의 곳간에서 선한 것을 가져오지만, 악한 자는 그 마음속에 있는 저의 곳간에서 악한 것을 가져오니, 이는 그 마음에 넘쳐나는 것에서 악한 것을 가져옴이라"(도마복음 45).

선한 사람은 선한 일을 가져오고, 나쁜 사람은 그의 마음에 가득 찬 나쁜 것들 때문에 나쁜 일이 생기지 않을 수 없다(善業善果 惡業惡果, 막 7:21-23) "너희가 헤아리는 그 헤아림으로 너희도 헤아림을 도로 받는"(눅 6:38) 행위(因果)의 법칙은 모든 종교에서 가르친다(인연법). 세상에 우연은 없고 모든 것은 이 법칙에 따라 운행되며, 우리가 이 법칙을 이해하고 살아간다면 이대로 조화로운 세상이 될 수 있다. 따라서 우리의 고통과 불행은 자신이 저지른 죄의 응보(應報)[114](갈 6:7)이며, 죄에 대한 神(One)의 징벌은 아니다.

우리는 본래 온전한 神性(One)이였지만(요 10:34) 오직 이원성(ego)에 빠져 고통을 받고 있다. 이러한 고통으로부터의 치유는 '나는 누구인가?'를 깨닫는 '내면의 변화'(회개)이다. 현대 물리학이 증명하듯이 나의 몸뚱이는 텅 빈 空이지만, 근본적으로는 하나(One)인 神性(생명, 요 15:27)으로 가득 차 있다. 하나 됨은 모든 종교의 목적인 집착을 벗어나 '영적으로 성숙하고, 윤리적으로 건강하게 거듭나는 것'이며, 이원론적 사유에 의한 염려와 두려움의 구름(ego)을 소멸하고, 둘이 아닌 不二의 진리를 통한 자유와 기쁨을 누리게 한다.

神性(본성, One)인 "참된 나"(true Self)를 깨닫는 "내면의 변화인 회개는 물과 성령으로 영원한 생명을 얻고"(요 3:16), 온전하게 되어 神과 하나(One)가 되는 구원이다(마 5:48). 즉 이원성의 마음(ego)을 의지하여 개별적인 허상 즉 사실 실재하지 않는 것을 보는 죄(맹인)를 소멸하고, 눈을 뜸으로서 전체적인 실상을 보는 것이다(요 9:39, 마 13:16). 따라서 바울은 분별하는 옛사람을 벗어 버리고(골 3:9, 엡 4:22), 새사람의 삶[115](엡 4:24)으로, 나고 죽는 (生死) 세계를 벗어나는 삶인 그리스도(One)를 옷 입으라고 하였다(갈 3:27).

몽환공화 하로파착
夢幻空華 何勞把捉

"꿈과 같고 허깨비 같고 헛꽃 같은데, 어찌 애써 잡으려 하는가?"

—

우리의 눈앞에 일어나는 일체의 상황은 모두 꿈같고 허깨비 같고 헛꽃 같아서 헛되고 헛되다는 것이다(전 1:2). 중생과 부처, 불교와 기독교 등의 '이원론적인 분별'(ego)도 다 내려 놓아버려야 하는데, 왜 이를 잡으려고 애를 쓰느냐는 것이다. 영원한 평안을 누리기 위해서는 ego적인 아집을 버리고 '순수한 본래성'(true Self)인 '무아(無我)'가 되어야 한다.

"중생의 모든 유한 상대적인 행위는 꿈, 환상, 물거품, 그림자, 이슬 또한 번갯불과 같으며(一切有爲法 如夢幻泡影 如露亦如電), '나라는 상'(我相), '너라는 상'(人相), '중생이라는 상'(衆生相), '수명이 길다 짧다 하는 상'(壽者相)은 없다"(『금강경』). 겉모습의 상(相)이 있으면 범부이며, 중생이지만 깨달음을 통하여 상(相)이 없으면 '성자(聖者)요 부처(神)'가 된다.

솔로몬은 "헛되고 헛되며 헛되고 헛되니 모든 것이 헛되도다"(전 1:2)라고, 또 바울은 "이 세상의 외형은 지나감이니라"(고전 7:31)고 고백하였다.

겉사람의 인생은 헛되다. 즉 내면에 하나님의 성전(One)인 새 하늘 새 땅이 세워지지 않으면 지나가는 헛된 것이다(막 13:31). 空 즉 인과법(인연법)[116]을 주장하는 그리스의 철학자인 헤라클레이토스는 "만물은 변화하며(萬法流轉) 서로 상반되는 다툼이 있고, 다툼 중에서도 조화가 있다"고 하였으며, 파르메니데스는 "일체의 변화나 구별은 가상이다"고 주장하였다. 時空은 본래 없으므로 진리를 깨닫게 되면 지금의 이 세계가 꿈과 같은 것임을 인식하며, 또한 원자로 이루어진 이 세상은 끊임없이 움직이고 있는 것으로 증명되고 있다.

상대성 이론의 세계관에서는 물체나 인간의 몸을 허상이라 증명하고 있다. 즉 텔레비전의 화면과 같이 찰나생 찰나멸하는 시공간의 각 점(사건)의 집합으로 이 세계를 바라보며, 이 사건들이 인과적으로 함께 계속 일어나면 이것을 물체의 존재(生住異滅)로 오인한다는 것이다. '마음의 눈'(靈眼)으로 보면 일체의 것이 다 텅 비어 있는 것이며(當體卽空), 지금 여기에 있는 전체로서의 하나(One)인 생명(神性) 외에 모든 것은 헛된 것이다(막 12:32). 즉 인간의 마음 안에 만들어진 세계는 환영이지만, 진리(靈眼)의 세계는 神性으로 충만하다.

우리는 '헛되고 헛된 이 세상'(空)을 깨달아 '자신의 이원적인 집착'(ego)을 버리고 성령으로 거듭나게 되면 지금 여기서 '조화와 환희의 천국'(One)을 맛보게 된다(요 3:3). 모든 것은 지나가는 텅 빈 空이지만 그러나 하나(One)인 神만 존재한다(막 13:31, 12:32). 모두가 본래 神의 본성(神性, 眞如)을 갖추고 있으며 한결같은 즐거움과 자유자재한 참된 자기(One)로 청정한 것이다(常樂我淨, 열반경). 따라서 혜능대사는 "우리 모두가 인생을 궁정하여 속세를 신성한 곳으로, 번뇌를 보리(菩提)로 변화시켜야 한다"고 하였다(『육조단경』).

예수는 "오직 너희를 위하여 보물을 땅에 쌓아 두지 말라 거기는 좀이 나 동록이 해하며 도둑이 구멍을 뚫고 도둑질 하느니라 오직 너희를 위 하여 보물을 하늘에 쌓아 두라 거기는 좀이나 동록이 해하지 못하며 도 둑이 구멍을 뚫지도 못하고 도둑질도 못하느니라"(마 6:19-20)고 말씀하셨 다.

보물(데사우로스)인 神性(사랑, 경건 등)을 '변하는 헛된 땅'(육체의 '나')에 쌓아 두지 말고, '영원한 하늘'(영적인 '나')에 쌓아 두라는 것 즉 깨달아야 한다는 것이다. 하늘에 쌓아 두는 것은 기복적인 목적의 헌금이나 자선이 아니 라 '하나가 된 마음'(One)을 말하며, 보물을 도둑맞는 일이 없는 곳은 무한 한 공덕의 속사람(true Self)인 '몸 된 성전'이다.

현상세계(ego)인 자신과 타인이 분리 되는 곳에 보물을 쌓아 두면 필요 한 만큼 생기는 무한 공급이 되지 않는다. 그러나 ego의 껍질을 깨고 '좋 은 카르마'(業)를 쌓는 일에 쌓아 두면 필요에 따라서 풍성하게 들어온다. 따라서 부처도 "현명한 사람은 다른 사람이 가질 수 없고 도둑이 전혀 훔 쳐갈 수도 없으며 없어지지 않는 보물을 갖는다"고 하였다.

실상세계(One)인 우리의 생명 자체(神性, 佛性)는 원래 청정하고 영생불 멸하여 죽음이 없는 우주의 생명 에너지로서 바로 하나님(부처님)이며, 에 너지 불변의 법칙과 마찬가지로 그대로 영원히 존재한다. 따라서 나누 어질 수 없는 하나님은 본래 하나(One)이기에 하나님 아닌 것이 없으며(막 12:32), 꽃 하나 풀 한 포기가 부처님 아닌 것이 없다(『화엄경』).

예수는 말씀하셨다. "거짓 자아(ego)가 사라지게 하여, 참된 너희 자신이 되어라. 나그네가 되어라"(도마복음 42).

우리는 비이원성의 참된 자신인 神性(One)을 자각하여, 현상계(ego)를 헛된 것으로 보는 '지나가는 자'가 되어야 한다. '물질은 에너지로 환원된다'는 과학 법칙처럼 물질은 마음의 산물이며, 몸과 마음 그리고 모든 것은 지나가는 그림자처럼 헛되다(諸法無常). 우리는 나그네이지만 본향(One)을 찾게 되고(히 11:13), "이기는 자(깨달은 자)가 … 그가 성전을 다시 나가지 않을 때"(계 3:12) 윤회하는 '업(業)의 법칙'[117]은 존재하지 않는다.

우리는 나그네이지만 먼저 겉사람(我相)을 버리고 본래의 속사람(true Self)을 회복하여야 한다. 이러한 행위가 "온전한 십일조(데카토오)를 창고에 들여야 한다"(말 3:10)는 의미이다. 사실상 '텅 빈'(空) 모든 현상은 마음(ego)의 그림자로서 다만 마음에서 일어났다가 마음에서 없어진다. 그러나 '무한한 생명'(One)은 "연기적(緣起的)으로 볼 때 텅 비었지만, '없는 것 같으면서 있는 '무한한 힘'인 空(佛性, true Self)이다"(眞空非空).

물리학자인 어윈 슈뢰딩거는 "우리가 인지하는 다양성은 겉모습일 뿐이며, 결코 실재하는 것이 아니다."라고 증명하였다. 장자는 꿈에 나비가 되는 '나비의 꿈'(胡蝶之夢)[118]을 통해 '겉모습의 마음'(허상, ego)을 초월하면 거기에는 아무런 차별도 없게 된다는 실상을 설명한다. 즉 겉모습만을 보는 분별의 마음이 없어짐으로써 '실상의 세계'(One)가 되며, 또한 '모든 사물이 한결같게'(One) 여겨질 때 자연과 완전히 조화를 이루게 된다.

제자들이 이르되, "주님의 형제들과 어머니가 밖에 서 있나이다." 예수는 저들에게 말씀하셨다. "누구든지 내 아버지의 뜻대로 하는 자가 내 형제요 내 어머니, 저들이 내 아버지의 나라로 들어갈 자 이니라"(도마복음

99).

피로써 맺어진 관계보다 더 강한 어떤 것이 있다. 즉 진리를 깨달은 '영원한 자'(眞我)가 참된 '내 형제요 내 어머니이며, 아버지의 나라로 들어갈 자'라는 것이다. '현상적인 것'(假我)은 안개와 같이 헛되지만, '본질적인 것'(眞我)은 '실상의 아버지 나라'이다. 만물은 근원인 하나님(One)으로부터 나왔으므로 예수는 "모든 사람이 나(I)요, 나(I)는 모든 사람이다"(自他一如, 믿음의 소피아) 즉 "온 우주가 나(眞我)로 가득 차 있다"고 말씀하셨다.

예수는 "너희를 위하여 보물을 땅에 쌓아 두지 말라 거기는 좀과 도둑이 해하며 도적이 구멍을 뚫고 도적질함으로"(마 6:19), '세상적인 것'(ego)의 집착을 초월하도록 가르치고 있다. 즉 좀먹고 도둑이 해하는 '유한 상대적인 것'(ego)들의 차원에서는 그 무엇도 '절대적인 것'(One)이 없다. 따라서 거짓 자기인 "상대적인 옛사람을 십자가에 못 박고"(롬 6:6), '절대적인 새사람'(true Self)을 입어야만 천국의 생명(One)을 보전하게 된다(요 12:25).

득실시비 일시방각

得失是非 一時放却

"얻고 잃음과 옳고 그름을, 일시에 놓아버려라."

—

얻었다고 좋아하고, 잃었다고 싫어하는 것도 '不二의 진리'에서 보면 서로 다를 바가 없다. 옳다는 것도 자기의 이익에 도움이 되면 옳다는 것이고, 손해가 나면 그르다고 하는 것이므로 욕망의 노예에서 벗어나지 못하는 것이다. 따라서 '얻고 잃음과 옳고 그름'의 모두가 변견(邊見)이므로 이러한 양변을 완전히 버리면 中道(One)가 현전(現前)한다.

절대 평등의 '空의 세계'에서는 그대로 존재할 뿐, '얻고 잃음과 옳고 그름' 등의 분별 시비가 있을 수 없는 것이다. 이러한 '空의 세계'(One)를 『법화경』에서는 "시방세계 국토 중에 오직 일승법만이 있다"(十方國土中 唯有一乘法)고 하였으며, '마음의 번뇌'(ego)만 끊어버리면 이 세상 이대로 즉 '사바세계 그대로 극락세계(One)'이다(눅 17:21).

예수는 "나는 마음이 온유하고 겸손하니 나의 멍에를 메고 내게 배우라 그리하면 너희 마음이 쉼을 얻으리니 이는 내 멍에는 쉽고 내 짐은 가벼움이라"(마 11:29)라고 말씀하셨다.

우리를 자유롭게 하는 '하나(One)의 진리'(true Self)인 예수의 멍에는 얻고 잃음과 옳고 그름의 분별을 일으키는 이원성(ego)의 삶보다 훨씬 고통스럽지 않고 견디기 쉽다. 예수가 약속한 쉼(평안, One)은 無爲로 하나님의 손에 모든 것을 맡기는 해방과 자유이다. 이원론(ego)에 갇힌 종교교리는 하나(One)의 진리로 우리들을 궁극적으로 변화시켜 자유와 평화를 주는 종교 본연의 목적과 정면으로 상충된다. 노자는 행(行)할 하나(One)의 진리에 대해 "큰 길(One)은 평탄해서 걷기가 힘들지 않다"(大道甚夷, 『도덕경』 53장)고 하였다.

종교의 목적은 현세의 이익을 얻기 위함이 아니라 집착(ego)을 벗어나 '神의 자녀'(One)로 '이미 구원 받았음'(One)을 자각하여 진리의 자유를 체험하는 것이다. 우주가 하나인 '생명의 실상'임을 깨닫게 될 때 오른편 뺨을 치더라도 왼편도 돌려대는 속사람의 자유 자재함이 나온다(마 5:39). 이러한 분별이 사라진 하나(One)를 부처는 "모든 남자와 여자의 마음속에 간직한 보물이 있으니 … 영원히 사라지지 않는 보물이다"(『소송경』)라고 하였고, 또한 장자는 "만물은 하나이며 … 성인(聖人)은 이 하나(One)를 귀히 여긴다"고 하였다.

예수는 "진실로 진실로 너희에게 이르노니 죽은 자들이 하나님의 아들의 음성을 들을 때가 오나니 곧 이때라 듣는 자는 살아나리라"(요 5:25)고 말씀하셨다.

'죽은 자'와 '살아나는 자'의 의미는 육체적으로 죽은 자가 다시 살아난 다는 의미가 아니라 영적인 의미이다. 지금 '이때'는 죽은 자가 '보는 눈'(靈眼, 눅 10:23)이 열려, 얻고 잃음의 분별을 초월하는 절대 평등의 '하나 님 나라'(One)를 체험하는 때이다. 이러한 영적 신비한 경지는 전체성(One) 의 사랑을 통해 경험할 수 있다. 왜냐하면 "神(One)은 사랑이시라 사랑 안 에 거하는 자는 神 안에 거하고 神도 그의 안에 거하시기 때문이다"(요일 4:16).

스스로 가리고 있던 'ego의 어둠'(죽은 자)을 제거하고, 얻고 잃음과 옳고 그름을 일시에 놓아 버린 거듭난 자(깨달은 자)는 바람이 임의로 불매 그 소 리는 들어도 어디서 와서 어디로 가는지 알지 못하는 성령(true Self)으로 난 사람이다(요 3:8). 모든 사람의 내면에 잠재하고 있는 '하나(One)의 진리'(천국)인 영원한 생명(true Self)을 되찾기 위하여 예수는 "때가 아직 낮이매 나를 보내신 이의 일을 우리가 하여야 하리라"(요 9:4)고 말씀하셨다.

예수는 말씀하셨다. "아버지의 나라는 힘센 거인을 죽이려는 어느 사 람과 같으니, 저는 손수 그 일을 할 수 있을까 시험 삼아 집에서 저의 칼 을 뽑아 벽을 찔러보고 나서 그 힘센 거인을 죽였더라"(도마복음 98).

하나님의 나라는 진리를 방해하는 힘센 거인(我相, ego)을 소멸하기 위하 여 충분하다고 확신을 가질 만큼 '영적인 생명력'(神性)을 가진 자의 것이 다. 여기서 힘센 거인은 그릇된 개념의 이원성으로 망상과 고통을 일으 키는 내면의 ego이며, 이러한 장애물을 제거하기 위해서는 강력한 행동 이 요청된다. 따라서 '힘센 거인을 죽이는 사람'은 내면의 힘(One)을 길러, 얻고 잃음, 옳고 그름, 물질과 정신 등의 분별심인 벽(ego)을 파괴시킴으 로 둘이 아닌 영원한 하나님 나라(神性)를 되찾고, 또한 우주와 하나(One)

되어 참다운 기쁨을 누린다.

'얻고 잃음, 옳고 그름'의 분별과 집착(ego)을 '일시에 놓아 버려야 하는 것'(一時放却)은 모든 사물은 '서로 의존적이며, 조화로운 상호관계'(음양의 변화, One)에 있기 때문이다. 즉 바울이 기독교의 박해자(惡)에서 전도자(善)로 변한 것 같이 서로 작용하여 선(善)을 이루는 것이다(事必歸正, 롬 8:28). 노자는 "만물은 음을 지고 양을 안으며, 충기(沖氣)로 조화를 이룬다"(沖氣以爲和, 『도덕경』 42장)고 하듯이 겉으로 보기에 서로 반대되는 기운들은 융합하여 조화를 이루며, 태어남과 죽음의 분별도 본질적(One)으로 아무런 변화가 없다.

예수는 말씀하셨다. "아버지를 모독한 자는 용서를 받을 것이다. 아들을 모독한 자도 용서를 받을 것이다. 그러나 성령을 모독한 자는 지상에서나 하늘에서나 용서를 받지 못할 것이다"(도마복음 44).

'대상적인 아버지와 아들'(ego)을 모독한 자는 용서받지만, 본질인 성령(One)을 모독한 자는 용서 즉 구원받지 못한다. 왜냐하면 '이원론적 사유'(ego)를 벗어나게 하는 내면의 성령(고전 6:19)을 통하여 진리와 하나(One)가 되는 구원을 이루기 때문이다. 이와 같이 '전체로 사는 사람'(true Self)에게는 이 세상은 조화로 가득 찬 축제일뿐이다. 따라서 예수는 우리들에게 겉사람에 의하여 밖으로 향하는 종교의 행위들을 삼가고, '마음을 안으로 향하여 성령(神性)을 깨달아야 한다'(迴光返照)는 것을 강조하고 있다.

우리는 '얻고 잃음과 옳고 그름'(ego)을 일시에 놓아 버리고 내면에 있는 하나(One)인 성령(영적 자아)을 깨닫지 못하면 참된 행복을 누릴 수 없다. 바울도 만일 다마스커스 길에서 예수를 만난 후 ego를 제거시키지 않았다면 아직 용서받지 못한 사람으로 남아 있었을 것이다. 성령의 편재란 우주에는 하나(One)의 순수 생명에너지로 충만하지 않는 곳이 없다는 것이다. 우리는 우주 안에 있는 '하나(One)인 성령'을 체험하게 될 때 '온 누리와 하나'(천국) 되어 모든 것이 형통하게 되는 체험을 할 수가 있다(마 6:33).

안약불수 제몽자제
眼若不睡 諸夢自除

"만약 한 눈이 잠들지 않으면, 모든 꿈은 저절로 없어진다."

－

만약 목격자인 '제3의 눈'(true Self, 눅 10:23)을 뜨면, '생각에 의한 모든 꿈'(ego)은 저절로 없어지며, 전 세계는 마치 영원한 '하나(One)의 바다'(實相)와 같고, 모든 형태는 '꿈과 그림자인 파도'(虛相)에 지나지 않는다. 이러한 '不二의 진리'(true Self)인 '본래의 자리'(本來面目)에서는 '삿됨과 바름이 따로 없고 망상과 실상의 분별'(ego)이 따로 없으며, '하나인 부처의 세계'(One)로써 둘이 없으므로 분별 시비도 있을 수 없다(一卽多).

하나(One)인 진리의 깨달음을 위해서는 육신이 아닌 '마음의 눈'(佛眼) 즉 '영원한 진리의 눈'(本來面目)이 열려야 한다. 『삼론현의(三論玄義)』에서는 "삿됨을 부수면 바름이 드러난다(破邪顯正)"고 하여 바름이 드러나면, 삿됨은 저절로 사라진다고 하였다. 또한 『능엄경(楞嚴經)』에서는 "본래부터 청정한 주인공, 본래 부처의 세계인데 어찌하여 홀연히 산하와 대지 등 모든

'有爲의 형상'이 생겨서 많은 중생이 생사윤회 속에 허덕이는가."라고 하였다.

예수는 "이는 그를 믿는 자마다 영생을 얻게 하려 하심이라"(요 3:15)고 **말씀하셨다.**

예수를 믿는 것은 대상에 대한 믿음이 아니라, 예수(One) 안으로 들어와 내(ego)가 사라지는 깨달음으로, 근본(아르케)인 '예수와 하나(One)' 되는 것이다. 불생불멸(不生不滅)의 그리스도(true Self)를 자각(갈 2:20)함에 따라 실제 있지도 않으면서 있는 듯 보이는 여러 가지 죄(ego)가 마치 빛 속의 어둠과 같이 저절로 사라져 버리고 만다(요 12:46).

주시자인 '제3의 눈'(One, 눅 10:23)을 뜨게 되면 옳고 그름이 따로 없고, 망상의 분별을 일으키는 그림자와 같은 형상은 사라진다. 우리는 욕심의 눈(ego)으로 착각이라는 꿈의 세계를 보지만, 본래의 '영의 눈'으로 보면 일체가 영원한 생명(One)이다. 즉 진리(One)를 깨닫겠다는 보리심(菩提心)만 일으키면 이미 '부처(神)의 나라'(安樂國)를 누린다.

우리는 바깥에 있는 교리의 개념(ego)을 내던지고 좁은 문인 내면으로 향하여야 한다(마 10:14). 만일 그곳에 도달할 수 있다면, 그때 모든 진리(One)의 신비가 드러나고 영생의 문이 열린다. 그러므로 예수는 "나는 너희에게 지금까지 눈으로 보지도 못했고, 어떤 귀로 들어보지도 못했고 … 생각하지도 못했던 것을 주겠노라"(도마복음 17)고 말씀하셨다.

예수는 "나더러 주여 주여 하는 자마다 천국에 다 들어갈 것이 아니요 다만 하늘에 계신 내 아버지의 뜻대로 행하는 자라야 들어가리라"(마 7:21)고 말씀하셨다. 맹신이 아니라 진리(神性)를 깨닫고 진리의 화신으로 살아가는 사람만이 구원을 누린다. 즉 "내(true Self)가 길이요 진리요 생명이 되어"(요 14:6) 그리스도와 하나(One) 된 삶이다(갈 2:20).

예수는 "천국은 마치 밭에 감추인 보화와 같으니 사람이 이를 발견한 후 숨겨두고 기뻐하며 돌아가서 자기의 소유를 다 팔아 그 밭을 사느니라"(마 13:44)고 말씀하셨다.

不二의 생명인 하나님 나라를 받아들이려면 '기뻐하며 돌아가서 가진 것을 모두 팔아야 한다는 것'이다. 여기서 요구되는 것은 절대 평등의 진리를 위하여 전심전력으로 '분별을 일으키는 것'(ego)을 철저히 버리는 것이다(放棄). 따라서 우리가 혼신의 힘으로 겉모습을 버릴 때, 내면(밭, 아그로스)에 감추어져 있는 천국의 보화가 저절로 나타나고, 어떠한 고통도 초월되는 내적인 평화를 맛보면서, 장애가 없는 경지를 누리게 된다(事事無碍法界).

'얻기 어려운 보화'(難得之貨)인 진리(One)를 불교는 佛性으로, 노자는 '이름 있음'(有)과 '이름 없음'(無)인 하나(One)로, 힌두교는 '모든 만물은 개별적인 것이 아니라 본래 하나(One)이다'(不二一元論)로 설명한다. 神은 각 나라의 문화, 습관이나 시대에 따라 표현이 조금씩 다를지라도 결국 '둘이 아닌 하나'(One without second)이다(萬敎歸一). 따라서 다른 종교에 대한 존경하는 마음이 없이 '자기 종교만의 독선'은 진리(One)가 될 수 없다.

영원한 목격자이며, '제3의 눈'(true Self, 눅 10:23)인 집 주인이 깨어 있어 빈틈없이 철저하면 분별 시비하는 번뇌 망상인 ego의 도둑이 감히 집을 뚫지 못하게 된다(마 24:43). 따라서 우리는 '오직 실상만이 존재한다'(實相一元)는 하나(One)의 진리를 깨달아 영적인 무장을 완전히 갖추어서 이원성(ego)의 번뇌를 일삼는 장애가 발생하지 않게 하여야 한다. 이렇게 내면에서 하나(One)되면 바깥에 있는 것도 저절로 하나(One)인 천국이 된다.

예수는 말씀하셨다. "도적들이 언제 어디로 들어올지 아는 자는 복이 있나니, 저는 일어나 힘을 모으고 그들이 오기 전에 무장을 갖출 수 있음이라"(도마복음 103).

일반적으로 '영원히 살게 될 예수의 재림을 위해 준비하라는 종말론적 경고의 뜻'으로 해석한다. 그러나 영원한 진리(One)는 시간적 종말이라는 한계(ego)가 없으며, 시공간을 초월한 예수 그리스도(true Self)는 '가는 것뿐만 아니라 오는 것도 없다(不去不來). 따라서 문자적인 승천과 재림(파루시아)[119]은 하나인 진리의 내면적 사건으로 재해석되어야 한다.

겉사람인 '마음의 도둑'(ego)이 속사람(true Self)의 성전으로 언제 어디로 들어올지를 알고 ego의 소멸을 위한 '무장을 갖출 수 있는 자'(One)가 참으로 복된 것은 영원한 행복과 평화는 내면에서 오기 때문이다. 따라서 우리는 '내면의 영'(神性, true Self)이 깨어 있지 못한 상태에서는 '욕망과 두려움의 도둑'(ego)을 막아낼 수 없음을 알아야 한다.

마음이 안으로 향해지면 영적 자아이지만, 바깥으로 향해지면 자아(ego)이고, 장애물의 제거는 진리의 깨달음을 통하여 이루어진다. 이렇게 '제3의 눈'(靈眼)이 열리면, '하나님의 나라'(One)가 성취되는 것이다(요 3:3). 우리도 "예수가 한적한 곳에서 기도하신 것"(눅 5:16)처럼 묵상을 통하여 진리를 깨닫게 되면 ego는 사라지고 神을 체험한다(시 46:10).

동양적인 역(易)신학[120]은 시작과 끝은 음양(陰陽)의 관계처럼 나뉠 수 없으며, 종말은 옛 세대의 끝이면서 새 세대의 시작 즉 진리(One)의 깨달음이라 한다. 우리는 승천 후 종말에 심판하러 오시는 대상이 아니라, 지금 여기에 편재하고 계시는(골 3:11) "우주적 그리스도와 합하여 한(One) 영(靈)이 되는 영원한 구원(true Self)을 이루어야 한다"(고전 6:17).

예수는 말씀하셨다. "우물 주위에는 사람들이 많은데 우물 안으로 들어가려는 사람은 아무도 없다"(도마복음 74).

많은 사람들이 '우물(진리)을 쳐다보지만'(의식, 교리) 막상 우물 안으로 들어가 분별(ego)이 사라진 하나(One)의 진리를 체험하는 사람은 아무도 없다는 것이다. 예수의 실망은 사람들이 '이원성의 꿈'(종교)에 사로잡혀 우물가에만 머물되, 안으로 들어가지 못하고 '내면의 눈'을 뜨지 못하고 있기 때문이다. 오직 거짓된 ego로부터 '본래의 영'(靈)을 회복한 극히 소수의 사람만 우물(神性) 안에 머물 수 있다(『바가바드 기따』). 이렇게 '하나(One)가 된 자'는 전체적이고 완전함으로 죄와 고통(ego)이 사라진 영원한 축복된 삶을 누린다.

예수가 "원수를 사랑하라"(마 5:44)는 것은 진리(One)의 말씀으로 '남의 고통이 나의 고통'(自他一如)임을 깨달아 '남'을 구제하는 자가 되어야 하며, 원수도 상호보완적이라는 뜻이다. 자신이 온 우주와 연결되어 있다는 하나(One)의 진리를 깨달은 성인(聖人)들은 인류가 괴로움을 당하는 것은 오직 나의 죄 때문이라고 한다. 따라서 '하늘에 있는 神'(他者)이 순종하지 않는 자에게 벌(罰)을 준다는 구약의 이분법적인 주장은 하나(One)의 생명 안에서 "모든 현상을 인과의 법칙인 원인과 결과"(갈 6:7)로 보는 진리와는 양립하기 어렵다.

심약불이 만법일여
心若不異 萬法一如

"마음이 어떤 분별을 하지 않으면 만물은 그 본래의 모습이다."

―

　우리의 마음이 분별을 하지 않게 되면 몸도 마음도 없고, 안도 밖도 없다는 것이다. 이조(二祖) 혜가(慧可)대사가 달마대사에게 가서 "제가 마음이 불안스럽습니다."라고 하였을 때 달마대사는 "불안한 마음을 내놓아라"고 하여 마음이란 본래 없다는 것을 설명하였다. 하나(One)인 진아(眞我)의 관점에서는 일체가 '본래의 모습'(One)이며 '몸과 마음이 하나(One)가 되어'(心身不二), 안과 밖이 '전체로 통일심'(如如)이 된다. 따라서 '고통과 질병'(ego)은 본래 없는 것이며, 있는 것 같이 여기는 것은 우리들의 헛된 착각이다.

　이것과 저것의 분별에서 빠져나오면 즉 어둠으로 가려져 있던 ego의 장애물이 벗겨지면 저절로 온갖 것들이 한결같은 하나(One, 갈 3:20)가 됨을 설명하고 있다. 영원한 '진리의 세계'(true Self)에서는 '모든 것이 하나

(One)의 생명으로 보이며'(心佛及衆生 是三無差別), 대상이 문제가 아니라 '자기의 눈'이 문제라는 것이다. 『화엄경』의 해인삼매(海印三昧)에서 출렁이는 바다가 조용해지면 '달과 별'이 모두 비치게 된다고 하는 것 같이 '영원한 진리(道)'를 깨닫게 되면 '현상의 생명'(ego)은 저녁에 죽어도 좋은 것이다' (朝聞道 夕可死).

바울은 "하나님은 한(One) 분이시니라"(갈 3:20)라고 하였다.

'한 분'의 하나(One)는 일반적인 숫자적 의미가 아니라 절대적인 의미로써 단일성(일체성)의 개념이다(道卽一). 또한 모든 숫자들의 원천이고 근원으로서의 하나(One)이며, 그 자체는 시작도 끝도 없는 전체로서의 하나(不二)이다. 하나님은 나누어질 수 없는 불가분(不可分)의 한(One) 분'(마 23:9)으로, 물질세계의 특징인 일체의 분별을 초월하는 근원(靈)이시다. 하나님은 '생성과 변화'(成住壞空)[121]의 근원(One)이시며, 인격과 비 인격 등의 이원적 사유를 넘어서기에 니체는 "유일한 인격적 존재로서의 神"[122]은 죽었다고 사망선고를 하였다. 따라서 神과 하나(One)가 되면 모든 것이 성스러우며, 불행 속에서도 춤을 춘다.

우주의 도리를 깨달은 성자(聖者)들은 '하나(One)인 진리'를 말할 때 하나님, 부처, 道, 진아(眞我, 靈) 등으로 표현하였다. 이러한 표현도 유한한 언어에서 오는 한계를 극복할 수 없기 때문에 "진리(道)는 말로 표현할 수 없고, 이름을 붙일 수 없는 것이며"(道可道 非常道, 『도덕경』 1장), 유다도 "예수가 진리를 그 어떤 이름으로도 부르지 않았다"(유다복음)고 하였다. 時空을 초월한 '하나(One)인 하나님'(롬 3:30)에 대한 '이원성의 언어 표현과 모든 분별 개념'(ego)은 다만 '비유와 상징'[123]이다. 따라서 하나님(One)은 대상으로서 외적(外的) 존재가 아니기에 인간의 원죄로 인한 타락과 희생제물은 있을 수 없다(요 17:21).

유일신(唯一神)의 하나님(One)은 여럿에 대립하는 하나를 나타내는 것이 아니라, 여럿과 하나의 대립을 초월한 '절대적 하나'(靈)이다. "만유가 神이며"(고전 15:28), "神이 하나(One)인 것을 여실히 알지 못하는 것이 이른바 깨닫지 못함이다"(『대승기신론』). 장자도 "만물을 다 그대로 … 여겨 그런 대로 모두 감싸주는 것"(『제물론』)인 하나(One)의 진리를 강조하였다. "온 우주에 존재하는 것은 오직 순수의식(One)인 神(예수)뿐이며"(막 12:32), "예배하는 자는 영(靈)과 진리로 예배하여야 한다"(요 4:24). 즉 '대상의 神'[124]에게 예배할 것이 아니라, 각자 자신이 영(神)과 진리(그리스도)가 되어서 서로 소통하여야 한다.

예수는 말씀하셨다. "어찌하여 잔의 바깥을 씻는가? 안을 만드신 이가 바깥도 만드셨다는 것을 알지 못하느냐?"(도마복음 89).

안과 밖, 神과 인간의 이원성을 초월하는 '하나(One)의 진리'(神性)를 깨달아야 한다는 것이다. 따라서 자타, 주객 등의 다양한 생각을 넘어 '있는 그대로를 바라보는 것'(直觀)이 요구된다. 왜냐하면 진리의 빛(無量光佛)이 언제나 비치고 있지만 우리가 눈을 뜨지 않으면 그 빛을 볼 수가 없기 때문이다(요 1:9-10). '예수와 부처'(true Self)처럼 영적인 영안(道眼)이 열리게 되면 '우주와 하나'(One)가 되며, 『우파니샤드』에서도 '눈을 뜬 자'(true Self)에게는 '안과 밖이 하나'이고, '내면과 외면은 동일한 것'이라고 주장하고 있다.

'본래의 모습'(true Self)을 깨닫게 되면 이원성인 '나(ego)'가 사라짐을 통해 모두가 하나(One)가 되므로 바깥과 안, 하나님과 세계, 영혼과 물질 등의 분별하는 마음이 사라지게 된다. 또한 예수의 말씀인 "입으로 들어가는 것이 아니라, 마음에서 나오는 것이 더럽게 한다"(마 15:17-19)는 것은 외형이 내면의 투영이라는 하나(One)를 설명하고 있다. 따라서 무엇이든 하나님과 관계없는 것일 수 없고, 무엇 하나도 하나님의 외부에 있을 수 없으므로, 전체성인 하나님은 안도, 바깥도 있을 수 없는 오직 '하나(One) 의 진리'이다.

인격적인 범주를 초월한 神(One)은 바로 그의 비타자성(非他者性)으로 인하여 여타 사물들과 구별된다. 따라서 타자인 기독교적 하나님의 개념은 '하나(One)인 생명'으로 재해석되어야 하며, '神과 인간의 영(眞我)'[125]은 '나누어질 수 없는'(不可分) 하나 즉 전체로서의 하나이다(『도덕경』 28). 부처는 "어리석은 자여 안이 더러우면서 밖에만 깨끗하게 한들 무슨 소용이 있는가?" 하였고, 노자는 "있는 것과 없는 것 … 소리와 울림은 서로가 있어야 조화를 이루고 앞과 뒤는 앞이 있어야 뒤가 따르는 것이다"(『도덕경』 2 장)라고 하였다.

예수는 말씀하셨다. "너희가 미움과 핍박을 받으면 복이 있나니, 너희는 그들이 발견하지 못하고, 핍박을 받지 않을 곳을 찾으리라"(도마복음 68).

우리가 미움과 핍박을 받을 때 행복한 것은 분별하는 '일시적인 육체와 마음'(假我)이 사라지고 나면, 계속적으로 핍박을 받지 않는 '본래의 생명' (true Self)인 時空을 초월한 神性(靈)을 찾았기 때문이다. 예수는 잠시의 괴로움을 경험한 후 내면에 있는 '불생불멸(不生不滅)의 생명'(true Self)을 깨닫는 기쁨이란 자식을 얻어 기쁨이 넘치는 산모에 비유하여 "기쁨으로 말미암아 그 고통을 다시 기억하지 아니하느니라"(요 16:21)라고 말씀하셨다.

참된 행복은 외부의 환경에 의한 세상적인 것이 아니라, 내면의 영적 진리로 기인한 영원한 행복이다(요 17:21). 진리의 세계는 어떠한 환경에서도 고통을 당하는 마음이 본래 없으며(本來是佛), 이러한 영적 세계(One)를 예수는 "내 나라는 이 세상에 속한 것이 아니니라"(요 18:36)라고 말씀하셨다. 왜냐하면 현대 물리학의 증명처럼 시간적 모든 행위가 무상하고(諸法無常), 공간적 모든 현상이 무아(諸法無我)이기 때문에 만유는 空이다(眞空妙有).

예수가 "무릇 살아서 나를 믿는 자는 영원히 죽지 아니하리니"(요 11:26)라고 말씀하시듯이 지금 여기에서 불멸(不滅)의 神性(靈)을 믿고, 자각한 자(true Self)는 하나님과의 단절이 없는 영원한 현존이며, 예수와 함께 이미 부활한 것이다. 따라서 부활은 '썩을 것'이 영원히 '썩지 아니함을 입는 것'(true Self, 고전 15:54)이다. 인간이 두려워하는 육체의 죽음은 환상(ego)에 불과하며, 이러한 환상인 죽음은 삶의 완성(One)으로 들어가는 마지막 문이다.

일여체현 올이망연
一如體玄 兀爾忘緣

**"한결같음은 그 바탕은 현묘(玄妙)하니,
홀로 우뚝 서서 차별 인연을 잊는다."**

—

한결같음은 둘 없이 하나(One)이니 분별 시비할 수가 없고, 분별 시비할 수 없으니 현묘(玄妙)한 것이다. 또한 있는지 없는지를 알 수 없고, 과거인지 현재인지 미래인지를 구별할 없어 '차별과 인연'(ego)이 완전히 끊어지니 한결같다고 한다. 모든 것은 조건에 따라서 변하지만 변하지 않는 그 무엇이 있으니 바로 이것이 본체(true Self)인 영원한 진리의 묘법(妙法)이며, 이것은 말로 표현 할 수 없고 생각지도 못하는 현묘한 이치이다 (고전 2:9).

'한결같음의 근본자리'(true Self)는 언어의 길이 끊어진 자리, 마음 갈 곳을 잃은 자리를 표현하므로 '不二의 진리'(佛性, 神性, 道, Atman 등)이다. 어느 누구나 다 본래에서 본다고 생각할 때는 "오직 나(true Self) 홀로 존귀한 것이다"(天上天下 唯我獨尊, 『傳燈錄』). 즉 우리가 바로 '부처님이고 하나님'

(true Self, 요 10:34)이라는 것이며, 이와 같이 '우주의 본질'인 '光明을 체험한 자'(true Self)들은 누구나 '존엄한 한결같음의 근본자리'(One)이다.

예수는 제자들을 돌아보시며 은밀히(privately) **"너희가 보는 것을 보는 눈은 복이 있도다(Blessed are the eyes that sees what you see)"(눅 10:23)라고 말씀하셨다.**

'보는 것을 보는 눈'은 예수를 육체로 보는 눈이 아니라, 꿈에서 깨어나 보는 자와 보이는 대상을 초월한 영안(靈眼)을 말한다. '이 세상이 얼마나 아름다운가!'를 보는 '영적인 눈'은 자신의 감각과 생각을 초월한 본질을 '보는 자'이며, 영원한 神性(靈, true Self)이다. '마음의 눈'은 자기 몸(ego)이 죽는 것을 지켜보기에 예수는 "나는 목숨을 버릴 권세도 있고 다시 얻을 권세도 있다"(요 10:18)고 말씀하셨다. 눈과 귀로 영계(靈界)를 체험한 '물질 세계를 초월한 자'(One)는 삶에 무엇이 일어나든 그대로 받아들이는 수용적인 자세가 된다.

'마음의 눈'(마 6:22)은 모든 차별과 인연이 완전히 끊어져서 내면의 神性(One)을 바로 알 수 있는 '그리스도의 마음'(고전 2:16)이다. 바울은 영안(靈眼)으로만 볼 수 있는 신비한 진리를 "눈으로 보지도 못했고, 귀로 듣지도 못하고 사람의 마음으로 생각하지도 못하였다"(고전 2:9)고 하였다. '영적인 눈'(靈眼)은 '사물의 겉모습'(스크린 위의 장면)만 보는 착각의 눈이 아니라, 현묘한 '사물의 본질'(스크린, One)을 보는 경지이다. 즉 "내가 아는 한 가지의 사실은 이전에 나는 맹인이었지만 지금은 보인다"(요 9:25)는 고백과 같다.

바울은 **"만물이 주에게서 나오고 주로 말미암고 주에게로 돌아감이라"**

(롬 11:36)고 하였다.

　"모든 것들은 근원인 하나님(道, One)에서 나왔으며"(『도덕경』42장), 다시 존재의 바탕이며 뿌리를 갈망하여 거기로 돌아간다(마리아복음). 그러므로 우주 만물에는 하나님(神性, 佛性)으로 충만하다(一切衆生悉有佛性, 막 12:32)[126]. 만물은 主(One)에게서 나왔으므로 인간의 영(靈)도 창조된 것이 아니라 잠언에서와 같이 "이미 존재하고 있었던 것"[127](잠 8:22 -30)이다. 지질학자요 신학자인 샤르댕 신부와 다윈의 진화론에서 주장하는 것처럼 인간(true Self)은 본래 원죄가 없기에 대신하여 죄를 지는 대속(代贖)도 있을 수 없는 것이다.

　만물 일체는 근본적으로 동일한 성품(神性)을 가지고 있으며, 神의 창조 행위는 神 밖에서 일어난 외적 행위일수 없고 그 자신 안의 내적 활동(功德)으로 설명된다. 현대 물리학이 증명하는 것과 같이 우주에는 energy(神) 외에 따로 존재하는 것이 없으므로 창조주와 피조물은 나누어질 수 없는 하나이며(막 12:32), 이 세상은 無(空, 에너지)에서 有(물질)로 되었다($E=mc^2$). 우리는 하나의 근원으로부터 나왔기 때문에 피조물이 아니라 神性이며, 구원은 ego의 소멸로 원래의 영원한 자리(神性)로 되돌아가는 것이다(『도덕경』16장, 마 16:25).

　'우주의 본질'(One)로부터 만물이 흘러 나왔다는 유출설(流出說[128], 요 1:1-3)은 동양의 종교와 서양의 신학자들(디오니시우스, 에리우게나)이 주장하였고, 솔로몬은 "바람은 남으로 불다가 북으로 돌아가며 … 바람은 그 불던 곳으로 돌아간다"(전 1:7)고 하였다. 예수가 하나님께로부터 오셨다가 하나님께로 돌아가신다는 것(요 13:3)은 근원에서 나와 근원으로 돌아간다는 것이다(氣一元論). 따라서 구원은 본질인 神의 자리를 찾는 것(마 16:25) 즉 마음을 거두어 본래의 드러나지 않은 하나의 근원으로 돌아가는 것이다

(歸一, 『대승기신론』).

　하나님은 우리가 그 안에서 '살고 움직이고 존재하는' 그런 실재(One)이다(행 17:28). 힌두교에서는 우주의 궁극적 실재인 브라흐만을 만물이 그것으로부터 나왔다가 그것으로 되돌아가는 만물의 알파와 오메가로 간주하며(『우파니샤드』), 노자도 道를 우주 만물의 근원적 실재이며 만물의 모태, 혹은 有를 산출하는 無로 간주한다(『도덕경』). 따라서 존재하는 모든 유한한 사물들은 덧없는 것들이며(諸法空), 일종의 순환적 세계관이다. 즉 세계 만물과 그 궁극적 실재 사이에는 이원적 차이 못지않게 일원적 일치와 연속성이 존재한다(不一不異).

　예수는 말씀하셨다. "나는 너희에게 눈으로 보지도 못했고, 귀로 들어보지도 못했고, 손으로 만져보지도 못했고, 마음으로 생각하지도 못했던 것을 주겠노라"(도마복음 17).

　'마음으로 생각하지도 못했던 것'은 묵상기도, 선(禪) 등과 같은 직관의 방법으로 체험하는 神性, 예수 그리고 거듭난 자(true Self)이다. 이러한 생명(One)은 기독교 신비주의자인 엑카르트와 '성(聖) 프란시스'[129] 등 聖者들이 체험한 진리이며, 노자가 설명하는 하나(一)이다(『도덕경』 14장). "하나님이 우리와 변함없이 함께 하신다"(마 1:23)는 신비한 체험은 주관과 객관, 몸과 영혼의 분별(ego)을 버리고 영으로 하나(One) 될 때 깨닫는 경지이다. 따라서 不二의 진리(One)는 감각이나 이성의 어떠한 방법으로도 증명되지 않는다.

　바울은 "보이는 것은 잠깐이요"(凡所有相 皆是虛妄, 고후 4:18)라고 하였다. 예수는 비실재와 실재를 자각하지 못한 채 외적 현상만을 고집하는 제자들에게 "왜 너희가 눈이 있어도 보지 못하며 귀가 있어도 듣지 못하느냐"

(막 8:18)고 꾸중하셨다. 서구의 이분법적인 종교는 인간이 인식 할 수 없는 神(One)을 독선적으로 개념화(상대화)하여 전쟁과 불행을 자초하고 있다. 따라서 하나님의 존재에 대한 有無, 존재 증명 그리고 사랑의 神에 대한 고통과 부조리의 이유를 묻는 신정론(神正論)[130]은 진리(One)에서 벗어난 것이다.

예수는 말씀하셨다. "내가 이 집을 헐겠거니와, 누구도 그것을 다시 지을 수 없느니라"(도마복음 71).

예수가 헐겠다는 집(유대인의 성전)은 이 세상에 널리 퍼진 거짓되고 분별 시비하는 이원성인 ego를 의미한다. 이러한 '개체적인 나'(ego)의 집을 제거하고, '영적인 마음'(One)으로 거듭나기만 하면, 누구도 다시 이원의 헛된 '거짓된 집'(ego)을 지을 수 없다. 부처도 "집 짓는 자여! 그대는 드러났다. 이제 다시는 집을 짓지 못하리라"고 말씀하셨다.

꿈과 그림자에 불과한 겉사람(ego) 즉 이름과 형상(形象)으로 만들어진 이원론적 사유의 교리와 의식은 깨달음(One)에 장애가 되기에 언젠가는 파괴되어진다. 그러나 내면에 존재하는 영원히 살아 있는 '진리(true Self)의 생명력'은 파괴되어질 수 없다. 왜냐하면 그것은 언어와 時空을 초월하여 영원히 불변하는 영적인 '不二의 진리'(One)이기 때문이다.

예수는 "들의 백합화가 어떻게 자라는가 생각하여 보라 솔로몬의 모든 영광으로도 입은 것이 이 꽃 하나만 같지 못하다"(마 6:28)고 말씀하셨다. 그들은 하나(One)인 진리의 생명력 속에 있기 때문에 계획하지 않고, 미래에 대한 것은 집착하지 않으며 다음 순간에 대해 근심하지 않는다. 즉 모든 존재계가 그들을 돌보는 無爲自然의 경지(One)이다.

만법제관 귀복자연

萬法齊觀 歸復自然

"만법을 평등하게 보면, 본래 그러함으로 되돌아간다."

―

우리가 분별 시비하는 ego를 다 버린다면 본래부터 저절로 갖추고 있는 청정한 마음인 자성청정심(自性淸淨心: true Self)으로 돌아가는데, 그 돌아감이 아무런 조작이 없고, 힘들지 아니하며 자연스럽다는 것이다. 바로 양변을 버려서 자성청정심(自性淸淨心)을 깨닫는 것은 '佛性과 하나'(One)가 되는 열반의 경지이다. 이러한 '하나(One)의 절대세계'는 소아(小我: ego)가 죽고 영원한 대아(大我: true Self)를 다시 찾는 경지이다(마 16:25).

마음이 일체 망념을 따라 모든 악업을 짓지 않으면, 본래 모든 것이 평등(平等) 무차별(無差別)하고 삼라만상이 '한결같은 경지'(true Self)이다. 본래 있는 그대로의 진리인 道(太極)에 대하여 마조선사(馬祖禪師)는 "道는 닦을 필요가 없다. 대립과 분리의 마음으로 더럽히지만 말아야 한다. 일체가 불법(佛法)이며, 모든 것은 진여(眞如) 그 자체이므로 일상생활이 모두 불가

사의(不可思議)한 작용으로 그 자체로 부족함이 없다"고 주장하였다.

"그들이 길 갈 때에 예수께서 한 마을에 들어가시매 마르다라 이름하는 한 여자가 자기 집으로 영접하더라. 그에게 마리아라 하는 동생이 있어 주의 발치에 앉아 그의 말씀을 듣더니 마르다는 준비하는 일이 많아 마음이 분주한지라 예수께 나아가 이르되 '주여 내 동생이 나 혼자 일하게 두는 것을 생각하지 아니하시나이까 그를 명하사 나를 도와주라 하소서' 주께서 대답하여 이르시되 '마르다야 마르다야 네가 많은 일로 염려하고 근심하나 몇 가지만 하든지 혹은 한 가지만이라도 족하니라(just One is needed)' 마리아는 이 좋은 편을 택하였으니 빼앗기지 아니하리라 하시니라"(눅 10:38-42).

예수가 마르다에게 '하나(One)만이라도 족하니라'고 말씀하신 의미는 '영(靈)'의 양식은 하나의 진리뿐이다'로 '아무것도 분별하거나 집착하지 않는 無心의 자리'(One)이다. 이러한 오묘한 경지(One)는 '이원론적인 사유'(ego)로부터 벗어나 만물을 평등무차별하게 보는 것이다. 또한 분별로 '고통을 주는 겉사람'(ego의 마음)이 소멸하고, 본래부터 가지고 있던 청정한 '본래의 마음인 속사람'(true Self)을 회복하는 것은 환희심을 일으키게 한다.

하나(One)의 생명을 깨닫게 되면 겉사람도 모두 하나(One)가 되는 것은 "神은 둘이 아닌 하나(One)이며"(갈 3:20), "만물이 주(One)에게서 나오고 주로 말미암고 주에게로 돌아가기 때문이다"(롬 11:36). 우리가 분별 시비하는 겉사람인 ego의 마음을 제거한다면 본래부터 저절로 갖추고 있는 청정한 마음인 하나(One)로 돌아가게 된다. 이러한 하나는 순수 의식이며, 항상 우주의 정기(精氣)인 에너지로 넘쳐흐르는 생명과 기쁨의 원천이다

(法悅).

"하나(One)가 된 자 즉 '하나님을 믿는 자'는 영원히 죽지 아니한다"(『반야
심경』, 요 11:26)는 것은 "진리(神性)는 영원함으로, 몸은 죽어도 죽지 않기 때
문이다"(『도덕경』16장). 베단타철학은 "만물은 무성하지만 각각 그 근원으
로 돌아간다."라고 말하며, 불교는 "모든 것은 근원인 一心에서 나오고,
다시 一心으로 돌아간다."라고 한다. 이러한 현상과 본체의 바탕이 하나
라는 진속일여(眞俗一如)의 사상은 모든 것을 포함하는 보편성을 나타내고
있다.

**예수는 말씀하셨다. "많은 사람들이 문 앞에 섰으되 홀로된 자(單獨者)만
이 신부의 방에 들어가리라"(도마복음 75).**

우리들의 ego인 '나'는 時空과 주객(主客)에 의해 제약된 '나'이다. 그러
나 ego의 근원은 순수하고 제약이 없으며, 인간의 사고와 인식을 초월하
는 神性(성령)이다. 따라서 내면의 변화를 통해 헛된 거짓 나(ego)를 버리
고, 진리의 길을 향하는 단독자(모노게네스, 獨生子)만이 '하나님과 하나' 되
어 신부의 방(One)에 들어가는 구원 즉 더 이상 나누지 못하는 하나가 된
다(막 10:9). 우리도 이원성의 분별(ego)만 버린다면 본래부터 저절로 갖추
고 있는 자성청정심(自性淸淨心, true Self)인 '하나(One)의 생명자리'(神性)를 체
험한다.

빌립복음에서는 "진리의 신비는 형태와 이미지로 드러나지만 '신부의
방'(골방)은 숨겨져 있으며 이것은 神性 중의 神性이다."라고 하였다. 이원
성의 ego가 소멸되고, 본래의 성품인 神性(true Self)으로 돌아가서 '하나님
과 하나(One)' 되면, 속박과 장애가 사라진 자유자재(自由自在)의 세계가 된
다(歡喜踊躍). 이러한 경지에 대하여 예수는 "내가 아버지에게서 나와 세상

(ego)에 왔고 다시 세상(ego)을 떠나 아버지께로 가노라"(요 16:28)고 말씀하셨다. 즉 만물이 나온 존재의 근원과 하나(One)되어 흐르고 있음을 설명하고 있다.

불교의 『금강경』에서는 하나(One)를 "일체 만법이 佛性 아닌 것이 없다(一切法皆是佛法)"고 설명한다. 즉 모두가 불법(佛法)의 인연 속에 사는 것이므로 아름다움(美)과 추함(醜), 존경과 모욕, 친구와 적(敵) 등의 이원성(ego)으로 분별하지 말라는 뜻이다. 또한 『법구경(法句經)』에서는 "우리 자신이 분별 시비하고 망상하여 왜곡시키지 않으면, 본래 모든 것이 평등무차별하고 삼라만상이 한결같다"(One)고 하였다. 따라서 이원성의 ego가 소멸되어 절대 평등한 하나(One)가 되면 모든 것은 부처(神)이며 불국토(佛國土)이다.

예수는 말씀하셨다. "당신의 눈앞에 있는 자를 알라. 그러면 너희에게 감춰져 있던 것이 드러나리라. 감춰진 것으로서 드러나지 않을 것은 아무것도 없도다"(도마복음 5).

'당신의 눈앞에 있는 자를 알라'는 의미는 생명(One)인 그리스도(神性)를 바로 아는 영안(靈眼)을 말한다. 이러한 '깨달음의 경지'(천국)에서는 실상인 '감추어진 것'(神性)들이 모두 드러나게 된다(色即是空 空即是色). 즉 세상을 창조한 神이 그대로 피조물이고, 창조된 피조물이 神이며, 천국(One)은 미래의 사건이 아니라 현재의 사건인 바로 '지금 여기'이다. 따라서 하나(One)인 하나님에게는 모든 사람이 살아 있는 것이다(눅 20:38)

바울과 같이 "비늘이 벗겨져"(행 9:18) 光明을 찾게 된 자를 "영(靈)의 눈을 뜬 자"(true Self, 눅 10:23)라 부르지만, 그렇지 않은 자를 소경(ego)이라고 부른다(마 15:14). 우리가 神性을 '깨달은 눈'(true Self)으로 이 세상을 볼 때

일시적인 병과 고통이 사라진 영원한 "光明의 실재"(One, 요 12:46)만을 본다. 즉 노사우수(老死憂愁) 등의 불행은 존재하지 않으며, 그것은 다만 헛된 상념(想念, ego)의 반영(그림자)임을 인식하게 된다.

우리가 미혹되면 영원한 '화막(畵幕)'과 같은 진리(One)'를 변하는 화상(畵像, ego)처럼 번뇌로 여기지만, 깨달으면 화상(번뇌)이 하나(One)의 진리(畵幕)로 변한다. 이렇게 '진리를 깨달은 자'(true Self)는 가치관의 심오한 변화를 겪은 '초연한 자'이다. 왜냐하면 이원성인 현상계(ego)는 영화의 화면처럼 '근원의 한 줄기 빛'(One)으로부터 나타났다가 사라지는 재미있는 영화인 것을 알기에 그는 자유롭게 오락(娛樂)을 즐기기 때문이다.

민기소이 불가방비
泯其所以 不可方比

"그 까닭을 없이 하여 견주어 비할 바가 없음이라."

−

분별(ego)만 다 버린다면 '하나(One)의 진리'인 자성청정심으로 돌아가지만 그렇게 되는 그 이유는 말할 수 없다는 것이다. 이렇게 '영원한 佛性(神性)과 하나'(One) 즉 '무아(無我)인 텅 빈 空'이 되면 무엇과도 견줄 수가 없다. 비교를 통해서 이렇다 저렇다고 설명할 수 없는 분별(ego)을 초월한 '無心의 상태'(One)는 "보아도 보지 못하고 들어도 듣지 못하며"(마 13:13) 말로써 표현할 수 없고 마음으로도 생각할 수 없는 경지이다.

현대 과학적으로 현상적인 것은 '하나(One)인 에너지의 파동'에 불과하고, 사실은 텅 비어 있다고 하며, 우주의 모든 것이 비었으므로 부처(神)와 내가 둘이 아닌 하나(One)이다. 이러한 '하나(One)의 경지'에서는 새소리뿐만 아니라 손가락의 꼼지락거림도 바로 진리 자체이다. 따라서 "우주에는 보편적인 부처(神: One)만이 실재하며"(마 12:32), "중생에게는 佛性

(神性)만"(『大般涅槃經』), 즉 완전하고 무한한 모습의 참나(true Self)만이 있다.

"예수께서 이르시되 손에 쟁기를 잡고 뒤를 돌아보는 자는 하나님 나라에 합당하지 아니하니라 하시니라"(눅 9:62).

고통은 머릿속에서 만들어내는 감정이며, 어떠한 실체가 존재하는 것이 아니라 그렇다고 느끼는 것일 뿐이다. 그러므로 고통과 슬픔은 이원성인 ego의 쟁기를 잡고 뒤를 돌아보는 자는 집착과 탐욕으로 보편적인 진리(One)를 잊어버리고, 時空 안의 육체, 마음, 이름 등을 영원한 자아(true Self)와 동일시하는 無知 때문이다. 따라서 예수께서 체험하시듯이 "아버지께서 내 안에, 내가 아버지 안에 있는"(요 17:21) 온전한 하나(One)가 되면, 견주어 비교할 수 없는 '無心한 상태'(無爲)인 '하나님의 나라'(神)를 체험하게 된다.

불교의 성불(成佛)은 어떻게 중생이 자신의 '거짓 자아'(ego)를 물리치고 '본래의 성품'(true Self, 本來面目)인 佛性(One)을 깨달아서 부처(佛)가 될 수 있는가의 문제이다(我是已成佛). 또한 힌두교에서도 어떻게 편재하는 참나(靈)인 내면의 Atman을 자각할 수 있는가의 문제이다. 분별하는 이원성(ego)이 소멸될 때, 내면의 Atman은 실재인 Brahman으로 귀일(歸一)하여 하나(One)가 되며(入我我入), 또한 생명의 근원인 神性(靈)을 회복하는 순간, 바로 헛된 자아(ego)는 이른 아침 태양이 솟아날 때 이슬방울처럼 사라진다.

바울은 **"창세로부터 그의 보이지 아니하는 것들 곧 그의 영원하신 능력과 神性이 그가 만드신 만물에 분명히 보여 알려졌나니, 그들이 핑계하지 못할지니라"**(롬 1:20)고 하였다.

하나님의 힘과 神性(true Self)이 모든 만물에 空(우주생명)으로 내재하고, 우리는 이런 영원한 神性(Atman)을 가지고 태어났으며, 더불어 살고 있다는 뜻이다. 우리는 神性을 가리는 '개체적인 자아'(ego)를 제거하고, 내면의 빛인 神性과 하나(One) 되는 구원을 이루어야 한다(눅 9:24). 즉 부분적인 '자기중심적 삶'(ego)에서 벗어나 보편적인 '실재 중심의 삶'(One)으로 전환함으로 영원한 생명(true Self)을 드러내야 한다.

불교는 佛性과 하나(One)되는 것을 견성성불(見性成佛)이라 하며, 견성(見性)이란 "본래부터 가지고 있는 내면의 신성한 성품을 깨닫는 것"(벧후 1:4)이다. 이것이 이루어지면 성불(成佛)인 완전한 '부처 또는 그리스도'(true Self)로 부활(해탈)하는 것이다(己事究明). 맹자는 바탕(性)을 알면 하늘(天)을 안다고 하였으며, 이렇게 내면의 빛인 神性(佛性)을 깨닫게 되면 ego가 소멸되는 무아(無我)가 되어, 무한의 환희를 맛보게 된다.

예수는 말씀하셨다. "나는 비밀스런 가르침에 합당한 자들에게 나의 비밀스러움을 말한다. 네 오른손이 하는 바를 네 왼손이 알지 못하게 하여라"(도마복음 62).

하나(One)의 진리를 이해하기 위해서는 영적으로 깨어 있는 마음이 요구된다. 따라서 예수는 그의 제자들에게 비밀스런 가르침은 영적으로 성숙된 자들에게만 전하여 줄 것을 권고하고 있다. 예수께서 "귀 있는 자는 들으라"(막 4:9)고 말씀하신 것과 같이 영적 준비가 되어 있어야 하며, 그렇지 않으면 "그것을 발로 밟고 돌이켜 찢어 상하게 한다"(마 7:6).

"네 오른손이 하는 바를 네 왼손이 알지 못하게 하라"(마 6:3)는 것은 도덕적인 행동에 대한 것이 아니라, 오른쪽에 속하는 사람들만 알아야 할 비밀을 왼쪽에 속한 사람들이 알지 못하도록 은밀하게 하라는 것이다.

예수는 자신의 '영적인 가르침'인 '하나(One)의 진리'를 오른손이 하는 일을 왼손이 알지 못할 정도로 엄격하게 지킬 것을 당부하고 있다.

우리는 不二의 생명을 깨닫기 위하여 분별하는 자세를 버리고 순수한 자세를 가져야 한다. 이러한 '어린아이의 마음'(One)은 진리를 전하는 일이나 자선을 할 때 자기가 선행(善行)을 한다는 의식이 전혀 없이 無爲로 행하는 것이다(마 6:20). 노자는 無爲의 자세를 "남이 알아주기를 바라지 않기 때문에 공덕이 있다"(不自伐故有功, 『도덕경』 22장)고 하였다.

무리 중에 있던 여인이 그에게 이르되, "당신을 낳은 자궁과 당신을 먹인 젖은 복이 있나이다." 그가 이르시되, "아버지의 말씀을 듣고 그것을 참으로 지키는 자들은 복이 있느니라. 때가 되면 아이를 낳지 않은 자궁과 아이에게 젖을 먹이지 않는 가슴이 복이 있다고 할 날이 이를 것임이라"(도마복음 79).

여인은 행복의 조건을 '밖'에서 찾았지만 예수는 '안'에서 찾았다. 진정한 행복은 내면의 실상에서 나오며, 이것은 "내가 하나님 안에, 하나님이 내 안에 있는"(『바가바드 기따』 6:29, 요 14:20) 하나(One)가 된 경지이다. 따라서 일체의 인과법(因果法)과 분별을 초월함으로써 "주와 합하여 한(One) 영(靈)이 된 자"(true Self, 고전 6:17)는 말로써 표현할 수 없고, 비교를 통해 이렇다 저렇다 설명할 수 없는 경지의 祝福을 누리는 자'이다.

時空을 초월한 '영적으로 거듭난 자'(true Self)는 영원히 살지만, 아이에게 젖을 먹이는 여자(ego)에게서 태어난 자는 죽을 뿐이다. 우리는 하나(One)의 생명인 하나님 나라에 들어가는 福을 누리기 위해서는 時空의 한계에 있는 육체의 탄생이 아니라 시간과 상대성을 넘어선 물과 성령으로 다시 태어나야만 한다(요 3:5). 즉 "누구든지 진리에서 태어난 자는 죽지 않을 것이요, 여자(ego)한테서 태어난 자는 죽을 수밖에 없다"(구세주와의 대화).

새롭게 태어난 자는 자신이라는 개체(ego)와 동일시하는 속박에서 벗어나 동일시하지 않는 진리(One)를 맛보며(해탈), 내면의 보물 창고인 "참된 나"(神性)를 회복하는 "새로운 피조물"(One)이 된다(고후 5:17). 그러므로 종교와 인생관의 핵심은 이원성의 시공간 세계(ego)에서 인식의 전환을 통한 神性의 깨달음으로, "참된 나"(true Self)를 회복하고, 神과 하나(One) 되는(요 17:21) 초종교의 신적 온전한 삶(無心)을 누리는 것이다(요 10:34).

지동무동 동지무지

止動無動 動止無止

**"그치면서 움직이니 움직임이 따로 없고,
움직이면서 그치니 그침이 따로 없다."**

—

그쳐 있다가 움직이니 움직임이 그침 바깥에 따로 있지 않고, 움직이다가 그치니 그치는 것이 움직임 바깥에 따로 있는 것이 아니라 움직임과 그침은 결국 하나(One)라는 것이다. 움직인다는 것은 그침이 있었기에 움직임이므로 그침에 즉한 움직임이며, 냉철하게 관찰하면 움직임이 없는 것이다. 마찬가지로 그침이란 움직임이 없다면 그침이 홀로 있을 수가 없는 것이다. 따라서 진리(One)는 有와 無의 이원성을 넘어선 '절대무'(絕對無: 神性)이다.

'움직인다거나 그쳐 있다거나, 고요하다거나 시끄럽다'라고 하면 모두 ego적인 생각에 의한 분별 시비이다. '不二의 생명'은 '웃음과 애통'의 모순 상극된 상대적인 차별의 세계를 떠나 전체(All)로써 융합하는 원융자재(圓融自在)의 경지이다(눅 6:25). 모든 것이 다 근본적(One)으로 '유기적인 동일한 생명체의 세계'(緣起法)에서는 모두가 같은 몸이며, 또한 같은 몸이기 때문에 참다운 자비가 나오고, 참다운 도덕심이 나오는 것이다(同體大慈悲).

예수는 "너희 지금 웃는 자여 너희가 애통하며 울리로다"(눅 6:25)고 말씀하셨다.

겉사람(ego)의 양식(貪慾)으로 채워져 웃는 자들은 속사람(진리, One)의 양식이 없어 굶게 되며, 애통하며 울부짖게 된다는 것이다. 웃으면 그 웃음의 꽁무니를 따라 눈물이 따라 나오는 것이 삼라만상의 참모습(One)으로 福이 화(禍)가 되고, 화(禍)가 福이 된다(轉禍爲福). 진리(One)는 이미 그대 속에 있으므로 그것을 덮고 있는 휘장이 벗겨지면 된다. 현대 물리학(양자얽힘)이 증명하듯이 진리(One)의 관점에서는 항상 음(陰)과 양(陽), 福과 화(禍), 행복과 불행 등의 대립물이 서로 상관적인 관계 하에서 성립하고 있다.

예수는 분별을 벗어나 전체성인 不二의 진리를 강조하였고, '움직인다거나 그쳐 있다거나, 웃거나 울거나' 모두 전체성(All)인 진리 속에서 일어난다고 하셨다. 모든 것은 양극이므로 생각에 의한 분별(ego)을 벗어나 즉 無心으로 전체를 보아야 한다. '진리를 안다'(요 8:32)는 것은 모든 일에서 그 전체를 깨닫고 자유를 누리는 것으로, 예수는 "헬라인이나 유대인이나 … 종이나 자유인이나 차별이 없다"(골 3:11)는 진리를 말씀하였다. 이와 같이 '깨달은 사람'(One)의 눈으로 보면 산과 나무 등 모든 것들이 다 神性(神)이다.

'영원한 진리(One)의 관점'(無心)에서 보면 모든 것이 하나(One)이므로 행복과 슬픔, 평안과 환난 등의 어떤 쌍들로 나누어질 수 없다(사 45:7). 죽음 다음에는 새로운 탄생이 있어(滅卽生), 불행이 지나가면 행복이 찾아오기에 '모든 것이 서로 다르되 둘이 아니다'(異而不二). 즉 진리(One)는 언제나 차별 없는 전체성이기에 '유신론(有神論)[131], 무신론(無神論)' 등 스스로 만든 교리와 개념을 버려야 한다. 따라서 악과 고통은 전체인 하나(One)에서 분리되어 시작되기에 근본적인 자유와 해방은 '神과 하나 됨'을 통하여 이루어진다.

예수는 말씀하셨다. "너희가 너희의 모습을 볼 때, 그대들은 행복해한다. 그러나 그대가 처음부터 그대 안에 존재하며, 죽지도 않고, 보이지도 않는 그대들의 참 형상(icon)을 보게 될 때, 그대들이 얼마나 감당할 수 있겠는가?"(도마복음 84).

우리는 단지 눈에 보이는 모습을 거울에 비춰보고 기뻐하지만, 태어나지도 창조되지도 않은 '진정한 자아'인 '참 형상'(神性, true Self)을 보게 된다면 그 기쁨은 말로 표현할 수 없는 것이다(딤전 6:16). 이러한 '빛의 형상'(진리)은 時空을 벗어나 영원하며, 영적 체험으로 인식할 수 있는 것으로 모순 상극된 상대 차별의 세계를 떠나 '전체로써 융합'(One)하는 경지이다. 그러므로 고통과 불행의 원인인 '마음 밭인 자아(ego)'[132]를 제거하고, 움직임과 그침인 하나의 영적 자아(神)를 깨달을 때 누가 감격의 기쁨을 감당할 수 있겠는가?

우리는 일시적인 ego를 제거하고 내면에 숨겨져 있는 영원한 본성(本來面目, true Self)인 神性(佛性)을 깨닫게 되면 스스로 神과 하나(One)가 되며(요 10:30), 또한 부처와 하나(One)가 된다(見性成佛). 예수는 자신이 '하나님과 하나'(神)인 것과 같이 우리들도 '하나님과 하나'(神)가 되기를 기도하셨다(요 17:21). 따라서 유한한 기복적 기도는 인간의식의 표층(ego)에 머무는 반면, '신비적 기도'(묵상, 禪)는 보다 깊은 존재의 핵심에 파고들어 무한한 '하나님과 하나 즉 神'(One)이 되게 하는 '마음의 변화'(회개)를 일으키게 한다.

有와 無를 초월한 우주의 근원은 결코 둘일 수 없으며, 우주 전체도 서로 원융자재(圓融自在)하는 '한 덩어리'(One)의 생명 자체인 神性이다(롬 1:20). '겉사람'(ego)이 소멸되고, 속사람의 생명(true Self)대로 '하나(One)가 되어서 사는 자' 즉 '하나님의 뜻대로 사는 자'(거듭난 자)는 내 형제요 자매이다(마 12:48-50). 인도의 경전인 『카타 우파니샤드』에서는 '하나(One)의 생명'(true Self)을 다음과 같이 묘사하고 있다. "모든 창조물의 가슴속에 깃든 '참 자아'(true Self)는 무한히 작은 것보다 작고 무한히 큰 것보다 크고 밝다."

예수께서 말씀하셨다. "사람들이 너희에게 '어디서 왔느냐?' 묻거든 저들에게 이르라. '우리는 빛으로부터 왔으며, 빛은 스스로 있게 되고, 굳게 서고 저들의 모양으로 나타난 그곳에서 왔노라'고. 저들이 너희에게 '그것이 너희냐?' 하거든 이르라. '우리는 그 빛의 자녀요, 살아계신 아버지의 사랑을 받는 자'라고 대답하라"(도마복음 50:1).

나의 정체성은 죄인이 아니라 예수와 같이(요 1:9) 빛(神)으로부터 온 '빛(神)의 자녀'(마 5:16)로서 본래부터 神(One)이며(요 10:34, 本來是佛), 또한 빛으로 돌아가는 것이다(롬 11:36). 존재하는 모든 사람은 神의 사랑을 받은 자들로, 神과 분리될 수 없는 하나(One)이며, 예수만이 독생자가 아니라 "우리 모두가 神(빛)의 자녀이므로"(갈 4:6-7), 본래 독생자이다. 이러한 진리를 깨닫는 방법은 "고요히 있음"(시 46:10)으로 거울의 먼지인 ego를 제거하는 것이며, 그대가 자신이 神임을 자각한다면 죽음의 장벽을 쉽게 넘어갈 수 있다.

예수는 우리 삶에 가장 중요한 '나는 누구인가?'에 대한 명백한 답을 제시하고 있다. '나'는 본래 時空의 제약을 받거나 변화하는 육체의 형상(形象)이 아니라, 태어남과 죽음이 없는 영원한 하나(One)인 "생명의 빛"[133](요 8:12)이며, 神性이다. 예수를 배반한 자가 아니라, 영적으로 준비된 제자인 '가룟 유다'[134]는 "자기 자신을 알고 있는 사람은 '내면의 인간 즉 완벽한 인간(神)으로 힘입어 살 수 있다"(유다복음 35)[135]고 하였다. 또한 달마대사도 "그대는 어떤 부처도 숭배해선 안 된다. 그대가 부처이기 때문이다."라고 하였다.

예수는 우리가 빛으로부터 왔으며, 원죄설(原罪說)[136]을 부정하는 고귀한 신적인 존재임을 밝히고 있다. 이러한 원죄설은 자신이 청정한 영적 실재이며, "하나님의 형상"(창 1:27)임을 알지 못한 결과로 자기 자신을 파괴한다. 마하리쉬는 『나는 누구인가?』의 책에서 "그대 자신을 알라"고 하면서 "원죄는 독립적인 자아(ego)가 존재한다는 거짓된 환상이며, 고통의 근원이자 뿌리가 된다."라고 하였다. 따라서 '자아(ego)'는 꿈과 같지만 神(빛)의 자녀인 '영적 자아'(One)는 절대 인간(神性)임을 자각할 때 불행과 질병은 사라질 수밖에 없다.

진리의 깨달음을 위하여 "나는 누구인가"[137]를 탐구하거나 하나님에게 온전히 맡기는 순복의 방법이 있다. "참된 나"(時空이 끊어진 자리)는 본래 죄인이 아니라 生死를 초월한 청정심인 神性으로 예수, 부처와 차이가 없는 절대이다(화엄경). 이러한 우주에 충만한 하나(One)의 神性으로 거듭나지 아니하면 천국(극락)에 들어갈 수 없는 것이다(요 3:3). 사람이 만일 온 천하를 얻고도 참 생명(神性)을 잃으면 아무 유익이 없으며(눅 9:25), 바울은 "오호로 나는 곤고한 사람이로다"(롬 7:24) 라고 고백하면서 무한한 神性을 찾고자 하였다.

양기불성 일하유이
兩旣不成 一何有爾

"이원성이 존재하기를 그만두면, 하나가 어찌 있을 것인가?"

-

    둘이라고 하거나 하나라고 하거나 모두 일시적인 그림자와 같은 ego에 의한 분별 시비라는 것이다. 둘이라고 하면 꿈을 꾸고 있다는 것이니 꿈을 깨는 佛眼(눅 10:23)이 열리면 둘이라는 세계가 이루어질 수가 없으며, 하나라는 것은 그것 역시 이원성의 일부가 된다. 이러한 분별의 습관적인 병을 치유하기 위하여 둘이 아닌 불이법문(不二法門)이 강조되고 있으며, '존재의 본질'(One)은 일원성이 아니라 '둘이 아니다'(不二, advaita)라고도 한다.

    '전체(All)가 곧 하나(One)'인데 억지로 이름 붙여서 하나(One)이지 전체(All)마저도 잊어버린 그러한 자리를 '하나(One)인들 어찌 있을 것인가'라고 한 것이다. 그러므로 이것을 불교적 표현으로 '空 또한 비었다'고 해서 '空空'이라 한다. 이 '空空의 자리'(One)인 '무아(無我)'에 대하여 여래(如來)는

"실상(實相)이 아닌 것을 통달(通達)하여 모든 것에 걸리고 막히지 않는 '통달 무아법자'(通達 無我法者)를 일러 보살이라고 한다"(『금강경』)고 하셨다.

예수께서 그들의 생각을 아시고 이르시되 "스스로 분쟁하는 나라마다 황폐하여질 것이요 스스로 분쟁하는 동네나 집마다 서지 못하리라"(마 12:25)고 말씀하셨다.

생각(ego)에 의한 황폐와 스스로 서지 못하게 하는 분별은 안개와 같은 '나'(假我, ego)때문이다. 이러한 꿈만 깨고 나면 '不二의 생명'(One) 안에서 '둘'뿐만 아니라 '하나'도 없음을 깨닫게 된다. 예수는 허상인 육체(ego)가 행복의 근원이라고 오해하는 "보지 못하는 자를 보게 하려고 이 세상에 오셨다"(요 9:39). 이원성(ego)을 받아들이는 순간, 인간은 존재를 거짓되게 꾸미게 되어 실상인 천국(One)을 체험하지 못한다. 그러나 ego를 소멸할 때 전체로서 더없이 감사하는 마음으로 웃고 춤추며 즐기는 삶이 된다.

바울은 "너희는 유대인이나 헬라인이나 종이나 자유인이나 남자나 여자나 다 그리스도 예수 안에서 하나(One)이니라"(갈 3:28)고 하였다. 만약 바울이 현재 우리와 함께 살고 있다면, '그리스도(One) 안에서 기독교인도, 불교인도 다 하나(One)이기에 차별이 없다'고 했을 것이다. 서로 다른 둘이라고 분쟁하면 이미 허망한 꿈(ego)을 꾸는 것이므로, 이 꿈을 깨는 空(無)인 '제3의 눈'(One, 마 13:13)을 뜨면 이원성의 분별(ego)은 사라진다. 이와 같이 자신이 변하면 모든 길은 천국(One)으로 통함을 자각하게 된다.

내면의 눈이 열려, 개체성이 소멸되는 깨달음은 물과 물결같이 원융무애(圓融無碍)한 '전체(영적)인 세계'(One)가 되어 이 세계는 지극히 작은 가운데 가장 광대한 모습으로 나타난다. 즉 지극히 광대함 속에 가장 작은 것으로 나타나며, "한 털끝에서 한량없는 세계를 나타내고 미진 속에 앉아서 대법륜을 굴리는 것이다"(『능엄경』). 모든 현상이 서로 융합하는 사사무애(事事無碍)[138]이며(『화엄경』), 또한 모든 것은 서로 반영하는 그물 매듭에 박힌 다면체(多面體)의 보석처럼 '상호의존의 관계'(因緣所生法)에 있는 허상일 뿐이다.

예수는 "구하라 그리하면 너희에게 주실 것이요 찾으라 그리하면 찾아낼 것이요 문을 두드리라 그리하면 너희에게 열릴 것이니"(마 7:7)라고 말씀하셨다.

'구하라'는 세속적인 것을 구하라는 것이 아니다. 이미 여기 있는 진리(true Self)를 찾으라는 것이며, 이때 "예수가 하는 일을 그도 할 것이다"(요 14:12)라는 말씀이 이루어진다. 우리는 뜻이 하늘(실상)에서 이루어진 것 같이 땅(현상)에서도 이루어지도록(마 6:10) 기도를 하여야 하며, 이때 대상에서 벗어나는 자유를 누린다. 엑카르트는 "무엇보다 아무것도 너 자신을 위해 요구하지 말며, 神으로 하여금 너를 다루고, 그의 뜻하는 대로 하라"고 하였다. 이러한 기도는 존재계와 하나가 되게 하여 이 세상을 찬미하지 않을 수 없다.

우리는 진리로 거듭나게 되었을 때 이미 필요한 일체의 것들이 갖추어진 神性(One)을 체험하게 된다. 하나(One)의 진리에서는 선과 악, 행복과 불행의 이원성(ego)이 우리에게 영향을 미치지 못하며, 모든 것이 空(無)의 진리 안에서 조화롭게 되어가고 있다는 것을 깨닫게 된다. 이와 같이 神과 하나(One)가 된 영적인 수준에서는 더 이상 '주세요'라고 기도하는 것이 아니라 '드릴까요'가 되며, 삶의 모든 사건을 통해 성장하게 된다. 즉이 세계는 마음(ego)이 만든 환영(maya)이 아니라 하나(One)의 신비한 하나님의 세계가 된다.

예수는 말씀하셨다. "아담은 큰 능력과 큰 부요함에서 왔지만, 그는 가치적으로 너희와 상대가 되지 않았느니라. 왜냐하면 아담이 가치가 있었다면 그는 죽음을 맛보지 않았으리라"(도마복음 85).

인간을 상징하는 아담은 선악과(ego)를 먹기 전까지 하나(One)로서 선악의 시비가 끊어진 근본 자리인 참 본성(true Self) 그대로였다. 그러나 선악과를 먹은 후 선과 악을 분별하는 이원성인 어둠의 죄(無明)로 빛에 합당하지 않게 되었다. 그가 하나(One)의 神性을 유지하였다면, 時空을 초월한 삶으로 죽음을 맛보지 않았을 것이다. 따라서 인간의 목표는 고통을 일으키는 이원적 사유(ego)에서 에덴의 상태(One)로 복귀하는 회개(해탈)이다.

바울은 "우리가 낙심하지 아니하노니 '이원성인 겉사람'(ego)은 낡아지나 하나(One)인 속사람(true Self)은 날로 새로워지고 있다"(고후 4:16)고 하였다. 이렇게 속사람인 '神性의 생명'(true Self)을 되찾는 자는 그리스도(One)처럼 '하나님과 하나'(神)되는 영(靈)의 경지가 된다(요 17:21). 바울은 이러한 "생명인 성령의 법(One)이 우리들의 이원적인 죄(ego, 롬 7:19-20)와 사망의 법으로부터 해방하게 하였음이라"(롬 8:2)고 고백하였다.

현대 물리학이 "물질은 파동이자 입자이며, 없다가 있고, 있다가 없는 것"이라 한 것은 '현상은 神性으로부터 인연에 따라 잠시 이루어진 것'(假有)임을 의미한다. 『반야심경』은 텅 빈 우주에 가득 찬 '하나(One)의 생명'(佛性)인 존재의 본질은 그 모양이 없으므로 "생겨나지도 소멸하지도 않으며, 늘지도 줄지도 않는다"고 설명한다. 따라서 거짓된 자아(我, ego)가 사라지고 佛性(神性, true Self)을 깨달은 자는 집착에서 벗어나 전체를 본다.

예수는 말씀하셨다. "여우도 굴이 있고 새도 둥지가 있지만, 그러나 人

子(사람)는 누워서 쉴 곳이 없느니라"(도마복음 86).

예수께서 피곤할 때 편히 쉴 수 있는 거처조차 없음을 나타내는 것이 아니라, 여우나 새는 이 세상에서 안주할 곳이 있지만, '집착을 하지 않는 자'(無住)는 時空을 초월한 하늘나라의 주인(One)이 된다는 의미이다. 이러한 '지혜로운 사람'은 깨어 있고, 인생 전체를 하나의 긴 꿈의 연속으로 여기는 영적 삶을 살기에 가는 곳마다 집이며 신성한 '神性의 자리'(One)를 체험한다. 따라서 우리는 '상대적 사유로 가득 찬 이 세상'이 아니라, 본래의 상태(One)인 '절대적 쉼'(無心)을 회복하여 집착하는 하나마저도 버려야 한다.

'계시지 않는 곳이 없는'(無所不在) 神과 하나(One) 되면 이 세상 모든 곳이 쉴 곳이기에 한 장소에 머물 수가 없다. 이렇게 '상(相)에 머무름이 없다'는 뜻은 마음이 모든 자리에 거리낌 없이 다 이룰 수 있다는 말이다(『금강경』). 홍인대사가 "머무름이 없음을 본다면 진정한 해탈이다"라 한 건 연기(緣起)적 사유는 자유롭게 한다는 뜻이며, 가명(假名)을 실체처럼 착각하지 않기에 나만 옳다고 주장하지 않게 된다(『중론』). 따라서 달마대사는 "그대가 아무 것도 구하지 않을 때 그대는 이미 道 안에 있는 축복이다."라고 하였다.

예수와 같이 '순수한 마음'(One)은 텅 빈 허공성이라 어디에 머물거나 기억할 것이 없다. 우리도 삼법인(三法印)[139]인 "제행무상(諸行無常)[140]과 제법무아(諸法無我)의 이치"(막 13:3 1)를 터득하여 집착을 버리면 최고 행복의 경지인 열반적정(진리)에 이를 수 있다. 육조 혜능은 그의 법문에서 "일체의 현상을 초월하고(無相), 집착하지 않으며(無住), 망념을 여읜(無念)" 원만수행(圓滿修行)을 강조하였다(『육조단경』). 따라서 우리는 "그 어디에도 집착하지 않으면서 사랑과 자비를 발휘하여야 한다"(應無所住 而生其心, 『금강경』).

구경궁극 부존궤칙

究竟窮極 不存軌則

"마지막까지 나아간 궁극에서는 일정한 법칙이 존재하지 않는다."

—

'보이는 대상인 이 세계'(ego)가 사라졌을 때 찾아오는 궁극적인 '깨달음의 경지'(One)에서는 일정한 규칙이 없고, 세상의 도덕이나 윤리로써 그것을 가늠할 수 없는 자유를 누린다는 것이다(요 8:32). 즉 어디에도 분별시비하며 머물지 않고 어떤 격식도 만들지 않는 不二의 진리를 설명하고 있다. 참새 다리는 짧아서 좋고, 학의 다리는 길어서 좋은 것이 아니라 크고 작은 모양을 떠나서 보면 그대로 완전한 평등한 것이요, 차이가 없다.

『금강경』에서는 "정해진 法이 없다"(無有定法)고 하여 "法을 특별히 정하지 말아야 하며, 정해져 있다는 생각도, 정해져 있지 않다는 생각도 … 일시에 몽땅 비워버려야 한다"고 하여, '이원적(二元的) 분별 시비'(ego)를 넘어서도록 가르치고 있다. 또한 육조 혜능 대사는 "모든 것이 다 비어 있다(本來無一物)"고 하였으며, 다만 비어 있는 것이 아니라 본래 비어 있는 자리에 신비로운 '생명의 光明'(true Self)이 충만하다는 것이다.

예수는 "천국은 마치 좋은 진주를 구하는 장사와 같으니 극히 값진 진주 하나를 발견하매 가서 자기의 소유를 다 팔아 그 진주를 사느니라"(마 13:45-46)고 말씀하셨다.

우리 내면에 있는 '不二의 천국'(眞珠)이 얼마나 귀한지를 잘 나타내고 있다. 개별적 자아인 이원성의 ego를 소멸하고, 진주(眞珠)인 하나(One)의 천국(진리)을 찾게 되면 어떠한 정해진 규칙과 기준이 존재하지 않는 자유로운 세계가 된다(요 8:32). 따라서 자유와 평안을 위한 길은 영원한 진주(眞珠)를 찾는 것이며, 이러한 진주(眞珠)인 모든 것의 근본 실상(One)인 神性을 깨달아 '천국을 누리는 자'(true Self)가 '대자유인'이다.

엑카르트는 "공기가 청정하고 순수할 때 태양이 그 안으로 자기를 쏟아 부어 주는 것 같이, 하나님도 그대 안에 부어주신다"고 하였다. 바탕이 깨끗한 '眞如라는 법'(眞珠, One)도 번뇌의 찌꺼기(ego)를 닦아 익히지 않는다면 깨끗해질 수 없다. 이와 같이 진리(One)인 불법(佛法)은 적당하게 얻지 못함으로 불교에서는 "만약 궁극적인 진리인 보배(One)를 얻으려면, 가죽 주머니 같은 이 몸뚱이(ego)를 버리라"(若得獲寶 放下皮囊)고 한다.

전체(All)로서 천국은 상대적인 가치를 지니고 있는 이 세상과 다르게 절대성을 가지고 있는 경지(One)이다. 모든 사물을 전체적인 틀인 하나님(One)의 관점 즉 '道의 관점'(以道觀之)에서 보며 동시에 어린아이와 같이 스스로 그러한 자연(自然)스러움에 따를 수 있게 된다(마 18:3). 또한 "볼 수 있는 눈(靈眼)을 지닌 자"(마 13:16)만이 경험하는 초월적 세계(One)인 영적 실제로서 '평화와 사랑'(自他一切)을 나누는 체험을 하게 된다.

바울은 "우리가 다 수건을 벗은 얼굴로 거울을 보는 것 같이 주의 영광을 보매 그와 같은 형상으로 변화하여 영광에서 영광에 이르니 곧 주의 영으로 말미암음이니라"(고후 3:18)고 하였다.

일상적 삶인 수건(ego)이 사라진, '진리의 부활'은 우리가 본래 모습인 그리스도(true Self)로 변화하는 거듭남(One, 요 3:3)이다. 즉 회개(깨달음)를 통하여 일시적인 시공간과 망상의 이원성(ego)을 십자가에 못 박고, 궁극적으로 "神과 하나"(One, 요 17:21)되어 일정한 법칙을 초월하는 새로운 탄생이다. 이러한 삶(true Self)은 단지 미래가 아닌 시공간을 초월한 현재 즉 바로 '지금 여기'이다. 그러므로 예수는 "조금 있으면 세상은 다시 나를 보지 못하지만 너희는 나(true Self)를 보리니"(요 14:19)라고 말씀하셨다.

'영의 눈'이 열리는 하나님의 자리는 내면에 순수하고 온전한 진리가 드러나 그리스도와 똑같이 神人合一의 일원성이 이루어지는 神의 경지이다(마 5:48). 이와 같이 '神과 일체가 된 자'는 모든 사물과 조화를 이루어 형통하지 않을 수 없으며(마 6:33), "하나님의 눈, 마음의 눈"(엡 1:18)으로 이 우주에 충만한 '영원한 빛'(神性)[14]의 신비로움을 체험하게 된다. 프란시스는 나무들에게 "자매들이여 잘 있었나?"라고 말하였으며, 이와 같이 모든 허상은 사라지고 세상은 神性만이 가득하게 된다(草木國土 悉皆成佛, 『열반경』).

스스로 수행을 통하여 청정한 내면의 진리(生命)를 자각하면 병뿐만 아니라 선악, 손익, 행복과 불행 등의 이원성에서 자유롭다(요 8:32). 인간은 생명(神性)을 자각한 '참된 인간'(true Self)과 생명이 없는 '허망된 인간'(ego)의 두 상(相)이 있다. 현재의 우리는 금광(金鑛, One)의 상태로서 그 안에 망상 번뇌라는 불순물이 많이 들어 있기에 부처님(하나님)의 이름을 부르거나 염불을 통하여 장애물을 제거할 수 있다(『원각경』).

예수의 제자들이 말씀하셨다. "당신은 언제 우리에게 나타나시고, 우리는 언제 당신을 뵙겠나이까?" 예수께서 이르시되, "너희가 어린아이들처럼 부끄럼 없이 옷을 벗어 그 옷을 발아래 던지고 그것을 발로 짓밟을 때, 너희는 살아 있는 자를 보게 될 것이다. 그때 너희는 두려워하지 않게 되리라"(도마복음 37).

우리는 어린아이들과 같이 부끄럼 없이 옷을 벗을 때 즉 깨달음으로 ego를 소멸할 때 '살아 있는 생명'(true Self)을 발견하게 된다. 우리는 집착을 제거하고 지혜롭게 있는 그대로 '텅 빈 무소유'(無慾)로 살아갈 때 예수(true Self)와 하나(One)되는 영원한 구원을 맛보게 된다. 이렇게 과거와 미래가 사라지고, "하나(One)인 자신의 본질을 회복한 자는 두려움이 사라짐"(사 43:5)과 동시에 일정한 법칙이 없는 하나(One)의 생명으로 무한한 감사와 환희의 삶을 누린다. 모든 만물이 하나님의 발현임을 자각한 하나(One)의 경지이다.

부끄럼 없이 이기적인 '이원성의 옷'(ego)을 벗어 던지는 순진한 '어린아이의 원초성'(One)은 "하나님의 모양"(창 5:1)과 에덴동산에서 선악을 분별(ego)하는 타락이전의 실상(true Self)을 회복하게 한다. "거할 곳이 많은 내 아버지 집"(요 14:2)은 인연에 따라 오관(五官)과 육감(六感)으로 느껴지며, 상념(想念)의 그림자가 만들어 내는 가상세계(ego)가 아니라 아름다운 실상세계(One)이다. 따라서 신학자 폴 틸리히(Paul Tillich)는 구약의 타락 이야기는 역사적 사건에 대한 서술이 아니라 인간의 실존 상태에 대한 상징이라고 한다.

예수는 큰 광풍을 비유로 두려워하는 마음을 가진 제자들에게 "잠잠하라 고요하라"(One, 막 4:39)고 말씀하셨고, 부처는 이원적인 두려움을 없애기 위하여 "누구라도 자기의 모습을 보고, 목소리를 듣는 이는 하나(One)

인 부처를 보는 것이다"(『능엄경』)고 하였다. 두려움은 어둠속에서 밧줄을 뱀으로 보는 분별심(ego)으로, 조화로운 실상의 진리를 보지 못한 결과이다. 노자는 "있는 것과 없는 것, 쉬움과 어려움은 서로 말미암아 쉽고 어려움이 이루어진다"(『도덕경』 2장)는 전체적 상보사상을 주장하였다. 따라서 우리는 고통과 질병(惡)을 당할 때마다 선과 악은 상호 작용하고 있음을 자각하여 낙관적인 자세를 가져야 한다.

계심평등 소작구식

契心平等 所作俱息

"마음을 평등과 맺어서 일체 짓는 바를 쉬어라."

—

내 마음이 일체에 평등하면(One) 조금도 차별을 찾아볼 수가 없고, 이기심의 모든 것들도 그치며 평화롭게 된다는 것이다. 문득 깨달아 마음의 분별이 없는 평등한 경지(頓悟)에 이르면 감정적으로 처리하지 않으며, 짓는 바가 다 함께 쉬게 되어 '주관과 객관, 미움과 애착' 등이 '둘 아닌 진리의 세계'(One)가 된다. 『육조단경』에서는 "미움과 애착에 마음을 두지 않으면, 두 다리 쭉 뻗고 누우리라(憎愛不關心 長伸兩脚臥)"고 하였다.

거짓 나인 ego에 의한 순수함과 불순함, 도덕과 부도덕 등의 분별 시비는 모두 한 가지 현상의 양극(兩極)이며, 존재는 이중적으로 나타나지만 본질적으로는 하나(One)이다. 따라서 가리고 있는 '현상의 나'(ego)를 소멸시키고, 근원으로 들어가는 '실상의 나'(true Self)를 회복하는 것은 전체로 구원을 이루는 것이다(막 8:35). 보살은 미혹되었을 때는 보리(菩提)를 번뇌로 여기지만, 깨달았을 때는 번뇌를 보리(菩提) 즉 하나(One)의 지혜로 여긴다.

예수는 "물과 성령으로 나지 아니하면 하나님의 나라에 들어갈 수 없느니라"(요 3:5)고 말씀하셨다.

하나님의 나라는 겉사람(ego)이 속사람(true Self)에게 제물이 되어서 속사람이 깨어나는 성령에 의한 각성이다. '하나님의 통치'(One)가 실현되는 하나님의 나라는 마음이 청결한 자에게는 눈에 보이는 세계보다도 더 확실하고 영원한 실재이며(마 5:8), 여기 서 있는 사람 중에 죽기 전에 볼 자도 있다(눅 9:27). 이렇게 분별(ego)이 없는 '평등한 경지'(One)에 이르면 영원한 하나님의 세계가 열리며, 현세와 천국, 영혼과 육체 등을 각각 별개의 것으로 보는 이원론적인 세계관(ego)이 不二의 전체적인 세계관(One)으로 변한다.

하나님 나라는 역사 속 실제의 사건이 아니라 '내적 변화'(회개)를 통해 일어나는 인간 해방이며, 이러한 변화는 '이 세상에 속한 자'(ego)에서 "이 세상을 초월한 자"(true Self, 요 8:23)로 바꾸어진 것이다. 즉 "머리를 모든 물체 위로 뽑아 올려야 만국이 평화롭게 된다"(『周易』)는 것이다. 따라서 이기적인 ego가 사라지고 내면의 주인공(the Lord)을 찾아낸다면, 모든 곳이 '생명의 빛'(요 8:12)으로 가득 찬 '하나님의 세계'(One)임을 체험하게 되며, 세상에 매여 있고 육체의 한계에 갇혀 있는 어둠(ego)에서 눈을 뜨게 된다.

예수는 "너희가 어찌 의복을 위하여 염려하느냐 들의 백합화가 어떻게 자라는가 생각하여 보라 수고도 아니하고 길쌈도 아니하느니라"(마 6:28)

고 말씀하셨다.

　우리는 염려(ego)를 버리고, 들(내면, 아그로스)의 백합화(그리스도)를 보면서 그 조화롭고, 경이로운 내면의 본질을 깨닫고(회개), 無爲로 '마음 밭'에 그리스도(true Self)가 피어나도록 하여야 한다. 노자는 "道란 자연을 벗으로 삼고 맑고 고요하며 은밀하게 정(精)과 기(氣)를 운행하여 만물이 저절로 이루어지게 한다"(『도덕경』 3장)고, 유교에서는 "우주 만물이 하나(One)의 태극을 갖추고, 스스로 그러한 자연법칙에 있다"(統體一太極)고 한다.

　우리가 육체와 영(靈)을 서로 나누어 이원성으로 생각하는 까닭은 주객(主客)을 초월하는 하나(One)의 관점이 아닌, 주객을 나누는 분별적 관점(ego)에서 생각하기 때문이다. 즉 현대 물리학이 증명하듯 육체는 끊임없는 에너지(세포)의 파동(진동)으로 실재하는 않는 空이다(色卽是空). 육체와 영(靈)은 둘이면서 하나(One)인 不一不二이므로 진리를 벗어난 이원성(ego)의 염려가 영적인 성숙과 평안을 방해하며 고통을 초래하게 하는 원인이다.

　회개를 통하여 모든 염려를 버리고 하나(One)의 본래적 자아인 속사람을 회복한다는 것은 그리스도 안에서 '새로운 피조물'[142](고후 5:17)이 되는 것이다. 『바가바드 기따』에서도 "모든 갈망을 여의고 근심, 걱정 없이 사는 사람, '나'와 '나의 것'이라는 느낌에서 자유로운 사람은 평화를 얻는다"고 한다. 따라서 우리는 자연의 흐름에 부드럽게 순응하는 깨달음의 삶으로 들의 백합화와 공중의 새와 같이 삶을 놀이로, 또한 축제로 즐겨야 한다.

　예수는 말씀하셨다. "형제의 눈 속에 있는 티는 보고 네 눈 속에 있는 들보는 깨닫지 못하느냐? 먼저 네 눈 속에서 들보를 빼면 그 후에야 밝히 보고 네 형제의 눈 속의 티끌을 제거해 줄 수 있을 만큼 잘 볼 수 있게 될 것이다"(도마복음 26).

세상을 변화시키기를 원한다면 자신을 변화시키지 않고서는 어떤 변화도 있을 수 없다. 또한 '자신의 허구'(들보, ego)를 깨닫게 될 때만 상대를 진실하게 볼 수 있다(正見). 분별을 일으키는 '율법적인 나'(ego)를 제거하고, '사물을 평등하게 보는 빛'(神性)인 '실상의 나'(true Self)를 깨달을 때 모든 것이 쉬워져 상대방을 하나(One)로 볼 수가 있다.

우리가 이 세상을 변화시키기 위해서는 '어린아이와 같은 밝은 눈'(true Self)으로 바라보아야 한다. 이러한 순수함, 용서, 사랑은 不二의 진리(One)를 깨닫기 위한 본질적 요소이다. 일반적으로 이해할 수 없는 세상의 부조리한 일도 '큰 지혜'(One)로 보면 '神의 오묘한 뜻'인 우주법칙(成住壞空)[143]이 작동하고 있기에 "비판하지 말아야 한다"(마 7:1).

예수는 "내가 곧 길이요 진리요 생명이다"(요 14:6)라고 말씀하셨다. 언어를 초월하는 진리(One)인 예수(true Self)에 대해 알지 못할 때 예수에 관한 헛된 이론(ego)을 만들어낸다. 즉 기독교가 진리를 독점하거나 교회를 통해서만 구원을 받을 수 있다고 한다. 그러나 영적 자아인 예수를 아는 순간, 우리와 예수 사이에는 아무런 차이가 없는 하나(One)이다.

예수는 말씀하셨다. "거룩한 것을 개들에게 주지 말라. 저들이 이를 거름더미에 버릴까 염려됨이라. 진리를 돼지에게 주지 말라. 저들이 이를 더럽힐까 염려됨이라"(도마복음 93).

'하나(One)의 진리'는 신비로운 가르침이기 때문에 영적으로 준비되지 않은 사람들에게는 무용지물일 뿐이다. 개와 돼지에 비유되는 바리새인

(ego)들은 그들의 분별에 의하여 모든 것을 이원적인 사유로 보지만, 오로지 준비된 사람들만 비이원적(非二元的)인 진리대로 본다. 이러한 不二의 진리는 時空을 벗어난 무한 절대적인 가르침으로 '사랑과 이별, 아름다움과 추함, 기쁨과 슬픔'(ego)이 서로를 벗하는 절대 평등한 '진실의 세계'(One)이다.

일상 속에서 누구에게나 통하는 언어를 사용하는 '이원성인 개체'(ego)의 껍질을 깨고서, '내면의 神性을 회복한 자'(true Self)는 그들이 보는 모든 것들을 '하나(One)의 생명'(God)으로 보는 큰 지혜로써 절대적인 기쁨을 누린다. 지혜의 한계(ego)에 대하여 장자는 「소요유(逍遙遊)」에서 "작은 지혜는 큰 지혜에 미치지 못하고 … 아침에 돋는 버섯은 그믐과 초하루가 있는 한 달을 모르고, 쓰르라미는 봄가을이 있는 한 해를 모른다"고 하였다.

56

호의정진 정신조직

狐疑淨盡 正信調直

"여우같은 의심이 깨끗이 사라지면, 올바른 믿음이 조화롭게 곧아진다."

—

여우같은 의심이란 '내가 부처 즉 神'(true Self)임을 확신하지 못하는 마음으로 자기의 완전함을 버리고 밖에서 진리를 찾는 것이다. 그림자와 같은 ego(假我)에 의한 밖으로 향하는 의심스러운 마음이 깨끗이 사라지는 체험을 하면, 내면의 佛性(眞我: true Self)을 통하여 영원한 진리에 대한 올바른 믿음이 생긴다(요 12:25). 따라서 올바른 믿음인 나 자신에 대한 믿음, 참 주인공(true Self)에 대한 믿음, 진리에 대한 믿음이 바르게 서야 한다.

'여우같은 의심'(ego)이 깨끗이 사라지고 자기 자신에 대한 올바른 믿음에 대하여 임제선사는 "가는 곳마다 참 주인(true Self)이 되고 서 있는 곳 모두가 참 진리(佛國土)이다"(隨處作主 立處皆眞)라고 하였다. 즉 끊임없이 변하는 '생사(生死)의 세계'(ego)가 '조화로운 세계'(One)로 승화된다. 이러한 근본(One)을 성취한 중도(中道)에 대하여 『금강경』에서는 "믿는 마음이 깨끗하면 거기서 진리의 실상을 보리라"(信心清爭卽生實相)고 하였다.

　예수는 "아이들이 장터에 앉아 서로 불러 이르되 우리가 너희를 향하여 피리를 불어도 너희가 춤추지 않고 우리가 곡하여도 너희가 울지 아니하였다 함과 같도다"(눅 7:32)라고 말씀하셨다.

　예수는 '겉사람'(ego)이 일으키는 분별 시비로 인하여 순수한 '어린아이의 마음'(천국, One)이 상실됨을 안타까워하셨다. 여우같은 의심을 내며 이원성으로 방황하게 만드는 겉사람이 사라지면, 순수한 비이원론적인 내면의 神性으로 인하여 믿음이 바르게 된다. 즉 '삶과 아주 깊은 조화'(One)를 이룰 때 모든 의심(ego)은 저절로 사라진다.

　세밀함과 거칠음의 유한 상대 세계의 술에 취한 상태는 거짓된 '개체적인 세력'(ego)으로 다시 본래의 모습(One)인 보편 절대 세계(true Self)로 돌아가야 함을 인식하지 못하고 있다. 따라서 우리는 ego의 영적 마비상태에서 벗어나 '내면의 의식 변화'(회개)로 '하나(One)의 진리'를 깨달아 영원한 천국의 참된 행복과 자유를 누려야 한다.

　예수는 "더러운 귀신이 더 악한 귀신 일곱을 데리고 집으로 들어가는 비유"(눅 11:24)를 통해서 어둠인 ego에 가려있는 神性의 光明(true Self)을 항상 환기시켜야 함을 강조하고 있다. 따라서 우리는 이원성인 ego의 분별이 소멸된 경지에서 치우침 없이 본래의 모습인 진리와 생명(One)을 순수 그대로 받아들이는 참된 평안을 체험하게 된다.

　예수는 혈루증 여인의 정체성(神性)을 자각하는 "네 믿음이 너를 구원하였다"(마 9:22)는 말씀으로 치유하였다. 믿음은 무엇을 얻고자 하는 집착(ego)을 버리고, '神의 의지'(One)대로 인도되어짐과, 모든 일체를 神에게 맡기는 행위이다. 불교의 친란성인(聖人)은 아미타여래(One)에게 맡겼을 때 ego가 사라지는 법열(法悅)의 샘솟음을 체험하였다.

예수는 "내 원대로 마옵시고 아버지의 원대로 되기를 원하나이다"(눅 22:42)고 기도하셨다.

예수는 "내가 하는 말은 스스로 하는 것이 아니라 아버지께서 내 안에 계셔서 그의 일을 하신다"(요 14:10)고 하여, '내가 행위자이다'라는 ego의 환상을 소멸하고 '하나님의 의지'(One)에 순복하였다. 기도는 '나'(ego)와 '나의 것'이라는 느낌을 완전히 포기하는 것으로, 여우같은 의심을 버리고, '저는 아무것도 아닙니다. 어디에라도, 죽음이든 삶이든 그것이 이끄는 곳이라면 어디라도 갈 준비는 다 되어 있습니다.'라고 신뢰하여야 한다.

예수를 믿는 것은 맹목적인 믿음이 아니라, "진리에 대한 믿음과 이해"(엡 4:13), 그리고 진리와 合一(One, 요 17:11)을 위하여 번뇌를 제거하는 실천과 궁극적 깨달음이다(信解行證). 즉 인간의 한계(ego)들을 넘어서 우주적 의식(One) 속으로 들어가는 예수의 길이다(요 14:6). 이 세상에 편재하고 있는 "한(One) 분이신 하나님임을 깨달은 자"(마 23:9)가 천국에 들어가지만, "주여, 주여 하는 자마다 천국에 다 들어가는 것이 아니다"(마 7:21).

천국은 아버지의 뜻대로 행하는 자라야 들어가는 것이다. 여기서 '하나님의 뜻'(진리, One)대로 행한다는 것은 인과(因果)의 순리를 '있는 그대로'를 긍정한다는 것이다. 즉 우리의 나약함과 한계를 인지하여 받아들이고, 세상과 적대하는 대신 친하게 지내며, 우리가 결코 통제할 수 없거나 예측할 수 없는 사태를 받아들이는 것이다. 따라서 진리(One)인 예수의 온전한 가르침은 종파에 얽매여 있지 않으며 전혀 배타적이지 않다는 것을 알 수 있다.

예수는 말씀하셨다. "내가 이르노니, 만약 집 주인이 도둑이 올 것을 알면 그 주인은 도둑이 오기 전에 경계하여 그 도둑이 집에 들어와 소유물을 훔쳐가지 못하게 하리라. 그러므로 너희는 세상에 대해 깨어 있어라! 강도들이 너희에게 오는 길을 찾지 못하도록 강한 힘으로 무장하라. 이는 너희가 예상하는 재난이 올 것이기 때문이다. 너희 중에 깨닫는 자가 있도록 하라. 곡식이 익었을 때 추수할 자가 손에 낫을 가지고 속히 와서 그것을 추수하였다. 들을 귀 있는 자는 들어다"(도마복음 21:2).

"時空을 초월한 한 분이신 예수"(One, 마 23:9, 골 3:11)는 재림할 수 없음에도 불구하고 일반적으로 재림과 관련하여 해석되고 있는 구절이다(不去不來). 재림(파루시아)의 의미는 시간 개념이 사라진 지금 여기서 일어나는 '인간 의식의 대전환'(회개)이며, '時空의 한계'(겉사람)로부터 '영원한 현재'(One)의 속사람(true Self)을 자각하는 대이동이다.

천국인 태양이 허공에 솟아올라 시방을 두루 비추고 있으므로 장애가 없는 천국을 가로막는 도둑은 세속의 집착, 분별의 이원성(ego)이다. 재난을 일으키는 ego의 소멸을 통하여 소유물을 훔치지 못하게 하면 천국(神性)에 대한 올바른 믿음의 힘이 강하게 된다. 따라서 영적 강한 힘으로 '깨어 있는 자'(One)는 곡식이 익어서 지체 없이 '추수하는 자'이다.

강한 힘으로 무장된 神性(집주인)은 '끊임없이 변화하는 이 세계'(ego)가 실재하는 것으로 믿는 허상(그림자)을 사라지게 한다. 진리와 하나(One) 되면 자신 안의 神性(천국)을 자각하고, "자신이 진정 神(true Self)이라는 것"(요 10:34)을 체험하게 된다. 이러한 不二의 진리는 내면의 영(靈) 즉 자신 안에 계신 '神性(true Self)을 찾은 자'에게만 이해된다.

예수는 말씀하셨다. "천사들과 예언자들이 너희에게 와서, 너희 소유의 것들을 돌려줄 것이다. 그러면 그들에게 너의 수중에 있는 것을 저들에게 주어라. 그리고 너희 자신에게 말하라. '그들은 언제 와서 그들의 것을 가져갈까?'"(도마복음 88).

우리는 '깨달은 자'(One)들을 통하여 그동안 잊고 있었던 우리들의 것인 "하나님의 자녀가 되는 권세"(神性)를 자각하게 되며(요 1:12), 그들에게 육신적 필요를 공급해 주어야 한다. 진리(One)를 깨닫는 것은 밖에 있는 것을 구하는 것이 아니라 본래부터 '우리 안에 있던 것'(神性)을 스스로 깨달아 아는 것 즉 본래부터 지니고 있던 것을 회복하는 것이다.

예수는 "너희는 마치 그 주인이 혼인집에서 돌아와 문을 두드리면 곧 열어주려고 기다리는 사람과 같이 되라"(눅 12:36)고 말씀하셨다. 즉 '의식의 대전환'과 함께 시간으로부터 현존으로 가고, 생각(ego)에서 '순수 의식'(true Self)으로 가는 대이동을 역설하신다. 따라서 우리는 본래의 상태인 '하나(One)의 의식'(神性)을 회복하도록 최선을 다하여야 한다.

바울은 "우리는 부분적으로 알고 … 온전한 것이 올 때에는 부분적으로 하던 것이 폐하리라"(고전 13:9-10)고 하였다. 그러므로 여우같은 의심인 '부분적으로 아는 유한 상대적인 것'(ego)에서 '전체적(영적)으로 아는 무한 절대적인 것'으로 확대되어 갈 때에, 이 세상의 이원적인 종교(ego)들은 소멸하게 되고, 오직 '하나(One)인 진정한 종교'만 남게 된다.

일체불유 무가기억
一切不留 無可記憶

"아무것도 머물러 두지 아니하면, 기억할 만한 것이 없다."

—

'순수한 마음'(One)은 텅 빈 허공성이라 머물려고 하여도 머물 수가 없어 기억할 것이 없다는 것이다. 우리는 삼법인(三法印)[144]인 '제행무상(諸行無常[145]: 전 1:2)과 제법무아(諸法無我)의 이치'를 터득하고 집착(ego)을 버리면 최고 행복의 경지인 열반적정(佛性)에 이를 수 있다. 모든 존재는 무상하기 때문에 "정해진 모습이 없고(無相), 머물 곳이 없으며(無住), 집착할 것이 없으므로(無念)"(『육조단경』), '머무는 것'(집착)이 있다면 일회용이다.

삼조 승찬대사는 문둥병때문에 이조 혜가대사를 찾아가서 "스님, 저는 무슨 업(業, 죄) 때문에 이러한 고통을 받아야 합니까?"라고 눈물로서 여쭈니, 혜가대사는 "그 죄가 어디 있는가? 가져와 보게."라고 되물었다. 승찬대사는 이 한마디 즉 "일체가 머물지 아니하여 기억할 아무것도 없도다(一切不留 無可記憶)" 즉 상대적으로 바라보는 개념이 전혀 없다는 하나

(One)의 깨달음(지혜)으로 자기에게 심한 고통을 안겨준 문둥병을 치유할 수 있었다.

"예수께서 길을 가실 때에 날 때부터 맹인 된 사람을 보신지라 제자들이 물어 이르되 랍비여 이 사람이 맹인으로 난 것이 누구의 죄로 인함이니이까 … 이 사람이나 그 부모의 죄로 인한 것이 아니라 그에게서 하나님이 하시는 일을 나타내고자 하심이라"(요 9:1~3).

예수는 진리(천국)를 보지 못하고 있는 맹인(ego)에게 '하나님의 일'(One, 에르가)로 마음의 눈을 뜨게 하였다. 현대 물리학 관점에서 에너지 덩어리인 육체는 없는 것이기에 육체가 없다면 죄(ego)의 실체도 없다. 우주에는 "하나님 외는 아무것도 없으므로"(막 12:32) 죄의 실체가 머물려고 하여도 머물 수가 없어 당연히 기억할 아무것도 없다. 전체성인 실상의 빛을 가리는 어둠(ego)이 죄의식이며 빛이 어둠에 비치되 어둠이 빛을 이겨본 적이 없다(요 1:5). 이러한 죄의식은 개체가 독립된 존재성을 가지고 있다는 상상의 개념이다.

어거스틴이 만든 희랍의 이원성에 의한 원죄 즉, '죄의식의 병'(ego)은 강력한 말의 힘(눅 5:20)으로 치유할 수 있다. 또한 "인간 속에 감춰진 하나님의 형상을 자각할 때"(막 1:15) '어둠의 병'(죄)은 사라지고 빛으로 가득 찬다. 여기서 빛은 밤의 어둠과 상응하는 어둠이 아닌 밤에도 계속 빛을 발하는 절대적 '생명의 빛'(One)이다. 예수는 죄인을 구하려 세상에 오신 것이 아니라, 빛(마 5:16)의 진리(靈)를 잊고, 그림자(ego)와 같은 남편(아네르, 요 4:17)인 죄의식(어둠)에 짓눌려 허덕이는 자를 깨우치려 오신 것이다(요 18:37).

예수는 "'인자가 온 것은 잃어버린 자를 찾아 구원하려 함이다'(눅 19:10) 라고 말씀하셨다.

구원은 우리가 죄인이기 때문에 예수의 십자가에 대한 믿음과 공로로 얻는 것이 아니라, 우리 자신이 神性(One)과 다르다는 생각(자기 목숨, ego) 에서 벗어나는 것이며(막 8:35), "예수 이름으로만"(행 4:12)에서와 같이 '예수(부처) 자신'(오노마)인 진리 자체의 神性(佛性 , true Self)을 통하여야만 성취 된다. 예수와 부처가 이 세상에 오신 것은 삶의 흐름을 벗어나게 하는 집 착(죄)을 소멸하고, 본래 성품이며 하나(One)인 神性(佛性)의 진리를 깨달아 無知(부조화)의 어둠에서 벗어난 光明의 행복된 삶(One)을 위함이다(離苦得 樂, 눅 4:43).

진리(One)는 '텅 빈 허공성'(諸法空)이라 머물려 하여도 머물 수 없다. 당 연히 기억할 죄도 없는 진공으로 텅 비어 있을 뿐만 아니라 무진장의 우 주 energy로 가득 차 있는 묘한 그 무엇이다(眞空妙有). 또한 육조 혜능대 사는 "모든 것이 본래 텅 비어 있다(本來無一物)"고, 예수는 "죄란 없고, 죄 를 만드는 곳은 바로 네 안이다"(마리아복음 7:15)고 말씀하셨다. 따라서 텅 빈 물질(세상)은 모두 제 스스로는 죄가 되지 못하지만 마음의 이원론적인 사유(ego)가 죄가 되며 죄는 진리(One)를 바로 보지 못하는 無知(부조화)이 다(요 9:41).

전체성을 강조하는 불교의 『유마경』에서 유마는 죄를 진 비구들에게 죄가 안, 밖, 중간 어디에 있느냐고 추궁함으로써 즉각 죄의 존재를 제거 한다. 이것은 죄의 본성은 마치 물속의 달과 같아서 번뇌의 이원성(ego)에 그 원인이 있기 때문이다. 따라서 구원은 창조주와 피조물, 이 세상과 저 세상, 행복과 불행을 나누는 거짓 자아의 목숨을 소멸하고 참된 자아의 목숨(true Self)을 찾는 기쁨이다(눅 9:24). 이러한 동양적 구원관을 바울은

"주 예수(One)를 믿으라 그리하면 너와 네 집이 구원(true Self)을 얻으리라"(행 16:31)고 하였다.

　예수는 말씀하셨다. "태어나기 전에 존재했던 자는 행복하도다. 만약 그대들이 나의 제자들이 되고, 나의 말들에 주의를 기울인다면, 이 돌들도 그대들을 섬길 것이다. 그대들을 위해 준비된 낙원에는 다섯 그루의 나무들이 있는데 그것들은 여름이나 겨울에 변하지 않으며, 그것들의 잎사귀들은 떨어지지 않는다. 그들을 아는 자는 누구든지 죽음을 맛보지 않는 생명을 발견할 것이다"(도마복음 19).

　'진정한 나(神性)인 본래면목(本來面目)을 깨달은 자'는 부모의 몸을 빌려 태어나기 전의 경지(One)로서 돌에게 섬김을 받을 만큼 위대하며, 내면에서 흘러나오는 행복을 누린다. 낙원에 있는 다섯 나무(色水想行識)의 공상(公相)을 알고 본래 상태인 '神性을 회복한 자'는 누구든지 '삶과 죽음이 하나(One)'[146]인 생명의 자각으로 죽음을 맛보지 않는다.

　예수는 "아브라함이 태어나기 전부터 내가 있다"(요 8:58)고, 부처는 "나는 우주의 실재이다"(『열반경』)고 하여, 시간 그 자체를 부인한 '영원한 진리'(One)임을 말씀하셨다. 이러한 신비스럽고 불가사의한 '영원한 생명'(true Self)이 우리들의 본래성품(神性)이다. 따라서 영원히 죽음을 맛보지 않는 '자신의 실상'(神性)이 얼마나 귀중한가를 알아야 한다.

　예수는 "사람이 내 말을 지키면 영원히 죽음을 보지 아니하리라"(요 8:51)고 말씀하셨다. 이러한 죽음이란 실체가 있는 것이 아니라 無知로 인해서 생겨난 인식의 전도몽상(顚倒夢想)이며, 이러한 無知를 깨뜨릴 때 죽음이란 본래 없음을 알게 된다. 그러므로 당나라 때의 영가 현각(永嘉玄覺) 스님은 "깨달아 알고 보니 한 물건도 없구나."라고 노래하였다.

본래부터 존재하는 영원한 생명인 속사람(神性, true Self)은 텅 빈 허공성이라 머물려 하여도 머물 수 없어 당연히 죄라는 어떤 실재(實在)도 없다(人間本來無罪). 인간의 본성은 타락의 죄책과 병이 없는 무량무변한 神性(true Self)이므로 예수는 "네 자리를 들고 걸어가라"(요 5:8)고 하여 '잘못된 생각의 파동'(죄)을 제거함으로 병(ego)을 치유하셨다.

예수는 말씀하셨다. "누구든 세상을 바로 알게 된 자는 육체를 깨달은 자이며, 육체를 깨달은 자는 세상에 가치를 두지 않는다"(도마복음 80).

'세상을 알게 된 자'는 '인생의 덧없음과 고통스러움'(諸行無常 一切皆苦)을 자각하여 "육체는 잠깐 있다가 없어지는 안개와 같다"(약 4:14)는 것을 발견한 사람이다. 이와 같이 일시적인 육체(ego)는 본래 없고 단지 영원한 실상(靈, true Self)만 있음을 깨달은 자 즉 "예수와 함께 다시 살아난 자"(골 3:1)는 이 세상(ego)에 가치를 두지 않는다.

육체의 삶(ego)이란 기억할 만한 것이 아무것도 없는 꿈과 같다는 것(空)을 자각하면(眞空妙有), 하나(One)인 神性이 되어 통일성과 조화로운 환희(歡喜)의 삶을 누리지 않을 수 없다. 즉 '개체의 나'(ego)는 어느 시공간에서나 그대로 고정되어 존재할 수 없다는 不二의 진리를 깨닫게 되면(無我), '하나 됨'(One)으로 활기찬 행복과 자유의 삶이 된다.

불경(佛經)은 우리가 눈에 보이기 때문에 실제로 있다고 여기지만, 사실은 인(因)과 연(緣)이 화합함으로써 잠시 생겨난 것이라고 한다. 이러한 마음이 만들어 낸 이원성의 이 세상과 육체는 꿈과 허깨비와 같다. 그러므로 분별심을 벗어나 전체를 보는 자가 되어야 하며, 예수는 "한 하인이 두 주인을 섬길 수 없다"(도마복음 47:2)고 말씀하셨다.

허명자조 불로심력
虛明自照 不勞心力

"텅 비고 밝아 저절로 비추니, 애써 마음을 수고롭게 하지 않는다."

–

텅 비고 밝다는 것은 미운 마음이나 원망하는 마음 등 번뇌 망상이 없다는 것이다. 佛眼(靈眼)이 열린 '우리의 본래 모습'(本來心)에서 보면 이 세상 모든 것이 진리(One)가 아닌 것이 없고, 텅 비고 밝아 항상 비추고 있다(마 6:22). 생명으로 가득 찬 '영원의 세계'(true Self)에서는 有와 無, 주체와 객체를 초월하며 어떠한 죄라는 두려움도 없는 경지이다.

아무리 어둡고 캄캄한 밤이라도 태양이 光明(One)을 그대로 밝히고 있다는 사실을 알면 어두움(ego)의 자체는 '나를 감싸고 있는 밝음'(true Self)의 다른 모습임을 알 수가 있다. 이러한 본래심(本來心: true Self)에 대하여 『법화경』에서는 "일체 모든 法이 진리 아닌 것이 없고, 이러한 이치를 깨달으면 나 자신이 확연히 부처임을 보게 되리라"고 하였다.

"예수께서 배에 오르사 건너가 본 동네에 이르시니 침상에 누운 중풍병자를 사람들이 데리고 오거늘 예수께서 그들의 믿음을 보시고 중풍병자에게 이르시되 작은 자야 안심하라 네 죄 사함을 받았느니라 … 하나님께 영광을 돌리니라"(마 9:2-8)

예수는 죄(罪性)라는 것은 본래 없는 것으로, 중풍병자를 神(빛)의 자녀로 선언하여 '죄와 병'(어둠)을 사라지게 하였고, 우리도 거짓된 죄의식(마음)에서 치유를 받아야 한다고 말씀하신다(막 2:5). 하나의 진리에서 보면 이 세상은 텅 비고 밝아 항상 비추고 있어, 생명의 에너지를 일깨우는 깨달음으로 이원성의 집착이 소멸되면 어둠의 죄는 없어진다. 따라서 죄(하마르티아)는 실상(천국)을 보지 못하고 허상을 보는 겉사람의 분별심이며(요 9:41), 이러한 이원성(ego)이 소멸될 때 내면의 현상인 속박에서 해방되는 자유로운 삶을 누린다.

빛이 있으면 어둠이 사라지는 것과 같이 진리의 깨달음으로 하나(One)가 되는 기쁨이 넘치면 거짓된 마음인 ego에 의한 죄와 병은 저절로 사라지는 것이다. 육체와 마음이 바로 '나'(ego)라고 하는 번뇌(분별심)의 어둠(無明)이 사라지면, 내장되어 있던 '무한한 생명력'(神性)에 의하여 중풍병자는 치유되는 작용이 일어난다. 예수는 "이스라엘 중에서도 이만한 믿음은 만나보지 못하였다"(눅 7:9, 요 4:50)고 말씀하신 것과 같이 믿음은 지금 여기에 神(One)이 현존하는 것 즉 무한한 능력의 神性을 신뢰하는 것을 의미한다(信心不二).

바울은 "오직 주 예수 그리스도로 옷 입고 정욕을 위하여 육신의 일을 도모하지 말라"(롬 13:14)고 하였다.

바울은 우리가 '예수 그리스도와 하나'(One)되기 위하여 ego에 의한 이 기적 욕심을 버려야 함을 강조한다. 내면의 변화인 회개[147]를 통하여 ego 의 모든 분별의 옷을 벗어 버리고, 그리스도와 같이 순수한 하나(One)로 써 우주에 충만한 神性(佛性, true Self)의 옷을 입어야 한다는 말이다. 이러 한 신비로운 '하나(One)의 경지'에서는 어떤 고통에도 오묘한 의미가 있음 을 깨닫게 되고, 그 의미를 깨닫는 순간 고통은 사라지고 감사가 넘치게 된다.

"내 안의 그리스도"(갈 2:20)는 우리 존재의 실상 즉 '법신(法身)의 경지'(無 我)를 나타내며, 부처의 가르침은 연기법(緣起法)[148]의 도리를 깨달아 무아 (無我)의 삶을 살도록 하는 것이다. 이러한 '텅 비고 밝은 마음'은 분별하는 미운 마음이나 원망하는 마음인 번뇌가 사라진 마음으로 예수는 "이 성 전을 헐라"(요 3:19)고 말씀하셨다. 즉 성전(ego)을 헐면 아무것도 남는 것이 없으며, 나(ego)라는 생각이 죽어 하나님 안에 감추어진다(無念, 골 3:3).

예수는 말씀하셨다. "너희는 너희의 두 귀로 들은 것들을 지붕 꼭대기 에서 다른 사람의 귀에 전파하라. 왜냐하면 아무도 등잔을 켜서 바구니 안에 두지 않으며 감추어진 곳에 그것을 두지도 않기 때문이다. 오히려 들어가고 나오는 모든 이가 그 빛을 보도록 그것을 등잔 받침대 위에 둘 것이다"(도마복음 33).

겉사람의 귀가 속사람의 귀로 바뀐 자 즉 지붕 꼭대기인 '하나(One) 된 자'는 진리를 전하여야 한다. 또한 내면의 빛을 깨달아, 고통을 벗어나서 '자유롭게 된 자'는 영원한 진리인 복된 소식(One)을 선포하지 않을 수 없 다. 따라서 '내면의 光明을 자각한 자'(true Self)는 사람들을 비추어 주는 밝은 등불이 되어 밝게 비추어야 한다(마 5:15).

우리는 세상 사람들에게 영원한 생명(true Self)인 '하나(One)의 빛'이 되라고 전파하여야 한다. 영원한 하나(One)인 생명에서 보면 이 세상 모든 것이 진리 아닌 것이 없고, 텅 비고 밝아 항상 비추고 있다. 이렇게 온 우주가 光明으로 빛나게 하는 '진리의 세계'(true Self)에서는 어떠한 이원성의 집착으로 인한 어둠의 죄(ego)는 존재하지 않는다.

고통을 일으키는 번뇌는 바구니 안에 등불을 두려는 어두운 마음이며, 이러한 '분별하는 마음'(ego)은 어둠을 밝히는 光明(true Self)을 숨기려 한다. "회개하지 않는 자는 망하리라"(눅 13:3)는 말은 자신의 마음을 깊이 들여다보지 않는 無明의 어리석은 사람은 반석이 아닌 모래위에 지은 집(ego)으로 무너지지 않을 수 없다는 것이다(마 7:25-27).

예수는 말씀하셨다. "이 세상을 발견하여 부자가 된 자는 이 세상을 버리도록 하라"(도마복음 110).

이 세상에는 무한한 진리(神)밖에 없다는 것을 발견하여 '부자가 된 자'(true Self)는 끊임없이 변화하는 꿈, 환상, 물거품, 그림자와 같은 유한 상대적인 이 세상(ego)에 대한 집착을 버려야 한다(『금강경』). 즉 텅 비고 밝아 저절로 비추는 '본래의 생명'(true Self)을 회복하여 영원한 구원을 이루었다면, 애써 마음을 수고롭게 하여 '잠깐 있다가 없어지는 안개'(약 4:14)와 같은 '헛되고 헛된 이 세상'(ego, 전 1:2)에 조금도 가치를 두지 않는다.

구원이란 상대적인 세상에 대한 집착을 제거하고 본래 그대로의 '절대적인 세상'(One)을 회복하여, 이미 있는 완전한 '내면의 진리'(神性)를 스스로 드러내는 영원한 기쁨이다. 즉 동양 종교들과 같이 ego(小我)를 벗어나 '본래적 근원'(One)을 실현함으로써 전체를 보는 영적인 '참다운 인간'(大我)이 되는 것이다. 이렇게 神에게 모든 것을 맡기므로 '하나인 神性을 실현하는 경지'는 외적인 것에 행복을 의존하지 않는 무욕과 평화의 온전한 세계이다.

크리슈나는 그의 제자인 아르주나에게 "모든 것이 나(One)에게서 나오고 모든 것이 내 안으로 녹아 들어간다. 너의 껍데기(ego)를 던져 버리고 내 발 아래로 오라"(『바가바드 기따』)고 하였다. 즉 우리는 자신이 둘이 아닌 神性(One)임에도 불구하고 자각하지 못하고 있다는 것이다. 따라서 우리는 '나'(ego)로부터 벗어나 본래의 神性을 회복하고 자유와 사랑을 체험하여야 하며, 이러한 하나(One)를 맛본 이의 삶은 평화와 환희로 넘쳐흐르게 된다.

59

비사량처 식정난측
非思量處 識情難測

"생각으로 헤아릴 곳 아니니, 마음과 감정으로 측량키 어렵다."

—

'텅 비어 스스로 비추는'(虛明自照) '실상인 영(靈)의 세계'(One)는 생각으로는 헤아릴 수 없고, 다만 깨달음(靈)만으로 알 수가 있다(요 4:24). 삶과 죽음을 따로 보는 세계는 ego적인 생각으로 설명할 수 있으나, 삶이 곧 죽음이요, 죽음이 곧 삶이라는 근원(本質)인 '空의 세계'(true Self)는 마음과 감정을 초월하기에 생각으로 측량하기 어렵다는 것이다.

ego적인 생각, 감정은 참으로 아지랑이와 같아서 허망하며, 진실한 실상(實相)을 보는데 오히려 장애 요소가 되기 때문에 '비워야 하고, 내려놓아야 한다'(放下着). 즉 '신비한 실상세계'(true Self)에 들어가기 위해서는 몸과 마음을 내려놓아야 하며(身心脫落), 이 세계는 다만 텅 비어 있을 뿐만 아니라 허공 가운데 가득 차 있는 묘한 그 무엇이다(眞空妙有).

예수는 다음과 같이 말씀하셨다. "문을 통하여 양의 우리에 들어가지 아니하고 다른 데로 넘어가는 자는 절도며 강도요, 문으로 들어가는 이는 양의 목자라. 문지기는 그를 위하여 문을 열고 양은 그의 음성을 듣나니 그가 자기 양의 이름을 각각 불러 인도하여 내느니라. 자기 양을 다 내놓은 후에 앞서 가면 양들이 그의 음성을 아는 고로 따라 오되 타인의 음성은 알지 못하는 고로 타인을 따르지 아니하고 도리어 도망하느니라. 예수께서 이 비유로 그들에게 말씀하셨으나 그들은 그가 하신 말씀이 무엇인지 알지 못하니라"(요 10:1-6).

이원적 사유의 '거짓 목자'는 양(ego)들을 겉사람으로 이끌어 가지만, 不二의 진리인 '참 목자'는 속사람으로 인도하여 하나님과 하나(One)가 되게 한다. '사람들이 예수의 말씀이 무엇인지 알지 못하는 것'은 생각으로 헤아릴 수 없는 진리를 '마음과 감정'(ego)으로 측량하려 하기 때문이다. 時空과 생각을 초월하는 진리(One)는 영적으로 거듭난 자'들만이 완전히 이해할 수 있는 것이다. 따라서 우리는 절대적 '하나(One)의 진리'를 비유로 설명하는 성경을 상대적이며 이원론적 사유로 해석하는 어리석음에서 벗어나 다시는 '배타적이며 독선적인 죄'(과거 십자군의 원정, 마녀사냥, 이단심문 등)를 범하지 않도록 하여야 한다.

바울은 "누구든지 그리스도 안에 있으면 새로운 피조물이라 이전 것은 지나갔으니 보라 새것이 되었도다"(大死一番 絶後蘇生, 고후 5:17)라고 하였다. "마음의 새 창조"(갈 6:15)에 의한 새사람(true Self)은 마음과 감정으로 측량키 어려운 새로운 전체성의 영역이며, '가로 · 세로 · 두께라는 3차원의 영역'을 초월한 경지이다. 또한 '영적인 눈과 귀'(One)를 가지게 되어 고통과 병을 초래하는 이전에 있던 이원성이 소멸해 버린다. 따라서 그는 사물의 '본래 그러한 모습'(One)을 보기 때문에 불행과 고통 속에서 평정을 잃지 않는다.

  예수께서 제자들에게 말씀하시기를, "너희는 나를 비교하여 내가 누구와 같은지 말해보아라." 베드로는 그에게 답하되, 당신은 의로운 천사와 같습니다. 마태가 예수께 말했다. 당신은 지혜로운 철인과 같습니다. 도마가 그에게 이르되, "선생님, 저의 입으로는 당신이 누구와 같은지 감히 말할 수가 없나이다."라고 하였다. 예수는 도마에게 이르시되, "나는 너의 선생이 아니라, 너는 내가 이미 다 측량한 샘물을 마시고 취하였구나."라고 하셨다. 예수께서 도마를 데리고 물러가셔서 그에게 세 가지 말씀을 하셨더라, 도마가 자기 친구들에게 돌아오자 저들이 저에게 물어, "예수는 너에게 무슨 말씀을 하시더냐?" 도마가 이르되, "저가 내게 하신 말씀 중 하나라도 너희에게 말하면 너희는 돌을 들어 나를 칠 것이요, 그 돌에서 불이 나와 너희를 삼키리라"(도마복음 13).

  '나를 누구라 하느냐?'의 질문은 공관복음(막 8:27)에도 나오지만 차이가 있다. '마음의 광기'(ego)에 취해 있는 도덕가인 베드로는 도덕을 초월하는 예수(One)를, 지식을 추구하는 마태는 실재인 예수(One)를 이해하지 못하였다. 영적인 도마는 다른 제자들이 알면 신성모독이라고 돌로 쳐 죽일지도 모르는 말씀을 예수로부터 들었지만, "내면의 눈"(靈眼, 마 13:16)이 아직 열리지 않은 다른 제자들은 不二의 진리(One)를 이해할 수 없었다. '진리를 말한 자'는 그것을 들은 무지한 사람들의 적(敵)이 되고, 그들은 돌을 던지게 된다.
  '나누어질 수 없는 不可分의 진리(One)는 언어로써 나타낼 수가 없다'(言語道斷), 다만 지혜의 샘물을 마시고 취한 영적 경지(One)에서만 나올 수 있다. 이렇게 이원론적 사유를 초월한 '존재의 깊은 비밀을 깨달은 자'들은 모두가 평등함으로 더 이상 선생이 필요 없다. 도마는 '절대 평등한 생명'(One)에 대해 마음과 언어로 한계(ego)를 지어 말할 수 없었다. 그는 비웃음을 사지 않기 위하여 '침묵'이외에는 대답할 방법이 없었다. 그는 유일한 실재는 神 혹은 나(true Self)뿐이며, 나(ego)와 내가 가진 것들은 없다는 것을 깨달았다.

'침묵'에 대하여 십자가의 성 요한은 "無 안에 거함으로 나에게는 아무것도 부족한 것이 없음을 알았다"고 하였다. 왜냐하면 존재하는 모든 것이 바로 자기이고 자기의 것이기 때문이다. 디오니시우스는 "진리는 긍정과 부정 너머에 있으며, 생각하는 것은 상상일 뿐이다 … 그것은 묵상을 통해서만 알려질 수 있다"고 하였다. 이러한 묵상은 몸과 마음이 '나(ego)'라고 하는 無明(無知)[149]의 인식 오류를 벗어나 참된 앎(明知)으로 전환시키는 행위이다. 묵자(墨子)는 "밝은 지혜(明知)가 능히 사람의 화복(禍福)을 이루어간다"고 하였다.

예수는 말씀하셨다. "찾는 자는 발견할 것이며, 내면(inside)을 두드리는 자에게는 열릴 것이다"(도마복음 94).

성경에서 마태(7:7)는 "문을 두드리라 그리하면 너희에게 열릴 것이니"라고 하였다. 이 구절은 하나님이 세상에서 무엇이든지 구하면 응답해주실 것으로 오해할 수 있다. 그러나 구하는 자에게 주시는 것은 '기복적인 것'(ego)이 아니라, '천국의 길'인 성령의 인도하심이다(눅 11:13). 구원은 예수의 이름을 부르는 자에게 주어지는 것이 아니라, 거짓 나(ego)를 버리고 '참된 나'(神性)를 찾아 나선 자가 '마음의 눈'(One)을 뜨는 것이다(마 6:22).

일정하지 않고 항상 변하는 현상계(ego)에서 간구하는 모든 것은 생겨나고, 사라지는 헛된 것이다(生滅法). 따라서 예수께서 찾으라고 하신 것은 생각으로 헤아리지 못하며, 마음과 감정(ego)으로 측량키 어려운 하나(One)인 神性을 위한 "가난한 마음"(無我, 마 5:3)이다. 즉 '이원적인 생각으로 헤아리는 망상'(ego)이 사라진 영원한 '영적인 경지'(One)로서, 불행과 슬픔이 그에게 찾아 와도 그는 그 속에서 축복과 무한한 아름다움을 발견한다.

찾는 자는 상대(相對)가 아니라 절대인 진리(One)를 향해야 하고, 밖을 향해 찾는 것이 아니라, 내면을 향해야 한다. 이러한 결과, 내면에 있는 집착의 껍질(ego)이 벗겨지고 보고(寶庫)인 천국(true Self)을 찾게 된다(눅 17:21). 불교의 극락도 '내면의 自性'(마니주, true Self)이 부처임을 믿고, 집착의 껍질을 깨는 깨달음을 얻어야 되는 것이다. 따라서 깨어 있는 사람의 자리가 천국(One)이고, 깨어 있지 못한 사람의 자리가 지옥이다.

진리의 깨달음으로 현상계의 악업(惡業)을 녹인 자는 억지가 아니라 오직 할 뿐이며(無爲), "심는 대로 거두는 결과"(갈 6:7)에 따라 순리에 맡긴다. 왜냐하면 아집과 번뇌에 따라 업(業)이 있고, 업(業)에 따라 업보(業報)[150]가 있기 때문이다. 따라서 부처는 "그 몸뚱아리를 '나(ego)다, 나의 것이다, 나의 자아다'라는 생각을 버려라"(뱀의 비유경)고 말씀하셨다. 나의 지위, 권력, 재산 등 이런 것들은 모두 공중에 떠다니는 비눗방울과 같다.

인도의 중세 시인인 까비르는 "죽음! 온 세상이 두려워 떨지만, 그러나 나의 가슴은 기쁨으로 넘쳐흐르며, 죽어 나 자신을 무아경(無我境, One)에 온전히 내줄 날은 언제인가?"라는 詩를 남겼다. 그에게서 죽음은 '神과 하나'(One)되는 축복이며, 또한 진리를 깨닫고 "온전하게 된 자는 선생(그리스도)이 되어"(눅 6:40) 죽음을 가장 복(福)된 것으로 받아들인다. 따라서 우리는 삶이 가져다주는 모든 것을 감사한 마음으로 긍정할 수 있어야 한다.

60

진여법계 무타무자
眞如法界 無他無自

"진실하고 변함없는 법계에는 남도 없고 나도 없다."

—

우리는 모든 것을 상대적으로 보지만, 이러한 '개아(個我)의 세계'(ego)를 해탈하여 모양도 없고 빛깔도 없으며, 진실하고 변함없는 절대적인 하나(One)의 진여법계(眞如法界)에서 보게 되면, 남도 없고 나도 없는 절대인 "한 가지의 진리"(눅 10:42)이다. 즉 '누렇고 푸른 것 그리고 산이면 산, 물이면 물, 티끌이면 티끌 모두가 바로 보면 佛性이고 부처이다'(當體如是). 이러한 진여자체(眞如自體: true Self)의 세계는 변화의 세계와 단절된 공허한 세계가 아니라 오히려 변화하는 현상계의 다양성을 그대로 연출하는 역동성을 지니고 있다.

텔레비전에 비유하자면, 텔레비전 화면 속에 '여러 가지의 장면'(現象界: ego)이 나타나지만 그 모든 장면(虛相)은 다만 차별 없이 흐르는 '하나의 전류'(實相: true Self)일 뿐인 것과 같다. 이러한 영원한 진여법계(眞如法界) 즉

...

'내가 그대로 우리가 되고 이기심(利己心)이 그대로 이타심(利他心)이 되는 하나(One)의 자리'는 고정 불변하는 실재로서의 나(ego)가 없는 무아(無我)의 경지이다. '모든 존재는 다 무아(無我)라는 것을 체득한 그 자리'(諸法無我)가 최고 행복의 열반적정(true Self)인 극락(천국)의 복된 자리(One)이다(마 5:3).

예수는 말씀하셨다. "또 어떤 사람이 타국에 갈 때 그 종들을 불러 자기 소유를 맡김과 같으니 각각 그 재능대로 한 사람에게는 금 다섯 달란트를, 한 사람에게는 두 달란트를, 한 사람에게는 한 달란트를 주고 떠났더니 다섯 달란트 받은 자는 바로 가서 그것으로 장사하여 또 다섯 달란트를 남기고 두 달란트를 받은 자도 그같이 하여 또 두 달란트를 남겼으되 한 달란트를 받은 자는 가서 땅을 파고 그 주인의 돈을 감추어 두었더니 오랜 후에 그 종들의 주인이 돌아와 그들과 결산할새 … 두려워하여 나가서 당신의 달란트를 땅에 감추어 두었었나이다 … 그 주인이 대답하여 이르되 악하고 게으른 종아 나는 심지 않은 데서 거두고 헤치지 않은 데서 모으는 줄로 네가 알았느냐 … 그에게서 그 한 달란트를 빼앗아 열 달란트 가진 자에게 주라. 무릇 있는 자는 받아 풍족하게 되고 없는 자는 그 있는 것까지 빼앗기리라"(마 25:14-30).

우리는 '상대적인 외부의 사물'(ego)에 휘둘려 몸과 마음의 노예가 되어선 안 된다는 것이다. 따라서 이르는 곳마다 스스로 몸과 마음을 부리는 '참 주인'(true Self)이 되어 공허하고 신기루 같은 것을 더듬지 말고 오직 이 순간에 깨어 있어야 한다(隨處作主 立處皆眞). 눈에 보이는 물질세계는 마음의 움직임에 의해 형상으로 나타나는 것이며, 풍성한 진리(One)의 마음이 되면 눈에 보이지 않는 무진장의 세계(本性)를 체험할 수 있게 된다. 따라서 예수와 부처는 사람들이 잠에서 깨어 자신의 本性(One)을 바라보도록 도움을 준다.

주인으로부터 '잘하였도다 착하고 충성된 종아'라고 칭찬을 받았던 종과 같이 이원성의 ego인 간택심을 철저히 제거하면, 순진한 어린아이의 마음이 되어 남도 없고 나도 없는 하나(One)의 영적 에너지인 본래의 神性을 회복할 수 있다(克己復禮,『논어』). 모든 것을 하나님께 맡기며, 삶을 '있는 그대로' 받아들이는 본성적(One)인 '감사와 기쁨의 삶'은 더욱 풍성한 삶을 누리지만, 그렇지 않으면 지니고 있는 것마저도 빼앗기게 된다. 따라서 그대 영혼의 어둔 밤(ego)에서 벗어나는 유일한 길은 그대의 존재 (true Self)를 자각하는 것이다.

예수께서 "구하라 그리하면 너희에게 주실 것이요"(마 7:7)고 말씀하신 것은 전 우주는 남도 없고 나도 없는 '하나(One)의 생명체'이므로 한 사람 한 사람의 '순수한 마음'(true Self)이 우주에 편만해 있음을 체험하라는 것이다. 나(ego)라는 조그만 껍질이 깨지고, 무아(無我)가 될 때, 막힘없이 흐르는 물이 되며, 또한 우리들의 생활이 '하나님의 뜻'(One)의 흐름에 연결되어 있다는 자각은 저절로 무한 공급을 누리게 한다(마 6:33). 이러한 '하나님의 뜻'의 작용은 의식하지 못하는 상태에서 이루어지기 때문에 우연으로 보이기도 한다.

예수는 "아버지나 어머니를 나보다 더 사랑하는 자는 내게 합당하지 아니하고 아들이나 딸을 나보다 더 사랑하는 자도 내게 합당하지 아니하며 또 자기 십자가를 지고 나를 따르지 않는 자도 내게 합당하지 아니하니라"(마 10:37-38)고 말씀하셨다.

'개체적인 나'(ego)를 벗지 못하고, 그림자 같은 시간의 가족들에게 집착한 자는 영적인 영원한 神性(true Self)의 탄생을 경험하지 못하며, "그리스도(true Self)로 거듭나지 못한다."(殺佛殺祖, 갈 2:20). 그러나 '육체가 있다'는 겉사람의 ego를 십자가에 못 박고, 전체로서 하나(One)인 '내면의 神性'(佛性, true Self)을 찾게 되면 남도 없고 나도 없는 전체와 하나(One) 즉 삶을 있는 그대로 따르는 풍성한 생명(One)의 부활을 체험한다.

십자가는 고통의 상징이 아니라 현상을 말살하면 실상이 살아나는 즉 '삶과 죽음이 하나(One)'라는 환희의 상태이다. 또한 '개체의 그리스도'(ego)를 말살하였을 때, 아브라함이 태어나기 이전부터 있는 '전체인 그리스도'(true Self)로 부활하며, 이러한 부활은 겉사람(ego)에 가려진 본래 상태의 생명(One)을 회복한다. 따라서 우리의 목적은 집착(ego)을 벗어나 하나(One)인 생명(true Self)을 이 세상에 실현시키는 참된 사랑과 평화이다.

시몬 베드로가 그들에게 말했다. "마리아를 우리에게서 떠나가게 하시오. 왜냐하면 여인들은 생명을 받기에 합당하지 않기 때문입니다." 예수께서 말씀하셨다. "보라, 내가 그녀를 인도해 남성으로 만들리라. 그리하여 그녀 역시 너희 남성들처럼 살아 있는 영(靈)이 되게 하리라. 어떠한 여성이라도 자신을 남성으로 만드는 자는 천국에 들어갈 것이다"(도마복음 114).

마리아를 '남성들처럼 살아 있는 영(靈)이 되게 하리라'는 것은 이원성을 초월한 심령이 가난한 하나님의 독생자(One)로 거듭나야 된다는 것이다. 어떠한 여성이라도 자신을 둘이 아닌 남성(진리)으로 만드는 자 즉 자각하는 자는 '절대세계인 천국'(One)[151]에 들어간다. '하나(One)의 진리'를 깨달은 마리아는 "그분(예수)이 우리를 준비시키시고 '참된 사람'(One)이 되게 하셨으니, 대신 그분의 위대함을 찬양합시다"(마리아복음)라고 하였다. 음양 사상의 영향을 받은 융(Jung)은 남성 안의 여성성과 여성 안에 있는 남성성의 이론을 발전시켰다.

바울은 "온전한 것이 올 때에는 '부분적으로 하던 것'(分別智)이 폐하리라"(고전 13:10)고 하였으므로 '부분적으로 아는 것'(ego)에서 '전체적으로 아는 것'(천국, One)으로 되는 '不二의 지식'의 확대만으로도 훌륭한 종교와 사회가 성립된다. "남성(陽)을 알고 여성(陰)을 지키면 천하의 계곡 즉 온전한 삶이 되고"(One, 『도덕경』 28), 생태학적 위기는 창조물과 피조물의 구별이 사라질 때 이루어진다. 따라서 이 세계는 진리(생명, One)의 거룩한 장소이지만, 이것을 '따르는 자'(true Self)와 '따르지 않는 자'(ego)의 차이가 있을 따름이다.

61

요급상응 유언불이
要急相應 唯言不二

"실재와 바로 조화하기 위해서는, 오직 둘 아님만을 말하라."

—

'진리와 하나'(One)되어 피차 막힘없이 통하고자 한다면 '不二의 자리'(절대세계)라고 말할 수밖에 없다. 不二의 진리는 남이 곧 나이고 내가 바로 남이 되는 하나(One)인데, 둘이 있다고 착각하는 것이 일시적인 꿈과 같은 '중생의 마음'(ego)이다. '좋아하고, 싫어하는 것'(ego)이 분명히 둘로 나누어져 있지만 영원한 진리의 자리에서는 둘이 아닌 하나(One)의 자리가 되며, 이러한 하나(One)인 삶을 있는 그대로 받아들일 때 바로 조화롭게 된다.

용수(龍樹)는 진리를 관조하는 공관(空觀)을 설명하는 팔불중도(八不中道)[152]에서 "둘이 같은 것은 아니지만 그렇다고 다르다고 말할 수 없다"(不一亦不異)고 주장하였고, 『육조단경』에서는 "번뇌(煩惱)가 곧 보리(菩提)"라고 하였다. 즉 '깨치지 못한 중생의 견해'(ego)로 보면 번뇌와 깨달음의 주체인 보리(菩提)가 다른 것이지만, 깨달은 입장에서 보면 '하나(One)'이므로 차별이 없다는 말이다. 『화엄경』에서도 "부처가 곧 중생이고 중생이 곧 부처"[153]라 함으로 한 순간에 내가 "부처(그리스도)와 하나(One)"(갈 1:16)라는 것을 깨달을 수 있다.

바울은 "나는 그리스도와 함께 십자가에 못 박혔다"(갈 2:20)고 하였다.

예수의 '자기 비움인 십자가'는 개체의 '거짓된 나'(妄我, ego)가 사라지고, 하나(One)인 '진실한 나'(神性, true Self) 즉 하나님과 하나(One) 되는 동일성을 획득하는 영적 생명이다. 예수는 유한한 ego의 마음을 십자가에 못 박고 하나(One) 되어, 무한한 '내면의 영'(神性, true Self)을 회복하여 '영원한 神(One)인 그리스도(Christ)'로 부활한 것이다. 따라서 "절대자와 하나(One)가 된 예수"(요 10:30)는 빌립에게 "나(One)를 본 자는 아버지를 보았거늘 어찌하여 아버지를 보이라 하느냐"(요 14:9)고 말씀하였다.

바울의 '나'(ego)는 "유혹의 욕심을 따라 썩어져 가는 구습을 좇는 옛사람"(엡 4:22)으로 상대 세계에서 고통을 일으키는 그림자와 같다. 그러나 예수가 하나(One)되듯이 바울도 ego를 십자가에 못 박고, 그의 삶 전체가 그리스도(One)의 작용임을 자각하였다. 그는 취하고(取) 버리는(捨) 아상(我相, ego)을 버리고 삶이 이끄는 대로 조화를 이루었기에 영원한 '둘 아닌'(不二) 하나(One)의 생명을 말할 수밖에 없었다. 이러한 '단일성(單一性)인 불이론(不二論)'[154]은 동양 종교들과 통하는 보편적 진리(One)이다.

예수가 진 십자가의 의미는 대속이 아니다. '나는 몸이며, 마음이다'라는 이원성의 어둠(죄, ego)을 제거하여, 빛인 본래의 '참된 나'(양심)를 회복하는 영생의 삶을 누리기 위함이다. 즉 영원한 그리스도의 탄생이며 영광된 神의 부활이다. 이것이 우리의 구원이 되는 이유는 우리도 예수처럼 십자가에서 죽고 그와 함께 둘이 아닌 생명의 부활에 동참할 수 있기 때문이다. 그러므로 부활이란 "하나님은 살아 있는 자(속사람)의 하나님"(마 22 :32)과 같이 시간을 벗어난 영원한 현재의 하나님과 하나가 되는 것이다.

예수는 "누구든지 제 목숨을 얻고자 하는 자는 잃을 것이요 나를 위하여 자기 목숨을 잃는 자는 얻으리라"(마 10:39)고 말씀하셨다.

끊임없이 변화하는 '육체와 마음'(五蘊皆空)이 자기라는 ego에 집착하면 불변하는 神性(천국)을 잃게 되지만, '일시적인 자기 목숨(ego)을 제거한 자'(無我)는 본래의 영원한 목숨인 神性(One)을 얻는다. 즉 옛사람을 죽이면 영적인 속사람(그리스도)으로 부활한다(고후 5: 17). 선(禪)불교의 다도(茶道) 정신은 '자아(ego)의 죽음을 한번 겪은 후에 새로운 영적 자아로 소생하는 것'(大死一番 絶後蘇生, 롬 6:11)이다. 이렇게 영적 자아가 완전히 발달하면 즉 육체가 완전해 지면 질병과 죽음이 사라지고 평안과 건강만이 가득해진다.

현상계에 대한 취사(取捨)를 좋아하는 '이원성의 거짓 자기'(ego)를 버리면 '자기부정의 용기'(십자가의 길, 無心)는 막힘없이 통하여 분별이 사라진 무한한 능력의 새로운 생명(true Self)을 얻게 된다(死卽生). 우리는 "개체적 자아의 목숨(ego)을 위하여 무엇을 먹을까 무엇을 마실까 염려하지 말아야 하며"(마 6:25), 진리와 하나(One) 되면 '남이 나이고, 내가 남'이 되는 오묘한 無(One)의 경지가 된다. 그러므로 "예수의 생명이 우리 몸에 나타나는"(고후 4:10) '不二의 자리'(One)야말로 기쁨이 넘치게 하는 神性(靈)이다.

"육체의 ego를 버리는 자가 하나(One)인 내면의 神性(true Self)을 찾는다는 것"(마 16:25)은 양극(兩極)이 서로 대립되는 것이 아니라 상호 보완적임을 설명하고 있다. 또한 우리 자신을 하나(One)의 생명(막 12:29)으로 가득 채우는 것은 '억지로 하지 않는 것'(爲無爲)이다. 이와 같이 막힘이 없이 통하는 '둘 아님'(不二)이 된다면 즉 삶을 있는 그대로 따르면 오묘한 부사의 경계(不思議境界)의 천국이 나타난다. 바울은 이렇게 하나(One) 되는 영성을 "그리스도를 내 속에 나타내기를 기뻐하셨을 때"(갈 1:16)라고 표현하였다.

예수는 말씀하셨다. "내게로 오너라. 나의 멍에는 편하고 나의 다스림은 온화함이라. 그리하면 너희는 쉼을 찾으리라"(도마복음 90).

일반적으로 '죄인들을 불러 믿음으로 미래의 영원한 하나님 나라에 들어가게 하는 예수의 속죄를 위한 구원 사역을 의미하는 것'이라고 해석한다. 그러나 영혼의 안식과 자유롭게 하는 진리(One)의 깨달음보다 '집착의 삶'(ego)이 훨씬 고통스럽고 견디기 어렵다는 설명이다. 일원성인 예수의 멍에와 다스림(One)은 일체의 분별이 사라지고, 행복이 넘치는 진리의 영(靈)인 생명을 체험할 수 있지만, 이원성인 종교의 멍에(ego)는 고통의 원인이 된다.

'내게로'의 '내'는 개체로서의 나사렛 예수를 말한 것이 아니라, 보편적 본래성품인 진리(One)를 말한다. 이러한 진리를 깨달은 자는 '개체의 마음'(무거운 짐)이 없기 때문에 영적 부요함(평화)을 누리게 된다. 『바가바드 기따』에서는 "즐거움과 괴로움을 하나로 보는 사람은 아트만의 내적 고요 속에서 평안한 쉼을 얻고, 자신의 영혼이 해방을 맛본다"고 하였고, 무거운 짐을 가볍게 한 일체 걸림이 없는 사람은 한 길로 생사를 벗어난다(『화엄경』).

"쉼(구원)을 찾으리라"(마 11:29)는 것은 더 이상 외부에 있는 타자를 통한 구원이 아니라, 인간 자신이 스스로 집착을 제거하는 깨달음의 노력을 통해 획득되는 내면의 구원(true Self)을 성취하는 경지이다. 우리는 고통을 일으키는 '이원적 교리의 짐'을 벗어나 '진리와 하나(One)'되어 삶을 있는 그대로 따름으로 어디에도 얽매이지 않는 자유를 누릴 수 있다. 또한 지금 여기서 '영원한 생명'(One)을 자각하여 '쉼(구원)의 기쁨'을 체험하게 된다.

불이개동 무불포용

不二皆同 無不包容

"不二에는 모두가 같아서 포용하지 않음이 없다."

—

'不二에는 모두가 같다'는 것은 바탕(One)이 같다는 것이다. 그러므로
不二의 절대세계에서는 일체 만물의 대립은 사라지고 거기에 포섭되지
않는 것이 없게 되며, 선과 악이 둘이 아니게 된다. 시간이 지나고, 변화
하는 문화에 따라 선이 악이 되고 악이 선이 되기도 하는 것은 선악이라
는 고정된 실체가 없다는 것이다(창 50:20). 우리는 自性을 깨침으로 선악
을 융합하는 中道(One)를 찾아야 하며, 이렇게 우주를 '하나(One)의 진리'
로 보는 것을 일상삼매(一相三昧)라 하고, 이것을 계속 이어가는 것을 일행
삼매(一行三昧)라 한다(定慧雙修).

정상이 있으면 항상 골짜기가 있게 마련인 것과 같이 모든 분별은
마음속에 있는 것이지 실재는 나누어져 있지 않다. 전체(All)를 강조하는
『유마경』에서 유마(維摩)는 죄를 진 비구들에게 죄가 안, 밖, 중간 어디에

있느냐고 추궁함으로써 즉각 죄의 존재를 소멸시킨다. 이것은 '죄의 본성'(ego)은 마치 물속의 달과 같아서 번뇌의 이원성(ego)에 그 원인이 있기 때문이다. 따라서 구원은 神과 세계, 인간과 자연 등 '이원성의 無知'(ego)에서 벗어나 내면의 佛性 즉 '하나(One)의 생명'을 깨닫는 것이다. 이렇게 스스로 진리(One)를 깨달아 윤회의 원인이 되는 '無知(ego)에서 해방(One)되는 것'이 동양 종교의 구원관이다.

예수는 말씀하셨다. "어떤 사람에게 두 아들이 있는데 그 둘째가 아버지에게 말하되 아버지여 재산 중에서 내게 돌아올 분깃을 내게 주소서 하는지라 아버지가 그 살림을 각각 나눠 주었더니 그 후 며칠이 안 되어 둘째 아들이 재물을 다 모아 가지고 먼 나라에 가 거기서 그 재산을 낭비하더니 다 없앤 후 … 아버지께 돌아가니라 아버지가 그를 보고 측은히 여겨 달려가 목을 안고 입을 맞추니 아들이 이르되 아버지 내가 하늘과 아버지께 죄를 지었사오니 아버지의 아들이라 일컬음을 감당하지 못하겠나이다 하니 아버지는 종들에게 이르되 제일 좋은 옷을 내어다가 입히고 … 맏아들은 밭에 있다가 돌아와 집에 가까이 왔을 때에 풍악과 춤추는 소리를 듣고 한 종을 불러 이 무슨 일인가 물을 때 대답하되 당신의 동생이 돌아왔으매 당신의 아버지가 건강한 그를 다시 맞아들이게 됨으로 인하여 살진 송아지를 잡았나이다 하니 그가 노하여 들어가고자 하지 아니하거늘 아버지가 나와서 권한대 아버지께 대답하여 이르되 내가 여러 해 아버지를 섬겨 명을 어김이 없거늘 내게는 염소 새끼라도 주어 나와 내 벗으로 즐기게 하신 일이 없더니 아버지의 살림을 창녀들과 함께 삼켜버린 이 아들이 돌아오매 이를 위하여 살진 송아지를 잡으셨나이다. 아버지가 이르되 얘 너는 항상 나와 함께 있으니 내 것이 다 네 것이로되 이 네 동생은 죽었다가 살아났으며 내가 잃었다가 얻었기로 우리가 즐거워하고 기뻐하는 것이 마땅하다 하니라"(눅 15:11-32).

　　탕자는 ego의 분별로 미망(迷妄)의 세계를 방황하면서 자신의 神性(true Self)을 몰랐다가, 무한한 보배(One)인 아버지의 실상세계(實相世界)[155]로 돌아와(還) 본성을 회복하는 거듭남(重生)의 기쁨을 누린다. 이러한 '내면의 변화'(회개)는 그림자와 같은 이원성인 '겉사람'(ego)을 죽이고 '둘이 아닌'(Advaita)인 속사람을 되찾아 우주와 하나(One)되는 것이다(막 8:25). 따라서 예수는 우리가 회개(깨달음)를 통하여 "하나님과 화목"(고후 5:18)하고, 하나님과 하나(靈, One) 되는 놀라운 진리를 증언하셨다(요 18:37).

　　아버지(神)는 자기를 떠난 탕자가 돌아오자 '살진 송아지를 끌어다가 잡어라, 우리가 먹고 즐기자'고 하며 전향적 변화(회개)를 한 아들에 대한 사랑을 나타내고 있다. 이것은 징벌이나 속죄 그리고 죄 값으로 배상금을 받고자 하는 神이 아니라 사랑의 神(One)임을 나타내며, '깨어 있음'(true Self)으로 가는 여정을 그리고 있다. 즉 자기는 죄인(ego)이며, 죄의식을 느끼던 아들이 다시 神性(true Self)으로 변화되고, 안개와 같은 허상의 몸이 실상의 법신(法身)인 하나(One)의 진리로 모든 것이 치유된 것이다(증도가).

　　아버지는 이기적인 맏아들(ego)에게 '너는 항상 나와 함께 있으니 내 것이 다 네 것이다'고 하였다. "아버지(天地)의 것이 다 너의 것으로 한 몸인데 더 이상 구할 것이 무엇인가"(『도덕경』 29장)를 묻는다. 예수는 "죄인을 부르러 왔노라"(마 9:13)고 하면서 전체로서 하나인 진리를 자각하지 못한 어리석은 자를 죄인이라 하셨다. 불교의 '장자궁자(長者窮子)의 비유'(타국을 유랑하다 빈궁에 빠진 아들의 비유, 『법화경』)도 여래(長子)를 벗어난 궁자(窮子, ego)인 우리들이 본성의 깨달음으로 고통에서 벗어나야 한다는 비유이다.

　　예수는 말씀하셨다. "천국은 자기 밭에 보물이 묻힌 것을 모르고 그 밭을 가지고 있던 사람과 같으니, 저가 죽으면서 그 밭을 자기 아들에게 물려주었느니라. 그 아들은 보물이 묻힌 것을 모르고, 자기가 유산으로 받은 밭을 팔았더라. 그 밭을 산 자가 밭을 갈다가 그 보물을 찾았더라. 저는 그 돈을 원하는 자에게 이자를 받고 빌려주기 시작하였느니라"(도마복음 109).

'천국을 소유한 자'(true Self)는 욕심에 물든 세속적인 분별의 사유를 버리고 不二의 진리에 따른 무위자연적인 거듭난 삶(One)이다. 구원은 이원론적인 거짓 나(ego)를 버리고 숨겨진 하나(One)의 진리인 '참된 나'(神性)를 찾는 것이다(마 16:25). 그러므로 예수는 "네 보물(One)이 있는 그 곳에 '네 마음'(true Self)도 있느니라"(마 6:21)고, 또한 "누스(true Self)가 있는 곳에 보물이 있도다"(마리아복음 10:16)고 말씀하셨다. 따라서 神性(천국)인 내면의 누스는 도덕적 올바른 행위로 얻는 것이 아니라, 찾아야 할 본래의 바탕이다.

구원은 맹목적인 믿음에 의한 것이 아니라, 神과 자신의 본성을 모르는 죄에서 벗어나 마음 밭에 있는 神性(성령)을 찾으므로 神과 하나(One)되는 절대의 즐거움(寂滅樂)이다(요 17:21). 이러한 진리는 마치 목걸이를 잃어버렸다가 다시 되찾은 여인과 같다. '개체의 나'(ego)인 변화하는 육체 형상을 '진실한 나'라는 거짓된 동일시(無知)가 사라지면, 지금 여기에서 보편적 보물(천국)인 하나(One)의 생명이 바로 드러난다. "만약 마니보주와 같은 보물을 얻으려면 가죽 주머니 같은 이 몸뚱이를 버려야 한다"고 불경(佛經)은 말한다.

神性(천국)은 선택하며, 분별하는 이원성인 ego를 버리고, "지켜보는 눈"(靈眼, 눅 10:23)이 열려 창조주와 피조물, 이 세상과 저 세상, 천사와 마귀 등이 둘이 아니라 '하나(One)의 진리'임을 인식할 때 지금 여기서 실현된다(막 12:32). 그러므로 동양의 경전들은 그저 일어나고 있는 모든 것을 내면에서 '지켜보는 눈'(靈眼)을 강조하고 있다. 불교는 '부처의 눈'(佛眼. One)이 열려 佛性을 깨달은 사람에게 이 세상이 열반(涅槃)인 극락(천국)이며, 현상(ego)과 실재(One) 사이에는 인식적 차이가 있을 뿐, 존재론적 차이는 없다고 말한다.

63

시방지자 개입차종
十方智者 皆入此宗

"온 세상의 지혜로운 이들은 모두 이 근본으로 들어온다."

—

도처에 있는 道와 하나(One)된 모든 지혜로운 사람들은 '근본의 자리' (One)인 不二의 자리로 들어온다. 즉 극단에 치우친 견해인 있음(有)과 없음(無) 등 ego의 차별세계를 떠나면 佛性(神性)과 하나(One)가 되는 절대세계인 '둘 아닌 세계'(不二)로 들어가지 않을 수 없게 된다(요 17:21). 어리석을 때에는 더러움과 깨끗함이 따로 있는 줄 알지만, 깨닫게 되면 근본(One)인 '영원의 세계'가 되어 더러움과 깨끗함의 분별 시비가 따로 없는 것이다.

이원성인 ego적인 분별을 버리고 둘이면서도 둘이 아닌 근본이치의 자리에서 노니는 것은 바로 '조화로운 삶(One)'이다. 이러한 경지에서는 하나(One)의 참마음(true Self)으로 지극히 평안해지고, 참 기쁨이 일어나며, 이 기쁨은 나만의 기쁨으로 끝나지 않고 '우주적 기쁨'으로 승화되어간다. 이와 같은 '근본 진리'를 『전등록(傳燈錄)』에서는 "몰랐을 때는 다른 무슨 법이 있는 줄 알았는데, 알고 보니 애초에 이것밖에 없었구나."라고 설명하고 있다.

예수는 말씀하셨다. "여자여 내 말을 믿으라 이 산에서도 말고 예루살렘에서도 말고 너희가 아버지께 예배할 때가 이르리라. 너희는 알지 못하는 것을 예배하고 우리는 아는 것을 예배하노니 이는 구원이 유대인에게서 남이라. 아버지께 참되게 예배하는 자들은 영과 진리로 예배할 때가 오나니 곧 이때라 아버지께서는 자기에게 이렇게 예배하는 자들을 찾으시느니라. 여자가 이르되 메시야 곧 그리스도라 하는 이가 오실 줄을 내가 아노니 그가 오시면 모든 것을 우리에게 알려 주시리이다. 예수께서 이르시되 네게 말하는 내가 그라 하시니라"(요 4:21-26).

영(靈)인 하나님(One)은 어느 한 장소에서 예배하는 대상(對象)의 神이 아니라는 것이다. 하나님(One)은 '있음(有)과 없음(無), 자(自)와 타(他)의 차별'(ego)을 초월하고, 편재(遍在)하는 "예배를 받는 자이면서 예배를 바치는 자이다"(『바가바드 기따』). 예수는 불교의 아난존자가 우물가에서 상종을 기피하는 천민인 처녀에게 물을 청한 '우물가의 마탕가 여인'과 같이 무차별하였다. 즉 하나(One)인 보편적 진리는 時空을 벗어났으므로 어느 민족, 장소, 시간의 때를 한정하여 차별될 수 없음을 사마리아 여인을 통하여 설명하고 있다.

예배는 우리와 하나님을 주객으로 나누는 분리적인 행위가 되어서는 안 된다. 왜냐하면 이미 우리들은 '하나님 그 자체'(true Self)이기 때문이다(요 10:34). '하나님과 하나'(One)가 될 때 時空을 초월하여 모든 것과 조화롭게 하나(One)가 되며, 존재의 진정한 의미인 "근본의 자리"가 된다(요

17:21). 이러한 신비적인 체험을 통하여 ego의 이원적인 관념을 제거하고, 하나(One)인 실상을 볼 수 있는 깨달음을 얻는다(마 13:13). 즉 "보이지 않으며 보는 자, 들리지 않으며 듣는 자"(『우파니샤드』)인 Atman(神性)을 자각하는 것이다.

마리아복음은 "모든 것은 서로 안에, 서로 더불어 존재하므로 근본의 자리(One)는 이원론적인 사유(ego)로 분리될 수 없다"고 하였다. 빌립복음 ⑼ 역시 "빛과 어둠, 삶과 죽음, 오른쪽과 왼쪽은 서로 형제들이며, 서로 분리될 수 없으며, 그들은 선(善)은 선(善)이 아니고 … 죽음은 죽음이 아니기 때문이다."라고 하였다. 따라서 물거품은 물에서 나온 것이므로 물과 다르다고 말할 수 없는 것 같이 모든 형상은 모두 둘이 아닌 하나(One)의 하나님으로부터 자연발생적으로 나온 것이므로 모든 것을 '낙관적인 자세'로 받아들여야 한다.

예수는 "이 물을 마시는 자마다 다시 목마르려니와 내가 주는 물을 마시는 자는 영원히 목마르지 아니하려니 내가 주는 물은 그 속에서 영생하도록 솟아나는 샘물이 되리라"(요 4:13-14)고 말씀하셨다.

물에는 2가지 종류가 있음이 설명되고 있다. 하나는 물질로 죽어 있는 사마리아 여인의 물이다. 時空의 차원 안에 있는 그림자와 같은 차별세계의 허상(虛相)인 '현상의 나'(ego)를 말한다. 또 다른 하나는 영적이고 살아 있는 물로써 '이 세상의 3차원'(ego)을 벗어나는 '절대세계의 실상'(One)인 영원한 생명의 샘물 즉 '실상의 나'(神性, true Self)이다. 우리는 지혜롭게 '이원성의 차별'(ego)을 벗어난 영원히 목마르지 않고 기쁨과 사랑이 넘치는 하나(One)의 근본의 자리(true Self)로 들어가야 한다. 이처럼 내면의 변화(회개)를 통하여 神性(One)을 깨닫게 되면 모든 삶의 문제와 고통(ego)이

해결된다.

"예수와 하나(One)가 되는 세례를 받은 그리스도인들"(갈 3:27)은 공간의 멀고 가까움이 서로 융합된다. 이렇게 둘 아닌 마음자리에 들어가면 언어의 길이 끊어지고 시간도 초월하게 된다(벧후 3:8). 영생하도록 솟아나는 샘물인 하나(One)의 神性을 깨달은 사람 즉 무분별지(無分別智)를 자각한 사람은 그 생명의 입김이 끊임없이 온 세상을 움직이는 것을 체험하게 되며, 그 입김이 부는 대로 예수를 닮은 자유로운 삶(One)을 즐긴다. 우리는 분별이 없는 진리(One)를 위하여 아집(我執, '나'에 대한 집착), 법집(法執, 대상에 대한 집착)을 "새롭게 하는 불"(도마복음 10)로 태워야만 비로소 생명(One)이 완성된다.

예수와 하나(One) 된 영생하도록 솟아나는 샘물인 不二의 생명(true Self)은 어떠한 분별과 생각(ego)을 초월하여 모든 것이 무차별한(一味平等)한 하나(One)의 세계이며, 시간과 상대의 어떤 것도 더 이상 존재하지 않는 '절대의 경지'(One)이다. 독일의 신학자인 니콜라스가 주장한 반대의 일치 속으로 들어가 '하나(One)의 흐름'으로 거듭나면 신비로운 천국을 체험하게 된다. 또한 '不二의 진리 즉 하나(One)의 본질'은 모든 종교의 공통되는 뿌리이다. 이러한 하나(One)의 뿌리에서 나온 기독교는 둘이 아닌 진리로 삶과 문화를 높이고, 풍요롭게 하는 계기를 통해 '보편적이며 세계적인 종교의 길'[156]로 인도된다.

예수는 말씀하셨다. "홀로로써 선택받은 자는 복이 있다. 왜냐하면 그들은 하나님의 나라를 발견하게 될 것이기 때문이다. 너희는 그곳에서 왔고 다시 그곳으로 돌아가리라"(도마복음 49).

우리는 본래 이원성(ego)을 벗어나 진리를 바로 보는 '홀로된 자와 神을 선택한 자 즉 선택된 자'(獨生者, One)이다. '不二의 진리를 발견한 자'(true Self)는 행복하며, 자신의 노력으로 지금 여기의 천국을 성취하여 타향(ego)에서 고향(One)으로 돌아가는 자이다. 바울은 "만물은 주에게서 나오고 … 주에게로 돌아가며"(롬 11 :36), 노자는 "돌아감이 道의 움직임이다"(反者道之動, 『도덕경』 40장)고 하였다. 따라서 만물의 근원은 하나(One)이다.

'홀로된 자'(true Self)는 無知에서 벗어나 인간의 본성인 자신에게 깃든 神性(One)을 자각한 자로서, "모든 사물의 이치를 끝까지 파고 들어가면 앎에 이른다"(格物致知, 『大學』)는 경지를 자각한 자이다. 자신의 내면을 지켜보면서 무한의 신비를 체험하였기 때문에 時空을 초월한 근본 자리(One) 즉 생사와 주객을 초월하여 본질과 하나된 것이다. 이렇게 진리를 묵상하는 사람이 묵싱 속으로 사라지고 없나면 그것이 텅 빈 충만의 참된 하나 됨이다.

"그 배에서 생수의 강(호 푸뉴마)이 흘러나오는"(요 7:38) '홀로된 자'(true Self)는 예수를 믿고, 깨달아 그 안으로 들어옴으로 예수와 하나(One) 되어, 죽음, 병 그리고 고통(ego)이 없는 천국의 경지로 들어가게 된다. 이와 같이 알파이며 오메가로서 '하나(One) 된 자'(true Self)는 괴로움을 일으키는 시간성과 공간성, 물질성과 정신성 등의 분별(ego) 대상이 사라지므로 내면적인 최고의 참된 자유와 행복(究竟樂, One)을 누리지 않을 수 없다.

장자는 「진인론(眞人論)」에서 근본의 자리인 道(One)를 따라 사는 참사람(true Self)을 다음과 같이 설명하고 있다. "옛적의 참사람은 삶을 좋아할 줄 모르고 죽음을 싫어할 줄 몰랐다. 태어남을 기뻐하지 않았고 죽음을 마다하지 아니하여 無心(空)으로 왔다가 無心(空)으로 갔을 따름이다." 이러한 '空(禪)의 세계'(천국)에서의 無心한 귀는 물소리, 지저귀는 새소리, 숲에 부는 바람 소리, 매미소리에서 신비한 부처(神)의 음성을 듣는다(『傳心法要』).

64

종비촉연 일념만년
宗非促延 一念萬年

"근본은 빠르지도 늦지도 않아, 한 순간이 곧 만년이다."

—

時空을 초월한 不二의 진리는 무주(無住), 무념(無念)이기 때문에 시간적으로 빠르지도 늦지도 않다는 것이며(벧후 3:8), 한 생각 이대로가 만년이며, 만년 이대로가 한 생각으로 영원하다. 不二의 진리는 크고 작음의 차별과 빠르고 늦음의 차별이 없기 때문에 하나하나의 티끌 그대로가 우주 전체이며, 한 순간순간이 그대로 영원이다. 우리가 '진여자성'(One)을 깨쳐서 '不二의 생명'(true Self)을 성취하면 시간의 길고 짧음이 다 끊어진다는 것이다.

영원한 진리(One)의 세계는 언제나 차별이 없으므로 『금강경』에서는 "언제나 한결같아 변동이 없으며"(如如不動), "과거도 잡을 수 없고, 현재도 잡을 수 없고, 미래도 잡을 수 없다"(過去心不可得 現在心不可得 未來心不可得)고 하였다. 즉 '공간적인 물질'(ego)을 떠나버리면 과거·현재·미래가 없다는 것이다. 따라서 우리는 한 순간이 영원과 하나(One)이므로 "날마다 좋은 날이로다"(日日是好日)가 되는 긍정적인 삶을 누릴 수 있어야 한다.

"빌립이 이르되 주여 아버지를 우리에게 보여 주옵소서 그리하면 족하겠나이다. 예수께서 이르시되 빌립아 내가 이렇게 오래 너희와 함께 있으되 네가 나를 알지 못하느냐 나를 본 자는 아버지를 보았거늘 어찌하여 아버지를 보이라 하느냐"(요 14:8-9).

우리가 '편재하고 계신 하나님(One)'을 보기를 원한다면 시공을 초월하는 거듭남이 있어야 한다. 진리(One)는 마음의 소산인 시간과 이원성(ego)을 초월하기 때문에 짧거나 길지도 않고, 한 순간순간이 그대로 영원하다. 즉 "하루가 천년 같고 천 년이 하루 같다"(벧후 3:8)는 초시간적인 '영원한 지금'이며, "마음의 흐름이 없다"(『금강경』)는 시간의 부정이다.

전체성(One)인 不二의 진리를 깨닫고 時空을 초월한 '거듭난 자'(true Self)는 모든 것이 空한 가운데 그리스도(光明)만이 우주에 충만한 신비를 체험하게 된다(眞空妙有[157], 요 3:3). 이렇게 神性(true Self)을 깨달은 자는 여러 가지 다양한 차이점들 속에 있는 '하나(One)인 실상(實相)'을 항상 자각하며, 어떤 것에도 얽매이지 않고 자유롭게 산다(悠悠自適).

어떤 것에도 둘러싸이지 않고, 시공간을 초월한 진리(One)는 한 순간의 생각도 만년의 영원과 다를 바 없다. 분별이 없는 不二의 영원한 진리는 언제나 한결같아 변화가 없는 전체(靈)이며, 또한 時空에 갇힌 개체로서 예수의 유한한 육체는 상대적 존재이지만 時空을 초월한 '만유(萬有)의 예수 그리스도'(One)는 생멸(生滅)하지 않는 절대성이다(골 3:11).

진리(참된 도리)는 영원불변하는 보편적인 하나(One)이며, 또한 만물은 만 가지 형태로 드러내지만 그 종착점은 하나(One)이다(道德經 42장). 예수와 부처의 가르침이란 온 우주에는 하나(One)의 진리(생명)로 충만하며, 그 외 아무것도 없는 텅 빈 空이다(諸法空, 막 12:32). 따라서 형상을 본래 형상이 아닌 것을 알면, 진리(One)의 모습을 보게 된다(금강경).

예수는 "건축자들이 버린 돌이 모퉁이의 머릿돌이 되었다"(마 21:42, 막 12:10, 눅 20:17, 눅 20:17, 도마복음 66)고 말씀하셨다.

예수 자신의 미래를 가리키는 것이 아니라 '장자의 바가지 비유'[158]와 같이 '쓸모 있음과 쓸모없음, 버린 돌과 모퉁이 돌의 구분'(ego)을 벗어난 진리(One)에 대한 설명이다. 비록 버린 돌(예수, One)일지라도 선과 악 등의 분별심(내면의 뱀, 창3:1)을 초월한 진리(One)의 관점에서는 모퉁이 돌이 된다는 것이다. 사람들은 예수(神性, One)가 내면에 있음을 자각하지 못하고 있지만(포도원의 농부 비유, 마 21:33), '자각한 자'(One)는 욕심과 집착을 벗어나서, 초연한 태도로 온갖 재난과 병고(病苦)로부터 자유롭게 된다.

영원한 구원을 위하여 '자신의 근본'(神性, One)을 찾으려는 것이 '영지주의 복음서'[159]이다. 무지란 '몸이 곧 나다'라고 하는 자부심일 뿐이므로 그 자부심을 제거하는 것이야말로 神을 얻는 것이고, 자기 자신을 아는 것이야말로 神을 아는 것이며, 神을 안다는 것은 모든 종교의 근원인 '참된 나'(One)로 안주하는 것이다. 이와 같이 자신의 무지함(제한성)을 깊이 인식함으로서 진리에 도달한 '우주의 실상(眞如, One)'[160]을 깨달은 자(true Self)는 어떤 충격에도 동요하지 않고, 고요함을 유지하면서도 무한한 능력을 가진다.

소승불교는 연기성(緣起性)을 바탕으로 '모든 것은 유동하며, 어느 것 하나 고정된 실체가 없다'(諸法空)고 보지만, 대승불교는 時空을 초월한 하나(One)인 空(Emptiness)[161]이 보편성 그리고 질서와 조화의 궁극적 작인(作因)

으로 개재해 있다고 본다(眞空妙有). 마찬가지로 현대의 양자물리학에서 물질의 동적인 성질은 아원자 입자들의 파동성의 결과로서 나타난다고 증명하고 있다. 즉 우주는 정적인 것이 아니라 역동적이며, 또한 조화롭게 상호 작용하는 不可分한 실로 짜인 직물처럼 내 안에서 엮여 있는 것이다(『바가바드 기따』).

예수는 말씀하셨다. "먼저 된 자들 중 많은 이들이 나중 될 것이고, 그들은 하나(One)가 되고 그리고 같아질 것이니라"(도마복음 4:2).

신앙생활에서의 역전극을 암시하는 것이 아니라, 갓난아이와 같은 '하나(One)인 진리의 세계'(천국)에서는 먼저, 나중과 같은 시공간의 구별 없이 모두가 평등무차별하다는 것이다(포도원 품꾼의 비유, 마 20:1-15). 하나(One)가 된 깨달음의 경지(入不二法門)에서는 선후, 생사, 득실의 양변을 여읜 것이기에 누가 먼저고 나중이라는 분별이 없다. 이러한 파도가 그대로 물이고, 물이 그대로 파도인 진리의 세계에서는 "우는 자는 웃는 자"(눅 6:21)가 되듯이 모든 현상이 극(極)에 이르면 반대를 향하는 원(圓)이 된다(『도덕경』 7장).

'하나(One)가 된 자'는 자신의 모든 이원성의 無明(ego)에서 벗어나, 본래 그대로 神(부처)임을 깨닫고(요 10:34), '모든 존재와 合一한 자'(true Self)이다. 時空속에는 시작과 끝, 처음과 나중이 있지만, 時空을 초월한 영원한 '절대의 차원'(One)에서의 구별은 무의미할 뿐이다. 예수는 '하나(One)인 진리'의 관점에서 구속주(救贖主)라기 보다는 우리의 영성(神性)을 환기시키는 상기자(Reminder)이며 각자(覺者, One)이다(요 17:21). 즉 '하나인 생명'(근본)을 보지 못하는 자들을 보게 하기 위하여 이 세상에 오신 주님이시다(요 9:39).

'종교 다원주의적인 과정신학'에서는 "하나님(One)은 시원적(始原的)이면서 결과적이며, 시작과 끝으로 세계와 분리되지 않는다"고 말한다. 역(易)의 신학도 선악, 선후(先後)는 서로가 갈등하는 실재들이 아니라 상호 의존적인 하나(One)라고 한다. 바울은 기독교인이 경험하는 역설적인 '음양(陰陽)의 법칙'(One)[162]을 "우리는 속이는 자 같으나 참되고 … 아무것도 없는 자 같으나 모든 것을 가진 자로다"(고후 6:8-10)라고 표현하였다. 따라서 하나인 실상(천국)을 보지 못하고, 헛된 허상(ego)을 본다고 하는 것은 죄이다(요 9:41).

『법화경』은 시간상 길고 짧음의 구분이 사라짐을 "처음과 끝이 바로 '지금의 한 생각'(現前一念)에서 벗어나지 않는다"고 하였다. 『화엄경』의 법성게는 "시간 개념에서의 길이는 부분과 전체가 연결된다"(一念卽是無量劫)고 하였다. 노자는 道(One)란 "종일 보아도 보이지 않고"(夷), "들어도 들리지 않고"(希), "쥐어도 잡히지 않는"(微) "통 털어 하나이므로"(混而爲一) "시간적으로 처음과 끝남이 없다"(『도덕경』 14장)고 말한다. 장자도 "만물일체(萬物一切)이므로 죽음과 삶, 시작과 끝 등을 같은 것으로 여긴다"고 하였다.

무재부재 시방목전
無在不在 十方目前

"있거나 있지 않음이 없어서, 온 세상이 바로 눈앞이다."

—

시방(十方)은 먼 곳을 말하고 목전(目前)은 가까운 곳을 말하므로 不二의 진리는 시간만 없는 것이 아니라, 공간적으로 멀고 가까움이 서로 융합되어 버린다는 것이다. 즉 '있음도 없고 없음도 없다'는 것은 '이원성의 분별'(ego)이 사라져 본질에 의하여 하나(One)가 된 '영원한 절대세계'를 말한다. 우리가 해탈(解脫) 즉 구원되어 진여세계(One)로 들어가면 '시간적으로 길고 짧음이 없고'(無常), '공간적으로 멀고 가까움이 없어서'(空이며 無我) '하루가 천년 같고 천년이 하루 같으며'(벧후 3:8), 있는 것도 없고 없는 것도 없다.

실상(實相)을 깨닫는 경지는 물과 물결 같이 원융무애(圓融無碍)한 '하나(One)의 세계'가 되어 이 세계는 지극히 작은 가운데 가장 광대한 모습이 나타나고, 지극히 광대함 속에 가장 작은 것이 나타나며, "한 털끝에서 한량없는 세계를 나타내고 미진 속에 앉아서 대 법륜을 굴리는 것이다"(於一毛端現寶王刹坐微塵裏轉大法輪). '모든 현상이 서로 융합하는 사사무애(事事無碍)[163]이며'(『화엄경』), 서로 반영하는 그물 매듭에 박힌 다면체(多面體)의 보석처럼 모든 것들은 '상호의존의 관계'(因緣所生法)에 있는 사실이 아닌 허상(虛相)이다.

예수는 "이는 아버지를 본 사람이 있다는 것이 아니니라 오직 하나님에게서 온 자만 아버지를 보았느니라"(요 6:46)고 말씀하셨다.

사람은 하나님을 보지 못한다고 해서도 안 되고, 본다고 해도 안 된다. 부처도 색(色)과 성(聲)으로 볼 수 없지만, 색(色)과 성(聲)을 떠나서도 볼 수 없다. 그러므로 모든 것의 실재는 그대로 있고, 다만 겉모습과 이름(ego)이 바뀔 뿐이다. 사람은 하나님(實相)을 볼 수 없지만, '하나님과 하나가 된 자'(One) 즉 '하나님에게서 온 자'의 눈으로는 볼 수가 있다.

진리는 '현현(顯現)된 것'을 통해서 알 수 있고, 그것들은 각기 다른 구성요인이지만 '하나의 실재'이다. 예수가 말씀하신 "지극히 작은 자에게 한 것이 곧 내게 한 것"(마 25:40)이라는 말씀처럼 상대와 절대가 하나(One)로서 우주는 그물망(인드라 망)처럼 서로 무한한 관계로 얽히어 있다. 이러한 '순환의 법칙'에 따라서 나에게서 나간 것은 내게로 되돌아온다.

삶을 하나님과 하나(One)가 된 전체성(빛) 속에서 축제 분위기로 만들 때 부분인 모든 외부의 고통(어둠)들은 사라진다. 어둠은 아무 실체가 없으며 단순히 빛의 부재, 기쁨의 부재, 환희에 찬 삶의 부재일뿐이다. 따라서 부분(ego)인 외부의 상대세계가 소멸되도록 묵상을 통하여 내면으로 깊이 들어가 온전하게 되는 것이 道(One)의 절대경지이다(고전 13:10).

예수는 말씀하셨다. "조금 있으면 너희가 나를 보지 못하겠고 또 조금 있으면 나를 보리라 하시니 … 너희는 곡하고 애통하겠으나 세상은 기뻐하리라 너희는 근심하겠으나 너희 근심이 도리어 기쁨이 되리라. 여자가 해산하게 되면 그 때가 이르렀으므로 근심하나 아기를 낳으면 세상에 사람 난 기쁨으로 말미암아 그 고통을 다시 기억하지 아니하느니라. 지금은 너희가 근심하나 내가 다시 너희를 보리니 너희 마음이 기쁠 것이요. 너희 기쁨을 빼앗을 자가 없으리라"(요 16:16, 20-22).

거듭나면 보이는 몸은 보이지 않게 되고, 안 보이던 영적 예수는 보이게 되며, 재림은 세상의 종말이 아니라는 말씀이다. 이와 같이 물질은 본래 空인 것을 알아 공간의 멈과 가까움이 서로 융합하는 신비 체험으로 새사람이 탄생하면, 비이원적 영(靈)의 현존을 통해 하나(One)인 진리의 무한한 기쁨을 누리게 된다. 즉 해산하는 여인이 고통스러운 진통을 통해 아이를 낳지만 새로운 아이가 태어나는 기쁨에 그 진통을 잊어버리는 것과 같다.

'유한 상대인 時空 안의 것'(ego)인 인간의 언어(言語)와 사고(思考)는 '무한 절대인 진리(One)이며, 생명인 하나님'(예수 그리스도)을 완전히 인식할 수 없고 또한 어떤 증명과 반증을 할 수 없다. '이원적 사유와 상대 유한적인 반쪽 진리'(ego)에 바탕을 둔 서구 사상은 不二의 진리인 전체성을 나타내지 못한다. 이러한 이분법으로 나누는 것(ego)이 아닌 우주적인 '하나(One)의 진리'를 자각할 때 영원한 기쁨은 아무도 빼앗아가지 못한다.

진리(One)는 이원론적 사유의 집착(ego)이 사라진 무념무상(無念無想)이기에 빠르지도 늦지도 않으며(信心銘), 또한 "주께는 하루가 천년 같고 천 년이 하루 같은 것이다(벧후 3:8). 무한한 진리의 세계는 절대무차별로서 언제나 한결같아 변동이 없고, "과거, 현재, 미래도 잡을 수 없다"(금강경).

과거와 미래는 생각의 대상으로 오직 "지금 여기"만이 영원으로 존재하며, 종말이란 시간적인 것이 아니라 옛것(ego)의 끝인 성령의 거듭남(One)이다.

　제자들이 예수께 말했다. "언제 그 나라가 오겠습니까?" 예수는 말씀하셨다. "그 나라는 기다린다고 오는 것이 아니니, 여기 있다, 저기 있다, 할 성질이 아니니라. 아버지의 나라는 온 세상에 두루 퍼져 있지만 사람들은 그것을 알지 못하느니라"(도마복음 113).

　"심판하실 그리스도 예수"(딤후 4:1)의 구절은 종말에 예수의 재림과 심판이 있는 것으로 해석되어진다. 그러나 예수가 대상으로서의 심판자가 될 수 없는 것은 時空을 초월한 전체로서 하나(One)이기 때문이다(요 8:58, 갈 3:28). 심판은 각 사람의 행위대로 되는 것이며(벧전 1:17) 인과율이라는 우주의 법칙에 따르고, 죽는 순간이 마지막 심판의 날이다.

　천국은 공간적으로 멀고 가까움이 서로 융합되었기에 미래에만 있는 것이 아니며, 천국에 다녀온 사람들의 체험 이야기는 無知의 소산이다. 아버지의 나라인 천국은 '영적 자아(神性)를 아는 자 즉 나는 神이다'는 것을 깨달은 자에게 지금 여기서 체험되어진다. 따라서 허상을 보는 ego를 소멸하고 마음이 청결한 자는 실상(One)인 하나님(천국)을 본다(마 5:8).

　바울은 "모든 것이 하나님께로 났나니 저가 그리스도로 말미암아 우리를 자기와 화목하게 하셨다"(고후 5:18)고 하였다. 따라서 구원이란 거짓 나(ego)를 소멸하고 '참된 나'(One)의 삶인 神의 창조적인 원리와 조화를 이루는 것이며(막 8:35), 또한 하나님(천국)은 지금 여기에 편재함으로 '내면의 빛'(고후 4:6)이 열린 사람은 神 즉 천국(본질)을 본다(요 3:3).

예수는 말씀하셨다. "영적으로 부요하게 된 자가 왕이 되게 하고, 힘(power)을 가진 자는 그것을 버리도록 하라"(도마복음 81).

　'영적으로 부요하게 된 자'는 '자신을 알게 된 자'(One)로서 '천국의 길을 자각한 자'(true Self)이며, 이러한 지혜로운 사람은 '거짓 부요'(ego)를 버리게 되어 있다. 그들은 시간과 공간적으로 멀고 가까움이 서로 융합되어 버리며, 너와 내가 둘 아닌 막힘이 없는 '자유자재(自由自在)한 神性(true Self)을 깨달은 자'이다. 따라서 순수한 종교의 영역은 시간과 공간, 그리고 좋음과 나쁨의 분별(ego)을 벗어난 조화로운 영적 세계의 경지이다.

　'세상적인 힘'은 '일시적인 거짓 부요'(虛相, ego)이므로, 실상(實相, true Self)을 깨닫기 위해서는 자기부정으로 이러한 것에 대한 집착(욕망)을 버려야 한다(막 10:43). 개체적 나(e go)를 소멸하고 '온 우주와 하나 된 경지'(true Self)는 '오묘한 조화를 이루고 있는 우주적 경지에서 자유롭게 노닐 수 있는 것'(『장자』)이다. 즉 형상이 사라지고 '형상 없는 자'(true Self)가 드러나며 죽음이 사라지고 '불사(不死)의 문'(One)이 열리는 자리이다.

66

비고지금 삼세일념
非古之今 三世一念

**"옛날과 지금은 아니니 과거, 현재, 미래가
다만 하나의 생각이로다."**

—

시간은 있는 것으로 보면 과거가 있고 현재와 미래가 있지만 시간 자체가 없는 영원의 차원에서는 이러한 구별이 성립될 수 없다. 그러므로 시간의 흐름은 우리들의 ego적인 '한 생각'(一念)이라는 것이다. 이러한 생각을 일으키며, 時空을 초월한 '하나(One)의 절대자'는 내 안에만 존재하는 것도 아니고, 내 밖에만 존재하는 것도 아니라, 온 우주 법계(法界)가 오직 이 뿐이다. "참나(光明)의 깨달음"(고후 4:6)을 통하여 만물의 본질은 空이며, 空은 아무것도 없는 空이 아니라 순수 에너지인 하나(One)의 생명이라는 것을 인식할 수 있다.

참나(부처)는 무엇이라고 부르든 이름일 뿐 이름 붙일 수 없는 '空(Sunyata: Emptiness)'으로서 묘하게 존재'(眞空妙有)한다. 편재하는 '참나(眞我)인 佛性(神性)'은 외부에 있는 기도의 대상이 아니라 '언제 어디에서든지 나와 함께하고 있는 것이다'(Immanuel). 『열반경』에서는 "일체 중생이 모두 '佛性'을 갖추고 있으니, 이것이 바로 '참나'라는 것이며, 이와 같은 '참나'라는 것이 애초부터 항상 무량한 번뇌에 덮혀 있어서, 중생들이 볼 수 없다"(一切衆生悉有佛性, 卽是我義從本已來, 常爲無量, 煩惱所所覆, 是故衆生不能得見)고 하였다.

바울은 **"어두운 데에 빛이 비치라 말씀하셨던 그 하나님께서 예수 그리스도의 얼굴에 있는 하나님의 영광을 아는 빛을 우리 마음에 비추셨느니라"**(고후 4:6)고 고백하였다.

바울은 예수가 자기 안에 나타났고, 하나님이 우리 마음을 비추어 주셨으며, 또한 우리들 안에 나타난 예수 그리스도를 통해 하나님을 알게 된다고 말한다. '하나님의 영광을 아는 빛'은 진리의 깨달음을 통해 "보는 것을 보는 자"(눅 10:23)인 '영적 눈'(神性, true Self)을 열리게 한다. 이렇게 '영적 예수를 발견하는 것'(覺)은 과거, 현재, 미래의 '한 생각'(ego)조차 사라지고, 어떤 환경의 지배도 벗어난 無心의 영원한 차원이다.

"이성을 초월하여 볼 수 없는 것을 확정해 주는 믿음"(히 11:1)은 내면의 빛으로 인하여 삶의 절대가치를 전체성(One)인 영(靈)의 생명에 두는 깨달음이다. 꿈에서 꿈으로 옮겨가는 유한한 이원적 사유(ego)가 아니라 '무한한 不二의 사유로 깨어나는 것'(One)이다. 이렇게 "온전하게 된 자는 그 선생과 같아지며"(눅 6:40) 일체 사물을 불완전한 가상(假相, ego)의 모습을 보는 것이 아니라, 완전한 '영적인 실상'(One)의 모습을 보게 된다.

하나(One) 된 경지는 "그리스도의 마음"(고전 2:16)을 깨달아 완전히 새사람(엡 4:24)이 되는 영적 혁명으로 완전한 기쁨과 평화의 세계이다. 엑카르트가 "껍질이 깨어져야만 하고, 그 안에 있는 것이 나와야 한다"고 한 것

같이 '神과 내면의 영(靈)이 하나'(One)되는 체험이다. 이러한 경지는 편재(遍在)하는 하나님(One)은 주객을 나누는 이원적인 사유로 숭배나 헌신의 대상이 아니라 '형태 없는 본질'로서 내면에 존재하는 것이다.

예수는 "눈이 나쁘면 온 몸이 어두울 것이니 그러므로 네게 있는 빛이 어두우면 그 어둠이 얼마나 더하겠느냐"고 말씀하셨다(마 6:23).

여기서 눈은 육신의 눈이 아니라 '영적인 눈'인 우리 안에 있는 '내면의 빛'(神性, One)을, 몸이란 우리의 삶 그 자체를 가리키는 말로 깨달음의 중요성을 강조한다. 우주가 하나(One)의 생명임을 자각한 영안(靈眼)이 열린 자는 시간의 흐름이 사라진 光明(근원)만을 보는 환희의 경지이다. 중생은 번뇌로 無明의 안목으로 세계를 보는 까닭에 눈에 더러움만 가득히 보이지만, 부처의 눈(One)으로 볼 때 세계가 장엄하게 보인다(『법화경』).

우리는 마음의 눈을 열어 내면에 완벽하게 갖추어진 '하나(One)의 진리'를 깨달아야 하며, 이렇게 영안(靈眼)이 열릴 때 모든 것의 근원인 실재(true Self) 즉 하나임(unity)의 상태를 보게 된다. 不二의 천국(true Self)은 거듭나면 저절로 나타나는데(요 3:3) 밖에 것을 구하지 않고 내면의 망령된 견해인 ego를 제거해야 한다. 천국은 일반적으로 말하는 종말에 임하는 세계가 아니라, 부분의 시공간이 사라진 '영적인 자각'으로 체험된다.

"아버지께서 허락하지 아니하시면 그 참새 하나도 땅에 떨어지지 아니함"(마 10:29)과 같이, 모든 것은 무소부재의 神 즉 Logos(나는 나다)의 오묘한 섭리 안에 있기에 우리는 두려워할 무엇도 없다. 우리는 모든 만물 속에 깃든 神이 이 세상 만물을 선하게 돌보시기에 집착(ego)에서 벗어나야 하며, 또한 경외심을 가지고 "모든 것의 모든 것인 神"(엡 4:6)을 자각하여, 감사함으로 '당신이 시키는 대로 하겠습니다'라고 순종하여야 한다.

제자들이 예수께 물었다. "어느 때에 죽은 자들의 안식(쉼)이 있을 것이며, 언제 새로운 세상이 오리이까?" 예수께서 저들에게 이르시되 "너희들이 기다리는 것이 이미 와 있으나(What you are waiting for has already come.) 너희들이 이를 알지 못하는도다"(도마복음 51).

천국(구원)은 미래가 아니라, 지금 여기에 이미 이루어져 있으며, 옛사람(ego)이 죽고 새사람(One)으로 변화되는 영적 세계(눅 17:21)이므로 죽은 자의 부활과 심판은 아무 의미가 없다. "진리의 말씀을 듣고 神性을 깨닫는 지금이 곧 이때"(요 5:25)이지만, 어둠(ego)이 본래부터 있는 하나(One)인 하나님의 빛을 막고 있다. '아인슈타인의 상대성 이론'[164]은 모든 것은 끊임없이 움직이며, 시공간과 물질은 서로 독립적으로 존재하지 않고 의존적이라고 한다. 따라서 천국은 별도의 지리적 장소가 아니라 내면의 깨달음에 달려있다.

빛과 어둠은 마음에서 나왔으니 분리할 수 없는 전체성(One)이듯이, 하루라는 시간의 차원에서 보면 낮에는 밝고 밤에는 어두운 것이 둘이 아니다. 몸(ego)을 죽이고 하나(One)로 부활한 자의 안식인 '하나님 나라의 성취'는 이 세상과 삶을 있는 그대로 받아들이는 거듭남이다. 또한, "모든 것을 같은 것으로 보는 현묘한 신비"(『도덕경』 1장)로 평화와 하모니가 이루어지는 "바로 지금"(눅 17:21)이다. 따라서 새로운 세상인 천국은 개인의 '영적 발달'(One)에 달려 있는 것이지, 타자의 힘에 의하여 이루어지는 것이 아니다.

'내면의 영원한 생명'(true Self)은 '세상의 눈'(ego)으로 인식할 수 없지만, '영의 눈'(One)으로는 인식할 수가 있다. 예수가 육체를 십자가에 못 박히고 부활한 것처럼 우리도 '나(ego)라는 생각'(我相)을 십자가에 못 박을 때, 神性(true Self)은 '아무런 욕망이 없는 삶 즉 無爲의 삶'(One)으로 부활한다

(요 11:25). 이러한 만물의 본질인 神性(佛性)은 우주에 충만한 생명의 光明이며(롬 1:20), 그대로 진리요, 생명이기 때문에 우리가 가까워지면 질수록 '이원성의 어두운 고통'(ego)은 사라지고 '光明과 환희'(One)로 충만해진다.

67

극소동대 망절경계

極小同大 忘絕境界

**"지극히 작은 것은 곧 큰 것과 같으니,
상대적인 경계가 모두 끊어진다."**

─

　무한하게 작은 것은 결국 큰 것과 같으므로 하나의 전체(All)로서 '상대적인 차별이나 경계'(ego)가 없다는 '진리의 세계'(One)를 나타내고 있다. 영원한 '佛性과 하나'(One)되어 조금도 걸림이 없는 '원융무애(圓融無碍)한 생명(One)'은 "작은 티끌 속에 시방세계의 모든 힘이 다 들어가 있다"(一微塵中含十方)는 것으로 현대 물리학에서 증명하고 있다.

　『금강경』에서는 "헤아릴 수 없이 많은 중생을 일시에 제도(濟度)하는데, 제도(濟度)하고 보니 한 중생도 제도(濟度)된 중생이 없더라"고 하였다. 즉 이원성(ego)에 의한 헛된 번뇌에서 깨어나 佛眼(靈眼)이 열려서 바로 보면, 중생과 부처의 구별이 사라지고, 우주가 바로 부처(One)이며, 이 사바세계가 이대로 극락세계(천국)가 된다는 것이다(눅 10:23).

바울은 "피조물이 고대하는 바는 하나님의 아들이 나타나는 것이다"(롬 8:19)고 하였다.

피조물(크티시스)인 겉사람(ego)은 영원한 자유를 가져다주는 神性(하나님의 아들)의 깨달음(One)을 기다리고 있다. ego가 사라지고, 상대 경계가 모두 끊어진 神性을 자각하면 '하나의 새로운 세상'(One)이 나타난다. 이것을 요한은 "내가 새 하늘과 새 땅을 보니 처음 하늘이 없어졌고 … 바다도 다시 있지 않더라"(계 21:1)고 기록하였다.

'내면의 깨달음'(true Self)으로 '神의 자녀'(神性)가 되어 평화와 안식을 누리는 신비한 진리를 이사야 선지자는 "젖 먹는 아이가 독사의 구멍에서 장난하며 젖 뗀 어린아이가 독사의 굴에 손을 넣을 것이라"(사 11:8)고 묘사하였다. 이러한 경지는 만물과 合一이 되어 아무 차별이 없는 원융무애한 '진리의 세계'(One)이다(『도덕경』 55장).

예수는 "내일 일을 위하여 염려하지 말라 내일 일은 내일 염려할 것이요"(마 6:34)라고 말씀하셨다. 즉 미래에 대하여 걱정하지 말고, 이 순간 '내면의 깨달음'(true Self) 즉, 존재 전체(神性)로 살라는 말씀이다. 이때 모든 순간이 황금빛으로 다가오며 삶은 그 스스로 방향을 정하여 나아간다. 즉 삶을 받아들이고 물처럼 흘러가라는 뜻이다.

예수는 "나는 세상에 더 있지 아니하오나 그들은 세상에 있사옵고 나는 아버지께로 가옵나니 거룩하신 아버지여 내게 주신 아버지의 이름으로 그들을 보전하사 우리와 같이 그들도 하나(One)가 되게 하옵소서"(요 17:11)라고 기도하셨다.

예수 자신이 神의 독생자이듯이 모든 사람들이 다 독생자(영적 인간)가 되게 해달라는 기도이다. 따라서 기도는 눈앞의 대상을 향한 것이 아니라, 내면에 계신 神을 향한 것이며, 하늘(實相)과 같이 땅(現實)에도 완전함을 자각하는 것이다(順命, 마 6:10). 이러한 둘이 아닌 경지(One)는 자기 뜻과 神의 뜻이 다르지 않기에 일어나는 어떤 일도 바꾸려 할 까닭이 전혀 없으며, '나와 남이 하나'(自他一如)인 '실상의 나'로 새로 태어난 것이다.

우리들이 하나(One) 될 때 존재하는 '모든 것과 하나'(One)되며, 모든 존재의 진정한 의미를 알게 된다. 이렇게 '이원적 ego의 관념을 잊는 경지'(true Self)에서는 모든 것이 우리의 스승이 되고, 경배의 대상이 된다. 예수의 "내가 땅에서 들리면 모든 사람을 내게로 이끌겠노라"(요 12:32)에서 '내'의 의미는 대속물(代贖物)[165]이 아니라, 이원성의 상대적 경계(ego)가 모두 끊어지고 不二의 절대적인 '하나(One)의 자리'(true Self)이다.

"오호라 나는 곤고한 사람이로다 이 사망의 몸에서 누가 나를 건져내랴"(롬 7:24)의 외침은 분별의 거짓 나(ego)에 사로잡힌 노예 상태에서 하는 절규이다. 이러한 상태를 벗어난 진정한 나(true Self)는 時空을 초월하였기에 생사(生死)가 없으며, '神과 나'라는 상대적 구도를 초월하는 영원한 '절대적인 나'(One)이다. 즉 일시적 자아(ego)와 자신을 동일시하는 사람이 바로 노예이지만, 내면의 영원한 영적 자아(One)를 깨친 자는 자유인이다.

어떤 사람이 예수께 말했다. "내 형제들에게 일러 우리 아버지의 유산을 나와 더불어 나누도록 하소서." 예수께서 그에게 이르시되, "이 사람아, 누가 나를 나누는 자로 세웠느냐?" 하시고, 제자들을 향해 이르시되, "내가 나누는 자냐?" 하시더라(도마복음 72).

예수께서 "둘을 하나로 하면 … 너희는 하나님 나라에 들어가리라"(도마복음 22)고 말씀하신 것과 같이 그는 진리(One)를 전하는 영적스승이지 세속적 지도자가 되려고 온 건 아니다(『도덕경』39장). '나누어지지 않는'(不可分) 전체성을 주장하는 '동양적 세계관'[166]과 같이 신비스러운 '하나(One)의 진리'를 가르치기 위한 것이다. 따라서 無知한 자(죄인)는 부분을 전체라고 보지만(요 9:41), 성인(聖人)은 부분 속에서 근본(One)인 전체를 본다.

'나누는 자'는 고통과 불행의 원인이 되는 '이원론적인 율법의 神과 분별심을 가진 자'(ego)를 의미하며, 예수가 '나누는 자'가 아니라고 하신 것은 '상대적인 경계'가 모두 끊어진 '절대 진리'(One)라는 것을 나타내고 있다. '주와 객, 영혼과 육체'로 나누는 것은 인간적인 인식 범위이며, 근본에서 볼 때 다 똑같은 하나(One)이다(롬 11:36). 즉 대상은 독립적으로 존재하지 않으며, 개인성은 하나의 해석일 뿐, 모든 곳에는 전체계만 존재한다.

'하나(One)가 된 예수'는 '인류의 고통'(無知)을 자기의 것으로 짊어지셨기에 "내(true Self)가 이르는 것은 내 아버지께서 내게 말씀하신 그대로이다"(요 12:50)라고 말씀할 수 있었다. 부처(true Self)도 일체 중생을 '하나(One)로 보는 자각'을 통하여 중생을 위해 활동하는 인격을 가졌다. 따라서 우리들도 묵상, 참선 등을 통하여 육체의 '나'(我相)를 초월하여, 속사람(true Self)인 "내면의 깊은 곳의 神性"(눅 5:4)으로 뚫고 들어가야 한다.

예수는 말씀하셨다. "찾으라 그러면 찾으리라. 지난날에 나는 너희가 질문한 물음에 답하지 아니하였으나, 이제 내가 그것을 말하려 하지만, 그러나 그것을 구하지 않는구나"(도마복음 92).

예수는 제자들의 구도(求道) 자세에 실망하고 있다. 왜냐하면 '대상과 상대적인 경계'(ego)가 모두 끊어진 영원한 고향자리인 내면의 진리를 한결같은 마음으로 찾지 않기 때문이다. '구하는 것'(神性, 佛性)이 반드시 이루어지는 것은 그 구하는 것이 본래부터 존재하는 本性이며 생명이기 때문이다(『법화경』). 따라서 기도를 통하여 하나님의 뜻인 本性을 자연스럽게 따르는 것은 행복인 천국이지만, 부자연스러운 것은 불행인 지옥이다.

예수는 지난날에는 알아듣기 어려울 것 같아서 물어도 "너희는 무한한 능력의 神(靈)이다"(요 10:34)는 것을 대답해주지 못했지만, 이제는 제자들이 성숙하여 이 말을 이해할 수 있는 영적인 준비가 되었음을 인식하였다. 상대적인 경계가 모두 끊어진 영원한 진리(One)를 깨달을 수 없으므로 안타까웠으나, 이제는 無 집착(One)의 예리한 칼로 감각 대상에 대한 이원적 사유인 집착(ego)의 고삐를 끊은 것 같지만, 그러나 구하지 않고 있다.

엑카르트는 "나는 '확 뚫어버림'(break through) 속에서 '神이 곧 나이고 내가 곧 神'임을 느꼈으므로 나는 아브라함이 태어나기 이전부터 있었던 바로 그 얼굴이다."라고 했다. 그는 '진리와 하나'(神)되는 깨달음의 체험으로 無知에서 비롯된 이원성(ego)을 제거함으로 주객을 나누는 모든 '기복적인 기도'로부터 자유로워졌다. 즉 神의 세계, 빛의 세계는 영원의 세계(One)이므로 '모든 시간적인 것, 지상의 것'(ego)과는 아무런 관계가 없다.

우리들이 구하여 할 것은 잠깐 보이다가 없어지는 안개와 같은 유한 상대적인 것(ego, 약 4:14)이 아니라 무한 절대적인 영원한 진리(One)이다. 그러므로 서산대사(西山大師)는 "부처에게 매달려 구하는 것이 있으면 부처에 얽매이는 것이며, 무엇이나 구하는 것이 있으면 모두 고통이 되고 마는 것이다"(『禪家龜鑑』)고 하였다. 따라서 모든 것을 있는 그대로 전체적으로 보는 無爲의 자세와 자연(One)의 조화 안에서 긍정적으로 받아들여야 한다.

68

극대동소 불견변표
極大同小 不見邊表

"지극히 큰 것이 작은 것과 같으니, 그 가장자리를 보지 못한다."

―

아주 크면 작은 것과 동일하여, 밑도 없고 끝도 없다는 '둘이 아닌 세계' 즉 '不二의 세계'(One)를 설명하고 있다. 이러한 이원성(二元性)인 ego가 소멸된 '무아(無我)의 절대 경지'(true Self)에서는 더 이상의 테두리나 표면의 한계가 없다. 또한 '알파와 오메가인 영원한 실상(實相)'(계 1:8)이 드러나면 어떤 경계를 만나더라도 둘이 아닌 '不二의 세계'인 것이며, 지극히 커도 작은 것과 동일하여, 한정을 지을 수가 없는 것이다. 따라서 진리(One)를 위하여 ego적인 분별 시비로서 온갖 경계를 만드는 망상과 번뇌를 버려야 한다.

『육조단경』에서 "안으로는 시끄러운 망상이 쉬어지고, 밖으로는 만나는 인연에 끌려가지 않는다"고 하는 것은 '상대적인 모든 경계'(ego)가 끊어져 둘 아닌 사실을 바로 볼 때만이 끝과 겉이 없다는 원리를 알게 된다는 것이다. 따라서『금강경』에서는 "허망한 상대적인 경계가 끊어져 모든 형상이 형상 아님을 바로 볼 때 그 가장자리가 없는 여래를 볼 수 있다"(凡所有相 皆是虛妄 若見諸相非相 卽見如來)고 하였다. 왜냐하면 우주 만물의 영원한 실상(實相)은 바로 光明인 '극락세계이며, 하나님의 나라'(One)이기 때문이다(요 3:3).

예수는 비유로 다음과 같이 말씀하셨다. "씨를 뿌리는 자가 그 씨를 뿌리러 나가서 뿌릴새 더러는 길 가에 떨어지매 밟히며 공중의 새들이 먹어버렸고 더러는 바위 위에 떨어지매 싹이 났다가 습기가 없으므로 말랐고 더러는 가시떨기 속에 떨어지매 가시가 함께 자라서 기운을 막았고 더러는 좋은 땅에 떨어지매 나서 백배의 결실을 하였느니라"(눅 8:4~8).

씨가 뿌려졌다는 것은 진리의 길로 나아가는 출발점을 의미하고 결실을 맺는 것은 목적지인 천국에 들어감을 말한다. 뿌려진 씨앗이 좋은 땅인 '하나(One)인 영의 사람'(true Self)에게 심겨지면 천국(One)이 드러나지만 그러나 '분별하는 육의 사람'(ego)에게는 천국(One)을 잃게 된다. 우리는 내면에 있는 '본질의 씨앗'(神性)이 결실을 맺는 천국(One)을 위하여 이원성인 ego의 마음에서 나오는 생각(집착, 분별 등)을 어떻게 떨쳐 버릴 수 있는지 고민하고, 또한 귀 있는 자는 마음의 문을 열고 잘 들도록 하여야 한다.

『우파니샤드』에서도 "모든 개체는 영원한 내면적 자아(true Self)인 아트만(At man)이라고 하는 우주적인 브라흐만(Brahman)의 씨앗(생명, One)을 품고 있다"고 한다. 이 씨앗이 결실을 맺게 되면 천국 즉 예수 그리스도와 하나(One)된다. 그러므로 예수는 "나는 알파와 오메가라"(계 1:8)라고 하심으로 스스로 우주와 하나(One)되어 時空을 초월한 不二의 진리임을 나타내셨다. 따라서 싹을 틔우는 것이 씨앗의 운명이며, 또한 드넓은 '자유의 하늘'(One)로 비상하기 위하여 새는 먼저 알의 껍질(ego)을 깨고 나와야 한다.

　일체의 사물은 모두가 서로 반대이면서 서로를 이루어주는 조화의 관계에서 성립하며, 순전하게 단독이나, 진정한 극단은 존재하지 않는다. 그러므로 이원적인 대립물은 있을 수 없으며, 깊은 생명의 자리는 전체성이다. 不二의 진리인 근본(One)을 얻기 위해서 변하는 '거짓 자아인 개체로서의 나'(ego)와 영원한 하나(One)의 영적 자아(true Self)와의 동일시를 벗어나야 한다. 따라서 3세기의 플로티누스는 "육체와 실재(One)의 존재를 동일시하는 사람들은 꿈속에서 나타나는 허구를 실재로 착각하는 꿈꾸는 사람들과 같다"고 하였다.

"그의 제자들이 예수께 이르되 이스라엘에서 스물 네 선지자가 말하였거니와, 저들이 모두 주님에 대해 말했나이다. 예수께서 저들에게 이르시되, 너희는 너희 눈앞에 있는 살아 있는 사람은 무시하고 죽은 자들에 대해 말하는도다"(도마복음 52).

　예수는 구약 선지자들의 예언과 실제적인 탄생, 삶과 죽음, 그리고 부활 사건과는 연관이 없으며, 유한 상대적인 예언자(ego)들은 불완전하고 거짓되나, 時空을 초월한 그리스도(생명, One)는 완전하며 참되다. 제자들은 영원한 그리스도인 해가 이미 떠 있는 것을 보지 못하고, 언젠가는 해가 뜰 것이라 말한다. 우리도 자비를 베푼 사마리아 사람"(눅 10:33)과 같이 '이기심'(ego)을 내려놓을 때'(無爲) 지금 여기에 현존하는 진리를 체험한다. 즉 이원적인 집착(ego)이 사라질 때 살아 있는 생명인 예수(One)을 만난다.

　우리 스스로 '내면의 생명'(true Self)을 깨달을 때 눈앞에 있는 예수(진리, One)를 알지만, 그것을 무시하면 '죽은 것'(ego)인 세상 물질의 노예가 된다. "나를 본 자는 아버지를 본 것이다"(요 14:9)라고 하신 '예수(Logos)의 세계'(빛)는 밑도 없고 끝도 없는 不二이며, '가장자리도 없는 무한한 하나(One)의 생명'이다. 이러한 '전체인 예수'(진리)의 말은 과거 선지자들의 인간적 말(ego)과는 본질상(One) 차이가 있다. 그것은 음과 양은 서로 반대되는 것이 아니라 서로 보완된다는 하나(One)인 진리의 말씀이기 때문이다.

우리는 한계가 있는 문자 중심의 눈(ego)을 벗어나 "보는 것을 보는 눈"(눅 10:23)인 '영의 눈'(靈眼)을 열어야 한다(고후 3:6). 또한 내면에는 '하나님 아버지의 성령'(true Self)이 계시며(마 10:20), 이러한 텅 빈 성령(神性, One)은 '더러운 것과 깨끗한 것의 차별'(ego)이 없음을 깨달아야 한다(廓然無聖, 막 7:14-15). 따라서 지금 여기서 神의 현존(現存)을 체험하는 '신비한 合一'(神意識, One)을 위하여, 솔로몬처럼 "모든 것이 평화와 침묵 속에 쌓이는 정적(靜寂) 즉 空"(솔로몬의 지혜 18:14-15)의 상태가 요구된다(시 46:10).

예수는 "나는 너희를 1천 명 가운데 하나, 2천 명 가운데 둘을 선택할 것이다. 그리고 그들은 모두 '단일한 자'(monakos)로서 서 있을 것이다"(도마복음 23).

예정론을 설명하는 것이 아니라, 神의 은총으로 하나(One)가 되는 것은 많은 사람들 가운데서 나온 소수라는 것이며, 『바가바드 기따』에서는 "수천 명의 사람들 가운데 한 명 정도만이 완전함에 이르기 위해 노력할 것이다."라고 한다. 예수가 부자인 관리에게 "네게 있는 것을 다 팔아 가난한 자들에게 나눠주면 하늘에서 네 보화가 있으리라"(눅 18:22)고 한 것은 '하나(One)의 진리'(神性)에 장애가 되는 '개체적인 나'(ego)를 버려야 한다는 것이다.

매우 드물게 이원성인 ego를 제거하고 당당하게 神性(true Self)을 회복한 '단일한 자'(獨生子)는 전체성인 不二의 진리를 깨달은 하나님의 자녀이다. 이원성인 비춤(ego)을 버리고 근본(true Self)을 획득한 소수의 그들에게는 모든 것이 하나(One)이며, 또한 하나(One)의 유기적(有機的)인 통일체이다. 하나(One)가 되는 '절대 경지'(true Self)는 지극히 커도 작은 것과 동일하며, 그 가장자리를 볼 수 없는 '둘이면서 둘이 아닌 세계'(二而不二)이다.

예수는 "담대하라 내가 세상을 이기었노라"(요 16:33)고 말씀하심으로 영원한 '진리와 하나'(One)가 되어 시간과 공간을 넘어서 모든 것으로부터 자유롭게 되었음을 나타내고 있다. 이러한 "은혜와 진리가 충만한"(요 1:14) 자유는 부처가 진리(One)를 깨달아 해탈하여 이룬 열반과 자이나교의 창시자인 마하비라가 "내면의 영(靈)인 참나"를 깨닫고 해탈하여 성취한 해방된 상태와 같으며, 영원한 평화와 행복으로 나아가는 진리(神)의 체험이다(見性悟道).

유즉시무 무즉시유

有卽是無 無卽是有

"있음이 곧 없음이요, 없음이 곧 있음이다."

—

있음과 없음이 각각 별개의 것이 아니라, 있는 것이 없는 것이며 없는 것이 있는 것이라는 것이다. 있음과 없음이 가장 통하기 어려우나 진여 법계에서는 모든 것이 원융(圓融)하여 무엇에도 방해받지 않고 자유자재 (自由自在)하기 때문에 그렇게 된다. 불안(佛眼)이란 '망상이 실상이고 실상 이 망상'이며, '차별이 무차별이고 무차별이 차별'이 되며, 분별의 '육적인 눈'(ego)에서 벗어난 영원한 '不二의 세계'(One)를 보는 '영적인 눈'(靈眼)이 다.

분별(ego)하지 아니하면, 원죄(原罪), 업(業), 고통이라고 하는 것은 다만 이름일 뿐 그 실체가 없는 것이다. 따라서 분별의 잘못을 뉘우치는 참회 의 수행을 통해 집착에서 벗어나 모든 일에 막힘없이 자유로우면, 이것 이 바로 "진리의 깨달음"(막 1:15)이다. 즉 하나(One)의 열반(涅槃: Nirvana)이

요, 하나님의 나라를 보는 것이며, 업장(業障)이 깨끗이 소멸되어 "한 생각
도 나지 않는 영원한 행복인 부처(神)의 경지가 되는 것이다"(一念不生卽 佛
地境).

**예수는 "나의 원대로 마옵시고 아버지의 원대로 하옵소서"(막 14:36)라고
기도하셨다.**

예수의 기도는 '당신이 모든 것입니다'의 의미인 완전한 헌신이며, 스
스로 진리가 되었을 때 이루어지는 '텅 빈 마음의 상태'(無爲自然)로서 진정
한 평안이다. 이러한 진리에서 나오는 완전한 헌신(신뢰) 즉 자기순복이
이루어지려면 선과 악, 희(喜)와 비(悲), 이익과 손해의 이원성에 태연하여
야 한다. 따라서 기도는 자신의 욕망을 충족시키기 위함이 아니라, 텅 빈
마음으로 모든 것을 하나님의 손(神性, One)에 완전히 맡겨서 복종하는 것
이다. 그러나 분별에 의한 욕망은 선악과를 먹고 에덴에서 추방된 결과
와 같이 고통을 초래한다.

우리는 집착이 사라진 無心이 되어 이미 하나(One)인 하나님 나라가 임
재하며, 구원받은 사실을 자각할 수 있도록 기도하여야 한다(막 6:10). 이
러한 '하나 됨'(One)은 時空을 초월하여 있음과 없음이 각각 별개의 것이
아니라, '있는 것이 없는 것이며, 없는 것이 있는' 모든 차별이 소멸된 경
지이다. 따라서 모든 것을 하는 행위자는 '더 큰 힘'이고, 인간은 단지 도
구에 지나지 않으므로 이 사실을 받아들이면 고통에서 벗어난다. 이러한
경지가 개체적인 삶에서 나타나는 삶과 죽음의 자연현상을 초월한 보편
적인 영생의 삶이다.

우리가 주관과 객관으로 나누는 ego로서 취하고 있는 오온(五蘊: 色·
受·想·行·識) 즉 오취온(五取蘊)이 모든 괴로움의 근원이다. "오직 하나님

께로부터 난 자"(One, 요 1:13)들은 이원성의 자아(ego)를 제거하고 일원성인 '영적 자아'(true Self)를 발견하여, 죄(無知)라는 것은 본래 없다는 것을 알게 된 자이다. 이들은 차별이 평등이며 모순이 조화인 아름다운 '본래적 상 태인 하나님 나라'(One)를 체험하고(凡聖一如), 그동안 종이 위에 인쇄된 글 자(ego)들은 읽었지만, 그 전체배경인 종이(One)를 도외시 한 것을 자각한 것이다.

"한 부자가 있어 자색 옷과 고운 베옷을 입고 날마다 호화롭게 즐기더 라. 그런데 나사로라 이름하는 한 거지가 헌데 투성이로 그의 대문 앞에 버려진 채 그 부자의 상에서 떨어지는 것으로 배불리려 하매 심지어 개 들이 와서 그 헌데를 핥더라. 이에 그 거지가 죽어 천사들에게 받들려 아 브라함의 품에 들어가고 부자도 죽어 장사되매 그가 음부에서 고통 중에 눈을 들어 멀리 아브라함과 그의 품에 있는 나사로를 보고 불러 이르되 아버지 아브라함이여 나를 긍휼히 여기사 나사로를 보내어 그 손가락 끝 에 물을 찍어 내 혀를 서늘하게 하소서 내가 이 불꽃 가운데서 괴로워하 나이다. 아브라함이 이르되 얘 너는 살았을 때에 좋은 것을 받았고 나사 로는 고난을 받았으니 이것을 기억하라 … 이르되 그러면 아버지여 구 하노니 나사로를 내 아버지의 집에 보내소서"(눅 16:19-27).

'겉사람'(ego)을 버린 거지(푸토코스) 나사로(속사람)는 아무 것도 가지지 않 은 완전한 무욕(無慾), 無心의 상태이다. 자색 옷을 입고 이원성에 빠져 있 던 부자는 자신 안에서 나사로를 보고 내면의 세계가 새롭게 열림으로 자신의 神性을 알게 되는 비유이다. 나사로는 헛되고 헛된 육체가 자기 라고 하는 개인성(ego)을 버리고 '불변하는 자기'(神性)를 찾았기에(마 16:25), 아브라함과 하나(One)가 되어 물아일체(物我一體)가 되었다. 이러한 不二의 진리를 유대인들은 죽은 사람들 가운데 누가 살아난다고 해도 믿지 않을 것이다(눅 16:31).

나사로는 '너와 나의 분별 시비'(ego)가 사라진 '不二의 생명'(One)을 깨달아 비참한 경지에 처해있었지만 부자에게 아무런 적개심도 품지 않았다. 또한 "우리가 이제는 거울로 보는 것 같이 희미하나 그때에는 얼굴과 얼굴을 대하여 볼 것이요"(고전 13:12)와 같이 거울 안의 허상을 보는 불완전한 눈이 사라져 '내면의 눈'(靈眼)이 하나(One)의 실상인 영원한 생명(神性)을 뚜렷하게 본 것이다. 그러나 부자는 겉사람(ego)의 자색 옷을 입고 있기 때문에 자신 안에 있는 거지인 속사람(true Self)을 거의 의식하지 못하고 있었던 것이다.

예수는 말씀하셨다. "아담으로부터 세례 요한까지 여자가 낳은 자 중에 세례 요한보다 위대한 자는 없으며, 그의 직관은 진리를 볼 수 있을 것이다. 그러나 내가 말하노니, 너희 중 어린아이와 같이 되면 하나님 나라를 알겠거니와, 그는 요한보다 더 크리라"(도마복음 46).

내면의 변화를 통한 "神을 보는 눈"(욥 42:5)이 열려, 경이(驚異)로 가득 찬 어린아이(One)처럼 된 사람은 세례 요한조차 비할 수 없다는 뜻이다. 왜냐하면 '영적인 눈'이 아닌 우리들의 눈이 보는 것들은 그림자로 실재하지 않기 때문이다. 있음이 곧 없음이요, 없음이 곧 있음을 자각한 '제3의 눈'이 깨어나면 양극을 조화시키는 천국으로 충만하게 된다. 그러므로 예수께서는 "네 눈이 성하면 온 몸이 밝을 것이요"(마 6:22)라고 말씀하셨다.

노자가 영아(嬰兒)를 비유한 것처럼 "어린아이와 같이 되면 하나님 나라를 안다"는 뜻은 내면의 변화를 통해 천국을 깨닫게 된다는 말이다(마

5:8). 어린아이를 포함한 모든 사람은 그 본래의 마음 바탕이 청정하기 때문에 죄라는 뿌리는 존재하지 않는다(마 18:3, 요 9:3). 따라서 원죄(原罪)[167]는 아담과 이브에서 생겨난 것이 아니라, '인간은 육체만이다'(겉사람)라고 생각하여 '영원한 영적인 인간'(속사람)을 바로 보지 못하는 이원성의 ego이다.

빛이 어떤 것에 가려져 있는 상태가 어둠이듯이 '죄 있는 사람'이란 영원히 빛나는 神性(true Self)이 감추어져서 나타나지 않은 어둠의 상태(ego)이다. 따라서 죄(ego)는 본래부터 없으며, 실재는 오직 빛인 '하나님의 생명'(One)뿐이다(막 12:32). 분리(ego)가 사라지고 원(圓, One)이 완성된 성인(聖人)들의 가르침은 현대 과학이 증명하듯이 온 우주에는 '하나(One)의 진리'(道本無二)인 순수 생명에너지(神性, 佛性)뿐이다(萬物一切同一眞性).

70

약불여차 불필수수
若不如此 不必須守

"만약 이 같지 않다면, 반드시 지키지 말아야 한다."

—

있음과 없음이 둘이 아닌 진여법계(眞如法界)를 우리가 실제로 바로 깨치면, 있는 것이 없는 것이고 없는 것이 있는 것인 '둘 아닌 세계'로 바로 들어가게 되며, 이렇게 되기 전에는 불법(佛法)이라고 할 아무 것도 없다는 것이다. 즉 '있음과 없음의 이원적인 차별'(ego)이 있다면 지킬만한 '영원한 절대 평등한 진리'(One)가 아니다. 한계가 있는 ego적인 관점에서는 '있고 없음이 둘이 아니라는 것'은 이해가 되지 않고 모순되는 듯이 보이지만, 그러나 '번뇌 망상의 ego'가 소멸된 '하나(One)의 생명'적인 관점에서는 올바른 것이다.

有나 無에 대한 집착으로 '無가 有이고 有가 無'가 아니라고 하면 '時空을 초월한 불변의 진리'(One)와는 다르기에 반드시 그런 것들은 놓아버려야 한다. 우리는 절대 평등한 진리(One)를 위하여 '佛性과 하나'(One) 되지 못한 아집(我執: '나'에 대한 집착), 법집(法執: 대상에 대한 집착), 단견(短見: 생은 한 번뿐이며, 죽으면 다 끝난다는 견해)과 상견(常見: '나'라는 존재가 죽은 후에도 계속 살게 된다는 견해)의 집착을 벗어나야 한다. 이러한 집착을 "새롭게 하는 불"(도마복음 10)로 태워야만 비로소 '하나(One)의 생명'이 완성된다.

예수는 "내가 하나님 나라를 무엇으로 비교할까, 마치 여자가 가루 서 말 속에 갖다 넣어 전부 부풀게 한 누룩과 같으니라"(눅 13:20-21)라고 말씀하셨다.

누룩이 화학 작용을 일으켜 밀가루를 변화시키듯이 神性(true Self)의 자각이 천국을 이루어지게 한다. 이것은 우리 내면에 있는 둘로 나누는 개념인 '어두운 상대세계'(ego)에서 벗어나 아무런 차별이 없고 막힘이 없는 영원한 '밝은 절대세계'(One)의 체험이며, "즉시에 확 깨달아 本心(神性, One)을 도로 찾는다"(『유마경』)고 하는 경지이다. 즉 상대세계를 초월하는 本性인 '참된 나'(神性, true Self)를 깨달아, 물질로 이루어진 '거짓 나'(假我, ego)와 시시각각 변하는 현실이 꿈과 그림자와 같은 허상(虛相)임을 인정하는 것이다.

영안(靈眼, 마 6:22)을 열리게 하는 깨달음은 어떠한 집착도 하지 않는 분별이 사라진 절대평등(One)이다. 있음(有)과 없음(無)이 둘이 아닌 '진리의 세계'(One)가 되어 행복과 불행, 이익과 손실의 이원성을 벗어나 세상의 물질에 집착하지 않고 한결같은 평형을 유지하는 '無爲自然의 삶'(true Self)이 되는 것이다. 예수가 "보리 떡 다섯 개와 물고기 두 마리로 오천 명을 먹이신 것"(요 6:9-14)은 레위족 사람들만 될 수 있었던 사제(司祭)라는 성직이 이제는 누구라도 될 수 있다는 이원성을 벗어난 절대평등을 상징한다(사해문서).

"예수는 또 다른 사람에게 나를 따르라 하시니 그가 이르되 나로 먼저 가서 내 아버지를 장사하게 허락하옵소서 이르시되 죽은 자들로 자기의 죽은 자들을 장사하게 하고 너는 가서 하나님 나라를 전파하라 하시었다 또 다른 사람이 이르되 주여 내가 주를 따르겠나이다마는 나로 먼저 내 가족을 작별하게 허락하소서 예수께서 이르시되 손에 쟁기를 잡고 뒤를 돌아보는 자는 하나님 나라에 합당하지 아니하니라 하시니라"(눅 9:59-62).

이원성인 집착(ego)으로 하나님(One)과 끊어진 죽은 자(죽은 영혼) 즉 '뒤를 돌아보는 자'(假我)는 '둘이 아닌 세계'(true Self)로 재탄생(眞我)하여 천국을 전파하여야 한다는 것이다. 장자는 죽은 자를 "구멍이 뚫려 감각이 자리를 잡는 혼돈"으로 설명하고 있다. 예수는 '죽은 자'(ego)를 버리고 나(true Self)를 좇으며, 하나(One)가 아니면 "하나님의 독생자(神性)의 이름을 믿지 아니하므로 벌써 심판을 받은 것이다"(요 3:18)고 하셨다.

엑카르트는 "왜 그대 자신 속에 머물지 않고, 그대 자신의 선(善)을 붙잡지 않는가? 그대는 본질적으로 그대 안에 모든 진리(One)를 가지고 있다"고 하였다. 그는 자신 안에 있는 "천국의 보화(진리)"(One, 마 13:44)를 외면하고 자기 밖에서 무언가를 찾는 오직 '타력적인 삶'(ego)을 부정한다. 그러므로 예수는 "누군가 자력으로 그 이름을 얻지 못한다면 '그리스도인'(true Self)이라는 이름을 빼앗길 것이다"(빌립복음 65)고 말씀하셨다.

바울이 "너희가 알지 못하고 예배하는 神을 내가 너희에게 알게 하리라"(행 17:23)고 한 것처럼 時空을 초월한 "하나(One)의 보편적인 神"(Christ, 골 3:11)은 타 종교 속에도 암묵적으로 실재하고 있다(롬 1:20). 따라서 불교도 '하나(One)의 진리'를 반영하고 있을 뿐만 아니라, 근본 바탕을 공유하고 있으므로 時空을 초월한 영성의 차원에서 서로가 대화를 나누어야 하며, "우리를 반대하지 않는 자는 우리를 위하는 자이다"(大道無門, 막 9:40).

예수는 말씀하셨다. "나는 세상에 불을 던졌다. 그리고 보라, 나는 그 것이 불타오를 때까지 잘 지키고 있다"(도마복음 10).

예수가 던진 불(One)은 고통과 불안을 태우는 파괴적 힘이며, 그는 이 세상에 가득 찬 이원성(ego)을 소멸시키는 불이 타오르도록 지키고 있다. 왜냐하면 '하나(One)의 생명'(true Self)이 아닌 분별 시비하는 유한한 이원성의 세계(ego)는 지킬 만 한 것이 아니기 때문이다. 따라서 예수는 잃은 양을 찾으시며, 우리의 대상이 되는 구세주(他者)가 아니라 본질적으로 우리와 하나(One)가 되시는 무시무종(無始無終)의 神性이다(요 17:21).

不二인 '내면의 불'(神性)은 도덕과 부도덕, 현자와 죄수 등 분별의 어두운 삶(ego)에 깊이 잠든 인간과 세상을 깨워 '하나(One)의 영원한 생명'(true Self)으로 새롭게 변화시킨다. 이러한 '영적인 불'(神性)은 모든 행위를 재로 만들어 우리들을 불변하는 본질적 바다인 '영적 사람'(true Self)이 되게 하며(『바가바드 기따』), "나의 누이, 나의 신부야, 네가 내 마음을 빼앗았구나 네 눈으로 한 번의 보는 것"(아가 4:9)인 강력한 에너지(One)이다.

예수는 말씀하셨다. "재물이 많은 부자 농부가 있어, 저는 '내가 재물을 들여 씨를 뿌리고 거두고 심어 내 소출로 창고를 가득하게 하리라, 그리하면 내게는 부족한 것이 없으리라.' 하였더라. 이렇게 준비하였거니와 그날 밤 동안 저가 죽었다. 귀 있는 자는 들을 지어다"(도마복음 63).

예수는 이원성의 한계를 가진 육적이며, 유한 상대적인 삶을 위하여 '재물을 쌓는 자'(ego)가 무한한 영적인 '둘 아닌 세계'(One)의 아름다움을 놓치고 있음을 경고하고 있다. 분별 시비(ego)를 초월하여 모든 것이 서로 일체가 되고, 융합하는 원융무애(圓融無碍)한 경지인 자유자재(自由自在)한 하나님 나라(One)를 놓치고 있다. 이와 같이 '부자인 농부'(ego)는 지금 여기서 하늘나라(One)를 즐기는 참된 평안과 행복한 삶을 누리지 못하였다.

예수는 "부자가 천국에 들어가기가 어려우며"(마 19:23), "하나님의 눈으로는 부자가 아니다"(눅 12:21)라고 말씀하셨다. 재물에 집착하는 부자는 다른 사람과 분리된 '한 대상물'(ego)로 자신을 제한시키는 속박된 상태(노예)이지만, 그러나 ego에 의한 환영의 막이 사라지고, '영안(靈眼)이 열린 자'(true Self)는 자유와 평안의 경지(One)를 누린다. 따라서 우리는 알(One)을 둘러싸고 있는 견고한 껍데기(ego)를 부수고 밖으로 나와야 한다.

71

일즉일체 일체즉일
一卽一切 一切卽一

"하나가 곧 모두요, 모두가 곧 하나이다."

-

진여법계(眞如法界)에서는 하나(實相)가 곧 많음(物質)이고 많음(物質)이 바로 하나(實相)이다. '본질인 실상과 현상인 물질은 결국 하나(One)'이며, 포도나무와 가지와 같이 하나(One)인 실상에는 전체의 요소가 들어오게 되고 전체에는 하나인 실상의 요소가 다 들어가게 된다(相卽相入, 요 15:5). 이러한 중도실상(One)은 시공간이 없는 영원한 '생명의 자리'이며, 온전한 분자가 온전한 원자가 모인 전체이면서 동시에 세포의 부분인 것처럼 실재는 그자체로 전체와 부분인 하나이며, 佛性이 빈 듯 보이는 그 자리에 충만해 있는 것이다.

우리는 모든 사물의 전일성(全一性)과 상호 연결성을 깨달아 이원적인 마음을 초월하여 '佛性과 하나(One)'가 되어, '내면의 눈'(佛眼)을 가리는 어둠의 삿된 지식을 소멸하고, '본래의 마음'(聖靈)으로 우주에 가득 찬 光明

372 | 신심명(信心銘)을 통한 성경과 도마복음의 새로운 풀이

의 기운을 체험하여야 한다(無量光佛). 『법화경』에서는 "우리가 눈으로 보는 세계를 순수한 내면의 눈으로 보면 그대로가 부처(神)이다."라고 하였다. 이 세계가 그대로 법신불(法身佛)의 현현(顯現)이므로 모든 범부가 다 진리인 부처(神)임을 깨닫게 되면 生死와 선악을 초월하는 평안함을 누릴 수 있다(요 10:34).

예수는 "내가 진실로 진실로 너희에게 이르노니 내가 보낸 자를 영접하는 자는 나를 영접하는 것이요 나를 영접하는 자는 나를 보내신 이를 영접하는 것이니라"(요 13:20), 또한 "임금이 대답하여 이르시되 내가 진실로 너희에게 이르노니 너희가 여기 내 형제 중에 지극히 작은 자 하나에게 한 것이 곧 내게 한 것이니라 … 지극히 작은 자 하나에게 하지 아니한 것이 곧 내게 하지 아니한 것이니라"(마 25:40-45)고 말씀하셨다.

보편적 생명(神性)인 예수와 우리는 나누어질 수 없는 不可分의 전체성(All)이며, 하나(One)라는 것이다. 즉 개체(一)와 전체(多)는 하나(One)로서 모든 만물은 동등하다(고전 12:12). 예수가 보낸 자를 영접하는 자는 상호의존으로 예수(神性)를 영접하는 것이며, 우리의 마음은 하나의 진리(神性)을 반영하는 거울과도 같은 존재이다. 따라서 우리는 '대상의 神'(他者)이 아니라 다수와 하나의 분별(ego)이 사라진 神(One)을 믿고, 깨달아야 한다.

우리는 時空의 경계(ego)를 벗어나 '모든 것은 서로 의존하는 하나(One)'(양자물리학)임을 인식하며, "이원성을 초월한 눈"(마 13:16)으로 지극히 작은 자가 예수와 동등한 하나(One)임을 깨달아 사랑의 꽃을 피어야 한다(自他一如, 마 25:34-45). 세상 모든 것이 자신과 하나라는 사실을 아는 자 즉 지혜의 빛(One)으로 충만한 자는 어떤 것에도 흔들리지 않으며, 그에게는 흙이나 돌이 금덩이와 별 다름이 없는 하나(One)이다(『바가바드 기따』).

예수는 "무릇 자기 아내를 버리고 다른 데 장가드는 자도 간음함이요 무릇 버림당한 여자에게 장가드는 자도 간음함이니라"(눅 16:18)고 말씀하셨다.

일반적으로 '아내(남편)를 버리고 다른 여자(남자)와 결혼하는 것은 간음이다'라고 해석한다. 그러나 예수는 변하는 '도덕적인 것'(ego)이 아니라 '불변의 진리'를 설명하고 있으며, 결혼은 육적인 결혼이 아니라 영적인 결혼(One)에 대한 비유이다. '자기 아내'(神性)를 버리고 이원성의 '다른 데'(에테로스, ego) 장가드는 자는 '진리(One)에 대한 간음'이다. 왜냐하면 진리는 둘이 아닌 하나(One)이기 때문이다. 우리는 이원성을 만들어 내는 자아(ego)를 영적 자아(One)와 동일시하여 주객, 자타를 나누는 이원성에 집착함으로써 고통을 초래한다.

우리의 마음이 청결하게 될 때 실재(One)인 하나님(神性, 佛性)을 볼 수 있으며(마 5:8), 모든 것은 하나님의 현현(顯現) 즉 신적이며 영적인 것인 표현(One)임을 자각하게 된다. 神(法身)[168]은 '계시지 않는 곳이 없고'(如來常住無有變異, 『열반경』), '모든 것 중에 모든 것' 즉 "모든 것이 神(靈)"(엡 4:6)이므로 우리도 역시 神(부처)이다(요 10:34). 일시적인 파도가 바닷물(One)인 것처럼 실상(One)을 있는 그대로 알고 보는 자(如實知見) 즉 깨달은 자(마 13:23)는 모든 것에서 神性을 발견함으로 환희심인 '하나님의 나라'를 체험한다.

神은 유기적 관계인 우주의 다원성을 포용하지 않을 수 없으며, 전체(All) 가운데 다 들어 있을 수밖에 없다. 즉 우주가 나요, 내가 우주이고, 하나의 티끌이 우주요, 우주가 바로 한 티끌이다(萬物如我一切). 이러한 "개체이자 전체"(고전 3:22-23)인 진리는 범신론(汎神論)[169]적이며, 예수는 우주적 존재로서 만물은 그로 말미암아 창조되고, 유지된다(요 1:3). 따라서 우리는 진리의 현현(顯現)된 다양성을 긍정하여야 하며, 금덩어리로 여러 가지 모양의 물건을 만들면 모양은 달라도 모두가 다 진금(眞金) 아닌 것이 하나도 없는 것이다.

예수는 말씀하셨다. "너희가 이 세상적인 것에 대하여 금식하지 않으면 하나님 나라를 찾을 수 없으리라. 너희가 참된 안식으로 안식일을 지키지 않으면 너희는 아버지를 볼 수 없으리라"(도마복음 27).

세상적인 집착(ego)을 멈추는 금식하는 날로서의 참된 안식일(헤메라, One)을 지키지 않으면 내면의 빛으로 아버지(천국)를 찾을 수 없다. 즉 하나인 神性(true Self)을 깨닫기 위하여 이원성(ego)을 끊어야 한다는 것이다(心齋). 안식은 '옳으니 그르니' 따지기만 하는 탐욕으로 가득 찬 '개체적인 나'(ego)를 제거하고, '나는 누구인가?'를 자각하여 '神과 하나(One)가 되는 것'(解脫)이다. 클레멘트는 "모든 가르침 중에 가장 위대한 것은 너 자신을 알라는 것이며, 자신(神性)을 알 때, 당신은 神을 알게 되기 때문이다."라고 주장하였다.

'자기의 神性(천국)을 자각한 자'는 우주와 하나(One)가 되어 "아무것도 없는 자 같으나 모든 것을 가진 자이다"(고후 6:10). 有爲的 행위(ego)가 완전히 씻겨나가면 즉 無爲的 행위(空)를 한다면 그의 비어 있음을 통해 神의 순수 에너지가 회복되어 전체로서 하나(One)인 신적존재(true Self)가 된다. '하나가 곧 모두'(一卽多, One)임을 과학은 나비효과(butterfly effect)[170]로 설명하며, 바울은 하나의 진리를 "한 사람(겉사람)이 순종하지 아니함 … 한 사람(속사람)이 순종하심으로 많은 사람이 의인이 되리라"(롬 5:19)고 설명하였다.

모든 종교의 목표인 "나는 神과 하나(One)이다"(요 17:21)라는 천국 체험은 지금 여기서 '하나(One)의 생명'이 되어 내면에서 샘물처럼 솟아오르는 기쁨과 즐거움을 맛볼 수 있다. 현대 물리학은 전체와 부분, 원인과 조건이 관계 속에서 상호의존하고 있다는 연기(緣起, 空)즉 '하나(One)의 진리'를 증명하고 있다. 동학의 '사람이 곧 하늘'(人乃天)과 신인일체(神人一切)사상인 '만물일체의 원리'는 통전적(統全的) 세계관인 '이것도 저것도'(both-and)이며(마 16:25), 서구의 양자택일적인 '이것이냐 저것이냐'(either-or)와는 상반된다.

72

단능여시 하려불필
但能如是 何慮不畢

**"단지 이와 같을 수 있다면,
무엇 때문에 끝마치지 못할까 걱정하랴?"**

—

"하나(一)가 곧 모두(一切)이고 모두(一切)가 바로 하나(一)"(요 14:10)인 '不二의 진리'를 깨치고 나면 무엇을 이루지 못할까 걱정하랴? 즉 과거, 현재, 미래가 하나의 시간이고, 이곳저곳이 하나의 장소이며, 세계의 모든 일이 곧 자신의 일이고, 우주가 곧 자신의 몸이 되어 차별이 없다. 이렇게 우주가 '하나(One)의 생명'이라는 '바른 견해'(正見)를 확립하는 것은 "괴로움이 사라지고 영원하고 절대적인 즐거움을 얻게 되는 것이다"(離一切苦 得究竟樂).

ego적인 有無의 양변(兩邊)을 여의고 집착을 포기한 '영원한 진리의 세계'(true Self)인 법계실상(法界實相)을 깨치면 즉 본바탕인 '佛性(神性)과 하나(One)'가 되면 무엇에도 방해 받지 않고 자유자재(自由自在)하여 서로 통하지 않을 수가 없는 것이다(無碍自在). 不二의 진리인 '하나님 나라'(One)

를 체험하기만 하면 '이원성의 번뇌가 사라지고' 일체의 근본 원리를 모두 성취하기 때문에 '이루지 못하는 일이 있을까' 하고 걱정하겠느냐?(마 6:33).

예수는 "만일 나라가 스스로 분쟁하면(divided) 그 나라가 설 수 없다"(막 3:24)고 말씀하셨다.

'나누어질 수 없는'(不可分) 하나(One)의 진리를 '이것이냐 저것이냐'로 서로 나누면 보편적인 진리가 될 수 없다는 것이다. 본성(One)인 진리(道)를 벗어나서 '이것은 선(善)이고, 저것은 악(惡)이다'라고 분별시비하면 번뇌가 끊어지지 않는다. 왜냐하면 선(善) 속에 악(惡)이 엎드려 있고 또한 악(惡) 속에 선(善)이 기대어 있기 때문이다(『도덕경』 58장).

우리는 '선악이라는 관념의 울'(ego)에 갇혀 있기 때문에 번뇌에서 벗어나지 못하고 있다. 모든 것을 있게 하는 '하나(One)의 진리(生命)'까지 꿰뚫어 들어가지 못하고, 모든 것을 神에게 맡기지 못하기에 끊임없는 미망(迷妄)의 바다에서 허우적거리는 것이다. 그러므로 노자는 "사람의 미혹됨이 참으로 오래되었구나"(人之迷也, 『도덕경』 58)라고 하였다.

유대인들은 고향에 돌아온 예수를 보고 "이는 그 목수의 아들이 아니냐?"(마 13:55)라며 배척하였다. 이와 같이 육체(ego)인 눈이 아니라 영적인 '제 3의 눈'(One)을 갖지 않으면 비록 예수가 눈앞에 있다고 할지라도 그를 볼 수가 없다. 따라서 예수는 전체로서 하나인 진리(천국)를 "보지 못하는 자들을 보게 하기 위하여 이 세상에 오셨다"(요 9:39).

예수는 神으로부터 분리된 인간을 다시 神과 合一시키기 위해서 이 세상에 왔다. 근원에서 떨어져 나온 것이 분리라면 근원으로 돌아가는 것은 合一이다. 그러므로 예수는 "나는 아래에 있는 것을 위에 있는 것처럼 만들고, 바깥에 있는 것을 안에 있는 것처럼 만들기 위해 왔다. 나는 이곳에서 그것들을 합체하기 위해 왔다"(빌립복음 67)고 말씀하셨다.

바울은 "하나님은 ⋯ 그의 아들을 나에게 나타내 보이시고(to reveal his Son to me) ⋯ '(갈 1:16)라고 고백하였다.

바울은 그리스도가 자아(ego)를 넘어선 진리(One)인 참된 자아(true Self)임을 "그리스도가 부활하셔셔 나에게 나타나셨다"(고전 15:8)고 표현하고 있다. 따라서 時空의 세계를 초월하는 하나(One)인 '그리스도의 우주적 진리'(true Self)는 기독교인의 독점적 신앙이 될 수 없다. 그는 "나에게 사는 것은 그리스도(true Self)이다"(빌 1:21)라고 하여 자신의 모든 삶의 활동이 영(靈)인 그리스도의 힘(생명, One)으로 이루어짐을 자각하였다. 이러한 깨달음은 하나님(One)에게 모든 것을 맡기고 무조건 순복(順服)하는 헌신의 자세이다.

하나(一)가 곧 일체(一切)인 하나(One)의 생명을 깨치고 나면 일체의 근본 원리를 모두 성취하여 버린다. 영적 체험으로 '거듭난 자'에게는 不二의 진리인 '내 안에 계신 그리스도'가 인식되지만, 그러나 '거듭나지 않은 자'(ego)의 내면에는 이러한 '하나(One)의 의식'(空)이 일어나지 않는다. 이러한 空의 세계(One)란 시방세계의 국토 중에 오직 일승법(一乘法)만이 있으며, 바로 사바세계 즉 극락세계이다(눅 17:21, 『법화경』). 심리학자인 융(Jung)은 자아중심의 심리에서 '더 큰 자아'(One)로 나아가는 것을 개성화라고 하였다.

엑카르트는 "본성(神性, One)이란 영혼 안의 불꽃으로 창조되지 않은 어떤 신적 힘이며, 하나님 자신이다."라고 하였다. 성자(聖者)인 마하라지는 "누구나 자기 자신을 위해 하나의 세계를 창조하여 그 안에 살면서, 자신의 無知에 의해 감금되고, 우리의 목표는 본성을 위하여 마음의 감옥을 부인하는 것이다."라고 하였다. 또한 공자는 本性이 "감추어져 비록 보이지는 않지만 또한 대단히 환하구나"(『詩經』)라고 하였다. 따라서 현상의 가면(ego)을 제거하고 영원한 本性을 자각하면, 神 외는 어떠한 것도 존재하지 않는다.

예수는 말씀하셨다. "만일 한 집에 사는 두 사람이 평화롭게 지낼 수 있다면 그들은 산더러 '움직여라'고 말한다면, 산이 움직일 것이다"(도마복음 48).

'두 사람이 한 집안에서 평화롭게 지낸다는 것'은 음과 양, 빛과 어둠의 조화와 상보 속에 있음을 상징하며, 이원성의 분별심(죄, ego)이 소멸되면, 비이원성인 '하나(One)의 진리'(得一者, 『도덕경』 39장)의 자리가 된다. 이렇게 대립적인 사유가 제거되면, 어떠한 일도 할 수 있으며, '이원성의 지배에 있는 장애물의 산'(ego)은 행복한 생명(One)으로 변한다.

보고, 듣고, 생각하는 습관으로 형성된 습성(習氣)이 소멸되고 '하나(一)가 곧 모두(一切)'인 내면의 진리(One)가 빛을 발하게 될 때 일체 원리를 모두 성취하여 버린다. 따라서 산과 같이 높은 어떠한 고통도 '진리의 세계'(神性)에서는 치유되지 않을 수 없다. 왜냐하면 고통을 받는 '독립적인 개체'(假我, ego)는 단지 꿈과 안개와 같은 것임을 알기 때문이다.

"너희가 믿음이 있고 의심치 아니하면 … 이 산더러 들려 바다에 던지라 하여도 될 것이요"(마 21:21)의 구절은 믿음의 무한한 능력으로 해석되고 있다. 그러나 예수는 믿음을 넘어서 고통을 일으키는 '개별적인 존재'(ego)에서 '전체적인 존재 그 자체의 의식'(One) 즉 '개체적 자아'(ego)가 사라지는 不二의 '영적인 차원'(One, 마 13:13)을 말씀하고 있다.

예수가 말씀하셨다. "그의 손 안에 어떤 것을 가진 자는 더 받을 것이며, 가지지 않은 자는 그가 가진 작은 것까지 **빼앗기리라**"(도마복음 41).

진리(One)를 가진 사람(true Self)은 그의 깨어 있음의 지혜로 더욱 영적으로 부유해지고 반대로 영적으로 가난한 사람은 그의 분별심(ego)으로 더욱 영적결핍에 빠질 것이다. '神性을 깨닫는 자'(true Self)는 지혜롭게 모든 것을 더하는 천국을 누리지만, '깨닫지 못한 자'는 가지고 있는 것마저 잃고 '고통스러운 삶'[171]이 된다. 여기서 '깨닫는 자'란 이원적 사유(ego)가 사라지고, 평안과 행복의 '마음의 눈(靈眼, One)이 열린 자'(true Self)이다.

바울이 "내게 능력 주시는 자 안에서 내가 모든 것을 할 수 있느니라"(빌 4:13)고 한 고백은 그리스도의 능력(無爲)으로 모든 것을 할 수 있다는 것이다(無爲而無不爲). 즉 '이원론적인 집착과 상대적인 것'(ego, 有爲)을 배제하는 것이 애쓰지 않고도 저절로 이루어지는 일원성인 절대의 삶(One, 無爲)이다. 따라서 노자는 본질적인 인간의 속성인 無爲(Emptine ss)에 대하여 "자연 이치에 순응하면 되지 않는 일이 없다"(『도덕경』 37장)고 하였다.

신심불이 불이심신
信心不二 不二心信

"믿는 마음은 둘이 아니고, 둘 아님이 믿는 마음이다."

—

   둘 아닌 믿음(信心)이란 생각을 일으키는 마음과 그 대상이 둘이 아니라는 사실을 깨달은 세계이며, 우리가 지금 보는 것이 허망함(ego)을 알고 '마음의 눈'(佛眼)을 뜨는 것이다. 'ego인 내가 없음'(無我)을 깨달아 가리고 있는 번뇌와 망심의 막(veil)을 걷어낸 후 '존재 자체인 부처와 하나'(One)가 되는 경지이다. 신심(信心)은 "부처(神)가 영(靈)으로 나에게 임하여 계신다"(Immanul, 마 28:20)는 것 즉 하나인 우리의 마음(佛性)을 믿는 것이다.

   '둘이 아님'(不二)을 믿는 신심(信心)에 대하여 『화엄경』에서는 "신심(信心)은 道의 근본이요 공덕의 어머니라, 일체의 선한 法을 길러내느니라"고 하였다. 이러한 '中道의 세계'[172]는 '물질이 곧 에너지요, 에너지가 곧 물질이며', '하나가 전체요, 전체가 하나인 경지' 즉 막힘이 없는 '둘 아닌 무애법계(無碍法界)'를 말하는 것이다. 신심(信心)을 증장시키는 방편으로는 "삼보(三寶)를 공양하고 예배하며 경탄하고 기뻐하는 것이다"(『대승기신론』).

"예수께서 돌아오시매 무리가 환영하니 이는 다 기다렸음이러라 이에 회당장인 야이로라 하는 사람이 와서 예수의 발 아래에 엎드려 자기 집에 오시기를 간구하니 이는 자기에게 열두 살 된 외딸이 있어 죽어감이러라 … 예수께서 아이의 손을 잡고 불러 이르시되 아이야 일어나라 하시니 그 영이 돌아와 아이가 곧 일어나거늘 예수께서 먹을 것을 주라 명하시니 그 부모가 놀라는지라 … 이 일을 아무에게도 말하지 말라 하시니라"(눅 8:40-56).

예수는 열두 살인 외동딸의 죽음을 알고 비참하게 된 야이로에게 "두려워하지 말고 믿기만 하라 그리하면 딸이 구원을 얻으리라"고 말씀하셨다. 여기서 믿음(信心)이란 하나(One)인 진리의 선함, 사랑, 지혜의 힘을 절대로 믿는 것이다. 야이로의 딸은 자기 아버지와의 의존 관계와 왜곡된 ego의 이원론적인 사랑의 집착에서 벗어나자 스스로 자립하는 소녀로서 '하나 됨'(One)을 이루어 새롭게 영(靈)의 몸(true Self)으로 부활하였다(고전 15:44). 이와 같이 마음의 눈만 뜨면 지금 여기 일체가 완전하여 찬미(축제)밖에 할 것이 없다.

믿음은 역사적 예수의 삶 · 죽음 · 부활이라는 말과 개념의 분별세계에 있지 않고, 時空을 초월한 무분별심(One)인 '우주적 예수'(true Self)에 있다. 예수를 따름은 모든 일체를 '전체의 삶'(One)에 맡기고, 無爲로서 무엇이든 이끄는 대로 순종하며 따르는 것이다. "우리와 항상 함께하는"(마 28:20) '부활한 그리스도'[173](true Self)는 時空 안의 역사적 예수와 구분이 된다. 구원은 예수의 보혈로가 아니라 내면의 神性을 찾으므로 상대적 집착(ego)을 넘어 "새 하늘과 새 땅"(계 21:1)의 둘이 아닌 경지(One)를 체험하는 것이다(마 16:25).

믿음은 복을 받기 위한 천상의 神에 대한 것이 아니라, '나와 너, 나와 하나님'과 둘이 아니라는 '하나(One)의 진리'(靈)를 회복하고자 하는 의지이다(요 17:21). 또한 '나와 너, 주와 객'이 사라짐으로 서로 하나(One)되어 내가 본래 神이고(요 10:34), '내가 이미 부처'(我是已成佛)임을 자각하는 본래의 자리로 돌아가는 것이다. 빌립복음에서는 "믿음은 우리의 토양이며, 거기에 뿌리를 내리고, 깨침의 빛으로 인하여 익게 된다"고 하였다. 믿음의 생활이란 진리(One)에 대한 믿음과 이해 그리고 ego를 제거하여 거듭나는 것이다(信解行證).

우리는 집착을 벗어나 神의 자녀로서 "이미 구원을 받았다는 자각"과 자기 삶의 모든 권한을 하나님에게 완전히 맡기는 삶을 누려야 한다(헌신). 이러한 구원은 "믿음을 넘어" 지금 여기서(고후 6:2) 거짓 생명에서 벗어나 하나(One)의 "참 생명"(본질)으로 새롭게 거듭나는 영생의 삶인 환희의 경지이며(마 16:25), 생명의 성령의 법(One)이 사망의 법(ego)에서 우리를 해방시키는 최고의 가치인 행복한 삶이다(롬 8:2). 그러므로 예수는 "춤을 추는 이는 누구나 전체에 속한다"(요한행전)고 하여 제자들에게 우주적 춤을 함께 출 것을 명하였다.

예수는 "하나님이 세상을 이처럼 사랑하사 독생자를 주셨으니 이는 그를 믿는 자마다 멸망하지 않고 영생을 얻게 하려 하심이라"(요 3:16)고 하셨다.

독생자(호 모노게네스)는 나사렛 예수만이 아니라, '하나님의 씨'(神性, 요일 3:9)를 자각한 자이며(롬 8:15), '주셨으니'로 번역한 '디도미'는 원래 내 마음 밭에 묻혀 있는 것이다. 또한 '믿는 자마다'는 믿어서 저 안으로 들어온

자를 의미한다. 따라서 하나님이 속사람을 사랑하셔서 예수인 독생자(神性)을 주셨으니 누구든지 믿어서 하나(One)되면 멸망치 않게 된다는 것이다. '하나의 진리'가 되는 구원[174]은 자신의 어둠(ego)을 '스스로' 정복하는 것이며, 믿음은 욕망(ego)이 아닌 '주객을 초월한 자리'(One)에서 이루어진다. 따라서 독생자의 잘못된 해석이 독선적이고 배타적인 맹신의 문제를 만드는 원인이 되었다.

하나님, 예수, 천국 그리고 지옥 등 언제나 외부의 대상을 향하는 맹목적 신앙의 無知(ego)를 제거하면, 내면의 神性(true Self)이 드러나며, 또한 이미 자신이 神性과 하나(One) 되었다는 사실을 깨닫게 된다. 이러한 하나의 진리는 "죄가 더한 곳에 은혜가 더욱 넘친다"(롬 5:20)와 같이 죄와 은혜, 하나님과 우리의 영(靈)은 본질상 둘이 아닌 하나(One)이다. 그러므로 그리스의 교부인 아타나시우스는 "하나님께서 사람이 되심은 사람이 하나님으로 되기 위함이다"(神化)라고 하였고, 불교의 믿음도 "인간이 부처(One)라는 사실에 분명한 태도나 마음을 정하여, 수행을 하면 부처가 됨을 믿는 것이다"(『대승기신론소별기』).

죄는 고정된 실체가 아니라, "귀가 있어도 듣지 못하는"(마 11:15) '이원론의 망상'(ego)으로 '不二의 진리'(true Self)를 깨닫지 못하는 無知의 어둠이라 할 수 있다. 따라서 구원은 구약에서와 같이 저 멀리 계시는 하나님이 각 사람의 행동에 따라서 상벌(賞罰)을 내린다고 하는 주객, 선악의 이원적인 無知로부터 자유함(One)이다. 그러므로 우리 민족의 경전으로 삼신일체(三神一體) 神의 가르침인 삼일신고(三一神誥)에서는 인간의 本性에 대하여 다음과 같이 표현하고 있다. '자신의 불변의 本性을 각성하고(영적인 각성) 닦아야 할 공덕을 완수한(영혼의 성화) 사람만이 하늘나라에 올라가 영원한 행복을 누릴 수 있다.'

그들이 예수께 말했다. "우리가 당신을 믿을 수 있도록 우리에게 당신이 누구신지 말해주시오." 그분께서 그들에게 이르시되, "너희는 하늘과 땅의 형세는 분별하지만, '그대들의 앞에 있는 사람'이 누구인지를 알지 못하고 있다. 그리고 그대들은 지금 이 순간이 어떤 때인지 구별하지 못하는구나"(도마복음 91).

제자들은 대상적인 '믿음을 넘어'[175] 내적 변화를 통해 時空을 초월한 영(靈)의 생명(神性)을 깨닫지 못하였다. 예수는 '그대들의 면전에 있는 자'는 어둠의 ego가 사라진 神性의 그리스도(One)라고 그들에게 말씀하신다. 따라서 육체(ego)에 집착하면 '하나(One)인 그리스도의 참모습'(諸法實相)을 볼 수 없기에 그분은 '각자의 내면'으로 인도하신다. 예수는 우리들에게 하나님에 대한 믿음을 넘어 '不二의 믿음'(깨달음)으로 지금 이 순간에 불생불멸의 생명(神性)과 하나(One) 되어 천국(神)을 이루라고 말씀하고 있다(요 11:25).

'예수가 이 세상에 오신 목적'[176]은 그가 神의 아들이듯이 모든 사람도 神의 아들임을 깨우치는 '진리(靈)인 천국'(One)에 대하여 증언하려 함이다(요 18:37). 부처도 사바세계에 나오신 뜻은 중생들이 자기성품을 깨달아 부처(神)임을 자각함으로 하나 되기 위함이다. 따라서 믿음(信心)은 'ego인 내(假我)가 없음'을 깨달아 '참된 나'(眞我)인 내면의 神性을 회복하고, 본래의 실상인 생명(One)을 이 세상에 실현하는 것이다. 이러한 不二의 믿음을 사도바울은 "믿음은 들음 즉 받아들임에서 난다"(롬 10:17)고 하였다.

구원(解脫)이란 'ego의 목숨'(집착)을 소멸하고, 본성인 '성령의 삶'(神性)을 회복하는 것이다(눅 9:24). 이러한 참다운 성품의 발견은 무엇보다도 '내가 누구인가?'를 아는 것 즉 '나의 생명'(true Self)은 神이라는 자각의 기쁨으로 시작된다. 예수(부처)는 "허상을 보는 자"(죄인, 요 9:41)들이 영안(靈眼, 佛

眼)이 열려 온전한 실상(實相)을 바로 볼 수 있게 하기 위하여 이 세상에 오셨다(見性成佛, 요 9:39). 장자도 '영적인 삶'(true Self)을 위해서 편견에 사로잡힌 '육적인 삶'(집착, ego)을 버리라고 강조한다(吾喪我).

74

언어도단 비거래금

言語道斷 非去來今

"언어의 길이 끊어지니, 과거도 미래도 현재도 아니로다."

—

　믿음은 둘 아니요 둘 아님이 믿는 마음이며, 둘 아님의 마음자리에 들어갔다면 언어의 길이 끊어지고 시간도 초월한다는 것이다. 즉 말의 한계를 넘어서는 자리이기 때문에 '언어의 길이 끊어진다는 것이다'(言語道斷). 不二의 진리에서는 분별이 없어지고, 생각과 시간에서 해방되는 것이며, "너가 내 안에 내가 너 안에 있는 하나(One)의 자리"(요 14:20)이다.

　언어의 길이 끊어진 곳에는 시간도 없고, 공간도 없고, 나도 없고, 너도 없다. 인간이 '언어와 생각에 의한 분별'(ego)을 버리면 언제나 확 트인 허공처럼 막힘도 없고 걸림도 없고 머무는 곳도 없는 것이다. 따라서 지금 여기에는 오직 원융(圓融)한 佛性(神性)만 있을 뿐이므로 언어나 문자에 의존하지 않고 자기 마음속의 영성을 직시하여야 한다(回光返照).

예수는 "내가 그들에게 비유로 말하는 것은 그들이 보아도 보지 못하며 들어도 듣지 못하여 깨닫지 못함이니라"(마 13:13)고 말씀하셨다.

우리가 보는 것은 물체를 벗어나지 못하고 듣는 바는 소리 나는 것에만 한정된 것은 不二의 진리를 깨닫지 못하고 있기 때문이다(顚倒夢想). 그러므로 부처는 모든 소리는 진리의 소리(眞言)이며, 중생이 겁을 다하여 이 세상이 불타는 것으로 보일 때도, 나의 정토(淨土)는 평안함으로 깨어나라(覺)고 하였다(『법화경』). '마음의 탐욕과 어리석은 이원성'(ego)을 제거하고 청결한 마음으로 '거듭난 자'만이 진리 안에서 백배의 결실을 한다(마 13:8).

진리(One)대로 행하는 자기실현(得道)을 통하여 '실상을 본 자'(true Self)는 종(servant)이 아니라 영원한 "빛의 존재"(마 5:14)인 "친구 즉 그리스도가 된 것"(One, 요 15:14-15)이다. 이러한 언어의 한계를 넘어선 언어도단(言語道斷)의 진리[177](神, One)는 "이것저것들을 마음속으로 생각하는"(ego, 막 2:6) 율법의 전문가나 교사들은 깨닫지 못하지만, 침묵과 無心으로 모든 것을 받아들이는 '갓난아이와 같은 자'(true Self)들은 깨닫는다.

예수는 말씀하셨다. "이 말씀의 의미를 발견하는 자는 결코 죽음을 맛보지 아니하리라"(도마복음 1).

누구든지 말씀(진리)인 불생불멸의 神性(道)을 '발견하는 자 즉 깨달은 자'(One)는 삶과 죽음의 이원성(ego)을 초월함으로 영원히 죽지 않는 구원을 이룬다(요 11:26). 탄생과 죽음은 자기를 육체와 동일시하기 때문에 생기는 환영(幻影)[178]이다. 만일 육체와 자기를 동일시하지 않는다면, 영원히 '태어나지 않는 것'을 발견한 영생의 경지가 된다. 즉 '참된 나'(arche, 요

15:27)인 본래 성품은 태어나거나 죽는 것이 아닌 영원한 존재라는 것이다.

"깨달은 자"(true Self, 마 13:13)는 언어의 길이 끊어져 말이나 문자로 설명할 수 없는 영원한 진리를 발견한 時空을 초월한 자이다. 이렇게 거듭난 자는 '죄로 말미암은 죽음'인 원죄(原罪)로 부터의 속죄신앙을 포함한 모든 것에서 자유하며, '육체와 정신'의 이원성(ego)을 정복하였기에 최후의 적인 죽음을 "이긴 자"(계 3:12)[179]가 된다. 그는 모든 것을 자연(One)에 맡기며(無爲), '있는 그대로' 받아들여 항상 낙관적인 행복한 삶을 즐긴다.

예수는 "나를 믿는 자는 내가 하는 일을 그도 할 것이요 또한 그보다 큰일도 하리니"(요 14:12)라고 말씀하셨다. 따라서 육체적인 탄생의 인간은 '둘로 태어난 자'(ego)이지만 영적인 탄생의 인간은 神의 자식들로서 '홀로 태어난 자'(true Self)이므로 예수만이 "홀로 태어난 자"(獨生子, 요 1:14)가 아니다. 탄허 스님는 범부도 수행을 통해서 時空이 끊어진 마음의 근본 자리(One)를 자각하면 꿈을 깬 각자(覺者)인 부처와 예수와 같이 된다고 한다.

『화엄경』은 믿음에 대하여 "신심(信心)은 道의 근본이요 공덕의 어머니라, 일체의 선한 法(One)을 길러내느니라"고 하였다. 이러한 '中道의 진리'(One)[180]는 물질이 곧 에너지요, 에너지가 곧 물질이며, '하나가 전체요, 전체가 하나'(一多)인 경지 즉, 막힘이 없는 둘 아닌 무애법계(無礙法界)의 자리를 말한다. 믿음을 증장시키는 방편으로 불가(佛家)는 "삼보(佛·法·僧)를 공양하고 예배하며 경탄하고 기뻐하는 것이다."(『대승기신론』)라고 말한다.

예수는 말씀하셨다. "너희는 여러 번 내가 말하는 이 말을 듣고 싶었다. 그러나 다른 누구에게서도 이런 말을 들어 볼 수 없었다. 너희가 나를 찾아도 나를 발견하지 못할 날이 올 것이다"(도마복음 38).

　지금도 예수(One) 외에 진리를 들을 수 없으며, 진리를 찾기 위하여 자신의 내면을 돌아보아야 한다. 예수를 발견하지 못할 날은 예수와 하나가 되는 지금이다(佛佛不相見, 고후 6:2). 천국을 보는 내면의 눈이 열려서 '물과 성령으로 거듭난 자'는 '언어의 길이 끊어진'(言語道斷) "우주적인 그리스도"(요 8:58)를 보고, 들을 수 있기에 福된 것이다.
　바울은 그리스도(神)를 '만물을 움직이는 힘'(energy)으로 묘사한다(골 1:16, 29). 그러므로 신비주의자인 질레지우스(Angelus Silesius)는 "예수가 오늘날 내 안에 태어나지 않는다면, 오래전에 베들레헴에서 태어난 것이 무슨 소용이 있느냐? 나의 마음이 오늘 예수를 받아들이도록 열리지 않는다면, 내일 오시는 것이 무슨 소용이 있느냐"고 묻고 있다.
　재림(再臨)은 미래에 예수의 육체가 다시 우리에게 나타나는 것이 아니라, 존재의 본질인 神性(佛性)을 자각하는 개인의 거듭남이며, 스스로 생명의 실상을 가리는 허상(ego)이 사라지면 '내면의 그리스도'(true Self)가 회복되는 것이다. 왜냐하면 예수는 "時空을 초월한 우주적이며 보편적인 神"(요 14:9)이므로 '가거나 오는 것이 없기 때문이다'(不去不來).

미주(尾註)

1) 中道(One)사상은 있음(有)도 아니고 없음(無)도 아닌 비유비무(非有非無)이며, 그리고 거기에서 다시 있음(有)과 없음(無)이 살아나는 것이다(亦有亦無). 곧 3차원의 상대적인 有와 無는 완전히 없어지고 4차원에서 있는 것이 없는 것이고, 없는 것이 곧 있는 것이니(有即是無, 無即是有), 물질이라는 것은 결국은 본질적으로는 다 비어 있다는 것에 귀일(歸一)한다. 마찬가지로 아인슈타인은 "광양자(光量子)의 자리에 가서는 질량이 없다." 즉 물질인가 물질이 아닌가를 알 수 없다는 것을 밝혔다. 따라서 성철 스님은 "中道인 진리"(One)의 자리를 "보이는 만물은 관음(觀音)이요, 들리는 소리는 묘음(妙音)이다." 라고 하였다.

2) "이것이 있으면 저것이 있고, 이것이 없으면 저것이 없다"(『中阿含』)는 인과(因果)의 이치인 연기법(緣起法: 상호의존의 원리)은 성경의 "그 열매로 나무를 아느니라"(마 12:33, 갈 6:7)와 "만물은 서로 안에, 서로 더불어 존재한다"(빌립보서)는 것과 같이 관계성은 있지만 고유한 실체는 없다는 것이다. 이러한 진리를 과정신학(過程神學)은 "현실 세계는 생성 가운데 존립한다"(達曰反, 『道德經』 25장)고 설명한다. 아인슈타인은 우주는 끊임없이 변화하는 생성의 과정 가운데 있으며, "현대과학의 요구에 부합하는 종교가 있다면, 그것은 곧 불교가 될 것이다."라고 하였다. 양자역학도 "관찰 대상과 관찰자는 분리할 수 없는 관계를 맺고 있다"고 증명한다.

3) 이원론적 세계관인 기독교는 비이원론적인 '현대 물리학과 동일하게 주장하는 동양의 사상'에 의하여 심각한 자기정체성의 위기에 직면에 있다. 양자역학의 탄생에 크게 기여한 하이젠베르크는 "주체와 객체, 神과 인간, 육체와 영혼으로 나누는 것은 더 이상 적절하지 않다"고 하였고, 아인슈타인은 "물질과 공간은 단일한 전체의 분리될 수 없는 상호 의존적인 면이다."라고 증명하였다. 따라서 성경은 현대물리학과 음양의 조화를 강조하는 일원론적인 동양사상 즉 "일체 존재의 모두가 神性(佛性) 뿐이다"(마 12:32)고 하는 "하나(One)인 진리(生命)"의 새로운 세계관(色心不二)에 의하여 재해석되지 않으면 안 될 시점에 이르렀다.

4) 현재 뉴욕 유니온 신학대학원의 석좌교수인 폴 니터는 그의 책『붓다 없이 나는 그리스도인일 수 없다』에서 불교를 통하여 성경을 잘 이해하여 신앙을 풍성하게 하는 것에 대하여 설명하고 있다. 드루신학대 석좌교수인 스위드도 성경 연구를 나누고 쪼개는 서구식이 아니라 상반된 요소를 통합적으로 접근하는 동양식이 중요하다고 강조하였고, 과정신학자인 캅은 기독교뿐 아니라 타종교나 타문화에도 한 영(靈)인 '로고스(Logos: 道)'는 '창조적인 변혁의 힘(energy, 골 1:19)'으로 활동하고 있기에 종교 간의 대화가 있어야 한다는 것이다. 따라서 기독교는 이원성의 독단적인 교리를 벗어나 '하나(One)의 진리'로 '성숙한 종교로 변화되는 길'이 요청된다.

5) 하나(One)인 道는 우주란 물리적 대상들의 집합으로서가 아니라 '통일된 하나(One)'의 여러 가지 부분들 사이에 있는 복잡한 관계의 망(網)으로서 설명된다(포도나무와 가지, 요 15장). '모든 사물과 사건들이 상호 연결되어 있는 불가분(不可分)의 우주(道: One)는 끊임없이 운동과 활동 즉 에너지의 지속적

이고 조화로운 무도(舞蹈)이고, 모든 것은 본래로 텅 비었지만, 에너지는 바로 '순수 생명'인 神性(佛性)으로 '에너지의 보존법칙'에 따른다는 것이다. 모든 곳에 있는 道(神性)는 존재의 궁극적이고 보편적인 실재로서 '만능의 힘'을 가진 우리의 本性이며, 이것을 공자(孔子)는 조금도 거짓이 없고 '둘로 나누어지지 않는'(精一) 성(誠)이라고 하였다.

6) '궁극적 실재'(One)는 동, 서양의 문화, 지역, 시대, 민족에 따라 '하나님, 부처, 道, 天, 空, 梵, 易, 一者, Brahman, 존재 자체' 등의 상징과 암호로 다양하게 표현되고 있다. '힌두교의 베다서'는 "사람들은 神을 다양한 이름으로 부르지만, 神이 하나(One)라는 것을 지혜로운 자는 잘 안다"고 하며, 『법화경(法華經)』에서는 진리(神)는 상대적인 것을 초월하여 절대적인 하나(One)이므로 "둘인 것도 아니며, 또 셋인 것도 아니다."라고 하였다. 야스퍼스는 만약 누군가가 '궁극적 실재의 암호'들 가운데 어느 하나가 '존재 자체'(One)를 드러낸다고 주장한다면, 그는 다른 암호들을 배제하는 배타주의에 빠진다고 경고한다.

7) 하나(One)의 진리는 많은 철학자(신학자)들이 주장하였다. 피타고라스는 "만물의 근원(One)은 수(數)"라고, 파르메니데스는 "진리의 실체는 유일부동(唯一不動), 불생불멸(不生不滅)이다."라고 하였다. 9세기의 신학자인 에리우게나는 "神과 피조물을 별개로 생각해서는 안 되며 동일한 것으로 보아야 한다"고 하며, 영지주의(Gnosticism)와 신플라톤주의의 영향을 받은 엑카르트는 하느님이 전부이고 피조물은 無이므로 하나님과의 합일(合一)을 강조하였다. 스피노자는 "神이 자연이고 神이 자연을 만든 것이 아니다."라고 하였으며, 플로티누스는 "만물은 완전한 일자(一者, 이데아)에서 나오고, 또한 일자(One)로 돌아간다"고 하였다.

8) 하나(One)의 진리(神性)에 대하여 현대 과학자들은 '모든 물질과 공간에 전자기장(電子氣場)의 빛으로 충만해 있다'는 것으로 증명하고 있다. 온 우주에는 "生命의 빛이 그리스도로 충만하고"(요 8:12, 롬 1:20), "佛性의 광명이 두루 해 있으며"(光明遍照), "모든 것은 오직 진리(生命)인 브라흐만(Brahman) 뿐이다." 진리복음에서는 "아버지 자신 외에 존재하는 것이 무엇인가? 만물이 그에게서 나온 것들이다"고 하며(롬 11:36), 만물은 그리스도로 말미암아 지은 바 된 것이다(요 1:3). 여기서 그리스도는 역사적 나사렛 예수가 아니라 모든 것의 바탕이며, 진리(生命)인 神性(energy)이며, 상대적인 것을 초월한 절대적인 하나(One)이다(골 3:11).

9) 神性(佛性, true Self)은 내면의 본래 성품이며, 만물의 본질(One)로서 종교의 언어에 따라 '神, 佛性, 참된 나(眞我), Atman, 道 등'으로 표현되고 있다. 이러한 절대성이며 전체성인 '참된 나'(神性)는 자유롭게 부는 바람과 같이 時空을 초월하여 역사하는 성령이며(요 3:8), 영생하도록 솟아나는 샘물이다(요 4:14). 내면의 변화(회개)인 깨달음을 통하여 자아(ego)를 제거하면 무한한 능력과 공덕인 神性(One)의 형통함이 드러나게 된다(눅 17:21). 우리의 영적 자아(神性)는 나누어 가를 수 없는 眞如(佛性)라고 부르지만, 현상적인 자아는 일시적 모임에 불과하며(『능가경』), 거짓 자아를 영적 자아와 동일시함으로서 고통을 초래하고 있다.

10) 영(靈)과 물질이 본질적으로는 하나(One)이지만 형상적으로는 구별되는 것은(易의 신학), 양자 물리학의 상보성의 원리가 물질이 에너지가 되고, 에너지가 물질로 순환되는 것을 증명하고 있는 것과 같다. 물질은 전자, 양자, 중성자 등 소립자가 끊임없이 진동하고 있으므로 사실상 존재하지 않는 텅 비워 있는 그림자로서 장(場) 에너지의 진동하는 양상에 불과하다. 이렇게 '물질은 그림자와 같은

것이지만(當法空), 조화로운 본질(體)인 神性으로 충만하다(眞空妙有). 따라서 아인슈타인은 "파도와 같은 현상은 필연적으로 착각의 결과를 낳는 듯하지만, 바닷물과 같은 우리의 본질(true Self)은 창조될 수 없고 파괴될 수도 없다"고 하였다.

11) 자유자재(自由自在)한 경지는 時·空이 융합하여 진리세계(理)와 현상세계(事)가 아무 장애가 없는 이사무애(理事無碍)한 세계이다(요 14:20). 이러한 진리(One)의 세계는 수파불이(水波不二)의 이치로 설명되어지며, 바닷물은 본질(理)이고 파도(波)는 현상(事)이기 때문에 둘은 떼어서 생각할 수 없고, 또는 둘이 다르지 않는 하나(One)라는 뜻이다. 하나의 진리로 '있는 그대로'의 모든 것을 기쁜 마음으로 바라볼 뿐이며 그저 내면에는 평화와 감사하는 마음이 충만하다. 이러한 상태를 인도의 힌두어로는 '따따'라고 하며, '모든 것이 있는 그대로가 좋다'는 말이다. 따라서 神性의 진리를 깨달은 자에게 삶은 춤이요, 축제가 아닐 수 없다.

12) "부처와 하나 됨"(One)은 바로 "神과 하나 됨"(One)이며 예수는 다음과 같이 기도하셨다. "아버지여, 아버지께서 내 안에, 내가 아버지 안에 있는 것 같이 그들도 다 하나(One) 되어 우리 안에 있게 하사, 세상으로 아버지께서 나를 보내신 것을 믿게 하옵소서"(요 17:21). 따라서 명상이나 참선(參禪)은 우주의 도리에 따라 영혼을 정화하여 무념(無念)으로 '神(부처)과 하나(One)' 되기 위함이다. 이러한 '하나(One)의 경지'를 체험하는 자는 "내 삶의 이 순간순간이 기쁨으로 떨리고 있네"("바가바드 기따」)라고 고백하지 않을 수 없다. 이와 같음은 그가 우주에 충만한 '생명력(One)'의 강력한 파장에 연결되어 있기 때문이다.

13) 일원론적(一元論的) 사유에 대하여 플라톤(Plato)은 영원한 하나(One)의 진리인 '이데아(idea)'로, 그리스의 파르메니테스(Parmenides)는 '일자(一者)'로 설명한다. 이들의 철학 핵심은 '모든 것이 하나(One)'라는 깨달음이다. 역사적으로 볼 때 동, 서양의 종교 선각자들은 '모든 존재의 하나 됨'(One)과 사랑을 깨달았다. 특히 신학자인 틸리히는 "하나님은 존재 자체 또는 존재의 힘(energy)이며, 예수가 그리스도(One)로 되었다"고 주장하였다. 따라서 우리는 온 우주에 조화로운 실상이며, '하나(One)의 진리'인 神性이 충만하다는 것을 깨닫게 될 때, 허상인 꿈과 같은 '고통과 불행'(ego)에서 벗어날 수가 있는 것이다(롬 8:28).

14) 창조주와 피조물은 영혼의 보이는 부분은 육체이며, 육체의 보이지 않는 부분이 영혼인 것 같이 둘이 아니라 하나(One)이다(「중도가」). 현대 물리학은 주객은 하나(One)의 세계라는 것을 증명하며, 아인슈타인은 地水火風空으로 이루어진 우주를 '하나(One)의 생명'(energy)으로 보고, 이것을 '통일장 원리'라고 하였다(막 12:32). 신학자 폴 틸리히는 동양의 無, 虛 등과 같이 하나님을 인격적인 God 대신에 비인격적인 '존재 자체'라고 하여 둘이 아닌 하나를 주장하였다(갈 3:20). 神의 창조행위는 神 밖에서 일어난 외적 활동이 아니라 내적 활동이므로, 神 밖에는 창조와 종말 등 아무것도 없다. 왜냐하면 현상세계와 본체계가 둘이 아니기 때문이다.

15) '지켜보는 눈'은 당신이 보는 것을 보는 눈인 높은 안목의 영적인 눈(靈眼, 佛眼)이다. 이러한 사물의 실상(One)을 보는 '주시자' 상태에 부단히 머무르는 수행에 의하여 ego의 뿌리를 소멸할 수 있다. 예수가 이 세상에 오신 것은 '보지 못하는 자들은 보게 하고'(요 9:39), 아버지의 이름을 알게 하여(요 17:26) 영안(靈眼)으로 형상이 없는 근원(천국, One)을 보도록 하는 것이며, 노자는 이러한 영안(靈眼)을 "보아도 안 보이는 이(夷)"(『道德經』 14장)로서 표현한다. 『우파니샤드』의 "같은 나무에 평생 서로 떨어

질 수 없이 함께 앉아 있는 두 마리 새"의 설명 중에도 먹지 않고 보고만 있는 '실재를 관조하는 자' (주시자)의 비유가 있다.

16) 깨달음은 거짓 자아(ego)가 완전히 소멸할 때에만 가능하며(마 10:39, 막 8:35), 예수는 "너희가 눈이 있어도 보지 못하며…깨닫지 못하느냐"(막 8:18,21)고 말씀하셨다. 진리의 깨달음(般若智)은 내적 요인과 외적 계기가 함께 갖추어져야 하며, 莊子는 심재좌망(心齋坐忘)이라 하였다. "안 밖의 인연이 두루 갖추어지면 스스로 발휘하는 훈습의 힘과 여러 부처님(예수님)의 자비로운 보호로 고통을 멀리하는 마음을 일으키게 된다. 또한 열반(천국)이 있음을 믿어서, 착한 일(善根)을 닦을 수 있게 되며, 열반의 道를 향하여 나아갈 수 있게 된다. 깨달음을 방해하는 번뇌는 無明 때문에 일어나며 이것은 오직 부처님(하나님)만이 안다"(대승기신론).

17) 사탄(귀신)은 분리시키는 것을 의미하며, 우리의 마음이 만들어 내는 장애이다. 예수가 "사탄(귀신)아 물러가라"(마 4:10)고 말씀하신 것은 고통의 원인인 허망하고 무상한 형상에 집착하는 無明(無知)과 이원적 상반되는 쌍들의 망상인 마음(ego)의 장막을 거두라는 것이다. 상대적인 겉모양만을 보는 이원적인 시각으로는 神과 사탄은 구별되지만, '절대적인 본바탕'(One)을 보는 일원주의 즉 보편적인 진리의 관점으로는 모두가 '차별이 없는 한 맛'(一味平等)인 순수생명(神性)이다. 따라서 중생의 맑고 깨끗한 본마음(One)에 無明사탄(ego)의 바람이 불어 파도가 일어나며, 마음과 無明은 둘 다 형상이 없고 떨어져 있지 않다(대승기신론).

18) 유신론자(有神論者)들은 존재를 항상 神으로 여겨 왔다. 그러나 그들의 눈으로 볼 때 신비주의적인 불교나 대부분의 동양 종교를 '무신론(無神論)'이라고 부르는 이유는 동양 종교가 '현상적 존재'(有)를 부인하고 존재 자체를 '궁극적 실재'(One)로 보기 때문이다. 동양신학과 과정신학에서 주장하는 것과 같이 존재 자체(One)는 生成力과 일치하지만, 존재는 이원론(二元論)적 사유에 빠지기 쉽다. 일원론(一元論)을 주장하는 불교에서는 '달'은 존재 자체이고 달을 지적하는 '손'은 존재(有)이며(指月), 無와 空은 有와 色이 만나는 하나(One)이다. 노자도 "有와 無는 서로 낳는다"(有無相生, 道德經 2장)고 하나(One)의 진리를 설명하고 있다.

19) 우리는 '밧줄을 뱀으로 착각'하여 어둠 속에서 놀라는데, 깨달은 자(One)는 그것이 밧줄임을 알고 놀라지 않으며, 이러한 것을 『반야심경(般若心經)』에서 "뒤바뀐 생각에서 벗어나 열반에 이른다"고 한다. 우리는 말과 개념의 집착 때문에 변하는 허상에 사로잡혀 보지만, 근원인 마음(One)을 깨달은 자는 "진리의 참 실상을 있는 그대로 보는 것이다"(如實知見). 현대과학은 '모든 물체는 원자와 분자들로 구성되어 있고 원자와 분자는 끊임없이 움직이고 있다'(물체의 운동이론)고 한다. 따라서 햇빛이 비치면 어둠이 사라지는 것과 같이 '진리를 깨닫게 되면 자기가 본래 지닌 佛性(光明)을 회복하여'(『유마경』) 어둠인 고통은 사라진다.

20) 마음 병(ego)의 치유자로서 예수와 부처는 인간이 하나(One)인 진리의 사랑으로 마땅히 존재하여야 할 상태에 있지 못하기 때문에 이원성(ego)을 치유한 것이다. 『유마경』의 유마도 진리(One)의 사랑으로 "중생이 아프니 내가 아프다"라고 하였다. 우리는 고통의 원인인 '이원론적인 세속의 수레바퀴'인 '이 세상'(ego, 요 16:8) 즉 本性에 대한 無知인 타락(ego)에서 벗어나, 높은 수준인 '영적인 나'(One)로 해방되어야 한다. 집착(욕망)을 소멸하고 '전체가 하나(One)임을 깨닫는 마음'을 기독교는 '내면의 변화인 회개를 통한 구원'(막 1:15)이라고 부르고, 불교에서는 '모든 인과관계와 모든 갈망의 종식인 해

탈(열반)'이라고 한다.

21) 부활한 예수(One) 즉 '神性(속사람)을 깨달은 자'는 이미 영적인 '영원한 생명'(히 13:8)이므로 '태어나지도 않고 없어지지도 않고 항상 그대로 변함이 없다'(不生不滅). 예수는 "너희가 이 성전을 헐라 내가 사흘 동안에 일으키리라"(요 2:19)고 말씀하셨다. 이 구절은 예수가 죽으셨다가 사흘 만에 부활하실 것을 의미하는 것이 아니다. 성전(사르크스)은 겉사람, 사흘(삼 헤메라)은 하나님의 빛을 의미함으로 겉사람을 소멸하고 새로운 생명인 속사람을 일으킨다는 것이다. 따라서 예수가 사흘 만에 부활한 것은 육체의 '나'(ego)가 소멸되고, 본래의 속사람이 회복되어 영원한 부활의 빛(천국의 첫 열매)이 되었음을 의미한다.

22) 부활(깨달음)은 '유한한 몸이 다시 사는 것'(문자주의)이 아니라 '영적인 의미'(깨달음)이다. 진리인 예수에게는 시공간의 한계를 가진 육체의 태어남과 죽음이 없으며(不生不滅 요 8:58), 부처도 "나는 태어남과 죽음이 없다"(열반경)고 하였으므로 몸의 부활은 환상(幻像)이다. 그러나 예수의 십자가 위에서의 죽음과 『법화경』의 역사적인 부처의 멸도(滅度)는 모두 민중의 교화와 지도를 위한 것이라는 점에서 같은 뿌리이다. 바울이 부활한 그리스도와 그리스도의 영(靈)을 거의 동의어로 사용한 이유는 부활이 영적인 의미라는 것이며(골 1:27, 3:11), 예수의 힘과 능력(골 1:29)을 계속하여 느낄 수 있었던 것은 영적으로 통하였기 때문이다.

23) 不二의 진리(One)에 의하여 창조주와 피조물, 神과 인간, 마음(靈)과 물질 등의 이원적 분별은 모두 유기적 관계의 하나 속으로 사라진다. 현대과학은 물질을 형성하는 원자는 텅 빈 공간으로 구성되어 있으며, 모든 것은 에너지의 상호변화로서 근원은 하나라고 한다(心物一元, 퇴계). 진리인 '근본 성품(神性)은 우주에 편재하는 영(靈)으로 예수의 마음과 우리의 마음이 동일하며(요 15:27), '부처의 마음은 중생의 마음과 아무 차별이 없는 하나(One)이다'(화엄경). 미즈마로 교수는 "절대자로서의 神이 상대자인 인간과 상대적인 관계를 맺는다면, 그 神은 절대자 이름을 가진 상대자에 불과한 것이 될 수밖에 없다"고 하였다.

24) 창조신학을 반대한 샤르댕 신부는 신학과 과학을 통합하여 神은 '내적인 근원(우주 energy)'이라고 하였다. 즉 神은 세계를 초월하는 존재가 아니고, 세계 속에서 생명의 진화 과정을 추진함으로써 세계의 완성을 이루며, 또한 예수는 서구 신학의 유한한 역사적 그리스도가 아니라 무한한 우주적 그리스도(Cosmic Christ)라는 것이다. 그가 우주를 '하나(One)의 유기적 통일체'(고전 12:27)로 본다는 점에서 장자(莊子)와 통한다. 그의 종교 다원주의적이며, 범신론(汎神論)적인 사상은 예수의 재림과 최후의 심판에 의하여 역사가 완성된다는 기독교의 전통적 이원성의 구원사관을 극복하여, '그리스도의 진리'가 과학적 지식과 통하게 하였다.

25) 독생자는 예수만이 아니라, 우리 모두가 본래 하나님과 하나(One)된 독생자이다(요 14:20, 17:11,21). 전체인 진리(One)를 가리고 있는 이원성인 겉사람(ego)을 제거한 독생자(神性)는 "좋은 씨인 진리를 깨달은 자"(마 13:38)이며, 새 술에 취한 자(행 2:13)로서 계속하여 출현하고 있다. 즉 예수의 "하늘(내면)에 계신 '우리' 아버지여"(마 6:9)와 "내 입으로부터 마시는 자는 나와 같이 될 것이다"(도마복음 108)와 같이 우리의 본성도 하나님의 독생자이다. 따라서 인간의 겉사람(虛相, ego)을 벗어나 하나님과 하나(One)가 되어 진리의 속사람(實相, true Self)을 자각한 자는 하나님의 독생자이며, 나를 영생의 삶으로 구제해줄 구세주이다.

26) "죽은 자들이 그들의 죽은 자들을 장사하게 하고 너는 나를 따르라"(마 8:22)는 예수의 말씀은 진리 (神性, One)를 자각한 사람은 죽음의 실체를 꿰뚫어보기 때문에 허상(ego)의 죽음은 더 이상 그들의 문제가 아니지만, 그렇지 않는 자는 '죽은 자'라는 것이다. 그러므로 죽음은 안개와 같은 허상이 존재한다고 믿는 자에게만 두렵게 하고 죽일 수 있다. 죽음이란 꿈과 같은 육체에 속한 미몽의 마음 (ego)에 한정된 것이며, 내면의 神性(One)을 깨달은 자에게 죽음은 존재하지 않는다. 현대물리학적으로 본다면 육체란 물질이 아닌 허무한 에너지의 현상이다. 따라서 영원한 진리의 깨달음이란 태어남과 죽음이 없다는 것을 자각하는 것이다.

27) 부활(아나스타시스)이란 몸의 부활이 아니라 깨어남(거듭남, One)을 의미한다. "사망이 한 사람(안드로푸)으로 말미암았으니 죽은 자의 부활도 한 사람으로 말미암는도다"(고전 15:21)는 구절의 의미는 ego의 사망을 확실하게 아는 자만이 부활(神性의 깨어남)이 일어날 수 있다는 것이다. 또한 예수의 '나는 부활이요'(요 11:25)에서 '나'는 '본래의 실상을 드러내는 깨달은 자'(true Self)라는 것이며, 누구든지 지금 여기서 겉사람(ego)이 죽으면 속사람(true Self)으로 부활(깨어남)한다. 따라서 예수가 육(肉)으로 부활하였다는 것은 시공간에 매이지 않으며, 언제 어디에나 계시는 예수(神性)에게는 아무런 의미가 없다 (요 1:1, 8:58).

28) 현재 과학적인 정설로 인정받고 있는 빅뱅 이론에 따르면 세계는 무한히 작은 에너지 점이 급격히 폭발(빅뱅)하면서 생겨난 것이며, 에너지(神) 즉 無에서 물질(有)이 창조될 수 있다는 사실이 밝혀졌다. 현대물리학에서 우주의 장(場) 에너지가 그 진동 여하에 따라서 양자, 중성자, 전자 등의 소립자 (素粒子)가 이루어지고 소립자 등의 결합 여하에 따라서 수소, 산소, 등 각 원소가 이루어져 물질계가 구성된다고 한다. 따라서 만물은 주(One)에게서 나온 것이므로 "하나님은 이 세상의 창조주가 아니라 창조성이며"(過程神學, 롬 11:26), 아이슈타인의 주장(光子의 자리: 空)과 같이 중생의 공업력(共業力)으로 우주가 구성되는 것이다(起世經).

29) 환희용약(歡喜踊躍)의 체험은 육체와 마음을 '나'라고 하는 이원성의 번뇌로 '앞뒤가 뒤바뀐 꿈같은 생각'(顚倒夢想)을 소멸한 영적인 '하나(One)의 神性(佛性)' 안에서 일어나는 희열의 경지이다. 요가의 성취도 '지켜보는 자'(靈眼)의 상태 안에 머무는 것이며, 평화로부터 오는 기쁨이다. 이러한 참 기쁨과 행복으로 인도하는 구원(해탈)은 고통(불행)을 일으키는 분별이나 집착을 버리고 모든 사물의 순리적인 본래 성품(One)을 '바로 봄'(正見)으로써 이루어진다. 이러한 '바로 봄'(正見)의 중요성에 대하여 소크라테스는 "나는 내(ego)가 모른다는 것을 안다"고 하였다. 즉 無知하다는 것을 주시하고 있는 영적 자아(One)만이 있다는 것이다.

30) 세상 끝이란 절대적인 끝이 아니라 옛것의 끝을 의미하며 재생의 능력을 통한 새로운 세상의 시작이란 의미이다. 예수의 "마지막 날"(요 6:39)은 시간의 종말이 아니라, 거듭나는 것을 의미한다. 중생에게는 시작과 미래의 끝이 없으며(대승기신론), 심판(크리노)은 대상의 하나님에 의하여 우주의 종말에 있는 것이 아니라, "무엇으로 심든지 그대로 거두는 것"(갈 6:7)이다. 예수가 "내가 한 그 말이 마지막 날에 그를 심판하리라"(요 12:48)고 한 말씀의 의미는 사람은 우주의 진리에 의하여 심판되는 것이며, 심판하는 것은 인과율(因果律)이라는 것이다. 즉 자기가 저지른 일의 과보를 자기가 받는 것은 神의 법칙이다(시 73:1-20).

31) 구원실성(久遠實成)인 영원한 생명(神性)은 예수와 부처에게만 적용되는 것이 아니라 우리도 영적, 본

질적(One)으로 태어나고 죽는 일도 없는 神性(佛性)이다. 몸과 마음은 생멸하는 地, 水, 火, 風의 四大와 느낌(受) 인식(想), 의지(行), 의식(識)으로 이루어진 텅 빈 허상이지만(諸法空), 참 생명(true Self)은 죄와 병이 없고 '영원히 파괴할 수 없는'(金剛不壞) 실상(요 8:58)이다. 예수와 부처는 '깨달은 사람(覺者)'을 지칭하는 보통(일반)명사이고, 다른 것과 구별하여 부르는 고유명사가 아니다. 빌립은 "예수는 숨겨진 이름이요, 그리스도는 드러난 이름인 '깨달은 자'(One)를 의미하는 보통명사이다"(빌립복음 18)고 하였다.

32) 종교 간의 대화는 서구 이원론적인 헬라문화에 영향을 받은 기독교의 교리가 동양의 종교와 같이 하나(One)의 진리를 교리로 하는 새로운 영적인 종교로 변화될 수 있게 한다. 이때 둘이 아닌 '한 (One) 분'(마 23:9-10)이신 하나님과 예수가 주객이 나누어지는 인격적 존재자만으로 이해되는 것은 더 이상 불가능하다. 양자역학은 세상이 둘로 나타나 보일 뿐이지 본질은 둘이 아닌 하나(One)라는 사실을 증명하고 있다. 영화감독인 대해(大海) 스님은 기독교와 불교가 하나(One)의 진리를 공통적인 구원관으로 삼고 있으므로 서로의 본질을 찾아가는 징검다리를 놓고 싶었기 때문에 산상수훈(山上垂訓)의 영화를 만들었다고 하였다.

33) 일음일양지위도(一陰一陽之謂道)인 '음(陰)과 양(陽)의 순환 운동'(道)은 음양도(陰陽道), 태극도형, 한의학과 같이 상승(창조)과 하강(파괴) 그리고 인간이 태어나고 바로 그날부터 죽기 시작하는 원리 즉 음과 양으로 모든 것이 서로 이어가고 있다는 것이다. 이러한 생사(生死)의 굴레를 초월하여 어둠(밤)과 빛(낮), 神과 악마를 한 에너지(氣)의 양면으로 여기는 神性을 깨달은 자는 죽음을 즐기고, 춤을 추며 노래한다. 즉 참된 죽음이란 육신의 허상에서 생멸(生滅)과 '가고 옴'(去來)이 없는 절대적 실상(神)으로 변하는 것이다. 따라서 과정신학에 막대한 영향을 준 화이트헤드는 神과 세계와의 대립 관계를 내재와 조화의 관계로 보았다.

34) 생명의 실상(true Self)은 바로 우리 내면의 영원한 神性(佛性)이며, 일본의 '다니꾸지 마사하루'(谷口雅春)는 이 진리(One)를 세계에 전파하였다. 그는 질병, 불행, 죽음이라는 것은 마음이 만든 그림자의 세계(현상, ego)에는 있지만, 영적 세계(실상, One)에서는 없으며, 인간의 본성(true Self)은 결코 고통을 당하거나 환경에 지배되지 않는다고 주장한다. 즉 우리가 이 세상에 태어나서 늙고 죽는 존재라고 생각하는 것은 생명의 실상에 대한 無知 때문이다. 따라서 우리가 긍정적인 '말의 힘'과 스스로가 무한한 능력을 가진 생명의 실상(神性)임을 자각하여, 神의 은총을 감사하는 마음이 넘칠 때 모든 질병과 고통이 치유된다(離苦得樂).

35) 임마누엘(Immanul)의 의미는 현대 과학자들이 물질의 근원은 '텅 빈 허무'(空)라고 한 것 같이 우리의 몸은 하나의 '텅 빈 空의 무더기'(假爲空聚)이지만, 일체만유의 근본인 神(One)이 우리와 함께 하고 있다는 것이다(打成一片). 이와 같이 '神이 나와 같이 있다'는 진리(神性)를 깨닫게 되면 걸림이 없고 집착할 것이 아무것도 없기 때문에 괴로움에서 벗어나 자유롭게 된다(요 8:32). 예수가 "너희는 세상의 빛이다"(마 5:13)라고 한 것 같이 '내면의 빛'(神性)의 깨달음에 의하여 고통과 불행은 사라지게 된다. 또한 자신은 병이 난 몸(ego)이 아니라 병이 건드릴 수 없는 순수한 神性(One)이라는 자각만으로도 모든 질병이 치유된다.

36) 신비주의 수도자인 베드 그리피스는 "기독교의 모든 신비, 즉 '죽음과 부활'이 마음속 가장 깊은 곳에서 이루어진다면 … 이는 진정한 자아실현(自我實現)의 순간이다."라고 하였다. 그는 성경의 해석

은 時空을 초월하는 하나(One)의 진리로 하여 내면의 보화(true Self)를 찾는 자아실현인 '죽음과 부활'의 중요성을 강조하였다. 예수는 자신의 신비한 '죽음과 부활'에 대하여 "내가 내 목숨(ego)을 버리는 것은 그것(true Self)을 내가 다시 얻기 위함이다."(요 10:17)라고 말씀하셨다. 따라서 부활은 시간적 미래의 사건이 아니며, 지금 여기서 '거짓 자아'(ego)의 제거로 '참된 자아'(true Self)를 회복하여 자아실현인 하나(One)를 성취하는 것이다.

37) 진여연기(眞如緣起)란 우주에는 眞如佛性(神性, One)이 충만하며, 인연에 의한 현상계는 근본 도리(神의 섭리, 마 10:29)대로 상보적으로 움직이고 있다는 것이다. 즉 세계는 에너지로 충만하며, 그 정체는 佛性(神性)이다. 모든 것이 진리의 나타남이니 '중생'(인간)과 부처(神)'와 같이 논리적으로 양립할 수 없는 것도 그 근본을 찾아 들어가면 '하나의 뿌리'(요, 엡 4:6)이다. 이러한 상보성은 동양의 음과 양, 양자역학의 '입자와 파동의 이중성'(물질과 에너지) 등으로 설명된다. 따라서 연기적으로 볼 때 본래 물질은 없고, '하나(One)의 생명'(골 3:11)만 존재하므로, 우리는 겉모양을 취하지 말고 '생명의 빛'(One)을 자각하여야 한다.

38) 바울은 "헬라인이나 유대인이나 … 차별이 있을 수 없나니 오직 그리스도(One)는 만유시요 만유 안에 계시니라"(골 3:11)라고 하였으며, "하나의 근본이 우주만유요 우주만유가 한 근본이다"(一本萬殊 萬殊一本). 우주 만물 하나하나가 각각 태극(太極, 우주의 핵심체)의 진리를 갖추었고 우주전체를 통합해보면 태극(One)의 진리일 따름이다(統體一太極, 『주역』). 이러한 하나(One)의 진리는 유한한 인간의 인식에 의하여 역사적으로 제약되고 문화적으로 굴절된 형태로밖에는 주어지지 않기에 종교 다원주의가 되지 않을 수 없다. 그러므로 청화 스님은 모든 종교가 그 근원(진리)은 같다는 것을 인정하고, 서로 배척하지 않는 원통종교를 주장하였다.

39) 神과 둘 아닌 하나(One)의 예수는 개체적인 '첫 열매'도 아니고, '마지막 아담'도 아니다. "이제 그리스도께서 죽은 자 가운데서 다시 살아나사 잠자는 자들의 첫 열매가 되셨도다"(고전 15:20)의 '첫 열매'(아파르케)는 '잠자는 자'(케코이메메네논)인 깨닫지 못한 자 중에 그리스도(神性)의 깨달음으로 '하나님이 거하시는 몸된 성전이 되어진 자'(One)를 나타내고 있다. 또한 "마지막 아담은 살려 주는 영이 되었다"(고전 15:45)의 '마지막 아담'(안드로포스 아담)은 깨달은 자 안에 나타나는 속사람(神性, true Self)을 가르치고 있다. 따라서 神性의 깨달음으로 '각자 자신이 그리스도(One)가 된 자'(true Self)만 살아 있는 것이다.

40) 속죄(贖罪)는 예수의 피로 인류의 죄를 속량하였다는 교리로, 원죄를 인정하는 오류이다. 우리가 아담의 죄를 이어받았다는 원죄는 만물의 실상이 神性(One)이기 때문에 있을 수 없으며(롬 1:20), 속죄의 의미는 우리가 본래 神과 하나 즉 '神과 화목'(고후 5:18)하기에 스스로가 神性임을 깨닫는 것이다. 죄(장애물)라는 것은 실재가 아니라, 빛(One)인 본성(神性)을 가리는 어둠(이원성)이며, 자신의 진정한 본성을 오해하여 '참 자아가 아닌 것'(ego)을 참 자아로 아는 것이다. 따라서 원죄는 하나님에 대한 불순종이 아니라 자기의 하나(One)인 성품(神性)을 모르는 결과로 분별하는 無知이며(요 9:41), 본성적으로 하나님으로부터 소외이다.

41) 말씀(言, Logos)은 본래 우리 속에 있는 神性(성령, true Self)이며, 보편적 진리(道理)이다(요 8:58). 예수는 "네 믿음이 너를 구원하였느니라"(막 10:52)라고 말씀하심으로 맹인을 보게 만들었는데 이러한 기적은 말씀인 참마음(神性)이 자비 · 지혜 · 능력과 모든 것을 갖추고 있기 때문이다. 우리는 본래부터

참마음(神性)이므로 "예수가 내 안에, 내 안에 예수가 있는"(요 14:20) 생명 에너지(氣)를 자각할 때 "예수가 한 일보다 더 큰일도 할 수 있다"(요 14:12). 현재 기독교 교리를 만든 이레나이우스의 반대파인 발렌티누스가 예수를 거룩한 에너지의 물결로 본 것은 현대 물리학자들이 만물은 파동 에너지라고 주장하는 것과 통한다.

42) '시간 속에 영원이 창조되는 것'은 예수가 '가나의 혼인잔치'(요 2:1-10)에서 물질성(ego)인 물이 神性(One)인 생명의 포도주로 변한 것 같이 차별(ego)로부터 만인이 평등(One)한 것으로 선언되는 것이다(사해문서). '주객의 차별'(有限)에서 時空을 초월한 영원으로의 변화와 모세의 율법에서 예수를 통한 사랑이라는 새로운 세상의 변화이다. 불교에서도 "진리란 곧 진리가 아니므로 이를 진리라 일컫는 것이다"(『금강경』)라고 한다. 즉 입으로는 형상을 떠난 도리를 설명하면서 '마음에 주객의 차별'(ego)이 있으면 진리가 아니지만, 본래 마음으로 형상을 초월한 이치를 행하여 주객의 대립이 끊어지면 이를 영원한 진리라고 한다는 것이다.

43) '부활한 자'(true Self)가 지금 여기서 "부활의 자녀이며, 하나님의 자녀로서 하나님과 같아지는 것"(눅 20:36)은 하나님이 죽은 자의 하나님이 아니요 살아 있는 자의 하나님이기 때문이다(눅 20:38). 빌립복음(61)에서 예수는 그리스도 의식의 부활(갈 2:20)을 다음과 같이 설명하였다. "우리가 이 세상에 있는 동안에 우리 자신을 위해 당연히 부활을 얻어야 한다. 이는 우리가 육신을 벗어버릴 때 안식 속에서 발견되고 중간 지대에서 방황하지 않기 위함이다." 여기서 중간 지대를 비의(秘儀) 단체에서는 사람이 죽은 후에 다시 윤회하기 까지 머무는 상태(바르도)라 하며, 밤낮 사흘 동안의 요나를 비유로 설명한다(마 12:40).

44) 일체유심조(一切唯心造)의 의미는 모든 것은 생명에너지(One)인 우주적 마음(佛性, 神性)의 나타남이라는 것이다(三世一切佛 應觀法界性 一切唯心造, 『화엄경』). 세계는 내 의식 또는 인식 안에 있으므로 혜능대사는 "마음이 만법의 근원이며, 외부 세계는 다만 마음(true Self)이 지어낸다"(『육조단경』)고 하였다. 현대 물리학은 '내 의식 안에 없는 것은 인정되지 않고, 물질의 속성이란 파동 에너지의 속성과 동일함으로, 존재하는 것은 마음으로 지어내는 것에 불과하다'고 증명하고 있다. 따라서 神, 예수와 우리는 본래 하나인데 분리함으로 죄가 되었으며, 거듭남을 통하여 다시 하나가 되는 것이 천국이다(心佛衆生 是三無差別, 요 17:21).

45) 내면의 神性에 대하여 예수는 "자기 자신을 알게 된 너희 각 사람이 진리를 보았으며, 자기 자신의 마음이 진리의 아버지임을 발견하여야 한다"(예수와 마태와의 대화)고 말씀하셨다. 여기서 자기 자신과 마음(true Self)은 불교에서와 같이 時空과 인과율에 얽매이지 않고, 변하는 것과 변하지 않는 것을 초월하는 佛性(神性)을 말하는 것이다. 힌두교의 위대한 성자(聖者)인 카비르는 "그대 영혼 안에서 神(神性)을 발견하지 못한다면 이 세계 전체가 환영(幻影)에 지나지 않으리라"고 하였으며, 신과학사상(新科學思想)에서도 "물질은 곧 의식(마음)이며, 또한 물질은 바로 생명이다."라고 하나(One)의 진리인 神性(true Self)을 강조하고 있다.

46) 하나(One)와 조화 즉 조화의 원리는 신앙과 이성, 주체와 객체의 合一인 神(One)을 전제함으로 그리스 교부(敎父)인 오리게네스는 세계를 조화로움으로 보았다. 그는 맹목적인 신념에 의하여 神을 파악하려고 한 것이 아니라 '신앙과 이성의 合一'(One)에 의하여 존재론적 원리로서의 神을 파악하고자 하였다. '神과 하나(One)'(요 10:30)가 된 예수는 구원이란 우리들이 ego에 가려진 본래의 영(靈, true

Self)을 회복하여 神과 하나(One)가 되는 것 즉 주체와 객체의 合一인 神임을 자각하는 것이라고 말씀하셨다(요 17:21). 또한 현대 물리학도 주체와 객체는 서로 무관한 것이 아니며, 이 둘은 하나(One)의 세계임을 증명하고 있다.

47) 업상념파(業想念波)는 '식(識)'인 상념파(想念波)(業)가 돌고 도는 것이며(萬法唯識), 이것이 이원적인 마음(ego)에 의하여 잘못 응결되면 마귀(악마)의 형태를 이룬다. 성경적으로 '마귀와 사탄'(지아볼로, 계 12:9)은 '나누는 자'를 의미하며, '하나님의 말씀(One)이 임할 수 없도록 혼란하게 하는 마음(파괴적 에너지, ego)이다. 또한 '독립적 존재(힘)로 하나님과 대립되는 것이 아니라, 본질적으로 '하나(One)인 하나님'의 조화 안에 있는 '에너지의 어두운 면(面)'이다. 이 세상은 환상인 하나의 의식 덩어리이며(無我), 의식과 상관없이 저 혼자 독자적으로 존재하는 것 즉 물질은 있을 수 없다는 것을 양자역학이 증명하고 있다(唯識無境).

48) 나사렛 예수만 믿어야 우리가 구원을 얻는다면, 무한하고, 무차별한 神의 능력을 한정하는 모순이 생긴다. 즉 "나사렛 예수는 숨겨진 것을 드러내는 자이며, 그리스도는 자신 안에 모든 것을 지니고 계신다"(빌립복음 18). "내가 곧 길이요 진리요"의 구절에서 '나'는 시공간의 제약을 받는 '나사렛 예수'가 아니라 대상이 될 수 없는 '보편적인 예수 그리스도'(I Am, Logos)이다. 따라서 구원(영생)은 믿는 것을 넘어 우리와 함께 거하시는 하나님(요 14:17)과 예수(One)를 '아는 것'(기노스코) 즉 '하나(One)가 되는 것'(요 17:3)이다. 이와 같이 하나(One)가 된 사람은 영혼이 어둠의 잠에서 깨어난 "살아 있는 자"(마 22:32)이다.

49) 오직 예수는 종교 다원주의의 걸림돌이다. 만물이 Logos(예수)로 말미암아 지은 바 되었기(요 1:3) 때문에 모든 것에 時空을 초월한 보편적인 예수(神性)가 현존하고 있다(롬 1:20, 골 3:11). 이러한 신적인 그리스도(One)를 '오직'이라는 표현으로 한정지을 수가 없다. 기독교는 서구 문명권의 한계에 의하여 제약되어 있고, 불교도 힌두 문명권과 중국 문명권에 의하여 제약되어 있다(장님 코끼리 만지기). 아인슈타인의 상대성 원리에 따라 상대주의적 상황 하에서 자신의 종교를 절대적이고 유일한 종교라고 할 수 없고, 모든 종교는 상대화되지 않을 수 없는 지금의 다종교적 문화 상황에서 종교 다원주의가 등장하지 않을 수 없다.

50) 구원은 '기독교에만 있다'는 주장은 배타적이다. 왜냐하면 "구원을 위하여 예수 외 다른 이름은 없다"(행 4:12)는 구절에서 예수는 '역사적인 예수'(ego)가 아니라 時空이 초월된 '영적인 예수'(true Self)이므로 한계를 지을 수가 없기 때문이다(大道無門). 구원은 죄로부터가 아니라 '우리가 神(One)이다'는 "둘이 아닌 하나(One)의 진리"(갈 3:20)를 모르는 無知(목숨)를 제거하는 것이며(막 8:35), 그리스도(One)는 우주적 생명 에너지(氣)이므로, 이러한 "예수를 깨닫지 못하면 無知 가운데 죽는다"(요 8:24). 그리스도가 우주에 충만해 있는 "생명(One)의 빛"(神性, 요 8:12)인 것은 생명인 부처(光佛)와 우리도 마찬가지이다(요 15:5).

51) 재해석에 대하여 장왕식 교수는 다음과 같이 설명하고 있다. "신관과 그리스도론 등을 오늘날 그대로 유지한다는 것은 많은 난점(難點)을 갖는다. 이제는 허위가 되어 버린 천동설(天動說)의 기독교적 세계관, 어거스틴의 원죄, 칼빈의 예정설 등이 만들어낸 성서 해석을 그대로 답습하는 것은 성서를 낡은 책으로 만드는 지름길이다." 따라서 '나누어 질 수 없는'(不可分) 하나(One)의 진리를 나누고 있는 현재의 이원론적인 교리(승천과 재림)와 사도신경 그리고 성경해석은 동양사상의 비이원론적인

진리로 재해석되어야 한다. 시공간은 존재하는 것처럼 보이는 마음의 산물이라는 현대 물리학의 증명은 비이원론의 가르침을 뒷받침해준다.

52) 神과 하나(One)가 된 각자(覺者)로서 예수는 시간과 공간을 초월하여 "너르고 커서 끝이 없는"(廣大無邊) 우주적 그리스도이다(요 8:58). 그러므로 이정배교수는 "예수는 '활동 중인 영(靈)'으로 인해 절대 초월한 하나님을 자신의 삶 속에서 체현한 실재(true Self)이며, 자신을 보는 것이 神을 보는 것이고, 자신의 말이 神의 말씀과 같게 된 것이므로(요 12:45, 49) 하나(One)에 대한 의식을 갖지 못한다면 예수와 석가도 우상이 된다"고 주장한다. 따라서 빠른 속도로 보급되고 있는 포스트모던(postmodern) 신학은 기독교를 "믿음만의 원시종교"에서 예수의 영적 세계인 하나(One)의 진리를 자각하는 "수행종교"로 탈바꿈시키고 있다.

53) karma(業)의 법칙은 원인과 결과의 원리로서 물리학의 인과법칙(因果法則)처럼 "좋은 나무마다 아름다운 열매를 맺으며"(마 7:17), "무엇으로 심든지 그대로 거둔다"(갈 6:7, 마 7:1-2)는 '자연(energy)의 법칙'이며, 발생과 소멸이 반복되고 있는 것이다. 따라서 영적인 참나(靈)는 놀라운 힘으로 모든 존재들을 그들의 업에 따라 움직이게 하는 것이다(바가바드 기따). 여러 현실 상황이 결정되는 행동의 원인인 업(業, 세력)은 인간의 자기완성을 위하여 끝없이 계속되는 '인과법칙의 사슬'이며, 인간의 고통은 神의 시험이나 징계가 아니다. 이러한 진리를 아인슈타인은 모든 사건은 질서정연한 법칙에 따라 진행된다는 것으로 증명하였다.

54) '색즉시공 공즉시색'은 아인슈타인이 "모든 질량은 우리가 눈에 보이지 않는 것으로 산화하여 없어졌다 하여도 없어진 것이 아니라, 이 우주 공간에 에너지로 변화하여진 것뿐이다."라고 하는 물질(色)과 에너지(空)의 법칙으로 증명한 것과 부합된다. 이원적인 입장에서 물(본질)과 파도(현상)는 둘이지만, 절대적인 입장에서 물(본질)과 파도(현상)가 둘이 아니듯이 色이 空이고 空이 色이며, 이 세상 모든 것의 근원은 空이므로 空에서 만물이 태어나고 다시 절대空으로 돌아간다. 이와 같이 色 그대로 空이요 또는 空 그대로 色이므로 神性(佛性, One)은 변질이나 변동이 없는 것이다. 이러한 즉공(卽空)은 현대물리학의 석공(析空)과 비교된다.

55) '분노, 질투, 징벌하는 창조주 神'은 마귀와 살인한 자(요 8:43-44)로서 숫양을 불사르는 것이 향기로운 냄새(출 29:18)라고 하는 대상의 神이기 때문에 '神 죽음의 신학자'들은 죽었다고 주장하였고, 이러한 한(One, 마 23:9) 분이 아닌 神에게 '왜 이 세상에 악이 있는가?'를 묻지 않을 수 없다. 니체가 "神은 죽었다"고 하는 것은 서양인들에게 神에 대한 믿음이 사라졌다는 것이다. 그는 "예수에게는 원죄, 처벌, 심판과 같은 관념이 없었으며, 하나님과 인간과의 일체화를 자신의 즐거운 소식으로 살았다"고 하였다. 따라서 믿음은 마음의 눈을 뜨는 것이지만 대상의 神과 대상의 예수에 대한 믿음은 둘이 아닌 진리를 벗어난 교리이다.

56) 예정론의 교리에 인용되는 "그 기쁘신 뜻대로 우리를 예정하사"(엡 1:5)에서 '예정(호리조)'의 의미는 '하나님이 내 안에서 자신을 발견하게 하고 하나님과 하나가 되게 하신다'는 뜻이다. "청함을 받은 자는 많되 택함을 입은 자는 적으니라"(마 22:14)에서도 '선택받는다는 것이 아니라 청함을 받은 자는 많으나 말씀 안으로 들어와서 진리와 하나가 되는 자가 적다'는 것이다. "창세전에 그리스도 안에서 우리를 택하사"(엡 1:4)에서 '택하사'(에클레고마이)의 의미는 '갇힌 율법에서 밖으로 불러내어 그리스도 안으로 이끌어 오겠다'는 것이다. 따라서 예정의 의미는 타자인 하나님(One)이 미리 구원을 정

하였다는 것이 아니다.

57) 무아(無我) 즉 '나(我, ego)가 없다'는 것은 현상 즉 가상인 몸과 마음의 '나'(겉사람)는 인연이 잠시 합하여 이루어졌으며, 계속 변하고 있기에 실재하지 않는다는 것을 의미한다(고후 4:18, 약 4:14). 그러나 실재하고 있는 실상의 '나'(속사람, true Self)는 불변하며, 영원한 진리(生命)이다. 현대 과학적으로 우리의 몸뿐만 아니라 물질(假相)도 텅 비어(空, 에너지 場) 있기에 존재하지 않는다고 한다(諸法空). 중생은 가상을 보지만, 번뇌 망상이 사라진 '심령이 가난한 자'(無我)는 무 집착으로 실상(One)을 보기에 천국이 저희의 것이다(마 5:3). 그러므로 진리와 사변의 세계가 함께 어울려 있지만 깨달은 경지에서만 알 수 있다(의상 스님).

58) '다른 것이 아닌 것'(一者, One)은 하나님의 통일성으로서 '대립의 일치와 조화'(물질과 정신, 창조주와 피조물, 음과 양)라는 것이다. 이 세상의 모든 대립들은 유한 상대적인 인간의 사유에 의한 개념들로서, 절대적인 하나님 안에서는 사라지게 된다는 것이다(마 19:30). 예수의 가르침인 하나의 진리를 중세 신학자인 에리게나는 "초월과 내재의 하나님", 엑카르트는 "하나님과 인간의 일치", 샤르댕은 "창조자와 피조물의 상호보완성", 화이트헤드에 의한 과정신학(過程神學)은 "모든 실재의 통일체인 하나님"으로 설명하였다(마 23:9). 이러한 不二의 진리는 도마복음을 비롯한 모든 동양 종교들이 강조하고 있는 사상이다(不二一元論).

59) 마하르쉬는 '모든 것을 神에게 맡기는 것'을 "神께 완전히 복종하는 것이며 이원성의 마음(ego)을 죽이는 하나의 방법이다."라고 하였고, 일원성인 참 자아(One)의 탐구를 강조하였다. 이러한 진리(神)와 하나(One)가 되기 위한 기도(헌신)는 "당신의 뜻이 이루어지이다"(눅 22:42)라는 "자기 비움의 단계"(空, 빌 2:7)에 도달할 때에야 비로소 성립된다. 예수는 우리 자신의 욕망을 일으키는 有爲의 마음(ego)를 버렸을 때 無爲의 진리(One)로 치유가 된다는 것을 '38년 된 병자의 이야기'(요 5:1-9)를 통하여 설명하고 있다. 부처는 有爲의 자아(ego)로 삼고 있는 이원적인 삶을 '허깨비 같은 망상으로 된 자신'(五蘊幻身)이라고 하였다.

60) 구약에서 모세가 40년 동안 거친 광야에서 목동으로 살았다는 것은 그가 옛사람(ego)을 제거하고 '새사람(神性, true Self)'으로 되었다는 것이며, 예수도 광야에서 시험받음을 통하여 일시적인 마음(ego)을 소멸하고, 영원한 그리스도(true Self)로 새롭게 태어났다(마 4:1-11). 예수와 같이 '깨달음을 얻은 자(聖人)들은 스스로 새로운 존재인 神(요 10:34)이라는 주장 때문에 핍박과 죽음을 당한 것이다. 인간은 神(One)의 신성한 발출물이며, 모든 고통과 불행은 이러한 새로운 존재(神性)를 깨닫지 못한 자들의 자업자득이다. 따라서 기독교의 목적은 분리와 집착(ego)을 벗어나 새로운 존재(神性)로서 神의 뜻(진리, One)의 실현이다.

61) 예수는 우리들이 '하나님과 하나(One)'가 되기 위하여 즉 "아버지께서 내 안에, 내가 아버지 안에 있는 것 같이 그들도 다 하나가 되어 우리 안에 있게 하도록"(요 17:21) 기도하셨다. 즉 타락한 죄인이 구원되어야 한다는 것이 아니라 자의식(ego)으로부터 벗어나는 우주적 의식(One)을 깨닫도록 하는 기도이다. 따라서 예배, 묵상, 참선 등은 거짓 나(ego)의 소멸로 본성(One)을 회복하여, 하나님과 하나(One)가 되는 자유로움이다. 이렇게 하나(One)를 영적으로 체험하는 자는 "모든 존재 속에서 참나(神)를, 참나(靈) 속에서 모든 존재를 보며, 내 삶의 이 순간순간이 기쁨으로 떨리고 있네"(바가바드 기따)라고 고백하지 않을 수 없다.

62) 수행 방법에 대하여 『바가바드 기따』는 다음과 같이 설명한다. "고요히 앉아서 가장 깊숙한 곳에 있는 본질인 참나(靈)에 집중해야 하며, '나는 바로 그분(神, One)이다'라고 생각하고 앉아 있어야 한다." 또한 일체중생의 몸과 마음은 다 허깨비 같으니 몸의 모습은 4대(地水火風)에 속하며 마음은 6근6진 (眼耳鼻舌身意 色聲香味觸法)의 상호작용임을 생각하고 수행하면 일체의 몸과 마음과 세계가 모두 청정하게 된다(『원각경』). 이러한 방법들은 고요히 앉아서 각자의 마음이 본래 자비가 충만한 아미타불(관세음보살)이라고 자각하여 극락세계를 성취하는 염불선(念佛禪)의 수행과 하나님과 合一만을 생각하는 신비주의 기독교의 묵상기도와 통한다.

63) 영지주의(gnosis, 靈知)는 동양사상과 같이 자기 자신을 인식하는 통찰력, 신비로운 지식의 깨달음이 구원이며, 기독교의 교리와 차이가 있다. 첫째, 죄의 회개와 구원이라는 개념을 사용하지 않고 그 대신에 망상(ego)의 소멸과 깨달음(One)을 강조한다. 둘째, 예수는 구세주나 대속주가 아니라 내면의 지식(靈知)을 추구하는 사람을 위한 길잡이(禪師)로 간주한다. 셋째, 하나님은 전적으로 다른 존재가 아니라 하나님(神性)과 영적 자아(true Self)를 동일한 것으로 여긴다. 넷째, 처녀 탄생, 육신의 부활과 승천을 글자 그대로 받아들이지 않는다. 마지막으로 확실성을 강조하지 않고 심오한 영적 차원의 비밀지식에 주안점을 두고 있다.

64) 예수의 육체적 부활은 "그리스도께서 만일 다시 살아나지 못하셨으면 우리가 전파하는 것도 헛것이요 또 너희 믿음도 헛것이다"(고전 15:14)라는 구절이 인용된다. 그러나 이 구절은 육체의 부활이 아니라 '내면의 겉사람이 죽고 속사람의 깨어남과, 속사람(그리스도)의 자각이 없으면, 밖의 대상을 믿는 것은 헛것이다'라고 하는 의미이다. 즉 부활은 각자의 내면(꿈)에서 '깨어나는 것'(에게이로)이며, 속사람(One)이 나타나 겉사람을 정복하는 것이다. 따라서 예수 그리스도는 태어나거나 죽을 수 없는 불생불멸(不生不滅)의 진리(One)이며(요 14:6, 8:58), 또한 본래 내면에 생명(true Self)으로 계시는 영(靈)이시다(갈 2:20, 고후 3:17).

65) '하나마저도 집착에서 벗어나야 한다'는 것은 하나에도 집착해선 안 되는 '근원인 진리 자체'(One)의 다원성을 의미한다. 높은 수준인 眞空을 초월한 神(One)이라는 궁극적 실재에 이르는 길은 여럿이 있으며 각 종교인들은 나름대로 그 神을 향해 길을 가는 구도자들이다. 즉 '산의 정상'(하나의 진리)에 오르는 길은 많이 있으며, 상호 보완적이므로 이것을 보편적인 종교의 신학이라 할 수 있다. 감리교의 창시자인 웨슬리는 "그리스도의 은총은 모든 회교도나 이방인 속에도 있고 야만인들 속에도 있다"고 보편적인 은총을 주장하였다. 따라서 기독교인은 종교 간의 대화로 서로를 존중하고 세계 평화와 사회 정의 실현에 이바지해야 한다.

66) "모세가 광야에서 뱀을 든 것같이 인자도 들려야 한다"는 구절은 예수의 대속적(代贖的) 죽음을 예표(像表)하는 것이라고 잘못 해석을 하고 있다. 그러나 '뱀'이란 비의입문(秘儀入門)을 통하여 영계(靈界)를 볼 수 있는 영계입문자(靈界入門者)를 가리키는 말이다. 모세는 뱀을 들어올려(민 21:8-9), 즉 사람들로 하여금 영계를 보는 상태로 고양시키기 위해 그 상징을 들어보였던 것이다. 그리스도는 영적인 것을 모든 사람의 아들에게 가능하게 하려 하는 것이다. 따라서 예수 그리스도가 이 세상에 오신 것은 神의 품에서 벗어난 사람의 아들이 그리스도의 힘을 빌려 다시금 영적의식(true Self)을 되찾을 수 있게 하기 위함이다.

67) 속사람(true Self)은 실상(實相)인 '참된 나'(眞我) 즉 "내면의 그리스도이다"(갈 2:20). 이것은 하나님, 부

처님, 神性, 佛性, 본성, 아트만 등으로 불리고 있는 생명 자체이며, 일체에 편재하고 있는 영원한 실재(One)로서 하나님의 법을 즐거워한다(롬 7:22). 자기의 본래 성품인 속사람(神性, 佛性)을 깨닫게 될 때 神(佛, One)이 되며(卽心卽佛, 요 10:34), 이렇게 하나(One)가 되는 신비한 신인합일(神人合一), 범아일여(梵我一如)의 경지는 인생의 궁극적 목표이고 최고의 행복이다. 속사람(true Self)과 대조되는 허상(虛相)인 육신의 '거짓 나' 즉 겉사람(假我)은 '내 속에 거하는 죄'로써 이원성(ego)인 죄의 법을 섬긴다(롬 7:20).

68) "모든 것은 마음뿐이며, 다만 마음에 의하여 창조된다"(一切唯心造, 『화엄경』)는 것은 '이 세상의 사물은 마음(佛性)이 만들어 낸 것으로 실체로 존재하는 것은 아니라는 것'(唯心論)이다. 양자역학(量子力學)에서는 '물질의 원자(原子)란 에너지'라고 증명하고 있고, 아인슈타인의 상대성 이론도 '물질과 에너지는 하나의 장(場)의 양면이다'고 한다. 우주는 '순수한 에너지'(佛性)로 되어 있고, 만법이 오직 마음(如來藏)뿐이며, 마음의 파동이 전자, 양자 등이 되므로 생각한 그대로 되어진다는 것이다(잠 4:23). 따라서 우리가 우주를 이해하는 최상의 방법은 우주를 의식 안에서 일어나는 거대한 사고(思考)라고 이해하는 것임을 과학을 통해 알 수 있다.

69) 하나(One)의 神性(佛性, 眞如)은 늘 변함이 없고(體大), 본래부터 성품이 스스로 모든 공덕을 가득 채우고 있으며(相大) 본바탕은 '둘이 아닌 것'(不二)이다(『대승기신론』). 우리 인간을 비롯한 '만유는 神性의 바다' 위에 이루어진 파도나 거품과도 같은 것이지만, 이 바다는 하나(One)이며, 각각의 물결이 별도의 정체성을 가지고 있는 것은 아니다. 이러한 하나(One)의 神性(성령)을 깨달은 '거듭난 자가 고통을 느끼지 않는 이유는 미리 결정해 둔 목적지가 없이 흘러가는 구름과 같이 無 집착으로 평안한 삶을 누리기 때문이다. 즉 고통 또한 '하나(One)인 神性'의 일부이며, 이러한 충만한 神性은 만물에 조화롭게 작용한다(世界一花).

70) 예수께서 육체를 입었다는 '성육신(成肉身)'은 하나님이 저 바깥에서 우리의 역사에 참여하셨다는 것이 아니라, 時空과 주객을 초월한 하나님의 현존(現存)으로 예수(true Self)가 되었다는 것이다. 그러므로 보편적인 예수는 "양으로 생명을 얻게 하고 더 풍성히 얻게 하려는 것"(요 10:10)이요, 세상에 생명을 주는 빵이며, 모든 자에게 내재하는 생명(One)이다. 초기 교회의 교부들은 "神이 인간이 되셨으니 그것은 인간이 神(true Self)으로 되게 함이다"라고 주장하였다. 예수가 "모든 인간은 육화(肉化)한 神이다"(성약성서)고 말씀하신 것과 우리가 이원성(ego)을 제거한다면 각자가 육화(肉化, true Self)되었다고 할 수 있다(요 14:20).

71) 현대 물리학은 '몸과 마음'의 실체에 대하여 '고유한 존재(물질)는 없으며 다만 전자기장(電磁氣場)의 움직임만이 존재한다'라고 한다. 불교에서도 인연에 따라서 일어나는 것은 결국 모두가 다 비었으므로 空한 현상만 있다'(諸法空)라고 한다. 우리는 '나'라고 집착하고 있는 '다섯 가지의 망상'(色・受・想・行・識)이 모두 비어 있음을 비추어 보고 일체의 괴로움과 재앙에서 벗어날 수 있는 것이며(照見五蘊皆空 度一切苦厄, 『반야심경』), 인간이 영생을 누릴 독립적으로 존재하는 몸, 마음, 영혼이 있다는 생각은 망상이다. 그러므로 예수는 "우주와 자기 자신의 요소를 알지 못하는 자는 누구나 파멸로 향한다"(구제주의 대화)라고 말씀하였다.

72) 죄는 분별심(ego)에 의하여 꿈과 안개와 같은 거짓된 허상을 보면서 사실대로 본다고 하는 것 즉 꺼꾸로 보는 것이다(顚倒夢想). 왜냐하면 보이는 상대적인 객관은 아인슈타인이 "물질은 에너지이다"

(E=mc²)라고 증명하는 것과 같이 존재하지 않기 때문이다(諸法空). 명상은 거짓을 거짓 그대로 보는 것이며, 불교의 수행은 주관과 객관의 차별을 없애며, 또한 모든 것이 마음 즉 우주의 순수생명(神性, 佛性)뿐이라는 것을 깨닫는 것이다(一切唯心造). 이 때 주객의 차별이 없는 하나(One)의 맛인 일미평등(一味平等)한 절대세계가 열린다. 따라서 구원은 현상의 환영에서 벗어나 하나(One)의 본질(神, 天國)을 바로 보는 것이다(正見, 요 3:3).

73) 보고, 듣고, 먹고, 마시고 하는 '육체의 나'(ego)를 '영원한 나'(true Self)와 동일시하면 자기의 본성을 잊은 죽은 자이다. 따라서 구원은 시간 안에 사는 '육체의 나'(ego)를 제거하고 영원한 '본래의 나'(神性)를 회복하는 것이다(막 8:35, 고후 4:18). 우리가 '이 몸이 나'(ego)라고 생각한다면, 우리의 본질적 속성은 죽은 자이며, 삶은 염려와 고통으로 불행하게 되지 않을 수 없다. 진리복음서에서 "삶이란 깨달음에 의해 우리가 실제로 누구인가를 재발견한 사람들에게는 기쁨이다."라고 하였고, 바울은 "잠자는 자여 깨어서 죽은 자들 가운데서 일어나라, 그리스도께서 너에게 비추이시리라(깨닫게 하리라)"(엡 5:14)라고 하였다.

74) 神性(佛性)의 자각은 '온갖 나고 없어지는'(生滅) '무상한 모양'(無常相)을 관찰하면서 깨닫는 '하나 됨'(One)이다. 즉 '생겨나지도 않고 소멸하지도 않으며'(不生不滅), '같지도 않고 다르지도 않으며'(不一不異), '상존하지도 않고 단절도 없으며'(不常不斷), '오지도 않고 가지도 않는'(不來不出) 八不中道의 오묘한 경지이다(중론송). 따라서 우주에 '비본질적인 것'(ego)은 끊임없이 있다가 사라지지만, '본질적인 것'(One)은 영원함으로 진리인 부처의 생명(佛性)만 실존한다고 할 수 있다(佛性一元論). 현대과학이 증명하고 있는 것처럼 물질(時空)은 없지만(諸法空), 하나(One)의 순수 에너지인 佛性(神性)의 生命만 있을 뿐이다(諸法實相).

75) '진리(One)를 안다는 것'은 깨달음으로 진리와 하나(One)가 되는 것이며, 이때 둘이 아닌 절대적 차원(One)의 神(부처)이 되어 자유를 누리게 된다(禪佛敎). 우리는 '나는 누구인가?'를 통하여 '나'는 물질적 존재가 아니라 근원적으로 존재 자체(진리)인 그리스도(神性, One)임을 자각하여야 한다(요 15:27). 이러한 절대 차원(One)을 체험하면 삶 전체는 온통 기쁨과 사랑으로 넘치게 된다. 그러므로 불교의 『성스러운 구함 경』에서는 "사성제(四聖諦: 苦集滅道)의 네 가지 성스러운 진리를 알지니 이 진리가 너희를 피안으로 인도하리라"고, 『우빠니샤드』는 "아트만(神)과 내가 서로 다른 것이 아님을 앎으로써 해탈을 이룬다"고 한다.

76) 색즉시공 공즉시색(色卽是空 空卽是色)은 물질(色)이란 연기의 이치에 의해서 형성된 것이므로 空과 같으며, 만물의 본성인 空은 인연에 의하여 물질(色)로 존재한다는 것이다(막 4:22). 즉 평등무차별한 眞理의 세계(空)와 물질세계(色)가 서로 걸림이 없는 법계로서 空과 色이 둘이 아닌 절대세계이다(理事無碍). 노자도 "천하의 모든 존재는 有에서 생겨났고, 有는 無에서 생겨났다"(도덕경, 40장)고 한다. 현대 물리학적으로는 '눈에 보이는 물질(色)이 곧 눈에 안 보이는 에너지(空)와 같다'고 설명될 수 있다. 왜냐하면 우주 공간은 에너지로 가득 차 있으며, 집적된 형태가 물질(色)이고 약한 부분은 빈 공간(空)이기 때문이다(에너지 보존의 법칙).

77) 영원한 현재(One)는 초시간적인 의식 경험이며, '관조하는 자'(true Self)는 나(ego)를 떠나 현재의 의식 속에서 영원을 경험한다(無我). 즐거움과 고통이 시간의 흐름을 결정함으로 마음의 산물인 시간은 무의미하며, 상대적인 시간은 마음의 소멸로 사라진다. 이것을 예수는 "나는 알파와 오메가요 처음

과 마지막이다"(계 21:6)고 하는 하나의 진리로 설명하고 있다(히 13:8). 이원성으로는 과거와 미래가 분리되지만 하나님(진리)에게는 과거와 미래가 없으므로 '영원한 현재'만 있다(마 22:32). 따라서 관조하는 자는 이 세상의 일체 현상은 변하고 사라지며, 또한 마음의 움직임이 곧 고통임을 꿰뚫어 알아보는 자이다(『대승기신론』).

78) 불교에서 '부처가 된다는 것'(成佛)은 바울이 "우리가 그리스도와 함께 죽었으면 또한 함께 살 줄 믿는다"(大死一番 絶後蘇生, 롬 6:8)고 한 고백과 통한다. 이 구절에서 '함께'라는 것은 그리스도를 저쪽에 놓고 이쪽에서 믿는다는 것이 아니라, 우리들도 그리스도와 똑같이 된다는 의미이다. 그리스도의 피와 몸이 주어지는 성찬(聖餐)의 의미도 그리스도와 함께 죽고 함께 영원한 생명으로 부활(열반)한다는 것이다. 따라서 우리는 오직 그리스도만을 메시아로서 대상으로 믿을 것이 아니라, 토마스 아켐피스의 "그리스도를 본받아"(模倣: Imitatio Christi)에서와 같이 자기부정인 십자가를 지고 따르는 그리스도(One)를 본받아야 한다.

79) '무아(無我)의 경지'(true Self)는 이원론적인 사유의 마음(ego)인 집착과 욕망을 완전히 비워버린 상태이다. 이와 같이 자신의 삶을 온전히 진리(One)의 체현(體現)으로 만드는 일에 성공한 사람은 언제나 자족하기에 무엇이 이루어지기를 요구할 필요가 없는 원만구족(圓滿具足)한 삶을 누린다(마 6:33). '일체의 사물은 모두 오온(五蘊, 色受想行識)의 집합으로 생겨난 것'(物心一如)으로 일정한 본체가 없기 때문에 참나(true Self)의 그림자이다. 따라서 내(ego)가 있다는 착각이 모든 두려움과 고통의 씨앗이며, 또한 우주자아를 깨달은 자가 죽음의 두려움에서 벗어날 수 있는 것은 '나(ego)'의 존재가 없다는 것을 자각하였기 때문이다.

80) '영혼과 육체'가 진실로 있다고 믿고 있는 것은 그것들이 마음의 환영(幻影)인 현상계(時空)의 필름(film) 위에 비추어지기 때문이다. 즉 생각(念)이라고 하는 필름을 스크린(현상계)에 갖다 대었기 때문이므로, 우리들이 보는 것은 물속에 비치는 '달의 그림자'를 보는 것이나 다름이 없다. 그러므로 현대 물리학이 에너지가 곧 물질이요, 물질이 곧 에너지라고 하는 것과 같이 우리 마음이 곧 물질이요, 물질이 곧 마음이다. 이 세상 모든 존재의 근본은 장(場) 에너지(生命)이며, 이것은 우리의 마음과 밀접한 관계를 가지고 있다. 따라서 온 세상에는 神靈만 있으며, 현상계는 거울에 비친 그림자처럼 어두워진 중생의 마음에만 있다(『대승기신론』).

81) 가톨릭 당국은 "태양아 너는 기브온 위에 머무르라 … 태양이 머물고"(수 10:12-13)의 구절 해석에서 갈릴레오의 지동설(地動說)이 옳았고, 문자적 해석이 틀렸다는 것을 1991년에 인정하였다. 이 구절의 의미는 '내면의 전쟁'을 이야기하고 있는 것이며, 아모리사람은 속사람을 대적하는 집착을 의미한다. 또한 태양은 여호와 하나님을 뜻하며, 달은 태양의 빛을 받아서 비추기 때문에 태양을 지향하는 것이다. 따라서 우리는 하나(One)인 진리와 과학에 반대되는 문자주의를 벗어나 진리(One)는 글로서는 온전히 표현할 수 없고(不立文字), 율법조문(문자)은 죽이는 것이요 영(靈)은 살리는 것임을 인식하여야 한다(고후 3:6).

82) 예수가 우리를 위하여 십자가에 못 박힌 '대속(代贖)'의 의미는 우리가 '개별적인 나'(ego)라는 생각과 마음을 제거하고(無我), 하나(One)인 본래의 '영적인 나'(神性)를 회복(구원)하기 위함이며(눅 9:24, 17:33), 또한 우리가 예수와 같은 神으로 태어나게끔 하는 것이다(엑카르트). 대속(代贖)은 우리가 'ego적인 분별'(죄)에서 해방됨으로써 너에게서 나를 보고, 개체(ego)에서 전체성(영적, One)인 실상(神性)을 자각하

게 하는 것으로 '하나(One)인 실상'(佛性)을 깨닫는 것이 목적인 불교와 통한다. 따라서 '하나님은 우리를 구원하기 위하여 그의 아들을 희생 제물로 십자가에 못 박았다'는 문자적인 대속교리는 비이성적(야만적)이다.

83) 『대승기신론』은 마음(識)의 분류를 5전식(前識, 눈·귀·코·혀·몸), 제6식(정신), 제7식(말라식), 제8식(아뢰야식)으로 분류한다. '아뢰야식'(여래장)은 실재(不生不滅)와 현상(生滅)의 두 측면을 하나도 아니고 둘도 아닌 상태로 결합되어 있는 것이다. 일체의 현상을 하나(One)로 포섭하고, 또한 이들을 모두 지어낸다. 無明에 의한 마음의 작용(生·住·異·滅, ego)이 사라지면 '참된 자리'(true Self)이며, '깨침의 자리'(佛性)인 아뢰야식(One)이 드러나는 것이다. 우리가 수행을 통하여 천국(열반)을 회복할 수 있는 것은 원래 하나님과 내가 하나(One)이고, 망령된 생각을 비우면, 아뢰야식의 참모습(true Self)이 되기 때문이다.

84) 神은 둘이 아닌 하나(One)이므로 인격적이면서 비인격적인 영(靈)이다(요 4:24). 과정신학도 '하나인 神은 인격적이 아니라, 비인격적인 창조성으로, 변화해 가는 세계와의 영적인 교류를 통하여 生成해 가는 역동적 행위인 과정에 있다'고 한다(롬 11:36). 모든 창조성의 기초가 되는 그리스도에게는 그 안에 악이든 선이든 어떤 것도 분리되지 않는다(요 1:1). 이러한 우주적 神이 서구 종교적 사유의 영역으로부터 부정된 것이 비극이며, 또한 인격과 비 인격을 초월한 神(佛)은 동양사상 특히 불교의 空(無)사상과 통한다. 따라서 기독교와 불교가 진리(神, One) 안에서 서로 대화를 나눌 때, 보다 성숙한 종교로 거듭날 수 있다.

85) "God is One and there is no other but him"(막 12:32). 불교는 하나(One)의 법계(法界)를 강조하고, 베단타는 "나는 브라흐만으로 온 우주에 브라흐만 이외에는 아무 것도 존재하지 않으며, 그대는 그것이다"고 하면서. 이 세상은 실체를 지닌 것으로 보지 않고, 의식의 유희(遊戱, lila)와 연극으로 본다. 톨스토이는 "참으로 존재하는 것은 눈에 보이지 않는 영원한 힘(energy)뿐이다."라고 하였다. 우주에는 오직 하나(One)인 神(부처, 브라흐만)만 존재하며, 우리의 본성도 生死가 없는 하나(One)인 神의 상태이다(요 17:21). 따라서 현대과학은 '神 외의 모든 존재들은 마치 꿈, 물거품과 같은 것으로 사실은 존재하지 않는다'고 증명하였다.

86) '神이 모든 것'이라는 것은 신비주의 철학자인 플로티노스가 "모든 것이 하나(One)에서 나와서 하나로 돌아간다"로, 엑카르트는 "하나님 안에서는 모든 사물이 평등하며 하나님 자신이다"라고 하였으며, 또한 "하나님은 한 분으로 모든 것"(행 17:28)이요, 그리스도는 "만유시요 만유 안에 계신다"(골 3:11). "不二인 하나님과 예수"(마 23:9-10)는 보편적인 神性(佛性)으로, 사람마다 세상에 태어날 때부터 갖추어진 본성이며, 이러한 하늘이 명한 성품에 따르는 것을 道라고 한다(『중용』). 모든 종교가 만나는 한 지점은 神이 곧 모든 것이고 모든 것이 곧 神이라는 사실을 깨닫는 것이며(막 12:32), 본질적으로 종교 간의 대립은 있을 수 없다.

87) 구약에서 '야훼, 엘로힘'으로 표현된 하나님의 의미는 현상적 존재보다는 힘인 '순수 에너지의 장(場)'과 밀접히 관련되어 있다. 따라서 우주는 神의 존재 그 자체이며, 시간 속에서 창조되고 끝나는 것이 아니라 매순간 창조되고 있으며(베단타), 완전 원만한 실상인 神性(One)의 한 덩어리이므로 삶이란 축복이며 축제이다. 그러므로 노자는 "일상의 눈앞에 있는 사물 어디에도 道가 아님이 없다"(『도덕경』 1장)고 하였다. 현대 물리학에서는 '물질은 본래부터 존재하지 않으며 무한한 장(場) 에너지

이다.'라고 하며, 우리의 마음이 동력(動力)으로 되어 소립자(素粒子)가 이루어지고, 우리의 공업력(共業力)으로 우주가 구성된다는 것이다.

88) 피조물의 헬라어는 '크티시스'이며(고후 5:17), 이것은 주객으로 나누어질 수 없는 '내면의 神性'(One)을 의미한다. 따라서 누구든지 그리스도와 하나(One)가 되면, 새로운 세상 즉 옛것은 사라지고 새 질서가 시작되는 것이다. 이와 같이 성경은 과거의 역사적인 사실을 기록한 것이 아니라 지금 여기 즉 '현재 내 안(心)에 일어나는 사건을 비유로 나타내고 있다. 또한 하나(One)의 진리를 설명하며, 시제(時制)가 없는 일인칭(一人稱) 현재 단수이며, 예수의 '나'는 '우주적인 나'(性)이다. 따라서 불교는 마음을 밝혀서 性을 보고(明心見性), 도교는 마음을 닦아서 性을 단련하며(修心練性), 유교는 마음을 간직하여 性을 기른다(存心養性)고 한다.

89) 과정신학은 인간과 세계의 진화론적 성격을 강조하며 현대에 맞는 일원론적 신학을 형성하여 성서의 문자 우상숭배주의에 빠진 이원론적 근본주의(성서 문자주의) 신학을 극복하였다. 존재하는 모든 것은 항상 움직이고 있는 과정으로 보는 불교와 현대 과학의 발전은 이러한 우주적인 신학의 출현을 불가피하게 하였다. 에너지 일원론의 진리를 주장하는 동양신학(易신학, 道신학)도 헬라의 이원론에 근거한 영(靈)과 육체, 창조주와 인간(자연)을 구분하는 신학의 한계를 극복하였다. 유일신의 계시에 근거한 보수 신학이 神의 타자성과 독립성을 강조하지만, 현대 신학은 보편적인 神에 대한 인간의 경험과 이해에 근거하고 있다.

90) 우주란 전자기장(電子氣場) 곧 무한한 에너지를 갖춘 빛이 가득 차 있으며, 이것은 텅 비어 있는 하나(One)의 장(場)이지만, '광명의 神(道, One)'으로 충만한 것이다(막 12:32). 종교는 본래의 자기(神, true Self)에 눈을 뜸으로써 이원성(ego)의 고통을 근절시키는 것으로 하나(One)이며, 또한 구원의 원리도 하나(One)가 되는 것이다. 기독교는 "어린양의 피와 같은 그리스도의 보배로운 피"(벧전 1:19)의 구절을 예수의 피로 구원되었다고 문자적으로 해석하였다. 이 구절에서 어린양은 ego, 피(하이마)는 육체의 빨간 피가 아니라, 생명(神性)을 의미하므로 'ego를 소멸하고 내면의 생명으로 구원되었다'고 재해석하여야 한다.

91) 깨달은 자(true Self)는 인생과 우주의 참 모습이 '텅 빈 것'(空)이라는 것과 이원성(ego)을 넘어 모든 생명이 佛性(神性, One)이라는 완전한 지혜를 성취하였고(반야바라밀), 큰 사랑의 여래(如來, 神의 자녀)인 절대적 진리로서, 세속의 상대적 경계를 벗어나 있다(대승기신론). 그는 항상 변화무쌍한 영화의 장면(ego)이 아니라 스크린(근원, One)을 보기 때문에 어떠한 것에도 영향을 받지 않는 승리자이다. 또한 그가 하는 '無爲의 일(無執着)은 神의 일로서 어디든지 몸이 선 자리에서 나(ego)를 잃고 영원을 경험하는 神(One) 중심의 패러다임으로 옮겨진 성인(聖人) 즉 예수, 부처, 노자, 장자, 공자 등이다.

92) 하나님과 우리는 본질적으로 둘이 아닌 하나(One)이므로 하나님과 우리를 구분하는 것은 이 세계에 편재하고 있는 하나님의 영적인 임재를 제한하는 것이다. 바람이나 숨으로서의 영(靈, 하나님)은 생물이든 무생물이든 모든 만물에 편재하며, '나'와 '내 것'이란 존재하지 않고 오직 하나님(靈)만 존재한다(막 12:32). 따라서 '나는 神이다.'라는 표현은 함부로 말할 수 없지만, 그러나 지금 그 자리에 있는 당신의 실체, 지금 손에 들고 있는 책, 밟고 서있는 땅은 현현적 실재의 神이며 동시에 당신, 책 그리고 땅이다. 불교 화엄의 이사무애(理事無碍) 원리(온 우주가 法身의 顯現)는 神과 하나가 되는 삶으로 영원한 행복을 누리게 하는 사상이다.

93) 양자역학(量子力學)은 전자와 같은 소립자의 입자들이 파동처럼 움직이고, 상호 의존하는 연기적(緣起的)임을 증명하고 있으며, 관찰 결과는 관찰 행위에 따라 나타난다는 것이다. 원인과 조건에 의한 연기(緣起)의 일시적인 현상을 法(dharma)이라고 하며, 우주는 서로 연관되어 있는 '하나(One)의 유기체(空)이다. 사물은 상호의존성을 통해 그 존재와 속성을 얻으므로 그 자체로는 無나 다름이 없으며, 실재하는 것이 아니므로 진리(神)는 오직 일원론적 하나(One)이다. 우리는 본체적으로 아무 차이가 없지만, 현상적으로만 차이가 날 뿐이며, 無로부터의 창조가 아니라 "神(One)으로부터 나온 완전한 인간(神性)(롬 11 :36)이다.

94) 神은 약 6000년 전에 흙으로 사람을 창조한 '타자(他者)인 창조주'가 될 수 없다. 왜냐하면 "만물이 神에게서 나왔고"(롬 11:36), 제한이 없는 神은 둘이 아닌 진리(One)이며, 상대화 될 수 없는 한 분(One, 마 23 :9)이기 때문이다. 바울은 만물이 그리스도(神)에게서 창조되었으므로 본질상 그리스도(神)를 모든 창조적 과정의 근원으로 묘사하고 있다(골 1:15-17). 샤르댕 신부는 "神이란 세계를 창조하고 지배하는 존재가 아니라 우주의 중심이다"라고, 어거스틴은 "神은 만물을 창조하고 떠난 것이 아니라 만물이 그로부터 나왔고 그 안에 있다"(告白論)고 하였다. 마찬가지로 불교도 만물이 부처(One)로부터 나왔다고 한다(佛性起用).

95) 하나(One)의 진리(生命)에서 하나(One)는 지식으로는 포착할 수 없는 전체를 아우르는 의미로서 한 하나님, 한 그리스도, 하나의 法界(一眞如), 道 등과 같은 不二의 생명이다. 시간을 초월한 진리(One)를 성취하려면 "돌 하나도 돌 위에 남지 않고 다 무너뜨려지리라"(마 24:2)와 같이 이원적인 집착에서 벗어나야 한다. 현대 양자물리학도 '양자의 속성 즉 만물의 속성은 음(-)과 양(+)이 같이 얽혀 있고 절대 분리할 수 없다'(양자의 얽힘)라고 증명하고 있다. 따라서 혜능대사는 "현상계에 있는 삼독심(三毒心)인 욕심(貪), 성냄(瞋), 어리석음(痴)을 제거하고 나면 지옥이 사라지고 하나(One)의 진리인 극락(천국)과 다르지 않다"고 하였다.

96) 그림자와 같은 허상(ego)은 플라톤의 '동굴의 비유'(國家論)에서 잘 설명되고 있다. 즉 '동굴 속에 묶여 있는 죄인은 동굴의 벽에 비치는 그림자(虛相)의 왕래를 보면서 진리인 실상(One)을 본다고 한다'(죄. 요 9:41). 대상화된 모든 것은 '물속에 비친 달그림자'(水中月)이며, '거울 속에 비추어진 꽃과 같다'(鏡中花). 예수가 진리(One)를 위하여 육체를 자기라고 생각하는 허상(ego)을 그 존재의 근저에서 부정하는 검(劍)을 주러 온 것(마 10:34)과 같이 부처도 깨달음으로 허상(ego)을 소멸하고 영적인 '실상의 진리'(One)를 추구하고자 한 것이다. 이러한 진리의 세계(One)는 모든 시간적인 것과 지상의 것과는 아무 관계가 없다.

97) '선악이란 서로 대립관계가 아니라' 조화적임을 역(易) 신학자인 이정용은 다음과 같이 설명하고 있다. "선(善)은 절대적으로 선한 것이 아니라 악과 상대적인 것이며, 그것이 선한 것은 악 때문이고, 악은 선 때문에 형상화되는 것이다. 하나님은 '그를 사랑하는 자를 위하여 모든 것을 선(善)하게 역사(役事)하고 있는 것이다'(롬 8:28)." 양자물리학도 '세계는 복잡하게 얽힌 사건들의 역동적 상호작용의 그물을 이루고 있다'고 한다. 따라서 어려움을 당한다고 서러워할 것도 없고 순조로움을 만난다고 좋아할 것이 없는 것은 모든 상반되는 것으로 보이는 것은 '상호보완적인 것'(조화)이며, 하나(One)이고 같은 에너지의 상호작용이다.

98) '전체성인 예수'(One)를 설명하는 "주 하나님이 이르시되 나는 알파와 오메가라 이제도 있고 전에도

있었고 장차 올 자요 전능한 자라 하시더라"(계 1:8)에서 과거, 현재, 미래의 시제가 없다. '장차 올 자요'(호 에르코메노스)의 의미는 미래의 외적인 사건이 아니라, '전체성인 예수'(One) 즉 실상(true Self) 을 나타내고 있다. 서양 기독교 교리의 과거로부터 미래에로 변화하는 직선적인 구원사관과 동양 의 순환적 역사관은 다르다. 따라서 진리(예수)는 時空의 한계 속의 대상화가 될 수 없으므로 "우리 자신과 별도로 존재하고 있는 무엇인가를 진리(One)로 경배하는 것은 우리를 파멸시킨다"("우파니샤 드).

99) 윤회(輪廻)와 영혼선재설(욥 3:13)은 니케아 공의회(325년)까지 핵심 교리였으며, 우리는 "주에게로 돌 아갈 때"(롬 11:36)까지는 지상에서 윤회한다(말 4:5-6, 마 17:10-13). 야고보는 "온 몸을 더럽히고 삶의 수레바퀴를 불사르나니"(약 3:6)라고 하여, 불(퓌르, ego)이 온 몸(소마)을 더럽히고 윤회한다고 하였다. 예수는 "윤회를 벗어나지 못하는 인간을 도우려 이 세상에 왔다"(마리아복음)고, 또한 "윤회는 영원히 변화하는 연속적인 江의 법칙이다"(탈무드 임마누엘)고 말씀하셨다. 요한의 비밀서에는 "개체적 영혼 이 온전해질 때 환생을 멈추고 다른 육체에 들어가지 않는다"고 하며, 신학자들(오리게네스, 어거스틴) 도 긍정하였다.

100) 신비주의 신학자 오리게네스는 '영원한 지옥'의 교리를 부정하고, "하나님의 사랑에 의하여 어떤 인 간이라도 환생(還生)을 되풀이함으로써 궁극에는 구원을 받을 수 있다"고 주장하였다. 요한의 비밀 서에서도 환생은 차꼬(수갑)를 차는 것이라고 하였으며, 플라톤은 환생할 때 필요한 인간의 몸둥이 를 일종의 감옥으로 보았다. 예수의 "한 푼이라도 남김이 없이(마지막까지, 에스카토스) 갚지 아니하고 서는 결코 거기서(감옥) 나오지 못하리라"(눅 12:59)는 말씀은 ego를 없애지 않으면, 환생한다는 것을 의미한다. 그러나 영가 현각대사가 "깨달은 뒤에는 천지가 비어 있다"고 한 것 같이 깨닫게 되면 업 신(業身)인 몸의 환생과 현상계는 소멸된다.

101) 업보(業報)는 '행위의 결과에 따라 받는 과보(果報)'이다. 예수는 "다 갚기 전에는 결코 거기서 나오지 못하며"(마 5:26), "이자를 물고 그것을 빌려온 자는 대가를 지불해야 한다"(빌립복음 55)고 업보(業報)를 설명하셨다. 심리학자들은 우연한 사건이라는 것들의 대부분은 우연히 일어난 것이 아니라 잠재의 식의 표출이라고 한다. 따라서 우리는 '현상의 세계'(ego)로부터 '실재의 세계'(One)로, '미혹의 세계' 에서 '깨달음의 세계' 즉 잠재의식 속의 업보(業報)가 사라진 '저편의 세계로 건너가야 한다'(막 4:35). 우리의 고통은 과거의 '업보(業報)'가 사라지는 정화 과정이며, 사물의 진정한 상태를 보도록 가르치 는 영적 성장의 은총일 수가 있다.

102) 거듭나는 것(요 3:3)은 "영적 각성인 부활(깨달음)"(고후 4:16)과 같은 의미로써 "神(生命)이 아닌 것들만 제거하면 된다"(막 12:32). 완전히 죽는 자는 완전히 거듭나서, '한번 뛰어넘어 여래지에 들어간다'(禪) 는 것이므로 '거듭나는 것'(부활)은 옛사람이 십자가에 죽고, "그리스도 안에서 새사람으로 변화되는 것"(롬 6:4-6)이다. "그리스도께서 우리 죄를 위하여 죽으시고 장사 지낸 바 되셨다가 성경대로 사흘 (삼 헤메라, 빛) 만에 다시 살아났다"(고전 15:3-4)는 것은 예수의 육체가 부활한 것이 아니라, 참 생명인 神性(빛)으로 거듭남이다. 따라서 마리아 복음서의 저자는 부활하여 나타난 예수를 무아경 속에서 의 환상으로 해석한다.

103) 음양(陰陽)의 조화는 "양이 그 절정에 도달하면 음을 위해서 물러나고, 음이 그 절정에 이르면 양을 위해 물러나는 것이다"(주역). 또한 성경의 "의를 위하여 박해를 받는 자는 천국이 그들의 것이다"

(마 5:10)에서 굴복(陰)은 자기의 목표를 달성하는 해방(陽)을 성취하는 것이다. 이러한 '조화의 원리'(One)는 분리적인 서구사상과 다르게 '우주는 대립되는 두 가지 개념인 음양의 조화에 의해 운행된다'는 동양사상으로 현대 물리학의 양자 얽힘(同時性)이 증명하고 있다. 따라서 부조화가 악이며, 조화로움이 선(『도덕경』 42장)이므로 우리는 한쪽의 극단(ego)에 치우치지 말고 하나(One)의 진리대로 균형이 잡힌 조화로운 삶을 즐겨야 한다.

104) '하나(One)의 진리인 神(그리스도)만이 존재한다'(막 12:32)고 하는 不二의 진리는 "부처(佛性)란 결국 우주를 몸으로 한다"(十方如來 界法身)와 "법신(One)을 알고 보니 일물(一物)도 지님 없고, 근본인 제 성품은 천진한 부처"(『증도가』)라는 불교와 통한다. 아인슈타인은 "입자의 질량은 파동의 에너지와 동일하고, 우주는 따로 떼어질 수 없는 에너지의 역동적인 그물(網)이다"(E=mc²)라는 '하나(One)의 진리'(神性, 佛性)를 증명하였다. 용수(龍樹)보살은 佛性(神性) 외에는 아무것도 없다는 하나(One)의 진리를 "인연으로 생긴 모든 것은 곧 바로 空"(因緣所生法 我說即是空, 『중론』 즉 헛되고 헛된 허상(虛相)이라고 하였다(전 1:2).

105) 만족에 대하여 『바가바드 기따』에서는 "반대되는 선과 악, 성공과 실패에 마음이 흔들리지 않는 사람은 행위를 하지만 그것에 얽매이지 않고 만족한다"고 한다. 이와 같이 욕망을 제거하여 '행위를 행하면서도 행하지 않고'(無爲) 모든 것에 만족하는 사람은 전생에 쌓은 자기 업(業)의 사슬에서 해방된다. 사슬(chain)적인 에너지의 끌어당김의 법칙(類類相從)은 '순수한 의식에서 생겨나는 어떤 한 생각, 혹은 어떤 한 파동은 반드시 항상 많은 유사한 파동을 일으킨다'로서 증명된다(自業自得). 선한 일을 행한 자는 생명의 부활로, 악한 일을 행한 자는 심판의 부활로 나오며(요 5:29), 심판(크리마)은 하나님의 행위가 아니라 인간의 선택이다.

106) 대승불교의 '보살'은 육바라밀(六波羅蜜)의 실천을 통해 자신의 완성을 이룩해가는 동시에 다른 사람들도 완성시켜 정토(淨土)를 건설해간다. 육바라밀은 보시(布施) · 지계(持戒) · 인욕(忍辱) · 정진(精進) · 선정(禪定) · 지혜(智慧)의 여섯 가지를 말한다. 보시는 조건 없이 기꺼이 주는 것, 지계는 계율을 잘 지켜 악을 막고 선을 행하는 것, 인욕은 박해나 곤욕을 참고 용서하는 것, 정진은 꾸준하고 용기 있게 노력하는 것, 선정은 마음을 바로 잡아 통일되고 고요한 정신 상태에 이르는 것, 지혜는 진상(眞相)을 바르게 보는 정신적 밝음이다. 따라서 생멸(生滅)을 떠난 육바라밀은 '자비의 실천'(下化衆生)과 '지혜를 추구하는'(上求菩提) 생활이다.

107) "육체는 잠깐 있다가 없어지는 안개"(약 4:14)와 같다는 것은 "내 육(肉)에 善한 것이 거하지 아니하는 줄을 안다"(롬 7:18)라고 설명할 수 있으며, "육체라는 생각은 허깨비와 같이 미망에서 생긴다"(『유마경』. 현대과학은 육체를 분석하면 결국 에너지만 남는다는 것을 증명하였지만 時空을 초월한 신비한 에너지(氣)의 실체(神性, 佛性)는 규명하지 못하였다. 종교적으로 '그 실체는 무한한 가능성을 구비한 空(色卽是空, 전 1:2)이며, '空이 인연을 따라 형상화되는 것이 바로 色(육체)'(空卽是色, 히 11:3)이다. 육체(ego)는 안개와 같이 무익하지만, 우리의 영(靈, One)은 생명(요 6:63)이며, 불생불멸(不生不滅)한 神性(佛性)이다(요 10:34).

108) 죽음(사망)은 신학적으로 "맨 마지막으로 멸망 받을 원수는 사망이다"(고전 15:26)는 구절을 인용하여 '그리스도의 대속(代贖) 사역으로 극복된다'고 설명되어지고 있다. 그러나 여기서 '원수'는 '겉사람'(ego)을 의미하며, '사망(호 다나토스)'은 진리이신 하나님(One)과 단절되는 것을 의미한다. 죽음(사망)은

원수로써 극복해야 할 이원론적인 대상이거나, 예수의 대속(代贖)과는 관련이 없으며, 진리(One)를 벗어난 '상대성의 세계'(ego) 안에서만 그 의미를 갖는 것이다. 따라서 영원한 神性(靈)의 모습이 완전히 드러나는 깨달음의 영적 세계(true Self)에서는 삶과 죽음, 늙음과 병듦의 구별이 없는 하나(One)이며, 영생(永生)이다.

109) 기독교의 교리는 '육체와 영혼'이 서로 대립되어 있는 이원론적이다. 그러나 "만물이 주에게서 나왔으므로"(롬 11:36) 육체와 영혼 사이에는 본질적(One) 차이가 없고, 다만 현상적(ego) 차이만 있을 뿐이다. 현대 양자역학의 입자와 파동의 이중성은 동양사상과 같이 물체는 스스로 독립적 실체를 가지고 있지 않음을 증명하고 있다(諸法空). 우주는 하나의 전체적인 유기체이므로 '육체와 영혼, 물질과 정신은 나누어질 수 없으며'(色一性), 역동적인 에너지의 한 체계이다. 따라서 우주는 '유기적인 동일한 생명체'(同一律)이며, "세상이 나와 더불어 한(One) 뿌리이니, 모든 것들이 나와 하나(One)이다"(天地與我同根 萬物與我爲一, 『장자』).

110) 초월적 사랑과 자비가 지배하는 천국은 내면에 깃든 생명을 자각함으로써 지금 여기서 맛볼 수 있는 영적 세계이다. 따라서 "내가 새 하늘과 새 땅을 보니 처음 하늘과 처음 땅이 없어졌고 바다도 다시 있지 않더라"(계 21:1)에서 '새 하늘과 새 땅'은 '새로운 세상'(One)의 상징들이다. 천국은 우리들이 구름 속으로 끌어 올려 공중에서 주를 영접하게 되는 물질적 현상이 아니다(데전 4:17). 휴거를 설명하는 '구름(네펠레) 속으로'는 時空을 초월한 '마음 안에서의 구름'이며, 공중에서(에이스 이에라)는 마음 안에서의 공중이다. 따라서 천국은 마음 안에서 낚아 채임(할파조, 휴거) 즉 깨달음으로 주님과 하나(One)가 되는 경지이다.

111) 협성대학교의 신학교수인 이세형은 예수란 "구원자"에 대한 역사적이며 인격적인 이름이며, 반면에 그리스도(One)는 초역사적인 구원의 능력에 대한 이름이므로 인간의 구원을 위한 다른 이름들과 다른 종교를 배제할 수 없다"고 하였다. 따라서 이 세상에 중생이 한 사람이라도 남아있는 한 자기의 고통이 끝나지 않았다는 불교의 부처(One)와 이 세상에 소인이 하나라도 남아 있는 한 자신의 일이 끝나지 않았다고 한 유교의 공자(孔子, One)도 구원자이다. 따라서 구원자(구세주)는 "자신이 영생을 얻었고 해탈을 했으며 그로 인하여 남들을 영생으로 인도하고 해탈로 인도하는 사람"(true Self)으로 정의할 수 있다.

112) 독생자는 예수만이 아니라, 우리 모두가 본래 하나님과 하나(One)된 독생자이다(요 14:20, 17:11,21). 전체인 진리(One)를 가리고 있는 이원성인 겉 사람(ego)을 제거한 독생자(神性)는 "좋은 씨인 진리를 깨달은 자"(마 13:38)이며, 새 술에 취한자(행 2:13)로서 계속하여 출현하고 있다. 즉 예수의 "하늘(내면)에 계신 '우리' 아버지여"(마 6:9)와 내 입으로부터 마시는 자는 나와 같이 될 것이다(도마복음 108)와 같이 우리의 본성도 하나님의 독생자이다. 따라서 인간의 겉 사람(虛相, ego)을 벗어나 하나님과 하나(One)가 되어 진리의 속사람(實相, true Self)을 자각한 자는 하나님의 독생자이며, 나를 영생의 삶으로 구제해줄 구세주이다.

113) 하나님과 인간관계를 화해시키는 "중보자(仲保者)"가 예수라는 주장은 다음의 구절이 인용된다. "하나님은 한 분이시오 또 하나님과 사람 사이에 중보자도 한 분이시니 곧 사람이신 그리스도 예수라"(디전 2:5). 여기서 중보자(仲保者, 파라클레토스)는 독생자와 마찬가지로 "역사적인 예수"(개체적 자아)가 아니라 時空을 초월한 "우주적인 예수"(神性, One)를 의미한다. 하나님이 "그리스도(One) 안에서" 우

리와 화해하심으로 하나(One)되는 것이며(고후 5:19), 매개체인 "하나 됨"은 모든 종교의 영성수행의 목적이다(요 17:21). 이러한 영성수행은 맑은 거울과 잔잔한 물과 같이 고요하고 도덕적으로 깨끗한 마음을 가지게 한다(明鏡止水).

114) 응보(應報)의 진리는 자신이 처한 상황은 자신이 원인이 되어 나타난 결과라는 것이며(잠 4:23), 자신의 생각, 행위에 따라 "사람은 무엇을 심든지 그대로 거두는 것이다"(갈 6:7, 도마복음 45). 모든 것은 조화로운 '神의 뜻'인 행위의 업(業, karma)에 의한 '응보의 법칙'(內因外緣, 마 7:17)에 따른다. "선악의 업(業)에는 고락(苦樂)의 과보가 따르며"(『대승기신론』), 과학적으로 '신비한 힘'(energy)은 우주적인 진화 과정이다. 이번 生에서 겪는 모든 일이 인과응보의 발현업(發現業)에 따라 예정된 것일 뿐임을 아는 사람은 어떤 일을 겪어도 당황하지 않는다. 그러나 거듭나서 천국의 삶을 사는 사람(One)에게는 업(業, 운명)이라는 것이 없다.

115) 새사람의 삶에 대하여 바울은 "옛사람은 벗어 버리고...새사람을 입으라"(엡 4:22-24)고, 임제선사(臨濟禪師)도 "인간의 육체에 한 자리 없는 참사람이 있다"(一無位眞人)고 하였다. 여기서 옛사람(ego)을 버린 "새사람과 참사람"(true Self)이 바로 영원한 神性(佛性)이며, 神과 하나(One)가 되어 "천국의 구원이 성취된 세계"(常寂國土, One)이다. 이러한 대상화 할 수 없는 모든 것의 바탕인 실재야 말로 기독교가 하나님이라 부르고, 선불교가 空(本來面目)이라고 부르는 하나(One)이다. 따라서 톨스토이는 "유능한 주석가와 신학자들의 이원적인 설명을 모두 의심하며 부정했을 때에야 전에 깨닫지 못했던 것을 깨달을 수 있었다"고 하였다.

116) 인과법(인연법)은 모든 생각, 말과 행위는 대상과 더불어 상호작용에 의하여 일어난다는 것으로 아인슈타인의 상대성이론과 서로 상응되는 도리이다. 따라서 인연으로 생겨난 존재는 空이며, 만물이 모두 비어있는 헛된 것이다(諸法空), 우주 만물에 시간적 공간적으로 고정된 실체가 없으며(諸行無常), 현상세계는 모두 텅 비었다(五蘊皆空). 또한 혜능대사는 "본래 하나의 물건도 없는 것인데 어디서 티끌이 일어나리오"(육조단경)라고 하였다. 양자물리학에서 물질이란 궁극적으로 확실한 것이 없는 에너지로서 시간성과 공간성이 없으며(하이젠베르크의 불확정성원리), 끝까지 쪼개면 "입자이기도 하고 파동이기도 하다"고 空의 진리를 증명한다.

117) 업(業)의 법칙에 의한 윤회는 육신이 죽고 나서 업신(業身)의 영혼이 法身(神)과 하나가 될 때 까지 계속된다는 것이다. 우리들의 말과 생각은 하나의 사건으로 무의식에 저장되어 업(業)과 운명이 되며, '업(業)의 흐름'(삶의 수레바퀴, 약 3:6)은 반복되므로 사후에도 작용한다(마 11:14). "심는 대로 거두는"(갈 6:7) 업(karma)의 법칙은 모든 존재는 한(One) 몸이라는 연기법에 의한 것이며, 여러 사람이 같이 짓는 공업(共業)은 국가와 사회에 영향을 미친다. 불교의 육도윤회(六道輪廻)는 '天· 인간· 아수라· 축생· 아귀· 지옥'이며, 니체의 영겁회귀사상과 통한다. 윤회(환생)는 영혼이 성장하게끔 많은 기회를 부여하여 결국 천국에 이르게 한다.

118) '나비의 꿈(胡蝶之夢)'은 장자가 꿈에 나비가 되어 즐겁게 놀았다는 것으로 '나'와 사물은 결국 하나라는 뜻이다(物我一切). 만물이 하나로 된 경지에는 인간인 장자가 곧 나비일수 있고 나비가 곧 장자일 수도 있으며, 꿈과 현실의 구별이 없다. 우리가 눈으로 보고 생각으로 느끼고 하는 것은 만물의 변화에 불과한 꿈이다. 예수는 "내 나라는 이 세상에 속한 것이 아니다"(요 18:36)라고, 내면(true Self)의 탐구를 통한 영적인 삶(One)은 꿈과 같은 상대적인 사물의 획득과는 아무런 상관이 없다는 것을 말

씀하셨다. 따라서 우리의 고통과 불행은 다만 '변화무쌍한 상대적인 것'(꿈)이므로 스스로 절대화하여 절망감에 빠져서는 안 된다.

119) 승천과 "주께서 강림하실 때까지"(데전 4:15)에서의 재림(파루시아)은 영원한 생명으로 들어가는 것인 神性이 드러나는 깨달음으로, 하나(One)인 진리(그리스도)에 눈을 뜨게 되는 것이다(갈 2:20). 또한 보이는 것이 아니요, 보이지 않는 내면의 영(靈, 영적 자아)이 꿈에서 깨어나는 것 즉 마음 밭을 갈아엎는 것이다(고후 4:18). 예수는 육체가 아니라, 전체성인 한 분이며(마 23:10), 지금 여기 나의 내면에 계시므로(갈 2:20) 재림(강림)으로 다시 올 수가 없는 하나님(神性)이다(요 1:1). 부처는 육체가 아니라 오지도 않고, 가지도 않으므로 如來라 일컬어지며(『금강경』), 중생의 마음에 번뇌가 있으면 法身(神)이 나타나지 않는 것이다(『대승기신론』).

120) 역(易)의 신학은 신학박사인 이정용이 주장하며, 재수육(在受肉) 즉 윤회(輪廻)의 가능성을 제안하고 있다. "역(易)의 원리"(陰陽의 변화)에 따르면 가장 작아진 순간 가장 큰 것에로 확장을 시작하며, 육체의 몸의 확장과 수축의 과정은 재수육(再受肉)의 과정이지만 전통 신학에서는 경시하였다는 것이다. 영국 감리교 신학자인 웨더헤드(Whetherhead)는 다음과 같이 주장하였다. "나는 재수육의 교리가 기독교의 교리에 모순되지 않는다고 생각한다. 예수가 활동하던 당시만 하더라도 재수육의 교리는 인정된 신앙 전통이었다. 그러나 533년 콘스탄티노플 회의에서 좁은 편견을 보인 다수에 의해서 재수육(再受肉)의 교리는 기각되었다."

121) 하나님이 생성과 변화(成住壞空)의 근원(One)이라는 것은 대상의 神(他者)이 아니라, 생성의 과정을 일으키는 변화이며, 공중의 새를 기르고, 들의 백합화를 자라게 하시기 때문이다(마 6:26). 일체만유가 神(佛)과 다르지 않는 불이불(不異佛)이므로 우리는 모든 것을 우주 에너지(氣)인 神(佛, One)에게 맡겨야 한다(마 6:10, 막 14:36). 이러한 맡김에 대하여 노자는 "가장 좋은 것은 아래에서 그가 있다는 것만 아는 것"(『도덕경』 17장)이고, 공자는 "아무것도 하지 않고 능히 다스린다"(『論語』)고 하였다. 따라서 예수는 유대인의 유일신(唯一神)과 같은 타자는 처음부터 "살인한 자요, 거짓말쟁이요, 거짓의 아비"라고 말씀하셨다(요 8:44).

122) 니체가 비판한 '유일한 인격적 존재로서의 神'(一神論)은 전체로서 하나(One)가 아니라 神을 제한하며, 또한 비인격적인 존재와 주객(主客)을 나누는 이원적인 속성이며 대상적이다. 스피노자는 神의 인격성을 제거시키기 위하여 神을 자연이라 하고, 신학자 틸리히는 인격신보다는 궁극적 관심, 존재 자체와 존재의 근거라고 하였다. 사신(死神)신학자들은 인격신의 죽음을 선언하고 불교의 無, 空 또한 노자의 道와 같은 비인격적인 神을 주장하였으며, 이에 따라 인격과 비인격 신관의 조화를 이룬 과정신학, 역(易)신학, 道신학 등의 현대 신학이 새롭게 나왔다. 따라서 모든 것이 神의 존재를 증명하는 것은 스스로의 체험이 아니면 불가능하다.

123) 진리(神)의 '비유와 상징'에 대하여 장자는 다음과 같이 설명하고 있다. "우물 안의 개구리에게 바다에 대하여 이야기를 해도 알지 못하는 것은 공간의 구속을 받고 있기 때문이며, 깨달음이 아닌 인간의 유한한 것으로 무한한 것을 이해한다면 결국 위험에 빠질 것이다." '유한 상대적인 세계'(ego)에 살고 있는 우리는 눈에 보이지 않는 '무한 절대적인 세계'(One)인 진리(神)를 논(論)할 때 결국 '비유와 상징'일 수밖에 없다. 따라서 우리는 성경을 '영(靈)의 전체성이 아닌 오직 문자나 언어적 해석'(고후 3:6, 고전 1:17)에 의한 독선과 배타성을 버려야 하며, 또한 '영적인 진리'(One)는 오직 기독교만 독점

할 수 없다(마 5:45).

124) 하나님은 '대상의 神'(他者)으로서 벌(罰)이나, 용서하는 신화속의 인물과 같은 것이 아니라, 조화 속에서 '인과(因果)의 작용'(神의 뜻, 요 9:3)을 가능하게 하는 전체로서 하나(One)이다. 예수는 둘이 아닌 하나님(One)이 아니라 '대상의 神'(데오스)을 섬기는 유대인들을 향하여 "너희는 너희 아비 마귀에게서 났으니"(요 8:44)라고 질책하셨다. 인과의 카르마(業) 법칙(요 8:11)은 행위와 생각을 결과에 연결시키는 '선한 행위는 선한 결과를 낳고, 악한 행위는 악한 결과를 낳는 것'(善業善果 惡業惡果)이다. 악한 자는 죽은 후 자기가 뿌린 씨의 인과응보로써 지옥에 빠지지만, 타인인 神이 악한 자를 지옥으로 던지는 것은 아니다.

125) 神과 인간의 영(眞我)은 하나(One)로서 같은 것의 두 가지 표현 양식이며, 진리(眞我)를 깨달은 사람이 몸을 떠나면, 마치 항아리가 부서지자마자 항아리 속의 허공은 편재하는 허공(진리)과 하나(One)되는 것과 같다. 따라서 '개체적 영혼'(ego)은 마음과 같이 실재하지 않는 것이다. '하나(One)의 진리'적으로 우주 만물은 神(生命) 아님이 없으므로(諸法實相, 막 12:32), 세계는 세계가 아니므로 이를 세계라 부른다(금강경). 영적인 눈(慧眼)으로 세계를 본다면 하나(One)의 텅 빈 허공가운데 묘한 佛性만이 밝게 빛나며(眞空妙有), 푸른 대나무와 노란 꽃이 모두 진여(眞如)이다. 따라서 전체가 하나님을 깨달은 마음이 반야(般若)이며 열반이다.

126) '우주 만물에는 하나님(神性, 佛性)으로 충만하다(一切衆生悉有佛性, 막 12:32)고 하는 하나(One)의 진리는 양자역학과 아인슈타인의 상대성 원리가 모든 것이 상대적으로 있는 것이지 절대적으로 고유하게 있는 것이 아니라고 하는 것으로 증명하고 있다. 모든 물질이란 결국 에너지의 운동양상에 불과한 것이므로 절대 시간, 절대 공간, 절대 물질은 없는 것이며(諸法空), 다만 전자기(電磁氣)가 충만한 장(場: field)만이 실재한다는 것이다. 이와 같이 전자기장의 에너지가 모든 물질과 공간에 충만해 있다는 것은 천지우주에 생명인 神性(佛性)이 충만하다는 것이다. 따라서 만물과 나, 너와 나, 神(부처)과 나가 둘이 아닌 하나(One)이다.

127) 인간의 영(靈)은 창조된 것이 아니라 '이미 존재하고 있었던 것'이라는 진리는 샤르댕 신부가 주장하는 진화론적 이해와 통한다. 그는 "에너지는 하나(One)로서 만물이 거기부터 나오고, 되돌아가는 영원한 유일의 보편적인 실재이며, 새로운 神이다"(엡 4:6)라고 하여 神과 인간을 나누는 독단적인 교리를 극복한다. 현대 과학적으로는 인간의 몸은 여러 가지의 물질로 구성되어 있고, 물질은 분자, 원자, 양성자 등으로 쪼개어지면서 텅 비어 있다. 그러나 참다운 空(神)은 묘하게 존재함으로(眞空妙有), 『화엄경』에서는 "마음, 부처, 중생 이 세 가지는 아무 차별이 없다"고 하였다. 즉 예수의 靈, 靈인 하나님, 우리의 靈은 하나(One)라는 것이다.

128) 유출설(流出說)은 플로티노스(Plotinos)가 "모든 것이 하나(一者, the one)에서 나와서 다시 하나로 돌아간다"(一切萬法 不離自性, 롬 11:36)로 설명한다. 동양적으로는 "有는 근원(One)인 無(空)에서 생겼고"(有生於無, '도덕경' 40장), "근원(One)인 태극(太極)과 道는 음양(陰陽)을 낳는다"(『주역』)고 하여 진화론적 사상으로 뒷받침하고 있다. 불교의 『대승기신론』에서도 "一心(One)의 두 가지 문(心眞如門과 心生滅門)이 일체의 모든 현상을 포섭한다"고 한다. 예수는 '하나님(One)의 증거는 움직임(動)과 쉼(靜)이다'(도마복음 50:2)고 하셨으므로 만일 누가 어떤 사물에서 근원(One)을 본다면 '不二인 하나님'(마 23:9)을 본 것이다.

129) 성(聖) 프란시스는 "모든 것이 한 근원에서 나오며, 神性(佛性)이 너와 나 뿐만 아니라 모든 만물에 임재 함으로 모두가 화목하여야 한다"(草木國土 悉皆成佛, 마 5:24)고 하였다. 양자역학도 보는 자와 보이는 대상 즉 주객은 둘이 아닌 하나이며, '너'와 '나'의 구별된 공간이 없다는 것을 증명하고 있다. 이와 같이 '만물과 하나가 된 경지'를 이사야(11:6-8)는 "이리가 어린 양과 함께 살며 … 젖 뗀 어린아이가 독사의 굴에 손을 넣을 것이라"고 묘사하였다. 엑카르트는 "神을 깨달은 자에게는 만물에 神의 맛이 나고, 만물에서 神의 모습을 본다"고 하였으며, 『아미타경』에는 "물줄기, 새들, 나무들이 모두 부처님(진리)을 노래하네"라고 한다.

130) 신정론(神正論)은 神이 전능하고 선하다면 왜 이 세상에 악이 존재하는가를 설명하는 것으로 '자유의지 신정론, 보상 신정론' 등이 있다. 이러한 이론은 神과 인간, 선과 악을 나누는 이원성을 전제함으로, 나누어질 수 없는 즉 대상이 아닌 神(One, 막 12:32)과는 아무 관계가 없다. 따라서 神을 알려면 예수와 부처의 경지와 같이 ego를 소멸하고 神과 하나(One)가 되는 깨달음(거듭남, 無心) 외의 학문적인 증명으로 가능하지 않는 것이다. 마하르쉬는 "외부의 神, 악과 고통은 허상으로 진리의 깨달음으로 꿈과 같이 사라지고, 행위의 열매는 神의 법칙에 따라 거두어지기 때문에 책임은 오직 자신에게 있다"(自業自得)고 하였다.

131) 유신론(有神論)을 주장하는 자들은 존재(有)를 항상 神으로 여겨 왔다. 그러나 과정신학에서 주장하는 것과 같이 존재 자체는 生成力(One)과 일치하지만, 존재(有)는 이원론적 사유에 빠지기 쉬운 것이다. 또한 그들이 신비주의적인 불교나 대부분의 동양 종교를 무신론(無神論)이라고 오해하는 이유는 동양 종교가 현상적 존재(有)를 부인하고 존재 자체를 궁극적 실재(神)로 보기 때문이다. 일원론을 주장하는 불교에서 '달'은 존재 자체이고 달을 지적하는 '손'은 존재이며(指月), 空은 모든 것이 만나는 하나(One)이다. 이러한 空은 고정적인 실체성을 부정하는 데 그치지 않고, 그릇된 분별을 벗어나 자유와 해방을 목표로 삼는 실천적인 이념이다.

132) 아인슈타인은 '마음 밭인 자아(ego)로 알 수 있는 것은 '상대적으로 그렇게 보이는 것'(假相)이며, 진실한 모습인 실상(實相)은 아니라고 하였다. 물질계는 상대성과 이원성의 근본 원리에 따라 생성, 변화, 발전, 소멸하는 연기적(緣起的)이므로 '모든 것은 실상이 아니라 空하다'(諸法空). 그러나 '나는 누구인가?'의 질문을 통하여 깨달음인 '근본(神性)의 회복'(요 15:27)으로 분별하는 마음이 걷히면 전체로서 하나(One)의 세계인 천국(극락)의 실상이 나타나는 것이다. 따라서 "깨달음(거듭남)이란 마음 자체가 분별을 떠난 것"(『대승기신론』)이기에 '神과 인간은 같지도 않고, 근본적으로 다르지도 않다'(不一不異)는 신관(神觀)이 성립된다.

133) 예수만이 '생명의 빛'(神性)이 아니라 우리도 마찬가지인 것은 우리의 본성(靈)이 시시각각 변하는 '몸과 마음'(虛相)이 아니라 光明의 神性(實相)이기 때문이다(요 15:27). 우리도 말씀(Logos)이 육신으로 된 존재이며(요 1:1), 내면의 神性(세상의 빛)을 깨닫게 되면, 죄, 병 그리고 죽음까지도 본래 없다는 것을 알게 된다. 우리의 인간성과 우주 만물의 본질은 일체에 두루 존재하고 있는 神性으로서 이를 인격화하여 믿으면 하나인 하나님(부처님)이다(非二元論). 따라서 공자는 仁으로 우주를 하나로 보았으며, 석가모니도 "일체중생과 산하대지가 한결같은 모든 지혜 공덕을 원만히 갖춘 부처님 아님이 없다."라고 찬탄하였다.

134) 1970년에 발견된 '가룟 유다'가 기록한 '유다의 사라진 금서'(유다복음)에는 다음과 같은 내용이 있다.

"예수는 유다에게 다음과 같이 말하며 자신을 배신하라는 임무를 맡긴다. 너는 다른 모든 사도가 저주하는 제자가 될 것이다. 너는 나를 덮고 있는 이 육신을 희생시킬 것이다." 스퐁 주교는 "가롯 유다는 성서의 저자들이 종교적 열망 가운데 기대했던 것들에 일치시키려고 구약을 이용하여 만들어낸 자이며, 공관복음은 목격자의 증언이나 역사가 아니라, 유대인들의 예배 문서들이다. 또한 유다의 배반은 제일 먼저 기록한 바울이 알지 못하는 후기에 발전된 전승이며, 유대인들에 대한 의인화(擬人化)이다"(창 37:26~27)라고 주장하였다.

135) 1970년 이집트의 사막에서 발견된 유다복음(예수와 유다와의 밀약)은 "예수가 가롯 유다와 대화한 비밀 기록"이라는 말로 시작한다. 유다복음의 예수는 神性의 불꽃의 자각으로 구원될 수 있다는 것을 선포하고 있다. 유다는 예수를 배반한 것이 아니라 사명을 받고 하나님의 계획에 참여한 자로써 설명되고 있으며, 고대 비밀 가르침에서는 유다가 목매어(마 27:5) 혹은 배가 갈라져 죽은 것(행 1:18)이 아니라 '계속 선교를 하였다'고 기록하고 있다. 영국의 버밍엄대학교 신약학 교수인 고울더는 "세 개의 공관복음서가 회당에서 사용될 목적으로 기록되었고, 구약의 내용과 인용으로 가득한 유대인들의 예배 문서이다."라고 주장하였다.

136) 원죄설(原罪說)은 인간의 성적 교섭으로 죄가 지속된다고 주장한 어거스틴에 의하여 교리화되었으며, 아담과 하와의 죄 즉 "한 사람으로 말미암아 죄가 세상에 들어왔다"(롬 5:12)는 구절이 인용되었다(영혼유전설). 그러나 한 사람(안드로푸)는 그림자인 겉사람(業, ego)이며, 진리를 바로 보지 못하는 것이 원죄이다. 원죄설은 너희는 神이며(요 10:34), 천국은 어린아이의 것(막 10:14), 神의 자녀와 씨(요 1서 3:1,9), 인과법칙(겔 18:20, 렘 31:30)과 상반되며, '있는 것'(實相)은 보지 못하고 '없는 것'(虛相)을 본다고 하는 無知가 원죄이다(요 9:41). 양자역학적으로 우주는 순수 에너지(實相) 그 자체이기 때문에 원죄는 상상의 개념(虛相)이다.

137) "나는 누구인가?"를 깨닫는 것은 "내가 神(부처)임을 자각하는 것"(요 10:34)이요 하나님과 예수를 아는 것 즉 하나(One)가 되는 것이며, 생명을 얻는 길이다(요 17:3). "너 자신을 아는 것이 곧 神을 아는 것"(영지주의 복음서)으로, 너희의 아버지는 한 분이시니 곧 하늘(우라노이스, 속사람)에 계신 분이며(마 23:9), 또한 우리의 근본(아르케)은 예수와 하나(One)이다"(요 15:27). 부처는 중생이 그와 더불어 차이가 없음을 깨닫게 하기 위해 이 세상에 왔으며(人卽是佛), 동방교회의 근본교의도 인간의 신화(神化)이다. 따라서 진리(神)를 자각하면 "여자(귀네, ego)는 교회에서 잠잠하라"(고전 14:34)와 같이 "겉 사람"(ego)은 저절로 소멸된다.

138) 사사무애(事事無碍)는 事와 事, 즉 현상계가 서로 걸림이 없는 법계로서, 한 티끌 속에 시방세계가 자유자재롭게 출입해도 걸림이 없는 하나(One)의 절대세계이다. 이러한 분별이 사라진 반야지혜(神)로 통찰할 때 만물은 본래 하나로 경험되는 일미평등(一味平等)한 진여법계(眞如法界)이며, 또한 티끌 하나도 부처님 아닌 것이 없으므로, 일체 존재가 부처(神)요, 우주의 실상(實相)이 바로 극락세계이다. 일체법에 걸림이 없게 되는 것은 일체를 실상(實相)대로 보기 때문이며, 물결과 바다가 둘이 아닌 것과 같이 나와 부처(神)는 둘이 아닌 하나(One)이다. 이러한 경계가 이른바 일체법이 空한 자리로서 성불(成佛)하는 길의 오묘함이다.

139) 삼법인(三法印, 세 가지 진리)이란 '온갖 물(物)·심(心)의 현상은 모두 생멸 변화하는 것'(諸行無常), '우주 만유의 모든 법은 인연에 의해 생긴 것이라 전체에서 분리된 독자적인 자아라고 할 수 있는 실체가

없는 것'(諸法無我) 그리고 '생사윤회의 고통에서 벗어나는 佛性의 이상세계'(星槃寂靜)를 말한다. 과학적으로 무상(無常), 무아(無我)로 다 텅 비어 있는 것 같은 '無(空)의 자리'에 바로 부처(神)인 순수생명 energy(빛)가 충만해 있는 것이다(眞空妙有, 롬 1:20). 이러한 불교의 無 이해는 신학자 틸리히의 『종교에로의 용기』에서 神을 뛰어 넘는 神을 말한 것과 통한다. 즉 '종교적 神'(개념적 神)에 대한 부정이야 말로 하나인 神이다.

140) 제행무상(諸行無常)은 '이 현실세계의 모든 것은 매순간마다 변화하는 무상한 것이다'(막 13:31)라는 것으로 아인슈타인의 상대성 원리에 의하여 과학적으로 증명된다. 우리 인간을 비롯한 일체만유는 무한한 순수 에너지(神, 부처)의 바다 위에 이루어진 끊임없이 움직이는 허망한 파도나 거품과 같이 헛된 것이다. 따라서 고통은 제행무상(諸行無常)을 모르는 無明에 근거한 이원성의 집착 때문에 짓게 되는 '몸, 입, 뜻'(身口意)의 세 가지 행위의 업(業) 때문이다(業因業果). 이렇게 인간은 無明(원죄)의 장애물로 고통을 당하지만 본래 내면에 있는 "하나님의 씨"(요일 3:9)인 神性(true Self)의 자각으로 어떠한 불행도 극복할 수 있다.

141) '영원한 빛'(神性)은 일체존재의 근본 요소인 양자, 중성자 등의 소립자가 우주에 충만한 장(場) 에너지인 光明의 파동으로부터 인연에 따라 이루어진 입자(粒子)임을 증명함으로써 설명되어진다(양자역학). 물질은 그대로 光明의 형상화인 텅 빈 空(sunya)에 지나지 않는다는 것이며, 에너지의 진동으로 에너지가 빠른 속도로 회전할 때 그 에너지는 물질처럼 보인다. 빛의 장(場) 에너지인 전자기장이 모든 물질과 공간에 충만해 있으며, 그 근원은 생명의 빛(요 8:12)인 神性(佛性) 즉 生과 死가 둘이 아닌 不二法門(절대 평등의 경지)이다. 노자도 "道는 근본적으로는 텅 비어 있지만 실제로는 만물에 충만해 있다"(『도덕경』 4장)고 한다.

142) '새로운 피조물'(크티시스) 즉 神性(佛性, One)의 드러남은 "하나님의 보편적인 은총"(마 5:45)을 통하여 기독교와 다른 길인 불교에서도 가능하다. 왜냐하면 바울은 "이방인(불교)과 유대인이 모두 한(One) 성령 안에서 아버지께 나아감을 얻을 수 있을 것이다"(엡 2:18)라고 하였기 때문이다. "하나님은 모든 사람이 구원을 받으며 진리를 아는 데에 이르기를 원하시므로"(딤 2:4) '교회 밖에는 구원이 없다'는 이원성의 주장은 보편적인 진리(One)를 한정하는 모순적인 역사적 산물(교리)이다. 신학자 라아너는 "진리를 따르는 익명의 그리스도인들에도 '영원토록 동일한 주님'(One, 히 13:8)의 은총과 사랑을 받고 있다"고 주장하였다.

143) 우주법칙(成住壞空)은 영원히 되풀이 되는 영겁회귀(永劫廻歸, 니체)로 세계가 성립되는 긴 기간인 성겁(成劫), 존속하는 주겁(住劫), 파괴되어 가는 괴겁(壞劫), 아무 것도 없는 空의 상태로 지속되는 공겁(空劫)을 말하며, 空은 에너지의 장(場)이라 할 수 있다. 진리 차원에서 空(One)이라는 의미는 텅 빈 것이 아니라 생명(神性)으로 가득 차 있는 것이므로 '텅 빈 충만'이라는 표현을 사용하기도 한다. 따라서 '영혼의 잠을 깬 자'는 모든 현상은 '순수 생명에너지'(神性, 佛性)의 '다양한 표현'(顯現)임을 자각하며(롬 1:20), 우리가 생각마다 부처님(One)을 생각하고 진리(One)를 생각하면, 모든 것이 극락세계이다(念念菩提心 處處安樂國).

144) 삼법인(三法印)이란 '온갖 물(物)·심(心)의 현상은 모두 생멸 변화하는 것'(諸行無常), '우주 만유의 모든 법은 인연에 의해 생긴 것이라 전체에서 분리된 독자적인 자아라고 할 수 있는 실체가 없는 것'(諸法無我), '생사윤회의 고통에서 벗어나는 佛性의 이상세계'(星槃寂靜)를 말한다. 과학적으로 보면 무상

(無常), 무아(無我)로 다 텅 비어 있는 것 같은 '無(空)의 자리'에 바로 '하나(One)인 부처(神) 즉 生命'(一佛乘)이 충만해 있는 것이다(롬 1:20). 이러한 불교의 '無' 이해(無相)는 틸리히의 『종교에로의 용기』에서 '神'을 뛰어 넘는 '神'을 말한 것과 통한다. 즉 '종교의 神'인 '개념화된 神'에 대한 부정이야말로 '하나(One)인 神'이다.

145) 제행무상(諸行無常)은 이 현실세계의 모든 것은 매순간마다 생멸(生滅), 변화하고 있다는 것으로 아인슈타인의 상대성 원리에 의하여 과학적으로 증명되고 있다. 우리 인간을 비롯한 일체만유는 찬란하고 무량무변(無量無邊)한 부처(神: One)의 바다 위에 이루어진 끊임없이 변하고 있는 허망(虛妄)한 파도나 거품과 같다. 불교적으로 고통은 변하며, 텅 빈 空을 모르는 無知(無明)에 근거한 이원성의 집착 때문에 짓게 되는 '몸, 입, 뜻'(身口意)으로 행하는 세 가지 업(業) 때문이다(諸苦無明故). 이렇게 인간은 無明(원죄)으로 고통을 당하지만 본래 내면에 있는 "하나님의 씨"(요일 3:9)인 神性(佛性: true Self)의 자각으로 극복할 수 있는 것이다.

146) 삶과 죽음이 하나(One)라는 것은 "내가 사는 것이 그리스도니 죽는 것도 유익함이라"(빌 1:21)로 설명되어진다. 바울은 진리(One) 안에서는 삶과 죽음이 하나(One)가 되므로 '살든지 죽든지'라고 하였고, 근원(One)에서는 삶과 죽음이 하나이므로 죽음도 달지 않을 수가 없는 것이다. 죽음이란 불생불멸의 실상인 '영적 차원'(true Self)에서는 없으며, 다만 허상인 '육체의 차원'에만 있을 뿐이다(마 8:22). 즉 보이는 것은 잠깐(허상)이요 보이지 않는 것은 영원(실상)하다(고후 4:18). 따라서 혜능대사는 임종 때 "自性(靈)은 본래 남(生)도 없고 없어짐(滅)도 없으며, 감(去)도 없고 옴(來)도 없다"(『육조단경』)고 하였다.

147) 내면의 변화인 회개는 스스로의 정체를 알게 하는 것이며, 예수는 요한으로부터 세례를 받은 후에 "내 사랑하는 아들이요 내 기뻐하는 자"(마 3:17)임을 깨달았다. 다만 그 때 비로소 '하나님의 아들'(One)이 된 것이 아니라, 이미 있는 그대로의 '영적 참된 자기'(神性)인 '진리와 생명'(神)이 드러난 것이다. 예수가 세례를 받고 성령을 통해 영적으로 태어난 것처럼 우리 역시 처음에는 육체적으로 태어났다가 세례를 받으면서 성령을 통해 다시 神性(One)으로 태어난다. 또한 혈과 육은 천국을 이어받을 수 없으며(고전 15:50), 세례 때 성령을 받는 사람들은 거짓 자아(ego)가 죽었다가 부활인 영적인 변화로 다시 태어난 것이다(빌립복음).

148) 연기법(緣起法)은 "이것이 있으면 저것이 있고, 이것이 없으면 저것이 없다"(中阿含)는 것이다. "그 열매로 나무를 아느니라"(마 12:33)와 "만물은 서로 안에, 서로 더불어 존재한다"(빌립복음)는 구절과 같이 모든 것은 연기의 관계가 있지만 고유한 실체가 없는 空이며, 참된 나와 세계는 별개의 존재가 아니라 인연으로 된 한 몸이다. 과정신학도 空의 진리를 '현실 세계는 생성 가운데 존립한다'고 설명하고 있으며, 양자역학의 상보성 원리는 음과 양은 서로 상보한다고 한다. 아인슈타인은 "우주는 끊임없이 움직이는 생성의 과정 가운데 있으며, 현대과학의 요구에 부합하는 종교가 있다면, 그것은 곧 불교가 될 것이다."라고 하였다.

149) 모든 것은 無明(無知)에 의하여 인연(業)따라 나타남으로 부처는 십이연기설(十二緣起說: 無明, 行, 識, 名色, 六處, 觸, 受, 愛, 取, 有, 生, 老死)을 가르쳤다(一切唯心造). 생로병사(生老病死) 우비고뇌(憂悲苦惱) 등의 모든 괴로움은 無明(무지)에서 연기함이며, 無明이 사라지면 모든 괴로움이 자취도 없이 사라진다는 이론이다. 참선, 염불, 예배, 경전공부 등으로 無明(죄)이 걷힐 때 마음은 다시 그 '본래의 모습'(神)으

로 돌아가게 되며 이 돌아감이 깨달음(거듭남)이다(『대승기신론』). 따라서 우리의 마음(true Self)에 無明 (분별)이 사라지면 세상의 모든 것이 평등한 하나(One)의 '부처님의 나라'(하나님의 나라)가 성취되는 것이다(요 3:3).

150) 업보(業報)는 그림자가 물체를 따르는 것과 같이 자신의 행위(身·口·意)의 결과에 따라 받는 과보(果報)이다. 예수는 "네가 한 푼이라도 남김이 없이 다 갚기 전에는 결코 거기서 나오지 못하며"(『중도가』, 마 5:26), "이자를 물고 그것을 빌려온 자는 대가를 지불해야 한다"(빌립복음 55)고 말씀하셨다. "해 아래에는 새 것이 없고"(전 1:9), 전생에 있던 것이 현생에 존재함으로 하나가 될 때까지 업보의 인과는 계속된다(영혼선재설, 잠 8:22, 렘 1:5B). 부처는 "인간의 뭇 삶들은 자신의 업(業)을 주인으로 하는 자"라고 하였으며, 고통은 업보가 사라지는 정화의 과정이다. 따라서 전생이 없다면 타고난 부귀빈천의 운명 차이를 설명할 수 없다.

151) 절대세계인 천국(One)을 빌립복음에서는 다음과 같이 기록하고 있다. "이브가 아담 속에 있을 때는 죽음이 없었다. 이브가 아담에게서 분리되었을 때 죽음이 생겨났다. 아담이 과거의 자신으로 들어가서 자기 속에 이브를 온전히 받아들인다면 죽음은 사라질 것이다." 주객으로 분리되었을 때는 '육적 차원'(ego)인 生과 死의 구분이 있지만, 그러나 진리(One)를 자각하면, 이원성의 구분인 生과 死가 사라지는 '절대세계인 천국'이 된다. 현대 물리학이 주객의 구분은 헛된 것이라고 증명한 것과 같이 神과 인간, 물질과 영혼, 生과 死의 이원성(ego)의 구분을 초월하여 살아간다면 그것이 바로 '진정한 인간'(true Self)의 행복된 삶이다.

152) 모든 것을 부정해버린 뒤에 도달하는 '팔불중도(八佛中道)의 진리(One)'는 "남(生)도 없고 멸(滅)함도 없으며, 항상(恒常)하지도 않고 단멸(斷滅)하지도 않으며, 동일(同一)되어 있음도 아니요 다름도 아니며, 옴(來)도 아니요 또한 가는 것(去)도 아니다"(不生不滅, 不常不斷, 不一不異, 不來不出去). 즉 공간 개념·시간 개념·수량 개념·운동 개념이 없다는 중도실상(中道實相)이다. 이러한 '하나(One)의 진리(中道實相)는 종교와 비 종교, 성(聖)과 속(俗), 하나님과 세상 등의 이원적 대립을 초월하는 '초종교적 영성의 세계'이다. 길희성 교수는 이러한 "초종교적 영성(One)이야말로 탈종교 시대를 사는 현대인이 추구해야 할 영성이다"고 주장한다.

153) '부처가 곧 중생이고 중생이 곧 부처'라는 진리(One)는 일본의 선사(禪師) 하꾸인(白隱)이 물과 얼음의 비유로서 설명하고 있다. 즉 아무리 단단한 얼음도 녹게 되면 물이 되는 것처럼 일시적인 중생도 '본래의 자기'(佛性: 神性)를 깨닫는다면 영원한 부처(神)가 된다는 것이다. 탈집착을 성취하는 선(禪)은 "천지우주 만유가 바로 부처(神)인 것 즉 '내가 부처(神: One)가 되어 참된 자유를 구하는 길"이다. 이러한 하나(One)를 추구하는 선불교(禪佛敎)는 기독교의 신비신학자들의 영성 수행과 통한다. 따라서 '절대자인 神(부처)'는 감각적 지각과 사유에 의한 인식을 초월하므로 우리는 '신비적 체험'에 의해서만 神(부처)에 접할 수 있는 것이다.

154) 단일성(單一性)인 불이론(不二論)은 절대적인 평등을 말하며, 色과 空은 구별되면서도 다르지 않는 것(色卽是空) 즉 '하나가 아니면서 둘도 아니라는 불이불이(不一不異)와 같다. 아인슈타인은 "거품과 파도와 같이 물로 된 것들은 바닷물(One)과 조금도 다르지 않지만 동일한 것이 아닌 것과 같이 모든 종교, 예술, 과학은 한(One) 나무에서 뻗은 가지들이다"(막 12:32)라고 하였다. 민희식은 그의 『법화경과 신약성서』에서 "신약성서는 『법화경』과 유사하다"고, 아치볼드 스코트 목사는 "부처의 책들의 내

용과 신약성서의 내용 사이에 존재하는 많은 일치점"에 관해 언급하였고, 막스 뮐러는 "기독교가 불교의 영향을 받아 생겨났다"고 주장하였다.

155) 실상세계(實相世界)는 달을 비유로 다음과 같이 설명되고 있다. 상대적인 현실세계(ego)는 물에 비추어진 부서져 보이는 달의 영상과 같지만, 절대적인 실상세계(華藏世界)는 아무 결함이 없는 완전한 둥근 달(One)로서 고통과 불행이라는 것이 없다. 우주의 본바탕(One)은 바른 길로 가는데 방해가 되는 악업의 장애(業障)때문에 가려서 모를 뿐, 空 그대로 가득 찬 진공묘유(眞空妙有)의 생명(神)이며, 佛性(神性, true Self)의 光明이 빛나고 있다. 현대 물리학에서도 입자(粒子)는 장(場)이며, 장(場)은 허공으로 다만 비어 있는 것이 아니라 순수 생명에너지(神性, One)의 충만함이라고 하며, 오직 스스로 터득하여 증거할 수 있을 뿐이다.

156) 기독교의 '보편적이며 세계적인 종교의 길'에 대하여 종교다원주의 신학자로서 현재 뉴욕 유니온 신학대학원의 교수인 폴 니터는 불교와의 대화를 통하여 충분한 가능성을 그의 책들을 통하여 제시하고 있다. 과정신학자인 존 캅은 기독교뿐 아니라 타종교나 타문화에도 하나님은 '에너지-사건(energy-event)'으로 활동하고 있기에 종교 간의 대화의 필요성을 제시하였다. 따라서 아인슈타인이 "모든 것은 에너지다"(E=mc²)라고 하나의 진리를 증명하고 있는 것과 같이 보편적인 진리는 천지우주의 모든 곳에 편재함으로 특정한 기독교만이 독점적으로 소유할 수 없다. 따라서 우리는 타종교인에 대한 해외 선교를 자제하여야 한다.

157) 진공묘유(眞空妙有)는 '다만 텅 비어 있는 것이 아니라 신비하게 무한한 에너지가 충만해 있다'는 것이다. 양자역학의 비국소성 이론에서는 물체들은 시간성과 공간성이 없으므로 空(텅 빔)이라고 한다(諸行無常, 諸法無我). 즉 삼라만상의 일체는 고(苦), 공(空), 무상(無常), 무아(無我)라는 것이다(四正見). 그러나 空은 입자가 이루어지고 또는 소멸되는 율동을 끊임없이 계속하고 있는 살아 있는 생명의 장(場)인 佛性이라 할 수 있다. 그러므로 공자는 삶이 본래 삶이 아님을 꿰뚫어야 죽음도 또한 죽음이 아닌 줄 알기에 "삶을 아직 모르면서 어찌 죽음을 알겠는가."라고 하여 "아침에 道를 들으면 저녁에 죽더라도 가하다."라고 하였다.

158) '장자의 바가지 비유' 즉 큼과 작음의 바가지 비유는 다음과 같다. 혜자라는 사람이 장자에게 말했다. "우리 왕이 큰 박 씨를 주기에 심었더니 엄청나게 큰 박이 열렸답니다. 얼마나 큰지 쌀 열 가마는 들어갈 정도로 컸어요. 문제는 이걸 잘라서 도저히 물바가지로 쓸 수가 없었다는 … 들기도 어려워서 물을 담아 옮길 수가 없고 작게 여러 조각으로 잘라보니 … 물바가지로는 쓸 수가 없더군요. 아깝지만 결국 다 부숴서 버리고 말았지요." 장자는 "그렇게 큰 박이라면 배를 만들어 강에 띄울 수도 있었을 텐데 너무 커서 물바가지로 쓸 수 없다는 생각 때문에 그 귀한 것을 버리고 말았군. 꽉 막힌 사람 같으니."라고 답하였다.

159) 영지주의 복음서는 1945년 이집트에서 발견되었으며, 분별심이 사라진 '직관적인 앎'(깨달음)을 '지식의 빛'(고후 4:6) 즉 영지(靈知, gnosis)라 하고 모든 존재가 하나라고 주장한다. 이러한 하나(One)의 진리는 불교의 "부처를 생각하면 … 부처와 하나가 된다"(능엄경)는 것과 『우파니샤드』의 궁극적인 실재인 브라흐만(梵)과 개아(個我)가 하나라는 범아일여(梵我一如)와 같다. 유교의 하늘과 사람이 하나라는 天人合一(중용), 장자의 일체 대상과 마주하는 주체사이에 구별이 없다는 물아일체(物我一體), 『천부경』과 동학의 '사람이 곧 하늘'(人乃天)의 사상과 통한다. 이와 같이 서양은 神과 인간이 종속관계

라면 동양은 일체관계이다.

160) 우주의 실상(眞如, One)은 '참된 空인 동시에 오묘한 진리가 충만하며'(眞空妙有), 또한 영원한 佛性(神性, true Self)이지만 여기에 생명을 부여하면 부처님(예수님, One)이 된다. '깨달음의 기쁨'(法喜禪悅)을 체험한 선승(禪僧) 하꾸잉이 "바로 이 자리가 연화국(蓮華國)이고, 바로 내 몸(true Self)이 곧 부처(One)이다."라고 노래한 詩는 기독교적으로 '바로 이 자리가 천국(One)이고, 바로 내 몸이 곧 그리스도이다'(갈 2:20)라고 할 수 있다. 따라서 時空을 초월한 영적인 우주의 실상(實相, One)과 모든 것을 포용하면서도 초월하는 '하나(One)의 진리'(true Self)를 통하여 기독교와 불교는 서로 통할 수 있으며 또한 대화를 나눌 수 있다.

161) 空(Emptiness) 즉 無(Nothingness)는 '역동적인 장(場) 에너지'로서 스스로 자연의 흐름에 맡길 때 비로소 찾게 되는 참된 자기로서 "우리의 몸을 유지하는 데 필요한 에너지이며"(바가바드 기따), 또한 예수도 역사하시는 힘(energy)으로서의 하나(One)인 空(無)이다(골 1:29). "예수는 보이지 아니하는 하나님의 형상이시오 모든 피조물(크티시스)보다 먼저 나신 자이다"(골 1:15)에서 예수는 역사적 인물이 아니라, 말씀(로고스)으로 우리 가운데 거하는(요 1:14) 초역사적이며 우주적(One)인 예수(空, 요 8:58)이다. 진화론자(進化論者)인 테이야르 샤르댕 신부는 "神(One)의 편재(엡 4:6)를 자각하는 것은 영성의 결과이다."라고 하였다.

162) 음양(陰陽)의 법칙(One)은 『주역』의 「계사전(繫辭傳)」에서 다음과 같이 설명한다. "해가 지면 달이 오르고, 달이 지면 해가 오른다 … 이 둘의 변화는 한 해와 진보를 이루며, 빛과 그림자와 같이 음(陰)에는 양(陽)이 들어 있고, 양(陽)에는 음(陰)이 이미 들어 있으므로 음양(陰陽)은 상호 의존적인 관계이다." 이러한 조화와 통일을 강조하는 음양오행설(陰陽五行說)에서의 상생상극(相生相剋)은 노자의 유무상생(有無相生, 『도덕경』 2장)과 같은 진리이다. 마찬가지로 불교의 중도실상(佛性)도 이것과 저것의 중간이 아니라 온전하게 다 갖추고 있는 자리이며, 모든 것은 조건적·관계적·의존적이라고 설명하고 있다(草木國土 悉皆成佛, 『열반경』).

163) 사사무애(事事無碍)는 다양한 현상과 존재들이 서로 장애되는 바 없이 완벽히 상호 관계를 맺으며, 일체의 경계가 사라지는 경지로서 분리된 ego가 '본래의 세계'(One)로 변화되는 것이다. 이러한 선(禪)의 경지는 존재하는 모든 것이 하나(One)로 경험되는 일미평등(一味平等)한 세계이며, 또한 '티끌 하나도 부처님 아닌 것이 없으므로'(塵塵刹刹), 일체 존재가 부처(神)요, 우주의 실상(實相)이 바로 극락세계(One)가 된다. 따라서 카톨릭 교회가 '선(禪)'을 활용하여 '카톨릭적 선(禪)'을 공식화한 것 같이 기독교도 역시 이러한 노력을 함으로써 동서양간의 '하나(One)인 영적 전통'이 창조적으로 교섭되는 결과를 얻을 수 있도록 하여야 할 것이다.

164) 아인슈타인의 상대성 이론은 "시간과 공간은 서로 독립적으로 존재하지 않고 의존적 관계이므로 절대 시공간과 물질은 없으며(絶對空), 즐거움과 고통이 시간의 흐름을 결정하고, 즐거움과 고통 너머에 깨달음이 있다"는 것이다. 또한 그는 "종교 없는 과학은 절름발이요, 과학 없는 종교는 장님이다."라고 하였다. 현대 물리학이 고대 신비가와 같이 시공간은 마음이 만든 착각에 지나지 않는 것임을 증명한 것과 같이 時空 안의 모든 것은 단순한 "마음의 창조물"(전 1:2)이다. 따라서 꿈속의 고통이 깨어남에 의하여 소멸되는 것처럼, 스스로 고통(虛相)을 받고 있다는 것도 '나(實相)는 영원한 神(부처)이다'는 둘이 아닌 진리에 의하여 소멸된다.

165) 대속물(뤼트론)은 이원성(ego)의 죄를 깨뜨려버리기 위하여 한 몸을 희생한다는 것을 의미하며, 예수는 "인자가 온 것은 … 대속물(代贖物)로 주려 함이다"(마 20:28)고 말씀하셨다. 예수의 십자가의 고난(피 흘림)은 만민의 원죄를 대신하여 속죄한 대속(代贖)이 아니라, 겉사람(ego)을 죽이고 속사람(true Self)인 神性(靈)으로 태어나는 진리를 전하기 위함이다(요 18:37). 우리는 오늘날 유전된 타락과 범죄로 인한 인간의 원죄 개념을 믿을 수 없다. 유목민들은 자신의 죄가 있으면 다른 동물의 생명을 神에게 바침으로써 자신의 죄가 사해진다고 생각하였다. 바로 여기서 유대교의 속죄양이라는 잔인하고 미신적인 神에 대한 의식이 시작되었다.

166) 동양적 세계관인 인도의 브라마니즘(힌두이즘), 불교의 연기설(緣起說), 도교의 道사상, 유교의 이기(理氣) 음양설(陰陽說) 등은 모두 삼라만상이 상호 보충성, 의존성 그리고 통일성(One)임을 그 본질적 핵심으로 하고 있다. 즉 '둘이면서 하나요, 하나이면서 둘'인 진리(One)이다. 따라서 존재는 고정된 실체가 없는 '연기적 존재'(相依相關)이므로 空(無, One)이라고도 한다. 우리는 일체를 포용하고 받아들이는 적극적인 '空의 실천'(One)으로 일체의 대립을 넘어서 나와 너가 하나(One)인 이타행(利他行)을 실천하여야 한다. 이와 같이 神(One)에 의하여 지배되는 모든 것은 '있는 그대로 되어가는' 오묘한 조화 속에 있는 것이다.

167) 원죄(原罪, 하마르티아)의 발생은 아담과 이브에 의한 역사적인 사건이 아니라, "영원한 실재인 나(true Self)를 믿지 않으며"(요 16:9), "안개와 같은 '나'(ego)는 없다"(약 4:14)는 진리(One)를 모르는 無知이다. 마리아복음은 "원죄 따위는 없다 … 죄를 만들어내는 자는 바로 너희 자신(마음)이다."라고 하였으며, 다만 일시적으로 '마음이 더러워지니까 사람이 더러워지는 것일 뿐이다'(染淨無二). 따라서 원죄(타락)는 개인이 자기의 의지로 神(One)로부터 분리되는 이원적인 분별심(ego)이며, 불교적으로는 無明인 업(業, karma)이다. 모든 고통은 자기 행위의 결과(業報)이며, 이러한 업(業, karma)의 법칙은 神이 베푸는 치유의 손길이다.

168) 불교의 삼신일불(三身一佛) 중에서 법신(法身)은 순수한 생명 그 자체인 근본이고, 모든 공덕이 원만보신(圓滿報身)이며, 일체 현상적인 行은 화신(化身)인 석가모니불이다(달·광명·달그림자). 참마음 그대로가 神의 본바탕(本體)이고, 마음이 인연에 따라 나투어진 것이 神의 나타난 속성(相)이고 활동(用)이며(기신론), 깨달음이란 三身一佛과 하나(One)가 된 경지이다(화엄경). 이러한 진리는 기독교의 삼위일체(三位一體)인 성부(聖父), 성자(聖子) 및 성령(聖靈) 또한 힌두교의 존재(Sat), 지식(Chit) 및 행복(Ananda)과 통한다. 다만 삼위일체의 성자(聖子)는 독생자 예수만이 라고 하는 주장은 보편적 진리를 벗어난 無知때문이다(요 8:58).

169) 범신론(汎神論)은 神과 세계는 둘이 아니며 모든 물질의 근본 바탕은 神性(佛性)이라는 이론이다. "神은 계시지 않는 곳이 없으며"(엡 4:6), "우주에는 神(生命)외 다른 것이 없고"(諸法實相, 막 12:32), "일체 존재가 부처 아님이 없다"(관무량수경, 롬 1:20)는 '전체성의 생명'(氣一元論, 性理學)으로 설명될 수 있다. 엑카르트와 『우파니샤드』는 범신론적 사상을 "만물은 하나(One)의 神(브라만)이다."라고, 스피노자는 "자연이 神이다."라고 주장하여 비판을 받았지만, 쿠자누스의 영향을 받은 브루노 敎父는 억울하게 화형(火刑)을 당하였다. 아인슈타인은 상대성 이론(E=mc²)인 "모든 것은 에너지이다"로서 범신론을 과학적으로 증명하였다.

170) 나비효과(butterfly effect)는 남미 브라질에서 한 나비의 날개 짓이 미국 텍사스에서는 돌풍을 일으킬

수 있다는 이론으로 인과(因果)관계를 합리적으로 설명하는 혼돈 이론(chaos theory)이다. 즉 "일월성신(日月星辰)과 풍운우로상설(風雲雨露霜雪)이 모두 한 기운, 한 이치이므로 하나도 영험하지 않는 바가 없는 것이다"(원불교 교전). 모든 것이 다 연결되어 있는 '하나가 곧 모두'(一卽多)인 '일미평등'(一味平等)한 佛性(神性)의 생명'을 깨닫게 되면 감각과 생각을 다스리게 되며, 또한 말하는 언어나, 행동하는 몸짓이나 윤리 도덕에 조금도 어긋날 수가 없다. 왜냐하면 도덕률의 본체가 바로 '우주의 도리(法則)'인 佛性(神性)이기 때문이다.

171) 고통스러운 삶의 원인을 부처는 이원론적인 집착이나 번뇌(ego)로 보았으며 이것을 멸(滅)하는 길로서 사성제(四聖諦, 苦集滅道)와 또한, 분별과 망상(ego)을 없애고 행복해지는 구체적인 수행법으로는 8정도(八正道: 正見, 正思惟, 正語, 正業, 正命, 正精進, 正念, 正定)의 中道를 말씀하셨다. 수행은 허망한 生死의 세계를 일으키고 있는 無明과 분별심(ego)을 소멸하여 자신이 본래 生死가 없는 부처(true Self)임을 자각하기 위해서 행하는 것이다(本來成佛). 따라서 우리는 태양이 어둠을 몰아내는 것 같이, 거짓된 어둠의 '허위 세계'(ego)를 소멸하고, 광명의 '진실 세계'(One)인 최고의 가치와 열반(涅槃)의 지복(至福)을 성취하여야 한다.

172) '中道의 세계'(One)는 어디에도 치우치지 않고 모두가 다 포함된 자리인 '무아(無我)'로서 장자의 '망아(忘我)'와도 통한다. 즉 '나의 견해', '나의 옳음'에 집착하지 않고 '자신의 본래 면목'(true Self)을 깨달아 '육체라는 거짓 자기'(ego)를 벗어 버리면, 자연스럽게 종교의 목적인 '부처님(神)과 하나'(One)가 되는 세계이다. 『금강경』에서 "만일 보살이 '나'와 '법'이 없음을 통달하면 여래는 그를 '참된 보살'(One)이라 이름 하느니라"(通達無我法者 如來說名眞是菩薩)고 하였다. 이러한 하나(One)의 진리를 통하여 존스톤 신부는 "미래에 탄생할 새로운 기독교는 불교의 지대한 영향 속에 탄생될 '동양적 기독교'(One)이다."라고 주장하였다.

173) '부활한 그리스도'(아나스타시스)의 의미는 '자신의 근본'(One)을 드러내어 영(靈, 빛)으로서 계시되는 것이다. "장사 지낸 바 되셨다가 … 사흘(삼 헤메라, 빛) 만에 다시 살아난 부활한 그리스도"(고전 15:4)는 제자들의 닫혀 있는 마음(카르디아)을 뚫고 들어 오셔서 그들과 하나(One)가 되었다(요 20:19). 부활은 '생긴 것은 죽게 되어 있으므로'(生卽滅) 몸이 다시 사는 것이 아니라 허상인 겉사람의 죽음과 더불어 실상인 속사람(true Self)의 영적소생이다(눅 9:24). 따라서 빌립복음은 "우리는 먼저 죽은 뒤에 살아날 것이라고 말하는 사람들은 오류에 빠져 있으며, 그보다는 살아 있는 동안에 부활을 받아야 된다"고 한다.

174) 구원은 예수에 대한 '오직 믿음'으로가 아니라, '본래 神임을 깨닫는 것'(회개) 즉 '참된 나'(神性)를 찾는 것이다(마 16:25). 어거스틴과 서방교회는 '인간은 본래 선하다'고 하는 펠라기우스와 동방교회를 반대하여 원죄를 주장하였으며, 예수는 원죄 때문에 원시적인 동물 희생제사와 같은 속죄 제물이 되었다고 한다. 이렇게 죄가 유전된다는 것은 의지적 행위가 포함되지 않음으로 논리적이지 않다. 따라서 구원이란 죄에 물든 인간이 하나님이 창조한 본래 모습 그대로의 본래적 인간성(true Self)을 회복하는 것이다. 기독교의 목표는 동양 종교와 같이 참다운 인간(神性)이 되는 것이며, 내가 진정으로 누구인지의 자각으로 시작된다.

175) 예수는 '믿음을 넘어' 거듭남을 강조하셨지만, 루터는 종교개혁에서 오직 예수를 믿음에 의한 구원을 주장하였다. "믿는 자는 영생을 가졌나니"(요 6:47)에서 '믿는 자'(피스튜온 에이스 에메)는 믿음을 넘

어서 '믿어 내 안으로 들어오는 자'를 의미한다. 또한 "주 예수를 믿으라"(행 16:31)와 "오직 의인은 믿음으로 말미암아 살리라"(以信稱義. 롬 1:17)에서 믿음(피스테오스)은 예수를 대상으로 믿으라는 것이 아니라 주객(主客)이 완전히 끊어진 진리의 자리(虛心)인 보편적 예수와 하나(One)임을 깨닫는 것이다(信心不二. 요 17:21). 따라서 이원성의 대상(ego)인 하나님과 예수는 "살인한 자요, 거짓말쟁이요, 거짓의 아비이다"(요 8:44).

176) 예수가 어 세상에 온 목적을 다석 유영모는 내면에 하나님의 '얼'(靈. 그리스도)이 있으므로 '얼'(靈, true Self)로서는 예수와 우리가 동일하다는 깨달음을 촉구하기 위함이라고, 또한 우리도 하나(One)가 된 스승 예수를 좇아가야 한다고 주장하였다(歸一). 그는 톨스토이와 같이 성서 자체만을 불변의 신성한 것으로 여기는 교회의 가르침에 대하여 반박하였다. 예수가 "내 아버지 집에 거할 곳이 많도다"(요 14:2)라고 말씀한 것과 같이 하나(One)의 진리(神)는 특정 종교의 고유한 독점물이 될 수 없는 보편적인 본질이다. 이러한 神 중심적 다원주의는 예수 이전에 살았던 깨달은 사람과 타 종교인들의 구원 문제를 해결할 수가 있다.

177) 언어의 한계를 넘어선 언어도단(言語道斷)의 진리(神)는 범신론을 주장하는 신플라톤주의자들에 의하여 '지고(至高)의 일자(一者)' 즉 '만유가 그곳으로부터 나오고 또 그리로 돌아가는 곳'으로 설명된다. 플로티누스는 "일자(一者)란 아무 것도 가지고 있지 않으면서 모든 것을 가지고 있다"고 하였고, 엑카르트는 "하나님 외부에는 아무것도 존재하지 않음으로 하나님은 전체성이며 세계의 근원이다."라고 하였다. 또한 『바가바드 기따』에서는 "영혼이 해방된 자는 모든 것이 브라흐만(神)이라는 확신을 갖는 자"라고 한다. 따라서 말의 지혜로 만들어낸 神이 진짜 神이라 생각하고, 다른 사람들에게 믿도록 강요하는 것은 無知 때문이다(고전 1:17).

178) 탄생과 죽음은 자기를 육체와 동일시하기 때문에 생기는 환영(幻影)이라는 것은 현대 물리학이 증명하고 있다. 현미경으로 육체를 포함한 모든 것을 관찰하면 입자들의 진동을 볼 수 있다. 모든 물질은 진동으로 이루어졌고 그 진동의 차이로 온갖 다양한 물질이 존재한다. 태초에 말씀(진동)이 하나님과 함께 계셨으며(요 1:1), 미립자, 원자, 분자는 진동이며, 분자가 합쳐져서 이루어진 물질도 진동이다. 진동하는 모든 현상은 마음이 지은 환영에 불과하며, 오직 진리(One)만 존재한다. 불경(佛經)에서는 부처와 중생이 '둘이 아닌 것'(One)을 일상삼매라고 하고, 이것을 계속 참구 수행함을 일행삼매라고 한다(『육조단경』. 요 17:21).

179) "이기는 자는 내 하나님 성전에 기둥이 되게 하리니 그가 결코 다시 나가지 아니하리라"(계 3:12)에서 '이기는 자'는 깨달은 영혼(神性. true Self)이며, '다시 나가지 아니하리라'는 것은 더 이상 '삶의 수레바퀴'(트로코스. 약 3:6)인 윤회(輪化)를 하지 않는다는 의미이다. '삶의 수레바퀴'(윤회)는 불교적으로 '生의 바퀴'(生卽滅. 滅卽生), 힌두교적으로 '존재의 바퀴'이다. 따라서 예수(부처)는 우리에게 윤회를 벗어나 사랑(神)에 눈뜨게 하는 진리(One)의 깨달음(거듭남)을 가르쳐준 인도자(요 1:18)이다. 지금 나의 실체를 온전히 자각한다면 '육체와의 동일시'(개체적 자아)의 업장(業障. ego)이 소멸되어 윤회는 아무런 의미가 없다.

180) 中道의 진리(One)는 어디에도 치우치지 않고 모두가 다 포함된 자리인 무아(無我)로서 장자의 망아(忘我)와도 통한다. 즉 두 극단적인 견해를 피하여 어느 한쪽에 치우지지 않는 것이니, 거문고, 가야금 줄이 너무 느슨하거나 너무 팽팽하면 올바른 소리가 나지 않은 이치와 같다. '나의 견해', '나의

옳음'에 집착하지 않고 '자신의 본래 면목'(true Self)을 깨달아 '육체라는 거짓 자기'(ego)를 벗어버리면, 자연스럽게 종교의 목적인 '부처님(神)과 하나'(One)가 되는 세계이다. 존스톤 신부는 하나(One)의 진리를 통하여 "미래에 탄생할 새로운 기독교는 불교의 지대한 영향 속에 탄생될 '동양적 기독교'(One)이다."라고 주장하였다.

참고문헌

Christan Amundsen, MYH, MA, *The Secret Teachings of Jesus: The Gospel of Thomas*, Sunstar
    Pubishing, Ltd, 1998
Davies Stevan, *The Gospel of Thomas*, SKYLIGHT PAYHS, 2006
Ross By Hugh McGregor, *Jesus untouched by the Church*, Willian sessions Limited, 1998
Kennedy Robert E, *Zen Spirit, Christian Spirit*, continuum, 1995
Leloup Jean-Yves, *the GOSPEL of THOMAS*, Lake Book Manufacturing, Inc, 1986
Malachi Tau, the *GNOSTIC GOSPEL OF ST. THOMAS*, Llewwllyn Publication Woodbury,
    Minnesota, 2008
Patterson Stephen J, *The Gospel of Thomas and Jesus*, Polebridge Press Sonoma, CA
Powell, Robert, *Christian Zen. The Essential Teachings of Jesus Christ. The Secret Sayings of Jesus As
    Related in the Gospel of Thomas*. North Atlantic books, 1918
Ross Hugh McGregor Ross, *aThirty Essays on the Gospel of Thomas*, Lightning Source, 2008
Lee Jung Young, *THE TRINITY IN ASIAN PERSPECTIVE*, Abingdon Press, 1996

Amor Roy C, 류시화 옮김, 『성서속의 붓다, 정신세계사』, 1988
Capra Fritjof, 이성범 외 옮김, 『현대 물리학과 동양사상』, 범양사 출판부, 1975
Clarke. J.J, 장세롱 옮김, 『동양은 어떻게 서양을 계몽했는가』, 우물이 있는 집, 2004
Cobb, John B, 김상일 옮김, 『과정신학과 불교』, 대한기독교출판사, 1993
Cohen Sulaiman Samuel, 대성(大晟) 옮김, 『구루 라마나』, 탐구사, 2001

Freke Timothy, Peter Gandy, 승영조 옮김, 『예수는 신화다』, 미지북스, 2009

_____, 유승종 옮김, 『웃고 있는 예수』, 어문학사, 2009

Frawley David, 김병채 옮김, 『베다 입문』, 슈리 크리슈나다스 아쉬람, 2009

Hick John, 김승철 옮김, 『새로운 기독교』, 도서출판 나단, 1991

Johnston William, 이원석 옮김, 『禪과 기독교 신비주의』, 다원정사, 1999

Krosney Herbert, 김환영 옮김, 『유다의 사라진 금서』, YBM, 2006

Leloup Jean-Yves, 박미영 옮김, 『막달라 마리아 복음서』, 루비박스, 2006

Leong Kenneth S, 진현종 옮김, 『예수, 선을 말하다』, 지식의 숲, 2005

McFarlane Thomas J, 강주현 옮김, 『아인슈타인과 부처』, 황소걸음, 2002

Meyer Marvin 외 2명, 김환영 옮김, 『예수와 유다의 밀약』, YBM, 2006

Osho, 류시화 옮김, 『도마복음 강의』, 청아출판사, 2008

_____, 류시화 옮김, 『나는 이렇게 들었다』, 제일출판사, 1999

_____, 류시화 옮김, 『달마』, 정신세계사, 2010

_____, 이여명 옮김, 『기독교와 선』, 정신문화사, 1995

_____, 손민규, 백운 옮김, 『소중한 비밀』, 태일출판사, 2012

_____, 손민규 옮김, 『생명의 에너지를 일깨워라 Ⅰ, Ⅱ』, 젠토피아, 2014

_____, 류시화 옮김, 『달마』, 정신세계사, 2010

Pagels Elaine, 방건웅, 박희순 옮김, 『성서 밖의 예수』, 정신세계사, 2003

Patanjali, 정창영, 송방호 편역, 『요가 수트라』, 시공사, 1997

Paul F. Knitter, 정경일, 이창엽 옮김, 『붓다 없이 나는 그리스도인 일 수 없었다』,
　　　　　　　　　　　　　클리어마인드, 2011

Ramana Maharshi 외, 대성 옮김, 『마하르쉬의 복된 가르침』, 탐구사, 2019

Ramanasramram Sri, 대성 옮김, 『마하르쉬의 복음』, 탐구사, 2001

Rolland Romain, 박임, 박종택 옮김, 『라마크리슈나』, 정신세계사, 2006

Godman David, 정창영 옮김, 『있는 그대로』, 한문화, 1998

Sankara, 이종철 옮김, 『천 가지 가르침』, 소명출판, 2006

Spong John Shelby, 변영권 옮김, 『마태복음』, 한국기독교연구소, 2020

_____, 변영권 옮김, 『요한복음』, 한국기독교연구소, 2018

_____, 김준우 옮김, 『기독교 변하지 않으면 죽는다』, 한국기독교
　　　　　　　　　　　　　연구소, 2005

_____, 최종수 옮김, 『예수를 해방시켜라』, 한국기독교연구소, 2004

Sri Nisargadatta Maharaj, 대성 옮김, 『I AM THAT』, 탐구사, 2004

Steiner Rudolf, 양역관 옮김, 『요한복음 강의』, 물병자리, 2016

Tolstoi, 강주현 옮김, 『톨스토이 성경』, 작가정신, 1999
Wehr Gerhard, 조원규 옮김, 『유럽의 신비주의』, 자작, 2001
西谷啓治, 정병조 옮김, 『종교란 무엇인가』, 대원정사, 1993
久松眞一 외, 정병조, 김승철 옮김, 『무신론과 유신론』, 대원정사, 1994
八木誠一, 김승철 옮김, 『바울과 정토불교, 예수와 禪』, 대원정사, 1998
谷口雅春, 김해룡 옮김, 『생명의 실상』, 한국 교문사, 2010
長谷川洋三, 이동형 옮김, 『기독교와 불교의 동질성』, 붓다의 마음, 2005
간디, 이현주 옮김, 『바가바드 기타』, 당대, 2003
감산, 오진탁 옮김, 『감산의 금강경 풀이』, 서광사, 1992
____, 오진탁 옮김, 『감산의 기신론 풀이』, 서광사, 1992
____, 오진탁 옮김, 『감산의 노자 풀이』, 서광사, 1990
____, 오진탁 옮김, 『감산의 장자 풀이』, 서광사, 1990
____, 오진탁 옮김, 『감산의 중용 풀이』, 서광사, 1991
____, 『한글세대를 위한 법화경』, 세계사, 1993
남희근, 송찬문 번역, 『원각경 강의』, 이하연, 2015
____, 송찬문 번역, 『능엄경 대의풀이』, 마하연, 2020
백운경한, 덕산 해설, 『클리어마인드』, 2010
이시다 미즈마로, 이원섭 옮김, 『반야 · 유마경』, 현암사, 2010
이정용, 이세형 옮김, 『易의 신학』, 대한 기독교서회, 1999
이정용, 정진홍 옮김, 『易과 기독교 사상』, 한국신학연구소, 1980
존 C. H. 우, 김영수 옮김, 『禪의 황금시대』, 한문화, 2006
틱낫한, 오강남 옮김, 『살아계신 붓다 살아계신 예수』, 솔바람, 1995
혜능, 청화 역주, 『육조단경』, 광륜출판사, 2011
혜능, 법지 역주, 『법보단경』, 운주사, 2008

강영계, 『기독교 신비주의 철학』, 철학과 현실사, 1992
고범서, 『미래기독교의 여명』, 소화, 1996
관음, 『진리는 바로 지금, 바로 여기 있다』, 북랩 book, 2019
김기태, 『종교 밖으로 나온 성경』, 침묵의 향기, 2016
김상일, 『수운과 화이트헤드』, 지식 산업사, 2001
김성구, 『아인슈타인의 우주적 종교와 불교』, 불광출판사, 2018
김승철, 『종교 다원주의와 기독교』, 나단, 2001
김용옥, 『도마복음서 연구』, 대한기독교출판사, 1983

_____, 『도마복음 이야기』, 통나무, 2008

김하풍, 『신을 보는 길, 부처를 보는 길』, 한양대학교 출판부, 2007

길희성, 『마이스터 엑카르트의 영성 사상』, 분도출판사, 2004

_____, 『길은 달라도 같은 산을 오른다』, 휴, 2013

김태항, 『영지주의 복음서와 카발라』, 하모니, 2017

_____, 『도마복음과 카발라』, 하모니, 2016

_____, 『슬픈 예수』, 하모니, 2011

_____, 『4복음서와 예수의 영지주의 가르침』, 하모니, 2019

남진각, 『현대세계사에서의 기독교와 불교』, 불교 정신문화원, 2001

무비, 『반야심경』, 조계종 출판사, 2018

문광, 『탄허선사의 사교 회통 사상』, 민족사, 2020

민희식, 『법화경과 신약성서』, 블루리본, 2010

배철현, 『인간의 위대한 질문』, 21세기 북스, 2017

변선환, 『종교간 대화와 아시아신학』, 한국 신학연구소, 1999

서산대사, 『선가구감, 보광사』, 4323

석지현, 『바가바드 기따』, 일지사, 2011

_____, 『우파니샤드』, 일지사, 2006

성철, 『백일법문 上, 下』, 백련암, 2009

_____, 『신심명·증도가 강설』, 장경각, 2008

_____, 『영원한 자유』, 장경각, 2008

_____, 『자기를 바로 봅시다』, 백련암, 2009

소광섭, 『물리학과 대승기신론』, 서울대학교 출판부, 2005

오강남, 『또 다른 예수』, 예담, 2009

은정희, 『대승기신론』, 예문서원, 2010

이기동, 『기독교와 동양사상』, 동신서원, 1999

이명권, 『예수, 석가를 만나다』, 코나투스, 2006

이문균, 『포스트모더니즘과 기독교 신학』, 대한 기독교서회, 2000

이세형, 『道의 신학』, 한들 출판사, 2002

이영석, 『예수처럼 부처처럼』, 성바오로, 2017

이재길, 『성서 밖의 복음서』, 정신세계사, 2007

이정배, 『켄 윌버와 신학』, 시와 진실, 2008

이중표, 『불교란 무엇인가』, 불광출판사, 2019

이현주, 『길에서 주운 생각들』, 삼인, 2003

_____, 『노자 이야기』, 삼인, 2008
_____, 『장자산책』, 삼인, 2004
_____, 『금강경 읽기』, 호미, 2001
_____, 『예수에게 도를 묻다』, 삼인, 20012
장왕식, 『종교적 상대주의를 넘어서』, 대한 기독교서회, 2002
최인식, 『다원주의 시대의 교회와 신학』, 한국 신학연구소, 1996
청원 무이, 『도마복음 선해, 좋은 땅』, 2018
청화, 『원통불법의 요체』, 광륜출판사, 2015
_____, 『마음의 고향』, 상상예찬, 2008
_____, 『진리의 길』, 사회문화원, 2016
한국 조직신학회 엮음, 『과학과 신학의 대화』, 2003
혜국, 『신심명』, 모과나무, 2006
황경환, 『불교는 깨달음의 과학』, 현대불교신문사, 2020